21世纪通用法学系列教材

（经管、理工等专业适用）

经济法律通论

LAW TEXTBOOKS FOR NON-LEGAL MAJORS

主　编　屈茂辉　郭　哲

撰稿人（以撰写章节先后为序）

屈茂辉　高　中　曾艳军　许中缘　李晓玲　陈　璐

罗　静　黎楚文　宋槿篱　胡　君　肖和保　郭　哲

陈　蓉　许清清　刘　琦　喻　玲　陈锦红

中国人民大学出版社

·北京·

前　言

为了配合高等学校通识平台课程建设，针对通识平台课的授课对象很多是非法学学生的现状，加之在经济运行过程中人们对法律的需求，我们组织编写了本教材。

本教材以经济主要运行过程为主线，主要阐述经济组织、商品流通、商品交换、分配、消费等经济运行过程中的法律制度，重在叙明经济法律的基本原理、基本制度及主要的法律规定。

为了增强学生的学习兴趣，本教材以引导案例带出每章的主要内容，引导学生带着问题去思考、学习，同时在每章的后面附有思考题和案例分析、推荐阅读书目，便于学生课后巩固消化。全书共分 15 章，基本涵盖经济运行过程中相关的法律。

本书撰稿人及撰写章节如下：

屈茂辉：第一章　绪论

高中、曾艳军：第二章　经济组织法

许中缘、李晓玲、陈璐：第三章　交易法律制度

罗静：第四章　市场秩序法律制度

陈璐：第五章　安全生产和产品质量法律制度

黎楚文：第六章　产业政策法律制度

宋槿篱：第七章　税收法律制度、第八章　会计与审计法律制度

胡君、肖和保：第九章　金融法律制度

郭哲：第十章　房地产法律制度

陈蓉：第十一章　对外贸易法律制度

许清清：第十二章　环境与资源保护法律制度

刘琦：第十三章　劳动与社会保障法律制度

喻玲：第十四章　消费者权益保护法

陈锦红：第十五章　经济纠纷解决法律制度

全书框架由主编商量确定，全书内容由主编修改、定稿。本教材在写作过程中参考了国内学者众多的成果，在出版过程中得到了中国人民大学出版社的大力支持，在此表示衷心的感谢。

由于编者水平有限、时间仓促，本书一定还存在诸多缺点和错误，敬请各方专家、学者及广大读者批评指正，以便再版时订正。

作者

2010年2月

目　录

第一章
绪　论

• 本章学习目标 •

掌握市场经济与法律的关系；掌握法律如何对经济进行调整；了解市场经济法律体系的内容。

□•引导案例•□

2008年9月4日可口可乐公司宣布计划以现金收购中国汇源果汁集团有限公司（以下简称汇源公司）。可口可乐公司建议收购要约为每股12.20港元，并等价收购已发行的可换股债券及期权。可口可乐公司已取得汇源公司三个股东签署的接受要约不可撤销承诺，三个股东共拥有汇源公司66%的股份。如此项建议交易获得批准，可口可乐公司付出的对价约二十四亿美元。该交易若完成，将成为可口可乐公司迄今为止在中国金额最大的一笔收购交易，汇源果汁将被撤销上市地位（汇源果汁于2007年2月23日在香港主板上市）。

“汇源在中国是一个发展已久及成功的果汁品牌，对可口可乐中国业务有相辅相成的作用。中国的果汁市场在蓬勃快速增长。这次收购将为我们的股东带来价值，并为可口可乐公司提供一个独特的机会以增强在中国的业务。”可口可乐公司首席执行官及总裁穆泰康说。

穆泰康表示，可口可乐公司将会利用其跨国饮料公司的国际专业优势，进一步发展汇源果汁品牌以配合中国消费者不断转变的需求。这次收购完成后，汇源公司在全国的生产设备与可口可乐公司的分销网络和原材料采购能力将产生协同效应，提升运作效益。

考虑可口可乐公司收购中国汇源公司案将对竞争产生不利影响，因此商务部依法作出禁止此项收购的决定。商务部对可口可乐公司收购汇源公司案立案后，依据中国反垄断法的相关规定，从市场份额及市场控制力、市场集中度、集中对市场进入和技术进步的影响、集中对消费者和其他有关经营者的影响及品牌对果汁饮料市场竞争产生的影响等几个方面进行了审查。

商务部经审查认定，这项收购案将对竞争产生不利影响。收购完成后，可口可乐公司可能利用其在碳酸软饮料市场的支配地位，搭售、捆绑销售果汁饮料，或者设定其他排他性的交易条件，收购行为限制果汁饮料市场竞争，导致消费者被迫接受更高价格、更少种类的产品。同时由于既有品牌对市场进入的限制作用，挤压了国内中小型果汁企业生存空间，给中国果汁饮料市场竞争格局造成不良影响。为了减少收购对竞争产生的不利影响，商务部与可口可乐公司就附加限制性条件进行了商谈，要求申报方提出可行的解决方案，但可口可乐公司应商务部要求提交的修改方案仍不能有效减少此项收购对竞争产生的不利影响，因此商务部依法作出禁止此项收购的决定。

商务部反垄断局负责人表示，反垄断审查的目的是保护市场公平竞争，维护消费者利益和社会公共利益。自 2008 年 8 月中国反垄断法实施以来，商务部共收到 40 起包括合并、收购在内的经营者集中申报，可口可乐公司收购汇源公司案是第一个未获通过的案例。

请思考：法律是怎样对市场经济中的经济行为进行调整的？

第一节　经济与法律的关系

“经济”一词具有多种含义，有时指一种社会经济制度，有时指某种生产方式，有时指国民经济的总称。根据马克思主义经典著作的观点，主要从生产方式和经济制度意义上使用“经济”一词，他们认为一定的社会生产方式是一定的社会生产力以及物质资料生产过程中所形成的生产关系的统一。生产关系一定要适合生产力发展状况的规律是我国经济体制改革的理论基础。经过二十多年的摸索，中国改革开放的大潮终于推动着中国走向市场经济的大道。十四大在党的历史上第一次明确提出了建立社会主义市场经济体制的目标模式。这是生产关系适应生产力发展的必然结果。经济作为一种社会形态，法律作为一种社会规则，经济与法律具有千丝万缕的联系，表现为学经济的学生经常需要学习法律规则。如从事注册会计师业务就需要通过经济法相关内容的考试，证券分析师就需要对证券法的内容进行娴熟的掌握，甚至医师也需要对医疗相关的法律进行了解。而每一个规则的颁布，需要法律对此来进行保障。如2009年在创业板上市交易，首先需要具备《证券法》要求的上市条件。当某一个经济规则出现的时候，特别是国家对经济活动制定相关的政策时，需要法律先行。法律与经济有着天然的密切关系。

一、市场经济对法律的需求

世界经济发展史表明，市场经济是产品经济、计划经济的对立物，是经济发展的高级形态。市场经济对法律有着必然的需求。市场经济本质上是法治经济。

其一，市场经济是契约经济。市场经济主体间进行的各种商品交换和经济往来，主要是通过契约的形式来实现的。契约制度在市场经济条件下得到了空前的发展。这种通过交换和在交换中才产生的社会关系，后来获得了契约这样的法的形式。从交易到契约，再到有健全的法制维系的具有法律文书形式的契约，反映了市场经济的内在要求，是市场经济制度不断完善的结果。同时，市场经济就其本质而言，应是一种“权利经济”、“自由经济”，它要求对市场主体的合法权益予以充分保障，对其行为选择的自由给予尊重。因为主体平等、行为自由、利益多元，这就需要遵循既定契约，即后来的规则，同时要求这个规则最大限度地得到遵守，以实现社会的公平、平等和实现市场经济的良性、健康发展。所以，市场经济需要遵循既定的规则，没有规则，就没有市场经济。

其二，市场经济是信用经济。信用是商品交换发展的必然结果，是市场经济往来中时时处处都涉及的问题。预付赊销有信用，金融信贷有信用，股票债券有信用，契约合同有信用。无论是国家信用、银行信用、商业信用还是消费信用，都有赖于法律制度来维系正当的信用秩序，实现诚实信用的原则。

其三，市场经济是竞争经济。市场经济建立在充分竞争的基础之上，只有通过竞争才能实现社会资源的合理配置，给经济发展注入持久的活力。市场经济活动要求有一套健全、完善的规则，市场经济只有在完整的有效规则中进行才是健全的。法律作为规范人们权利和义务的规则，无疑是最佳的选择。一方面，法律能够保障交易主体的利益充分、正当实现。另一方面，法律为市场经济的建立、运行、发展与完善提供良好的政治与社会环境。

其四，市场经济是一种利益多元化的经济。市场经济主体是多元的。多元化主体的利益也是多元的。利益多元化情形下，会出现唯利是图、假冒伪劣、坑蒙拐骗等现象。这些现象的克服需要法治。市场经济只有在各种利益主体的协调中获得健康的发展。

其五，市场经济是国际性经济。市场经济是全面开放的经济。随着世界各国在经济上相互依存、相互渗透的程度的不断加深，任何国家都不可能脱离世界经济体系而独立发展。市场经济的发展，必然在经济上打破国家的界限，形成国际市场和多种形式的经济联系。为适应这一要求，国际经贸领域正在形成一系列比较同一的、通行的国际经贸条约、惯例和规则。随着我国二十多年来改革开放政策的实行，中国的经济已经和世界经济紧密联系在一起。随着市场经济体制的建立和发展，我国对外开放的规模将不断扩大，与国际市场的联系还将进一步紧密，这就要求我们在法制建设方面尽快与国际经贸规则接轨，按国际规则办事。

通过对市场经济本质特征的分析可以看出，当代中国社会市场经济的快速发展，必然要求有完备的理性化的现代化法律制度体系与之相适应，要求加快法制现代化的步伐，以保障和促进社会主义市场经济的发展和需要。而市场经济的发展，要求市场主体通过自身的意志在市场上实现社会资源的优化配置，从而达到效益最大化，这一经济要求萌生了权利意识、契约意识、公民意识、平等和自由观念等一系列法律文化观念。“人类社会的法律史表明，法律上升为社会关系的主要调节器，是伴随着市场经济的出现而产生的现象，近代以来的法律意识、法制观念等也是这一过程的产物。”① 世界各国市场经济发展的实践经验也证明，从市场主体资格的确认到市场主体行为规则的建立，从物权关系的维护到债权关系的调整，从公平竞争机制的确立到经济纠纷的解决，甚至市场经济从无序走向有序，都离不开法律。“没有合适的法律和制度，市场就不会产生体现价值最大化意义上的‘效率’……因为法律和制度包括明确受尊重或强制执行的私有财产权和保证实行契约的程序。”②

二、法律对市场经济的调整

法律作为上层建筑的重要组成部分受经济基础所决定，但法律并不是消极地由经济基础所支配，其规范性、权威性、引导性、预测性对经济基础也有积极的反作用。法治的市场经济是通过法律来调整和规范市场的经济形式，是通过对市场经济的宏观调控，达到促进市场经济健康发展的社会效果。法律在社会主义市

①② ［美］布坎南：《自由、市场和国家》，吴良健等译，89页，北京，北京经济学院出版社，1985。

场经济中的作用具有宏观与微观两个方面：

(一) 法律对社会主义市场经济调整的宏观作用

1. 法律对社会主义市场经济的引导作用

法律对市场经济的引导作用，是由市场经济运行的规律决定的。市场经济运行有其客观规律。客观地认识这些规律，真实地反映这些规律，并通过对市场的引导使之符合这些规律的要求，这就是法律的根本任务。市场经济经历着复杂的生产、分配、流通和消费的过程，实质上是人与人之间的社会互动过程。为使密集的、复杂的、随机性很大的社会互动井然有序，必须运用法律对人的活动进行引导。

2. 法律对社会主义市场经济的促进作用

法律对社会主义市场经济具有促进作用。那些直接调整市场经济的法律，如民法、商法、经济法以及行政法、劳动法等不仅促进市场经济按照法律所确认的原则有序运行，而且为市场的进一步完善扫除障碍和创造条件。只有保障公平竞争的秩序，才能够调动人们从事社会主义市场经济活动的积极性和自觉性。

3. 法律对社会主义市场经济的保障作用

这主要表现为法律对自由、平等竞争的市场经济秩序的保障作用。没有秩序，就不可能建立市场，更不可能进行商品交换，也就谈不上建立社会主义市场经济体制。市场行为只有在良好的、稳定的、有序的秩序中进行才能达到预期效果。法律在引导、促进和保障市场经济发展的同时，还发挥制约、限制市场经济发展中某些消极因素的作用，从而保证社会主义市场经济的健康发展。这种保障作用主要表现为两个方面：一方面，规范市场主体的竞争行为，维护正常的市场秩序。竞争机制的正常运行，需要有自由、平等的交易秩序。另一方面，制止不正当的竞争行为，鼓励和保护正当的竞争行为，维护社会经济秩序。

(二) 法律对社会主义市场经济调整的微观作用

1. 确认市场主体的法律地位

市场经济的主体是具有独立地位的主体，但需要用法律这种特殊社会规范来确认经营主体的地位。法律通过规定和明确市场经济主体享有的权利能力和行为能力，具有独立的财产或经费，依法独立承担义务和责任等，来表明和保障其独立地位。

2. 保障经济活动主体合法的利益

市场经济活动中，各个主体都追求各自独立的利益。这种趋利性也是市场经济发展的诱因与保障。法律保障各市场主体的合法的利益能得到有效的保护。如我国《物权法》规定了"私有财产神圣不可侵犯"的原则，这正是保障每个主体合法利益的最佳体现。

3. 为市场主体间的纠纷的解决提供规则

市场的各种主体，在生产、交换、分配以及消费等经济活动中，必然会发生利益的冲突。这些纠纷的解决是市场经济健康运行的有力保障。这些纠纷能通过契约的形式解决。在契约不能实现时，更需要相关的规则切实有效地解决这些冲突。何况，即使是契约的形式也需要遵循一定的规则。

三、国家职能在市场经济运行中的作用

根据各国的经验以及市场经济的本质要求，国家在市场经济运行中所具有的职能主要包括以下内容：

1. 基础保障职能

在现代社会，国家的主要职能是提供公共服务，为市场经济的运行提供基础。我国目前是加快形成门类齐全、功能完善、统一开放、竞争有序的现代市场体系，这为市场经济的运行提供了基础和保障。

2. 调控职能

在市场经济中，要充分发挥市场的调节作用，但市场调节不是万能的，并且还存在自发性、盲目性、滞后性等固有的弊端。而且，依靠单一的市场调节，会导致资源配置的效率低下，资源浪费；社会不稳定，发生经济波动、经济混乱；收入分配不公平，收入差距拉大，甚至导致两极分化。所以，国家在市场经济活动中，要坚持加强和改善宏观调控，主动引导社会预期，确保经济平稳较快发展。

3. 规划与引导职能

该种职能主要是对市场经济的运行从国民经济的全局出发，统筹考虑，制定国民经济和社会发展的总体战略目标，对资源的开发利用、高科技的发展以及环境保护等提供规划与引导。

4. 组织与协调功能

社会主义市场经济条件下，国家要做好组织与协调工作，组织与协调好区域市场与全国市场、国内市场与国外市场；引导劳动力合理流动；保护知识产权，促进技术成果转化。国家利用优惠政策、政府财政补贴、信贷政策、税收政策、

政府投资等形式，扶助弱小产业、低利润产业以及高风险产业，协调好它们之间的关系，合理平衡与促进这些产业的发展。

5. 服务与监督功能

在市场经济条件下，市场成为资源配置的主要力量，国家的一个重要职能就是做好服务性的工作。在市场经济条件下，这种服务主要表现在信息服务、人才培训服务、公共设施服务、社会保障服务等。国家在做好服务工作的同时，也必须很好地发挥监督的职能，这主要是检查这些市场主体是否遵守国家法律、生产的产品是否达到既定的标准。不过，这种检查不能对企业的生产造成不正当干预，这种检查与监督也主要表现为财税监督、信用监督、物价监督、市场秩序监督等。

第二节　市场经济法律体系

一、市场经济法律体系的组成

调整我国社会主义市场经济运行的经济法律体系应由以下几个部分的法律规范组成：

1. 市场主体法律制度

市场主体法律制度是关于市场主体的组织形态和法律地位的规范。我国市场主体法律制度经历了以所有制为导向到以组织和责任形式为导向的立法的转变，适应了市场经济对市场主体的基本要求。在市场经济活动中，要确认各类市场主体的合法地位，权利主体具有独立的权利能力与行为能力，具有独立自主的平等地位，能够公平参与市场竞争。

2. 市场行为法律制度

市场行为法律制度是设定市场交易的一般规则并调整各类市场交易行为的法律规范。它包括鼓励、支持市场交易行为的规范；包括限制、禁止某些市场交易行为的规范；涉及商品市场，涉及金融市场、劳务市场、智力成果市场等。具体则由《合同法》、《知识产权法》、《担保法》、《证券法》等主干法构成。

3. 市场秩序法律制度

这些主要表现为对市场秩序进行规制的法律制度。为了保障市场的健康、稳定、持续发展，需要对市场秩序进行规制。这些法律主要表现为《反垄断法》、

《反不正当竞争法》、《公平交易法》等。

4. 市场宏观调控法律制度

市场宏观调控法律制度是关于在市场经济体制下政府对市场实施宏观调控的法律规范。市场经济绝不是放任不管、无所拘束的绝对自由经济。运用法律手段对经济进行宏观调控是中国社会主义市场经济的一大特点。在充分发挥市场机制优化资源配置作用的同时，为促进国民经济又好又快地发展，国家意志最终通过政府的各种宏观调控措施得以体现。不过，这种宏观调控并不是要干涉市场主体的内部活动，而是通过货币、金融、价格的政策对此进行调整。

5. 产业政策与经济促进法律制度

为了保障市场经济的运行与经济秩序的良好发展，为了实现国家的经济发展目标，需要促进与限制某些产业、规范产业组织、优化产业结构、提高产业技术，这就需要制定产业政策与经济促进的相关法律。

6. 社会保障法律制度

社会保障法律制度是涉及保证社会安定、保护弱势群体，解决由于市场竞争而带来的非公平、非正义等问题的法律规范，如《劳动法》、《就业促进法》、《最低工资法》、《失业救济法》、《社会保险法》等。

7. 经济纠纷解决法律制度

在国家对市场经济的调整以及市场主体的经济活动中，由于利益主体不同，不可避免地会出现纠纷，这就需要制定有效的纠纷解决机制，这是保障市场经济运行所不可缺少的条件。

二、市场经济法律体系的部门归属

从严格的法律意义上讲，市场经济法律体系是由众多法律部门所组成的一个庞大的法律规范群，但这个庞大的法律规范群并不是繁杂无序的，相反，它是一个和谐的有机的综合体。根据世界各国的经验、市场经济本身的要求以及这些法律所调整的对象、采用的手段，与市场经济运行相关的法律部门包括以下内容：

1. 民商法

该法律部门主要调整平等主体之间的财产关系与人身关系，包括以《民法通则》、《合同法》、《担保法》和《物权法》等一系列法律为中心的民事法律，以及《公司法》、《保险法》、《证券法》、《合伙企业法》、《个人独资企业法》、《企业破产法》等商事法律。此外也包括那些规范市场主体退出的破产制度以及法律、财务、信息咨询等大批市场服务组织的市场中介组织法律制度。还包括如《中外合资经营企业法》、《中外合作经营企业法》、《外资企业法》和《对外贸易法》等外经贸合作的法律制度。

2. 行政法

行政法是对行政活动加以规范、对行政权力进行控制的法。[①] 国家在对经济进行管理过程中，也涉及运用行政手段对经济的运行进行调整。国家行政管理中一部分涉及经济领域，并具有经济性内容，因此也可以称为经济管理。不过，根据政企分开的原则，该种行政手段并不是对经济行为赤裸裸地干涉。行政法的主要目的是基于公共利益的需要而规范市场主体行为以及对行政管理权力的运行进行合理限制。这点与经济法具有不同。

3. 经济法

这些法律部门主要是：规范市场竞争行为，促进垄断行业的改革，加强政府监管和社会监督，这些法律主要包括《反垄断法》、《反不正当竞争法》；运用法律手段对经济进行宏观调控是中国社会主义市场经济的一大特点，这些法律制度主要包括《预算法》、《审计法》、《政府采购法》、《价格法》、《个人所得税法》、《企业所得税法》、《税收征收管理法》和《中小企业促进法》等法律，此外，还包括对相关领域进行宏观调控的法律，如《中国人民银行法》、《统计法》等。经济法也包括如《消费者权益保护法》、《产品质量法》等保护消费者利益和保证产品质量的法律制度，还包括《城市房地产管理法》这一规范城市房地产的管理、维护房地产市场秩序、保障房地产权利人合法权益的法律制度。同时还包括产业政策与经济促进相关的法律、法规。另外，还包括确立了以公开、公平、公正为价值取向的行业监督管理制度，以及有效防范和化解金融风险的法律，这些主要表现为《银行业监督管理法》和《外汇管理条例》等法律、法规。

4. 社会法

根据学者的理论，社会法具有广、狭两个含义。在广义上，社会法指为了解决社会问题而制定的各种社会法规的总称。而狭义社会法专指社会保障法。我们认为，广义的社会法含义太宽泛，不能突出该种法律所具有的特性。而狭义社会法范围过于狭窄，难以成为一个法律部门。因此，我们认为，所谓社会法，应该是以社会保障法为中心、以社会保障为目的而建立的法律部门，是“调整劳动关

---

① 参见张尚主编：《走出低谷的中国行政法学》，695页，北京，中国政法大学出版社，1991。

系、社会保障和社会福利关系”的法律。主要包括社会保障法、社会保险法、社会救济法等内容。

5. 环境与资源保护法

环境与资源保护法包括：《环境保护法》、《环境影响评价法》、《大气污染防治法》、《水污染防治法》、《环境噪声污染防治法》、《固体废物污染环境防治法》和《放射性污染防治法》，此外还包括《可再生能源法》、《节约能源法》、《土地管理法》、《水法》、《森林法》、《草原法》、《矿产资源法》、《煤炭法》、《电力法》和《清洁生产促进法》等资源节约和保护方面的法律。

6. 纠纷解决程序法

这些法律主要包括对实体法律纠纷进行解决的法律，主要为民事诉讼相关的法律、行政诉讼相关的法律，以及进行仲裁等所需要的相关法律。

思考题

1. 为什么说市场经济就是法治经济？
2. 市场经济法律体系应该怎样构建？

案例分析

中央纪委副书记干以胜通报全国纪检监察机关查办案件工作有关情况并答记者问（节选）

有记者提问：有人说查办案件影响了当地经济发展，请问怎样理解查办案件与经济发展的关系？

干以胜举例表示：“20世纪90年代末期在厦门查处了赖昌星特大走私案，我们在那里办案的时候，就有人说，厦门的经济要倒退十年。十年后是什么情况？这个案件，从查处的头一年开始，海关税收就大幅度上升，从第二年开始，经济总量和财政收入逐年上升。现在厦门市的经济总量和1999年相比，翻了两番，财政收入和当时相比，翻了三番。事实雄辩地证明，查处案件、特别是经济领域的违纪违法案件会促进经济的发展。”

要点分析：

查办案件能促进经济发展具体表现在：

一是严肃查处贯彻执行中央重大决策部署中的违纪违法案件，能够保证中央政令畅通，维护正常的经济秩序，促进经济发展。2009 年各级纪检监察机关对中央扩大内需促进经济增长政策落实过程中发生的违纪违法案件进行严肃查处，并加大问责力度，为实现经济增长的目标作出了贡献。

二是严肃查处经济领域的违纪违法案件，净化了发展环境，维护了市场经济秩序，促进了经济发展。2009 年各级纪检监察机关查处了一批大案要案，特别是突出查办了国家公务员利用审批权、执法权进行的商业贿赂案件和工程建设领域腐败案件，直接净化了市场经济环境，推动了经济发展。

三是严肃查处发生在其他领域的违纪违法案件，净化了社会风气，营造了良好的社会环境，从长远看也有利于经济的发展。

推荐阅读书目

1. 何干强．论完善社会主义市场经济体制的方向．当代经济研究，2009 (1)

2. 罗银胜．呼唤法治的市场经济——吴敬琏谈话录．民主与科学，2009 (1)

3. 黄海峰．市场经济法治化．读书，2008 (1)

4. 李林．市场经济改革中的法治建设．经济社会体制比较，2008 (4)

5. 黄和新．论现代市场经济法律体系．法学论坛，2001 (5)

6. 梁慧星主编．社会主义市场经济管理法律制度研究．北京：中国政法大学出版社，1993

第二章 经济组织法

• 本章学习目标 •

掌握经济组织及经济组织法的概念及特征；了解合伙企业法、独资企业法、合作社法、公司法、企业破产法等规范市场基本主体的法律的核心内容；初步学会运用经济组织法律知识剖析现实案例。

□ • 引导案例 • □

2008年1月，刘某弟兄俩与张某共同出资25万元（其中张某出资15万元，刘某弟兄俩各出资5万元）合伙开办一食品超市，具体业务由刘某弟兄俩负责。经营一年多后，该超市便赢利10万元，按照当时的合伙协议，张某分得了5万元的红利，刘某弟兄俩则一人分得2.5万元。弟兄俩见该超市利润丰厚，便以“张某不会经营”为借口，将张某的投资退给张某，并强制将张某从该超市除名，不让张某到超市上班。张某曾多次找刘某弟兄俩质问，都没有结果。于是他决定到法院起诉刘某弟兄俩，可刘某弟兄俩却说，“合伙企业是我们三人的事，你到法院去起诉，是瞎子点灯白费蜡”。

请思考：刘某弟兄俩以上的说法对吗？法院会如何判定此案？

第一节　经济组织与经济组织法

一、经济组织概述

（一）经济组织的含义

经济组织是指从事生产、流通、分配、消费等经济活动的社会组织。从产业或行业看，包括农业、工业、商业、服务、科技等各产业部门及其中各行各业。仅就服务业而言，它涵盖了邮电、信息、旅游、修理、医疗保健、金融、保险、法律服务、经济中介服务、各种类型的合作社组织及其他各种为个人或为企业服务的行业。凡从事上述一项或数项经济性活动的社会组织，均可称为经济组织。经济组织是市场的基本主体，是现代社会生活重要的基本单位。经济组织在中国主要有合伙企业、独资企业、有限公司（含有限责任公司和股份有限公司）、合作社等类型。

（二）经济组织的特征

1. 经济性。这是经济组织与其他社会组织的主要区别。经济组织也是一种社会组织，具有社团性，因而不同于个人（或者自然人）。政治、文化、教育、学术研究及其他公共性和公益性的社会公共机关和公众团体同属社会组织范畴，这些组织尽管也要处理某些内部的或对外的经济事务，但不属于经济组织之列。经济组织依经济性特征又可划分为以营利为目的或至少不主要以营利为目的的两种大的类型。

2. 民间性和私法性。所谓经济组织一般是指国家公权力机关以外的民间社会组织，它具有民间性和私法性特征。在法律适用上，含经济管理职能机构在内的公权力机关主要适用公法，而经济组织则主要适用私法。因此，相对而言，前者又可称为公法上的组织，后者则为私法上的组织。

3. 市场的基本主体性。经济组织是社会经济活动的重要参加者，但它却不是唯一的参加者或主体。经济组织同社会经济主体是两个不同的概念。专门（或者主要）从事经济活动的主体才是人们通常所谓的经济组织，其他社会组织也或多或少地需参与到经济活动中来。另外，从事某些经济活动的个人也是市场不可或缺的主体。然而，从市场经济的健全发展和规模效应来看，体现为人合或者资合形态的经济组织无疑充当着推动社会经济发展的主干力量，是市场经济的基本主体。

（三）经济组织的演进

从人类社会发展史看，经济组织是社会生产力和商品交换发展到一定阶段的产物。随着商品经济的发展，各种形式的个体组合不断增加，并不断扩大其投资规模。而扩大投资规模的最便捷途径是既存的经营单位的合并及集中多个投资人的出资组建较大的经营体。西方国家自中世纪末期开始，逐渐出现各种公司形式，包括无限公司、两合公司、股份有限公司和股份两合公司。19 世纪末又出现有限责任公司。

在现代社会，经济组织的基本形态仍然保持着近代以来所形成的“个人独资企业—合伙企业—公司”这种基本模式以及与之相辅的各种类型的合作社组织。当然，随着生产力的迅猛发展和市场的不断扩大，各种经济组织相应发生了许多重大变化。例如，在公司种类上，具备更加适合广泛筹资和扩大经营规模、有更加严密而合理的内部管理机制等特点的股份有限公司和有限责任公司得到更快发展和普及，而两合公司、股份两合公司等则逐渐萎缩。纵观各国经济组织的发展演变历程可以发现：经济组织的数量逐渐增多，在社会经济生活中的地位和作用逐渐上升；经济组织的规模日益扩大；组合形态由最初较为松散到更为紧密；从社会生产经营单位演变的动因和机制上看，主要是市场机制作用和选择的结果，但进入 20 世纪后国家宏观调控机制日益发挥着重要作用。

随着电子信息时代的到来，市场不断国际化、全球化，经济组织正呈现出许多新的变化。许多组织由于借助电子网络等高科技手段，突破了时空的局限，其规模可能很小，但其市场参与程度却很高。可以预见的是，今后社会经济的组合形式将会更加灵活和多样化，社会经济组织在整体上必然会朝着不断社会化、国际化和民主化的趋势发展。

二、经济组织法的概念

市场经济的良性发展必须以法治作为基础。因而，各种经济组织在广泛地参与各种经济关系和经济生活的过程中，必然受到民商法、经济法和行政法等多种法律部门的调整，成为多种法律关系的主体。尽管在一国的法律体系中，不一定存在某个明确以“经济组织法”命名的法律或法典，但一定会有正式的或者非正式的规范来调整各经济组织的内部和外部关系。概而言之，经济组织法就是调整各经济组织内部关系和外部关系的经济法律规范的总称，或者说，是调整各种经济组织在其设立、组织变动、解散及存续期间的有关活动中所发生的社会关系的法律规范的总称。它集多种部门法律规范于一体，是一个综合性、开放性的法律概念。

从不同角度，可以对现代经济组织法的基本特点作如下归纳：

其一，在立法主旨上，经济组织法主要是明确经济组织的市场主体地位，保障营业自由、公平竞争和市场秩序，促进经济发展。

其二，在立法原则上，主要遵循投资自由的原则、主体独立的原则、营业自治的原则、利益衡平的原则、交易安全的原则和责任法定的原则。

其三，在调整对象上，经济组织法主要涉及在市场经济运行过程中的各种内部与外部关系及行为。

其四，在法律规范的形式上，经济组织法既包括调整各具体经济组织的单行法，如合伙企业法、个人独资企业法、公司法，也包含着调整各经济组织与其他市场主体的交往、涉及特定经济领域的交易行为，或者与国家公权力机关之间管理与被管理关系的一般性或特定性的行为规则，如民法通则、证券法、票据法、劳动合同法、对外贸易法、环境保护法等等。

第二节　经济组织基本法律制度

一、市场主体制度

市场是商品交换关系的总和，商品交换是由一定的组织和个人所进行的买和卖的行为，买卖结合构成交换活动，商品买卖行为的主体构成市场主体。因此，市场主体是指在市场上从事交易活动，具有一定经济利益，依法核准登记并被赋予法定资格的各类经济组织和个体。在现阶段，个体主要是指个体工商户；各类经济组织，主要是指企业；此外，还有作为市场主体的个人，在我国法律中被称为自然人。

市场主体制度的核心是建立现代企业制度。要建立现代企业制度，在法律观念上就要与时俱进，有所突破。五十多年来，我国一直以所有制为标准来划分企业。企业工商登记，首先要标明其所有制性质，分为全民、集体、私营和个体等四种。这种差别对待的划分标准不科学，显然不适应市场经济的要求。现已颁布的《个人独资企业法》、《合伙企业法》、《公司法》和《农民专业合作社法》等则是按出资者的形态和出资者责任来划分的，体现了新标准和新观念。依照出资者的形态和出资者的责任，企业可分为以下几种：一是独资企业，它是一个人出资的，不论雇工多少，业主应承担无限责任，不以出资额为界限，必须要以其全部财产以及家产来抵债。二是合伙企业，由两个以上的少数人出资，法律规定其出资人要承担连带无限责任。三是公司，公司的出资形态具有社会化特点，尤其是股份公司，社会上人人都可以出资。它的出资的形态、资本的形态是社会化的，出资者只以出资额为限承担责任，系有限责任。四是股份合作企业，股份合作企业是资本加劳动，股份是资合的性质，合作是劳动合作的性质，所以它是一种混合形态。

市场主体准入制度是指国家对各类市场主体进入生产经营领域或市场从事商业活动施加限制或禁止的有关制度。由于在现代市场经济条件下，企业是最重要的市场主体，因而市场主体准入制度主要也是企业市场准入制度，主要是对企业及其分支机构的设立及营业实行审批以及特许经营的制度，也涉及有关产业政策、外商投资、行业管理和竞争政策等。

市场主体准入制度的立法模式主要有如下几种：

1. 许可主义模式

许可主义模式是指市场主体进入市场，必须经过“核准”和“审批”。企业的设立，除了需要符合法律规定的条件外，还需个别报主管的行政机关审核批准，方能申请登记成立。在我国，除一般有限公司、某些类型的劳动服务企业和股份合作企业等依法不需报主管机关审批外，都需事先报批。例如，设立国有企业须由政府主管部门审批，外商投资企业须由对外贸易经济合作部门审批。

2. 登记主义模式

登记主义模式又名“准则主义”模式，是指市场主体进入市场或者设立企业不需要报有关主管机关批准，只要符合法律规定的成立条件，即可向有关登记机关申请登记，经登记机关审查合格后授予合法主体的资格。我国对有限责任公司一般实行这一原则。

3. 特许主义模式

特许主义模式是指根据特别法、专门法规、行政命令或国家领导人的特别许可设立市场主体的准入门槛的制度。这种特设制度，是市场准入控制的一种特别方式，主要是针对公用事业等领域的重要企业。按照特许主义设立的企业通常是特殊企业，如我国由国务院决定设立的行业总公司、投资公司，以及其他一些承担一定的管理职能或军工、航天、能源、交通等关系国计民生领域的企业。

4. 自由主义模式

自由主义模式是指法律对市场主体进入市场不予规制，当事人可自由进入市场进行交易，无须履行任何法律上的手续。这种情况仅限于个体之间的小商品交易或企业的萌芽期。现代的企业都必须依法设立，才能合法存在及从事活动。

5. 混合模式

即根据市场主体的性质或市场主体拟从事的市场经营活动的类型等具体情

况，分别采用许可主义模式和准则主义模式。

从我国现行的立法规定来看，我国目前采用的是混合模式：对于一般的市场准入采取准则主义模式，如工商登记制度；而对于特殊的市场准入，则采取许可主义模式，如药品的生产、销售许可证制度。

从某种意义上说，对进入市场进行交易活动进行规制的法律主要是关于企业登记的法律，因而，我国经济组织主体法的外延主要包括对以企业形式体现出来的主体进行规范的经济组织单行法，如个人独资企业法、合伙企业法、公司法以及合作社法等，通过对其名义要件、财产要件、登记要件以及营业要件的设定，赋予其财产独立和意思独立的法律人格要素，从而实现商品交易的安全、效率与秩序价值。一般而言，企业的设立，应当具备以下最基本的条件：有自己的名称，制定章程，有符合规定的资金数额及与企业经营范围相适应的资金，有固定的住所，有符合法律规定的组织机构和从业人员。

二、企业合并、兼并与分立制度

经济组织的合并，主要指两个以上的经济组织通过订立合同，依照法定程序归并成为一个经济组织的法律行为。经济组织的合并一般涉及的是企业间的合并。企业合并导致一方或双方解散及法人资格消灭。在吸收合并中，被吸收企业并入存续企业，被吸收企业解散；在新设合并中，合并各方均并入新设企业，并且法律人格均告丧失，新设企业的法律人格产生。企业合并导致权利义务的概括转移。企业合并成功，新设企业和存续企业享有被合并企业以前享有的公法和私法上的所有权利、承担所有的义务。换言之，只要合并生效，被合并企业的权利义务就自动转归新设企业或存续企业，有效地成为新设企业或存续企业的权利义务。

兼并是指一个企业吸收另一个企业，吸收企业继续存在，被吸收企业终止；合并则是两个或两个以上的企业归并在一起设立一个新企业，原来的企业全部消灭。我国公司法所称的吸收合并就是兼并，也就是说，企业合并包括了兼并（吸收合并）和新设合并。经济生活中，除企业兼并与合并之外，还存在另外两种形式的企业联合行为，即资产收购与股权收购。资产收购是指一企业以现金、股票或其他有价证券购买它企业的全部或部分资产，以接管其营业的法律行为。

企业兼并与资产收购的主要区别是：企业兼并发生的财产转移是全部转移，不能把财产的一部分排除在转移的对象之外，而资产收购的对象则可以是被收购企业的部分财产；企业兼并中，被吸收合并企业的债权债务自动转给存续企业，资产收购则不产生债务承担的效力，除非合同另有约定；企业兼并导致被吸收企业的法人资格终止，而在资产收购中，即使是被收购企业的全部资产转让，也不发生企业当然解散的法律效力，如果需要解散，则要由被收购企业再作出解散决议。

股权收购是指收购者为获取目标企业的控制权，以现金、股票或其他有价证券为对价，向目标企业的股东购买股份的行为。

企业兼并与股权收购的主要区别如下：企业兼并的行为主体是参与合并的各方企业，股权收购的主体是收购企业和目标企业的股东，而不包括目标企业；企业兼并发生被兼并企业法人资格消灭的后果，股权收购只是使目标企业控股股东发生变化，目标企业仍然存在，法律人格并不必然丧失。

企业的分立，是指依法成立的企业按照法律规定的条件和程序，依一定的方式分为两个或两个以上企业的法律行为。可见，企业分立的主体是已依法成立的企业，正在设立中的企业、不具有合法主体资格的企业的分解，不是企业分立。企业分立必须履行法定程序，遵循法定要求。例如，企业分立首先要由企业决策机构作出分立决定，既而要对企业资产进行清产核资、履行保护债权人利益的手续等。企业分立作为一种要式法律行为，未经法定程序、未符合法定要求，分立无效。企业分立导致多个企业主体产生，分立后的各个企业都必须符合企业设立的条件，不符合企业设立条件的，不能取得主体资格。企业分立成几个相互独立的主体，其权利义务也必然要在各分立后的企业中进行分解。这种分解是将权利和义务捆绑在一起分解的。分立生效后，原企业的权利义务就按照分解决定分配到了各新的企业。

三、经济组织的终止

（一）经济组织终止的含义及特征

经济组织的终止指的是因经济组织营业活动停止、构成经济组织的诸要素发生实质性变化以及组织解散等事由而使其法律主体资格归于消灭的法律行为以及事实状态。经济组织终止的标志是该组织注销登记的完成。经济组织终止具有以下法律特征：

1. 经济组织终止的主体是经济组织，即在使其法律主体资格归于消灭法律事实状态中，享有权利承担义务的主体是企业。因此，经济组织内部机构的撤销只能导致该组织内部权利与义务的变化，属于经济组织变更的范畴。

2. 经济组织终止是其法律主体资格的消灭。在形式上，该实体不复存在；在实质上，以该经济组织名义所产生的权利与义务关系也随着其清算而终结。相关权利义务或者因之而消灭，或者根据无限责任、连带责任等转移到出资人、股东等身上。

3. 经济组织终止是以该组织债权债务的有效清算为前提的法律主体资格注销行为。这意味着经济组织的终止与该主体营业资格的丧失（如吊销营业执照、剥夺进入某经济领域的准入资格等）、停产整顿等行为能力受到暂时的限制有着明显的区别。

4. 经济组织终止具有严格的程序性，必须按照法定程序，遵循公开的原则，履行公示义务，并完成注销登记。

（二）企业解散与清算制度

经济组织解散，是指经济组织因法律或章程规定的事由出现而停止营业活动并终止其法人资格的行为。它是经济组织主体资格消灭的必经程序。经济组织解散的原因有多种，依解散是否出于经济组织的自愿，分为自愿解散与强制解散两大类。经济组织章程规定的存续期限届满或其他解散事由出现，该组织可以自动解散，而且无须该经济组织最高决策机关决议或经其批准。此外，最高决策机关可以通过解散决议解散该组织。经济组织强制解散的事由均由法律列举规定。当法定事项发生时，有关行政主管机关或法院有权以命令或裁定方式，强制要求该经济组织解散。无论何种原因导致的经济组织解散，一般都应进行公告，并进行解散登记。

经济组织清算，是指经济组织解散后，清理财产与债权债务，进行公平分配，以了结经济组织在存续期间发生的各种法律关系，从而消灭其法人资格的法律行为。除因合并、分立而发生的解散之外，经济组织的解散都导致清算的开始。在清算期间，该经济组织的法人资格仍然存在，只是权利能力被限定于清算范围之内，只有在完成清算并注销登记后，该组织的法人资格才最终消灭。

清算有破产清算与非破产清算之分。破产清算适用专门的破产法律规定的清算程序。非破产清算又分为普通清算与特别清算两种。所谓普通清算，是指经济组织依据法定程序进行的清算，国家行政主管机关或法院不直接干预其清算事务。经济组织因章程规定的事由出现或者因最高决策机关决议而自愿解散的，适用普通清算程序。所谓特别清算，则是在行政主管机关或法院直接干预或监督下进行的清算。经济组织因行政命令、法院裁定而解散的，适用特别清算程序。

经济组织解散后，应立即组织清算机构对经济组织进行清算。清算机构组成后，在清算范围和期间内，清算机构取代经济组织的经营管理机构，接管经营管理机构的全部权力，对外代表清算法人，对内执行清算事务，其地位与经济组织解散前的经营管理机构相同。清算机构在清查经济组织财产、编制资产负债表及财产清单后，发现该组织财产不足清偿债务的，应当立即向法院申请宣告破产，经济组织即进入破产清算程序。

（三）企业破产制度

企业破产制度是关于企业破产法的适用范围及关于破产原因、案件管辖、破产申请的提出和受理、债权人会议、和解和整顿、破产宣告与破产清算、法律责任等一系列企业破产的实体法与程序法的总称。

破产法是关于对债务人破产作出适当处理的法律规范。或者说，它是关于在债务人不能清偿到期债务时，宣告其破产，清理财产，进行公平分配，以抵偿债务的法律规定的总称。破产是商品经济社会不可避免的社会现象。当债务人负债达到一定界限，出现不能支付到期债务的情形，这种情形就是破产。为了避免或减少破产引起的损害，国家制定破产法，规定宣告破产的原因和破产程序，对债务人破产作出适当处理。

确立破产制度的目的和意义在于保障全体债权人公平受偿，维护债权人合法权益；有利于债务人的出资人从债务纠葛中得到解脱，使其有经济上再起的机会；有利于维护社会正常的经济秩序。在我国，实行企业破产制度还有其他一些特殊意义：它可以使国家及时终止对那些严重亏损而无挽救必要的企业的长期补贴，减轻财政负担；可以鞭策企业精心经营，提高效益，促进社会经济发展；可以以破产制度为契机，加快企业经营制度、干部制度和劳动人事制度、社会保险制度等方面的配套改革，推动我国经济体制和政治体制改革的发展；还有利于我国在涉外经济活动中依法处理债权债务问题，保障和促进对外经济交往。

第三节　公司法

一、公司的概念

（一）公司的含义与特征

公司是目前世界上普遍存在的一种企业组织形式，一般可定义为“依法成立，以盈利为目的的企业法人”。

公司具有以下特征：(1) 公司是依法设立的，不依法定条件和程序设立的公司不受法律承认和保护；(2) 公司以盈利为目的；(3) 具备法人资格。所谓法人资格就是指法人应当具备依法成立、有必要的财产或者经费、能够独立承担民事责任、有自己的名称和组织机构以及场所四个条件。

(二) 公司的分类

从不同角度可以把公司分成不同的类型。通常根据股东的责任和资本构成方式不同，把公司分为以下五类：

1. 有限责任公司，又称有限公司，是股东以其出资额为限对公司承担责任，公司以其全部资产为限对公司的债务承担责任的企业法人。

2. 股份有限公司，是指全部资本划分为等额股份并通过发行股票筹集资本，股东以其所持股份为限对公司承担有限责任，公司以全部资产对债务承担责任的企业法人。

3. 无限责任公司，是指股东负有一定的出资义务，全体股东就公司债务对公司的债权人承担连带无限责任的公司。

4. 两合公司，是指由一个或一个以上的无限责任股东与一个或一个以上的有限责任股东所组成的公司。其中无限责任股东对公司债务承担连带无限责任，有限责任股东对公司债务以其出资额为限承担有限责任。

5. 股份两合公司，是指由一个或一个以上的无限责任股东与一个或一个以上的有限责任股东组成，资本由等额股份构成的公司。它兼有无限公司与有限公司的特点。

在我国，公司仅指依照《公司法》在中国境内设立的有限责任公司和股份有限公司。

此外，公司按照组织管辖系统或组织关系的不同可以划分为总公司与分公司；按公司之间的控制关系可以划分为母公司与子公司；按公司的国籍可以分为本国公司与外国公司；按公司的营业地域可以划分为国内公司与跨国公司等。

二、公司的设立

公司的设立，是指申请人为了使公司得以成立并取得企业法人资格，依照法定条件和程序所进行的一系列法律行为的总称。公司设立是一种法律行为，要严格履行法定的条件和程序。但因所设立的公司类型不同，设立的条件和程序也有所区别，一般来讲，有限责任公司的设立条件比较宽松，设立程序比较简单；而股份有限公司设立的条件则比较严格，设立程序也比较复杂。

(一) 公司设立的方式

在我国，根据《公司法》，有限责任公司有共同出资设立和单独投资设立两种方式。普通有限责任公司由1人以上50人以下的股东共同出资设立。一人有限责任公司由一个自然人股东或者一个法人股东单独出资设立，国有独资公司则由国家单独出资设立。这几种设立方式，从法理上讲，都属于发起设立方式。

从世界各国的公司立法来看，股份有限公司有发起设立和募集设立两种方式。我国《公司法》规定股份有限公司的设立可以采取发起设立或者募集设立的方式。

1. 发起设立。又称为共同设立或者单纯设立，是指公司设立时的股份全部由发起人认购，不向发起人以外的任何人募集。如果公司所需股本较大，发起人难以认购全部股份时，则不宜采用这种设立方式。

2. 募集设立。募集设立是指发起人首先认购公司应发行股份总额的一定比例，其余的部分经一定程序向社会公开募集。较发起设立方式而言，募集设立在设立的条件上更严格、在程序上也更复杂，故称其为复杂设立。我国《公司法》把募集设立分为了“公募”和“私募”两种方式。公募也就是“向社会公开募集”，而私募也就是“向特定的对象募集”。

(二) 公司设立的条件

公司设立的条件，是指《公司法》规定的公司要获准工商登记机关的登记注册，取得企业法人资格所必须具备的法定条件。公司设立的条件实质上是法律为公司进入市场设定的门槛，以维护市场信用、保障交易安全。

1. 有限责任公司设立的条件：(1) 股东必须在50人以下。(2) 股东出资达到法定资本最低限额，有限责任公司的注册资本为在公司登记机关登记的全体股东认缴的出资额。公司全体股东的首次出资额不得低于注册资本的20%，也不得低于法定的注册资本最低限额，其余部分由股东自公司成立之日起2年内缴足；其中，投资公司可以在5年内缴足。有限责任公司注册资本的最低限额为人民币3万元。一人有限责任公司的注册资本最低限额为人民币10万元，股东应当一次足额缴纳公司章程规定的出资额。(3) 股东共同制定的公司章程。公司章程是规定公司的宗旨、资本、组织机构、名称等内容的法律文件，是规范公司活动的“根本大法”。(4) 有公司的名称和符合要求的组织机构。有限责任公司组织机构的建立须符合《公司法》的要求，设立股东会、董事会或执行董事、监事会或监事，一人公司除外。(5) 有公司住所。

2. 股份有限公司设立的条件：(1) 发起人符合法定人数，即2人以上200人以下，其中须有半数以上的发起人在中国境内有住所。(2) 发起人认缴的和向社会公开募集的股本要达到法定注册资本最低限额。股份有限公司注册资本的最低限额一般为人民币500万元。股份有限公司采取募集方式设立的，注册资本为在公司登记机关登记的实收股本总额；股份有限公司采取发起设立方式设立的，注册资本为在公司登记机关登记的全体发起人认购的股本总额，公司全体发起人的首次出资额不得低于注册资本的20%，其余部分由发起人自公司成立之日起2年内缴足；其中，投资公司可以在5年内缴足。(3) 股份发行、筹办事项符合法律要求。(4) 发起人制定公司章程，采用募集方式设立的经创立大会通过。(5) 有公司名称、符合股份有限公司要求的组织机构和公司住所。

(三) 设立的程序

有限责任公司设立的程序：(1) 由全体股东订立公司章程。(2) 申请。(3) 股东出资。股东可以用货币出资，也可以用实物、知识产权、土地使用权等可以用货币估价并可以依法转让的非货币财产作价出资。全体股东的货币出资金额不得低于有限责任公司注册资本的30%。(4) 设立登记。公司经核准登记，领取营业执照后，即告成立，并取得法人资格。

股份有限公司设立方式为发起设立和募集设立两种。发起设立的程序如下：(1) 发起人达成设立公司的意向后，签订发起人协议，报经国务院授权的部门或省级人民政府批准；(2) 订立公司章程；(3) 认足股份；(4) 缴纳股款；(5) 设置公司机关，选任董事、监事；(6) 登记发照。募集设立是指公司发起人认购的股份不少于公司股份总数的35%，其余部分向社会公开募集而设立公司的方式。公司成立后，应当公告。采取募集设立方式的，还应将募集股份情况报国务院证券管理部门备案。

三、公司的组织机构

公司的组织机构是公司赖以存在和运作的组织保障，是公司实现其民事权利能力和民事行为能力的组织基础。我国《公司法》规定公司的组织机构由股东会（股东大会）、董事会（执行董事）和监事会（监事）组成。

1. 股东会（股东大会）。股东是公司的投资人，股东会（股东大会）是由全体股东所组成的最高权力机构，它决定公司的一切重大问题。例如，决定经营方针和投资计划，选举和更换非由职工代表担任的董事、监事，决定有关董事、监事的报酬事项，审议批准董事会、监事会或者监事的报告，审议批准公司的年度财务预算方案、决算方案，对公司增加或者减少注册资本作出决议等。

有限责任公司的股东会由股东按照出资比例行使表决权；但公司章程另有规定的除外。股份有限公司的股东出席股东大会，所持每一股份有一表决权。股东会（股东大会）的决议必须经出席会议的股东所持表决权的半数以上通过；对公司合并、分立、解散作出决议及修改章程等决议事项，必须经出席会议的股东所持表决权的 2/3 以上通过。对违反法律、行政法规、侵犯股东合法权益的决议，股东有权向法院起诉，要求宣告无效或撤销。

2. 董事会。董事会是股东会（股东大会）的执行机构。它对内管理公司事务，对外以公司名义进行活动，是公司的决策、管理机构。公司董事会由公司董事组成。

董事由股东会（股东大会）选举产生，董事的人数以单数为宜，以便在决议时投票方便和合理。有限责任公司董事会为 3～13 人，股份有限公司董事会为 5～19 人。董事会对股东会（股东大会）负责，行使的职权主要有：负责召集股东会（股东大会），并向其报告工作；执行股东会（股东大会）的决议；制定公司的经营计划和投资方案；制定公司的年度预算、决算方案；制定公司的利润分配方案和弥补亏损方案；拟定公司合并、分立、解散的方案，决定公司内部管理机构的设置，制定公司的基本管理制度等。

有限责任公司的董事会的议事方式和表决程序，除公司法有特殊规定外，由公司章程规定。股东人数较少或者规模较小的有限责任公司，可以设一名执行董事，不设董事会。董事会决议的表决，实行一人一票。董事应当对董事会的决议承担责任。董事会的决议违反法律、行政法规或者公司章程、股东大会决议，致使公司遭受严重损失的，参与决议的董事对公司负赔偿责任。但经证明在表决时曾表明异议并记载于会议记录的，该董事可以免除责任。

3. 经理。公司的经理由董事会聘任，对董事会负责，行使公司的日常经营管理权。

4. 监事会。监事会是公司的内部监督机构。公司必须设立监事会（规模很小的有限责任公司可只设监事，不设监事会）。监事会由不少于 3 名的监事组成。监事会应当包括股东代表和适当比例的公司职工代表，其中职工代表的比例不得低于1/3，具体比例由公司章程规定。监事会中的职工代表由公司职工通过职工代表大会、职工大会或者其他形式民主选举产生。董事、高级管理人员不得兼任监事。监事会的任期为3年，连选连任。监事会的主要职权是对公司的管理进行监督，如检查公司财务，对董事、高级管理人员执行公司职务的行为进行监督，对违反法律、行政法规、公司章程或者股东会决议的董事、高级管理人员提出罢免的建议，提议召开临时股东会会议，在董事会不履行公司法规定的召集和主持股东会会议职责时召集和主持股东会会议，依法对董事、高级管理人员提起诉讼等。

四、一人有限责任公司

一人有限责任公司，是指只有一个自然人股东或者一个法人股东的有限责任公司。纵观历史，各国普遍经历了“普遍禁止——有限度承认——立法上承认一人公司”这样一个历史过程。一人有限责任公司的设立对于鼓励投资创业、繁荣市场、促进自由竞争具有积极作用。同时，以一人公司为主要形式的中小企业是对巨大的垄断资本的一种有益补充。一人有限责任公司具有特殊性，因为只有一个股东，所以公司极易被股东控制，对社会交易安全将构成极大的威胁。为了更好地保护交易相对人的利益，降低交易风险，维护交易秩序，《公司法》设专节明确一人公司的法律地位，同时作出特别规定。

一人有限责任公司的注册资本最低限额为人民币10万元。股东应当一次足额缴纳公司章程规定的出资额。一个自然人只能投资设立一个一人有限责任公司。该一人有限责任公司不能投资设立新的一人有限责任公司。一人有限责任公司应当在公司登记中注明自然人独资或者法人独资，并在公司营业执照中载明。一人有限责任公司的章程由股东制定。一人有限责任公司不设股东会。股东对一般有限责任公司股东会职权范围内事项作出决定时，应当采用书面形式，并由股东签名后置备于公司。一人公司的唯一股东兼任执行董事的普遍存在，极易导致股东个人财产和公司财产的混同，为一人股东损“公”肥“私”制造便利。因此《公司法》明确规定，一人有限责任公司的股东不能证明公司财产独立于股东自己的财产的，应当对公司债务承担连带责任。

五、公司的人格否认制度

公司的人格否认制度又称揭开公司的面纱制度。所谓公司的面纱，即公司作为法人以其全部资产独立地对其法律行为和债务承担责任，公司股东以其出资额为限对公司承担有限责任。公司与其股东具有相互独立的人格，当公司资产不足偿付其债务时，法律不能透过公司这层“面纱”，要求股东承担责任。所谓揭开公司的面纱，是指对已具独立资格的法人，在具体的法律关系中，如果其成员出于不正当的目的而滥用法人人格，并因此对债权人利益和社会公共利益造成了损害，法院可以基于公平正义的价值理念，否认该法人的独立法律人格，并责令法人成员直接对法人的债务承担连带责任的一种法律制度。

揭开公司面纱制度不是对公司法人人格制度的彻底否定，而是对该制度的一种必要的补充。该制度有如下特征：以承认法人具有合法有效的法人资格为前提；以法人成员滥用法人的法律人格为条件；法人成员滥用法人人格的行为，损害了债权人利益；其效果仅及于特定的当事人之间。

我国《公司法》第20条第3款规定：“公司股东滥用公司法人独立地位和股东有限责任，逃避债务，严重损害公司债权人利益的，应当对公司债务承担连带责任。”这一规定就是揭开公司面纱制度。揭开公司面纱制度的构成要件如下：(1) 股东的确实施了滥用公司法人独立地位和股东有限责任的行为，并导致了公司逃避债务；(2) 债权人利益受到严重损害，而非一般损害；(3) 股东的滥权行为与债权人的损失之间存在因果关系；(4) 公司股东不能证明公司财产独立于股东自己的财产，就推定一人股东滥用了公司法人资格。

第四节　合伙企业法

一、合伙企业概述

一般而言，经济领域的合伙可追溯至中世纪地中海沿岸城市出现的一种名为“康孟达”的合伙组织，其合伙人分别承担无限责任和有限责任。经过漫长的历史演变，现代合伙已成为一种为各国所普遍采用，尤其适宜于中小型规模的经济组织形式。

现代合伙企业是指两个以上自然人、法人或其他组织按照合伙协议，依法定条件和程序设立，具有民商事行为能力，以自己名义（商号）独立从事经营，享有民商事权利并承担民商事义务，合伙人对营业所生债务承担无限连带责任抑或有限责任的经济组织。

我国合伙立法的法律渊源主要有《民法通则》和《合伙企业法》等，规范对象主要包括《民法通则》规定的个人合伙和合伙型联营及《合伙企业法》规定的合伙企业。其中，《民法通则》是有关合伙原则和制度的一般性规定，既规范有书面或口头合伙协议、未经核准登记、无字号（商号）的临时性民事合伙关系，也规范有书面合伙协议、经核准登记、有字号的商合伙关系。《合伙企业法》作为我国商合伙制度最为重要的法律渊源，则系统规范含企业名称、合伙资产、组织机构、营业场所并经工商登记为合伙企业的经济组织。此外，《中外合作经营企业法》、《外资企业法》中关于非法人的中外合作经营企业以及非法人且非独资的外资企业等的规定，也涉及特别法意义上的合伙。

根据我国的合伙企业法，合伙企业有普通合伙企业和有限合伙企业两大类。普通合伙企业的主要特点是，由普通合伙人组成，合伙人对合伙企业债务承担无限连带责任，合伙企业名称中应当标明“普通合伙”字样。普通合伙企业中又有其特殊形式，即“特殊的普通合伙企业”。

特殊的普通合伙企业的特点是：

1. 以专业知识和专门技能为客户提供有偿服务的专业服务机构，可以设立为特殊的普通合伙企业。

2. 特殊的普通合伙企业名称中应当标明“特殊普通合伙”字样。

3. 一个合伙人或者数个合伙人在执业活动中因故意或者重大过失造成合伙企业债务的，应当承担无限责任或者无限连带责任，其他合伙人以其在合伙企业中的财产份额为限承担责任。合伙人在执业活动中非因故意或者重大过失造成的合伙企业债务以及合伙企业的其他债务，由全体合伙人承担无限连带责任。

4. 合伙人执业活动中因故意或者重大过失造成的合伙企业债务，以合伙企业财产对外承担责任后，该合伙人应当按照合伙协议的约定对给合伙企业造成的损失承担赔偿责任。

有限合伙企业的特点是：

1. 由普通合伙人和有限合伙人组成，普通合伙人对合伙企业债务承担无限连带责任，有限合伙人以其认缴的出资额为限对合伙企业债务承担责任；

2. 有限合伙企业一般应由 2 个以上 50 个以下合伙人设立，有限合伙企业至少应当有 1 个普通合伙人；

3. 有限合伙企业名称中应当标明“有限合伙”字样。

合伙与有限责任公司的主要区别如下：

1. 合伙企业是契约式企业，有限责任公司是股权式企业。合伙企业是由各合伙人依法订立合伙协议，共同出资，合伙经营，共享收益，共担风险，并承担无限连带责任的企业。合伙协议是合伙人享受权利和承担义务的依据，合伙企业的事务执行、解散和清算等问题都按照依法订立的合伙协议来操作。有限责任公司股东按照比例出资，以其出资额为限对公司承担责任，并且按照投入公司的资本额享有所有者的资产受益、重大决策和选择管理者等权利。

2. 合伙企业不具有法人资格，有限责任公司具有法人资格，这是合伙企业和有限责任公司的最主要的区别。这说明合伙企业只具有相对独立的人格，合伙企业的财产只具有相对独立性，合伙企业的财产不属于合伙组织独立所有，而是属于合伙人共有，因此合伙人与合伙企业是连带责任关系。而有限责任公司具有绝对独立的人格，有限责任公司的财产具有绝对的独立性。

二、合伙企业的设立

合伙企业的设立，是指合伙人为了使合伙企业得以成立并取得生产经营资格，依照法定条件和程序所进行的一系列法律行为的总称。设立合伙企业，必须严格按照法律规定的条件和程序进行。但是，合伙企业的设立不同于合伙企业的成立。合伙企业的设立是合伙企业成立的必经程序，设立目的是最终成立合伙企业，成为一个独立的法律主体。而合伙企业的成立则是合伙企业设立的法律后果。合伙企业的设立人即从事合伙企业创设活动的人，也就是合伙企业的合伙人。

设立合伙企业，应当具备以下实质条件：

其一，有 2 个以上合伙人。合伙人若为自然人的，应当具备完全民事行为能力，且无法律禁止从事营利性活动的资格限制，如不得为公务员、军人等。国有独资公司、国有企业、上市公司以及公益性的事业单位、社会团体不得成为普通合伙人。有限合伙企业则一般应由 2 个以上 50 个以下合伙人设立。有限合伙企业至少应当有 1 个普通合伙人。

其二，有书面合伙协议。

其三，有各合伙人实际缴付的出资。

其四，有合伙企业的名称、固定的经营场所和从事合伙经营的必要条件。

三、合伙企业的财产及事务管理

合伙企业的财产是指合伙企业在存续期间合伙人的出资和所有以合伙企业名

义取得的收益而形成的归属于合伙企业占有、使用、经营管理的财产。合伙企业财产包括合伙人的出资财产和合伙企业的收益。

合伙企业财产的管理及处分的基本原理如下：共有共管，即在合伙关系存续期间，合伙企业财产关系是一种共有共管关系；清算前不分割，即在共有关系存续期间，各合伙人自然无权提出对合伙财产进行分割；合伙人有权限制转让合伙份额；合伙人优先购买、受让转让的合伙份额；合伙企业财产一般不出质，除非全体合伙人一致同意。

我国合伙企业事务执行主要有以下几种方式：（1）全体合伙人共同执行方式；（2）委托1人或数人执行；（3）承包方式。被聘任的经营管理人员在授权范围内履行义务，超越合伙企业授权范围从事经营活动的，或者因故意或重大过失给合伙企业造成损失的，依法承担赔偿责任。依法委托1名或者数名合伙人执行合伙企业事务，预示着其他合伙人不再执行合伙企业事务。为了充分保护非事务执行人的合伙人的正当权利和合法利益，我国《合伙企业法》以及《合伙企业登记管理办法》为非事务执行人的合伙人设置了一系列的权利，如监督检查权、查阅账簿权、决议表决权、提出异议权、申请撤销委托权以及寻求司法救济权等。

四、合伙企业的入伙与退伙

入伙是合伙企业之外的民事主体申请加入该组织，经原合伙人全体同意而成为新合伙人的民事法律行为。入伙的基本条件有新合伙人提出申请，原合伙组织全体合伙人同意，新入伙人与原全体合伙人依法订立书面入伙协议。新合伙人的权利表现为：知情权；与原合伙人同权同利。入伙人的义务表现为：共担合伙风险；对入伙前的合伙企业债务承担连带责任。

退伙是指已经取得合伙人身份的公民因法定事由或本人原因使其原有的特定合伙人身份归于消灭或丧失的民事法律行为或民事关系状态。合伙人退伙的，其他合伙人应当与该退伙人按照退伙时的合伙企业的财产状况进行结算，退还退伙人的财产份额。退伙时有未了结的合伙企业事务的，待了结后进行结算。退伙人对其退伙前已发生的合伙企业的债务，与其他合伙人承担连带责任。如果合伙人退伙时，合伙企业财产少于合伙企业债务的，退伙人应当按照合伙协议约定的份额，按比例分担亏损，或在合伙协议不明确的情况下承担等额责任。

第五节　独资企业法

一、概述

在生产资料私人所有制为基本经济制度的资本主义国家，独资就是指个人投资，被称为“独资所有制”、“个人企业”等等。这些国家普遍从个人的民事权利能力和民事行为能力的角度去审视某个个人的投资资格。在我国，对“独资”的理解却具有双重含义：既可能是个人的独资，又可能是法人的独资。其根源于我国以公有制为基础的多种所有制并存的经济制度。从个人独资来看，1988 年颁布的《私营企业暂行条例》确立了“个人独资”是私营企业的三种形式之一，《外资企业法》也确认了外商独资企业的法律地位。1993 年的《宪法》修正案，对私营企业的地位及权益保护等又作了重要补充。

1999 年 8 月 30 日，我国通过了《个人独资企业法》。在当时，这是继《公司法》、《合伙企业法》之后，我国制定的第三部规范市场主体的法律，也是与个体经济关系最为密切的一部法律。该法共 6 章 48 条。主要包括下列内容：个人独资企业法的立法宗旨、个人独资企业法的基本原则、个人独资企业法的适用范围、个人独资企业的法律界定、个人独资企业的设立、个人独资企业的住所、个人独资企业的投资人、个人独资企业的权利和义务、个人独资企业的解散和清算以及法律责任等。

西方国家一般没有个人独资企业方面的专门立法，个人独资企业属于商自然人的范畴，其经营规模、组织结构、内部关系都比较简单，企业与企业主的人格几乎重合，法律只需要求企业主遵循有关商人的一般法律规范即可，没有必要为个人独资企业另行制定一部专门的法律。有关个人独资企业方面的规定分散在民法、商法和其他法律、法规中。

二、个人独资企业的法律界定

个人独资企业是指依法在中国境内设立，由一个自然人投资，财产为投资人个人所有，投资人以其个人财产对企业债务承担无限责任的经营实体。

个人独资企业具有以下特征：

1. 投资人为单个的自然人。首先，投资的“自然人”仅指中国人，不包括外商。如果外国自然人单独投资在我国设立企业，应当适用《外资企业法》，属于外商独资企业。其次，这既与国家主体和法人作为投资人相区别，也与两个以上公民投资设立的合伙企业相区别。

2. 投资人以个人财产承担清偿债务的责任，以此与其家庭成员的财产相区别，避免因个人的投资失败波及整个家庭成员的其他财产；法律同时规定，个人独资企业投资人在申请企业设立登记时明确以其家庭共有财产作为个人出资的，应当依法以家庭共有财产对企业债务承担清偿责任。

3. 投资人承担无限责任，以促使其遵守商业道德，维护商业信誉，促进交易安全。

4. 作为经济组织形态之一，个人独资企业有自己的商号，而非从事简单商品交换的公民。

由此可见，个人独资企业具备民事主体的资格，但不能独立承担民事责任。或者说，个人独资企业作为非法人组织的民事主体，只有相对独立的民事责任能力。民事权利能力决定了民事主体资格，具有民事权利能力，就可以成为独立的民事主体。但是，能够成为独立的民事主体并不一定具有民事责任资格，因为具有民事权利能力并不一定具有民事行为能力，而民事行为能力决定了民事责任资格。就个人独资企业而言，其与个人独资企业的投资人是两个不同的主体。根据法律规定，个人独资企业领取营业执照后即具有民事权利能力，成为独立的民事主体，从而能够以自己的名义独立从事民事活动。但个人独资企业不是法人企业，它由一个自然人出资，在权利义务上和投资人是融为一体的，它的责任即是投资人个人的责任，它的财产即是投资人个人的财产，投资人对个人独资企业的债务负有无限责任，而这种责任并不止于个人独资企业的资产，有多少就必须承担多少，当个人独资企业的债务超过个人独资企业的资产时，该超出部分的债务须由投资人以该个人独资企业外部的个人财产（投资人财产）予以清偿。可见，独资企业没有独立承担民事责任的能力。

个人独资企业与个体工商户、合伙企业、一人有限责任公司之间的区别如下：

第一，在出资额上，个体工商户以个人财产或家庭财产出资，没有最低额规定。个人独资企业由一个自然人投资成立，财产为投资人个人所有，也可以家庭财产中属于个人的部分出资。对出资额没有规定，对出资形式也没有要求。合伙企业由两个以上自然人投资设立，协议出资经营。一人有限公司则是由一个自然人或者法人投资设立，最低出资额为10万元人民币，且不能分期缴纳。

第二，在适用法律上，个体工商户适用《城乡个体工商户管理暂行条例》、《个体工商户建账管理暂行办法》、《个体工商户税收定期定额征收管理办法》等，且从2008年9月1日起不再缴纳管理费。个人独资企业适用《个人独资企业法》、《个体工商户税收定期定额征收管理办法》、《个人所得税法》等。合伙企业适用《合伙企业法》、《个人所得税法》等。一人有限公司主要由《公司法》调整。

第三，在税收上，个体工商户、个人独资企业、合伙企业缴纳个人所得税，一人有限公司缴纳企业所得税。

第四，承担责任。个体工商户以个人全部或家庭全部财产承担民事责任；个人独资企业以个人财产承担无限责任；合伙企业分普通合伙人和有限合伙人，普通合伙人承担无限责任，有限合伙人以出资额为限承担责任；一人有限责任公司一般以注册资本为限承担有限责任，但是如果个人财产与公司财产没有分开核算，则仍需要承担无限责任。

三、个人独资企业的设立

《个人独资企业法》充分体现了设立简便、鼓励发展的原则。《个人独资企业法》借鉴发达国家的经验和做法，为投资者设立个人独资企业提供了便利条件。例如，明确了对个人独资企业的设立不要求最低注册资本金，投资人的出资方式、出资数额可以自由选择、自行决定。申请设立登记的程序清楚，手续也极为简便。申请设立个人独资企业只需向企业所在地登记机关提交设立申请书、投资人身份证明、生产经营场所使用证明等文件。对行政机关作出是否登记决定的期限严格规定为15天，比合伙企业规定的30天缩短了一半。

投资人的出资是企业生存与发展的物质基础，是对经营活动中的相对人的一种信用承诺，也是投资人实力的象征。在世界各国，对独资企业的设立条件的规定普遍较低，只要求投资人有自己的出资。不过，出资并非特指现金或货币，其包括了固定资产、无形资产及流动资产等多方面的内容，各国对不同出资的具体要求也作了不同的规定。我国《公司法》根据公司的经营方式的不同设定了最低法定注册资本额，而《个人独资企业法》中无此规定。但这并非意味着“一元钱就可成为老板”。根据《个人独资企业法》的设立规则，必须有固定的生产经营场所和必要的生产经营条件，这无疑不是“一元钱”可以胜任的。

个人独资企业设立的基本程序如下：(1) 投资者提出设立申请。申请设立独资企业，必须由投资者或者其委托的代理人向个人独资企业所在地的登记机关提交设立申请书、投资人身份证明、生产经营场所使用证明等文件。(2) 登记机关审查、登记。登记机关应当在收到设立申请文件之日起15日内，对符合条件的予以登记，发给营业执照；对不符合规定条件的，不予登记，但应当给予答复，说明理由。

四、个人独资企业的清算及责任的承担

根据《个人独资企业法》的规定，个人独资企业具有下列情形时应当解散：(1) 投资人决定解散。(2) 投资人死亡或者宣告死亡，无继承人或者继承人决定放弃继承。至于独资企业投资人死亡后，如继承人有多个，独资企业的投资人则由一人变为多人，此时企业如何定性，法律没有明确规定。(3) 被依法吊销营业执照。(4) 法律、行政法规规定的其他情形。

个人独资企业解散，由投资人自行清算或者由债权人申请人民法院指定清算人清算。个人独资企业解散的，财产应当按照下列顺序清偿：(1) 所欠职工工资和社会保险费用；(2) 所欠税款；(3) 其他债务。个人独资企业解散后，原投资人应当对其投资经营期间的债务承担偿还责任，但债权人在5年内未向债务人提出清偿请求的，该责任消灭。

第六节　合作社法

一、合作社思想的沿革

作为合作社法的思想基础，合作社思想产生于19世纪上半叶资本主义社会经济迅速发展和变革时期，其理论直接来源于欧洲空想社会主义对原始积累时期资本主义社会弊端的批判和对没有剥削、没有贫困、共同劳动、平等和谐的理想社会的向往，合作社作为克服或解决社会的不公平和不平等的组织基础，其思想核心是团结、互助、公平与平等。

一般认为，托马斯·莫尔的《乌托邦》和康帕内拉的《太阳城》两书中的合作思想，是近代合作社思想产生的标志。19世纪初，空想社会主义的代表人物圣西门、傅立叶和欧文开始了在系统理论和实践上对合作社制度的追求。圣西门

主张人们联合起来共同劳动和生产，用“和谐制度”来取代资本主义制度。这种和谐社会是一种共同协作的社会，其基层组织叫“法郎吉”，即社员共同生产，共享所得收入的生产或消费合作社。为了实现合作社理想，傅立叶也于 1832 年在凡尔赛附近创建了“法伦斯本尔”新村。罗伯特·欧文积极将其合作社思想付诸实践。19 世纪 20 年代，他由一个工厂主转变为空想社会主义者和合作社社会主义者。尽管马克思、恩格斯对空想社会主义及其改良思想进行了批判，但他们依然认为在无产阶级取得国家政权后，合作社是实现资本主义私有制向社会主义公有制过渡的有效组织形式。列宁也对合作社作了充分的肯定，认为合作社的发展就等于社会主义的发展。

这种“过渡性”合作社思想对后来社会主义国家合作社价值和法制度的选择产生了巨大影响，“过渡论”成为列宁早期施行的“共耕社”、斯大林的集体农庄、毛泽东领导的农业合作化和人民公社运动以及其他社会主义国家的合作社实践及合作社立法的指导思想。其后，列宁、斯大林把合作社企业完全等同于社会主义的集体企业的思想，影响了后来社会主义国家合作社理念的确立，导致社会主义国家对合作社价值功能认识的偏差和混乱。

例如，我国宪法和相关法律都将合作社定性为集体经济。1982 年《中华人民共和国宪法》第 8 条规定：“农村人民公社、农业生产合作社和其他生产、供销、信用、消费等各种形式的合作经济，是社会主义劳动群众集体所有制经济。”1993 年 3 月 29 日的宪法修正案将该条修改为：“农村中的家庭联产承包为主的责任制和生产、供销、信用、消费等各种形式的合作经济，是社会主义劳动群众集体所有制经济。”1999 年 3 月的宪法修正案又将此条修改为：“农村集体经济组织实行家庭承包经营为基础、统分结合的双层经营体制。农村中的生产、供销、信用、消费等各种形式的合作经济，是社会主义劳动群众集体所有制经济。”我国《民法通则》第 74 条规定：集体所有的土地依照法律属于村农民集体所有，由村农业生产合作社等农业集体经济组织或者村民委员会经营、管理。

、除了在法律上明确界定合作社为集体经济外，在新中国建立后的合作社实践中，合作社也一直围绕集体经济组织徘徊。供销合作社即为典型实例。我国的生产合作经历的互助组、初级社、高级社和人民公社四个阶段，也体现了合作社的集体经济性质。

站在市场经济角度来反思合作社的经济本质，我们认为合作社应当是介于追求经济利益与追求社会利益之间的社会组织。合作社起源于社会弱势群体联合互助摆脱困境的动机，实际上合作社一开始就肩负为社员谋求利益的神圣职责，而这种利益的主要诉求，则是经济利益的保障和提高。因此，强调合作社的政治价值，忽视合作社对经济利益的追求，实际上是对合作社本质的偏离和误解。

二、合作社经济属性的法律分析

长期以来，在国际上对合作组织的定义不胜枚举，但很难有一个比较公认的、权威的定义能适合于所有的合作社。在英国曼彻斯特举行的国际合作社联盟成立周年代表大会上给合作社确定了一个十分原则的定义：合作社是人们自愿联合、通过共同所有和民主管理的企业来满足共同的经济和社会需求的自治组织。以此界定为基础，结合现有的合作社法和合作社运作类型的共性，可以对合作社的特点作如下归纳：

1. 自治性。即合作社是自治组织，尽可能地独立于政府部门和私营企业。

2. 人合性和自愿性。合作社是“人的联合”，世界上许多基层合作社选择的是只允许单个自然人加入，但联合社允许法人（如有限责任公司）加入。人的联合具有自愿性特征。合作社不能限制社员加入和退出的自由。

3. 创立合作社的目的是满足共同的经济和社会的需求。合作社是由其社员组织起来的，并着眼于社员。社员的需要可能是单一的和有限的，也可能是多样的；可能是社会的，也可能是纯经济的。但不管是什么需要，它们是合作社存在的主要目的。

4. 合作社是一个共同所有和民主管理的企业。合作社的所有权是在民主的基础上归全体社员。这个特点是区分合作社与其他经济组织如股份制企业和政府管理企业的主要所在。

由上推知，合作社作为一种经济、社会组织形式，其制度特征是人们自愿联合、共同所有和民主管理。其价值特征是满足共同的经济和社会需求。合作社既是具有法人地位的生产和经营企业，又是群众性的社团组织。合作社作为一个群众经济组织有自己特有的组织原则和章程，加入合作社的全体成员必须遵守这些原则和按章程办事，履行自己应尽的义务，享受应有的权利。合作社还有明确的办社宗旨和目的，否则就不成其为合作社。所以不是任何一种合作组织如合作企业、合伙企业、经济联合体等都能够称为合作社。从合作生产经营到组成合作社组织必须具备上述条件并需要一个形成和发展的过程。因此并不是有合作协作或联合就必然有合作组织。有合作组织也不一定完全就是合作社。合作社是合作组织的较完备的典型的形式，合作社的规模可以是小型的也可以是大型的。

合作社与集体经济组织的本质区别如下：

第一，法律不仅承认社员对合作社的股份所有权，而且承认这种所有权的差异，合作社按照成员的股份比例分配股利，合作社按照社员和合作社的交易额分配利润，都体现了这种差异。集体经济组织则不承认个人对企业的财产权利，更不承认这种权利的差异。集体经济是一种集体无差别占有生产资料的经济形式，而合作社的股份经济则承认成员对生产资料占有的差别。

第二，"集体"的内涵和外延是模糊的，其产权是不清晰的。合作社是资金的联合和劳动的联合相结合。集体经济组织的员工和组织的关系是单纯的雇佣关系，员工只能在集体经济企业取得劳动报酬，不能取得股利。合作社是市场竞争中利益易受损害的人们自愿联合，以维护其共同权益的独立与自助的组织。中国合作化运动的主要失误之一就是混淆了合作社与集体经济组织的本质区别，把合作社作为加速实现集体经济的工具。

现代合作社运动发展到今天，其组织形式的种类越来越多，呈现出劳动群众在经济社会生活中活动的多样性。目前，在各国各地区较为流行的合作社类型有：运销合作社、消费合作社、供给合作社、信用合作社、生产合作社、劳务合作社、利用合作社、公用合作社、保险合作社（消费者保险合作社、劳动者保险合作社、农业保险合作社）等。

三、农民专业合作社法律制度

（一）立法宗旨、原则与设立规则

《中华人民共和国农民专业合作社法》（以下简称《合作社法》）于2006年10月31日通过，并于2007年7月1日起施行。[①]《合作社法》的制定和颁布，是我国农民合作社事业发展史上的里程碑，标志着我国农民专业合作社进入依法发展的新阶段，具有划时代的历史意义。

1. 立法宗旨

农民专业合作社是在农村家庭承包经营基础上，同类农产品的生产经营者或者同类农业生产经营服务的提供者、利用者，自愿联合、民主管理的互助性经济

① 全国人大常委会在第二次审议《农民专业合作经济组织法（草案）》时，将该法名称修改为《农民专业合作社法》。

组织。农民专业合作社以其成员为主要服务对象，提供农业生产资料的购买、农产品的销售、加工、运输、贮藏以及与农业生产经营有关的技术、信息等服务。农民专业合作社对由成员出资、公积金、国家财政直接补助、他人捐赠以及合法取得的其他资产所形成的财产，享有占有、使用和处分的权利，并以上述财产对债务承担责任。农民专业合作社成员以其账户内记载的出资额和公积金份额为限对农民专业合作社承担责任。

《合作社法》的立法宗旨是，国家通过财政支持、税收优惠和金融、科技、人才的扶持以及产业政策引导等措施，支持、引导农民专业合作社的发展，规范农民专业合作社的组织和行为，保护农民专业合作社及其成员的合法权益，促进农业和农村经济的发展。该法规定，县级以上各级人民政府应当组织农业行政主管部门和其他有关部门及有关组织，依照本法规定，依据各自职责，对农民专业合作社的建设和发展给予指导、扶持和服务。

2. 立法原则

农民专业合作社应当遵循如下原则：(1) 成员以农民为主体；(2) 以服务成员为宗旨，谋求全体成员的共同利益；(3) 入社自愿、退社自由；(4) 成员地位平等，实行民主管理；(5) 盈余主要按照成员与农民专业合作社的交易量（额）比例返还。农民专业合作社采取依法登记生效的原则，取得法人资格。

3. 设立规则

设立农民专业合作社，应当具备下列条件：(1) 有5名以上符合法律规定的成员。其成员可以是自然人，以及从事与农民专业合作社业务直接有关的生产经营活动的企业、事业单位或者社会团体。能够利用农民专业合作社提供的服务，承认并遵守农民专业合作社章程，履行章程规定的入社手续的，也可以成为农民专业合作社的成员。但是，具有管理公共事务职能的单位不得加入农民专业合作社。(2) 章程。(3) 组织机构。(4) 名称和章程确定的住所。(5) 有符合章程规定的成员出资。

(二) 合作社成员的权利与义务

农民专业合作社成员的权利包括：参加成员大会，并享有表决权、选举权和被选举权，按照章程规定对本社实行民主管理；利用本社提供的服务和生产经营设施；按照章程规定或者成员大会决议分享盈余；查阅本社的章程、成员名册、成员大会或者成员代表大会记录、理事会会议决议、监事会会议决议、财务会计报告和会计账簿，以及章程规定的其他权利。农民专业合作社成员大会选举和表决，实行一人一票制，每一个成员享有一票的基本表决权。出资额或者与本社交易量（额）较大的成员按照章程规定，可以享有附加表决权。本社的附加表决权总票数，不得超过本社成员基本表决权总票数的20%。享有附加表决权的成员及其享有的附加表决权数，应当在每次成员大会召开时告知出席会议的成员。章程可以限制附加表决权行使的范围。

农民专业合作社成员承担的义务包括：执行成员大会、成员代表大会和理事会的决议，按照章程规定向本社出资，按照章程规定与本社进行交易，按照章程规定承担亏损，以及章程规定的其他义务。

农民专业合作社成员要求退社的，应当在财务年度终了的3个月前向理事长或者理事会提出；其中，企业、事业单位或者社会团体成员退社，应当在财务年度终了的6个月前提出；章程另有规定的，从其规定。退社成员的成员资格自财务年度终了时终止。成员在其资格终止前与农民专业合作社已订立的合同，应当继续履行；章程另有规定或者与本社另有约定的除外。成员资格终止的，农民专业合作社应当按照章程规定的方式和期限，退还记载在该成员账户内的出资额和公积金份额；对成员资格终止前的可分配盈余，依法向其返还。资格终止的成员应当按照章程规定分摊资格终止前本社的亏损及债务。

（三）组织机构和财务管理

农民专业合作社成员大会由全体成员组成，是本社的权力机构，行使诸如修改章程、选举和罢免理事长、理事、执行监事或者监事会成员、决定本社其他重大事项等权力。成员代表大会按照章程规定可以行使成员大会的部分或者全部职权。

农民专业合作社设理事长一名，可以设理事会。理事长为本社的法定代表人。农民专业合作社可以设执行监事或者监事会。理事长、理事、执行监事或者监事会成员，由成员大会从本社成员中选举产生，依照法律和章程的规定行使职权，对成员大会负责。经理按照章程规定和理事长或者理事会授权，负责具体生产经营活动。

农民专业合作社应当按照国务院财政部门制定的财务会计制度进行会计核算，编制年度业务报告、盈余分配方案、亏损处理方案以及财务会计报告，于成员大会召开的15日前，置备于办公地点，供成员查阅。农民专业合作社与其成员的交易、与利用其提供的服务的非成员的交易，应当分别核算。农民专业合作社应当为每个成员设立成员账户，主要记载该成员的出资额、量化为该成员的公积金份额以及该成员与本社的交易量（额）等内容。在弥补亏损、提取公积金后的当年盈余，为农民专业合作社的可分配盈余。

（四）合作社组织的变更和清算

农民专业合作社组织的变更包括合并、分立和终止。农民专业合作社合并，应当自合并决议作出之日起10日内通知债权人。合并各方的债权、债务应当由合并后存续或者新设的组织承继。农民专业合作社分立，其财产作相应的分割，并应当自分立决议作出之日起10日内通知债权人。分立前的债务由分立后的组织承担连带责任。但是，在分立前与债权人就债务清偿达成的书面协议另有约定的除外。

农民专业合作社因下列原因解散：(1) 章程规定的解散事由出现；(2) 成员大会决议解散；(3) 合并或者分立需要解散；(4) 依法被吊销营业执照或者被撤销。清算组自成立之日起接管农民专业合作社，负责处理与清算有关未了结业务，清理财产和债权、债务，分配清偿债务后的剩余财产，代表农民专业合作社参与诉讼、仲裁或者其他法律程序，并在清算结束时办理注销登记。清算组发现农民专业合作社的财产不足以清偿债务的，应当依法向人民法院申请破产。农民专业合作社破产适用企业破产法的有关规定。但是，破产财产在清偿破产费用和共益债务后，应当优先清偿破产前与农民成员已发生交易但尚未结清的款项。

思考题

1. 以大学生自主创业中团队创业与个人创业为主线，具体分析一般有限责任公司、合伙企业、一人有限责任公司、个人独资企业四类可供大学生创业选择的企业法律形式在实际创业过程中的利弊。

2. 个人独资企业与个体工商户、合伙企业、一人有限责任公司之间有何区别？

3. 经济组织终止的法律特征有哪些？具体形式有哪些？

案例分析

甲、乙、丙于2002年3月出资设立A有限责任公司。2003年4月，该公司又吸收丁入股。2005年10月，该公司因经营不善造成严重亏损，拖欠巨额债务，被依法宣告破产。人民法院在清算中查明：甲在公司设立时作为出资的机器设备，其实际价额为120万元，显著低于公司章程所定价额300万元；甲的个人财产仅为20万元。

试分析：（1）对于股东甲出资不实的行为，在公司内部应承担何种法律责任？

（2）对甲出资不足的问题，股东丁是否应对其承担连带责任？并说明理由。

要点分析：

（1）根据《公司法》规定，股东不按规定缴纳所认缴的出资，应当向已足额缴纳出资的股东承担违约责任。

（2）丁不应承担连带责任。根据《公司法》规定，有限责任公司成立后，发现作为出资的实物、工业产权、非专利技术、土地使用权的实际价值显著低于公司章程所定价额时，应当由交付出资的股东补缴其差额，公司“设立时”的其他股东对其承担连带责任。在本题中，对甲出资不实的问题，如果甲的个人财产不足以弥补其差额时，应当由公司设立时的其他股东“乙、丙”承担连带责任，与设立后加入的丁没有关系。

推荐阅读书目

1. 刘定华，屈茂辉主编．经济法律概论．长沙：湖南大学出版社，2002

2. 漆多俊．中国经济组织法．北京：中国政法大学出版社，2003

第三章
交易法律制度

• **本章学习目标** •

掌握交易的法律本质以及法律体系内容；掌握物权的概念、物权法的法律体系以及相关制度；掌握合同的概念、合同法的法律体系以及相关制度；掌握知识产权的概念、知识产权法的体系以及相关制度。

□ • **引导案例** • □

张某于2008年4月20日将其所有的一套房屋卖给王某，总价款80万元，双方约定，在2008年8月20日交房。王某交给张某预付款10万元。因张某投资资金紧张，向李某借款80万元，借款期为3个月，并将该套房屋抵押给李某。双方已经于2008年5月10日签订合同并办理抵押登记手续。债权到期张某仍然不能归还欠款，李某于2008年8月8日向法院申请变卖，这时王某提出执行异议，认为该屋归其所有。后法院根据《物权法》的规定拍卖该房屋，拍得价款100万元。此时张某的其他债权人要求对拍卖的价款按比例进行清偿。据查明，张某尚欠已经到期的其他债务200万元。

请思考：本案涉及哪些法律关系？张某的其他债权人能否就该拍卖所得的价款按比例获得清偿？李某对该房屋享有的权利的性质是什么？

□□□□

第一节　交易的法律本质及法律体系

一、交易的法律本质

所谓交易，从原本意义上讲，就是交换财物以获取收益。详细而言，交易就是交易者即主体利用自己的资源从对方获取收益，从而实现资源的最大化。所以，我们认为，交易的法律本质就是通过制度的构建与安排从而实现收益的最大化。

为了获取收益的最大化，法律所需要起到的作用为：

第一，克服交易的外部性问题。根据经济学的观点，由于社会成本与私人成本的偏离导致资源配置不当的情形，外部性问题也就必然存在，从而也就使得市场资源配置几乎不可能，从而也使资源配置难以实现帕累托最优。学者认为，在这种情况下，只有由政府出面对负外部性的产生者进行征税，或者对正外部性的产生者给予相应的补贴，才可以有效地消除私人成本与社会成本、私人利益与社会利益之间的偏差，从而保证市场机制正常发挥优化资源配置的作用。[①] 因为当交易成本最低时，市场主体可以通过交易实现最合适的资源分配，理性的主体总会将外溢成本和收益考虑在内，社会成本问题从而不复存在。但是，因为交易费用的存在，产品的交易难以顺畅，在交易中溢出效应定价的测度和监督费用太高，以至于将外部性内在化的激励不足，所以导致市场失灵。因此，学者认为，在经济人自由竞争的社会，尽管市场的“无形之手”能够在一定程度上有效地配置资源，但它对公正或平等的调整是盲目的，所以，这也不是理想的经济状态。[②] 此外，对外部性问题的解决，也需要对产权结构的构建。

第二，克服交易主体的损人利己的本性，从而保障交易的顺利进行。在给定的私人资源（如土地、资本、劳动）约束下，放任交易主体自主选择交易的行为可以促使消费私人物品的社会总效用的最大化，从而实现社会财富的增长。但在一个“陌生人”的商品经济社会，基于经济人的自私自利的本性，在没有强有力的制度保障的情况下，交易者很有可能借助“一锤子买卖”来满足自己的私利，损害交易对方的利益。久而久之，这样不利于交易的安全，也无助于交易的效率。

---

① 参见林成：《从市场失灵到政府失灵：外部性理论及其政策的演进》，辽宁大学2007年博士学位论文，26～49页。

② 参见邱本：《自由竞争与秩序调控》，52页，北京，中国政法大学出版社，2001；杨春学：《经济人与社会秩序分析》，165页，上海，上海三联书店、上海人民出版社，1998。

第三，保障获取收益的正义与公平问题。法律是公平正义的体现，由于市场上每个竞争者所具有的资源与信息不同，这就会导致交易不平等的出现，这从根本上将会损害交易的顺利进行，从而有害于利益的最大化。

二、交易的法律体系

根据规范的霍布斯原理，需要建构一种制度，使私人协议失败造成的损害能够达到最小。而规范的科斯定理认为，应该将阻碍私人在资源配置上达成一致协议的障碍减到最少。① 法律在对交易的调整中具有重要作用，主要表现为：

第一，对交易主体的权利界定。交易主体如果权利缺乏或者权利不完整，该交易就无法进行。

第二，对交易所采取的行为模式的调整。交易主体获取收益的途径很多，法律对交易的调整主要表现为行为模式方面。

第三，对交易主体获取收益进行保护。交易主体按照既定的行为模式取得收益，需要受到法律的保护。

这就需要以下法律的制定：

第一，产权法。这是交易顺利进行的前提。为了克服交易的外部性，政府的责任是保护财产权，界定产权，制定财产的交易规则，从而实现交易的效率。②这也是著名经济学家科斯的观点，如学者认为，“归纳科斯以来整个法律经济学理论，其核心在于，所有法律活动，包括一切立法和司法以及整个法律制度事实上是在发挥着分配稀缺资源的作用，因此，所有法律活动都要以资源的有效配置和利用——即效率极大化为目的”③。这里包括有形财产（所有权法）与无形财产（知识产权法）的法律。

第二，合同法。这主要包括调整财产流转关系的法律规范。主要是为社会经济生活提供合法交易和促进交易、指导交易、保护交易、维护交易秩序与安全的法律

① 参见［美］罗伯特·考特、托马斯·尤伦：《法和经济学》，张军等译，136～138页，上海，上海三联书店、上海人民出版社，1994。

② 参见王敏：《基于外部性对财产权观念的——以私法制度为视角》，载《河南大学学报》，2007（6）。

③ 钱弘道：《法律经济学的理论基础》，载《法学研究》，2002（4）。

手段。当然，该法律中同时规定，法律也不能为了满足交易的快捷与安全的要求而忽视对行为人的真实意思表示的维护，反之，也会有损于交易的快捷和安全，同时会造成社会不公正的事项发生，损害整个交易秩序。所以，现代法律必须在其中找到一个平衡点。

第二节　物权法律制度

一、物权法概述

所谓物权法乃是调整因占有、使用、收益和处分财产所发生的社会关系的法律规范的总称，这就意味着我国的《物权法》调整的内容具有以下特点：

第一，《物权法》调整的对象仅仅是有体物而非一切财产权。财产权除物权外还包括十分广泛的财产权利。与物权的概念相比较，财产权是一个上位概念，而物权是一个下位概念，物权本身是财产权的一种。《物权法》调整的内容仅仅是财产权的一部分。

第二，《物权法》调整的物权主要是对有形物，但是，如果仅仅限于有体物，《物权法》的调整对象是不完整的，也不能很好地体现《物权法》的立法价值。为此，一些具有物权性质的无体物以及一些权利也为《物权法》所调整，如收费权、债权也可以质押。其实，对这些物进行调整，主要是因为它们能够适用有体物的一般规则。如对于电、热、声、光以及空间等在物理上表现为无形状态的物，一般都认为是有体财产的延伸，仍然属于有体物的范畴，因为它尽管是以一种无形的状态表现的，但它仍然是一种不依赖人们客观意志的存在，而且能够为人们所支配。

在我国，尽管财产表现形式多元化，但在财产的成分中，占绝对优势的是作为不动产的土地和房屋。事实上，土地使用权和房屋所有权在我国居民的财产权利的成分中，还是最主要的物权。不过，随着社会的发展，其他财产如动产在人们的财产体系中占据越来越大的比重。(参见图 3—1)

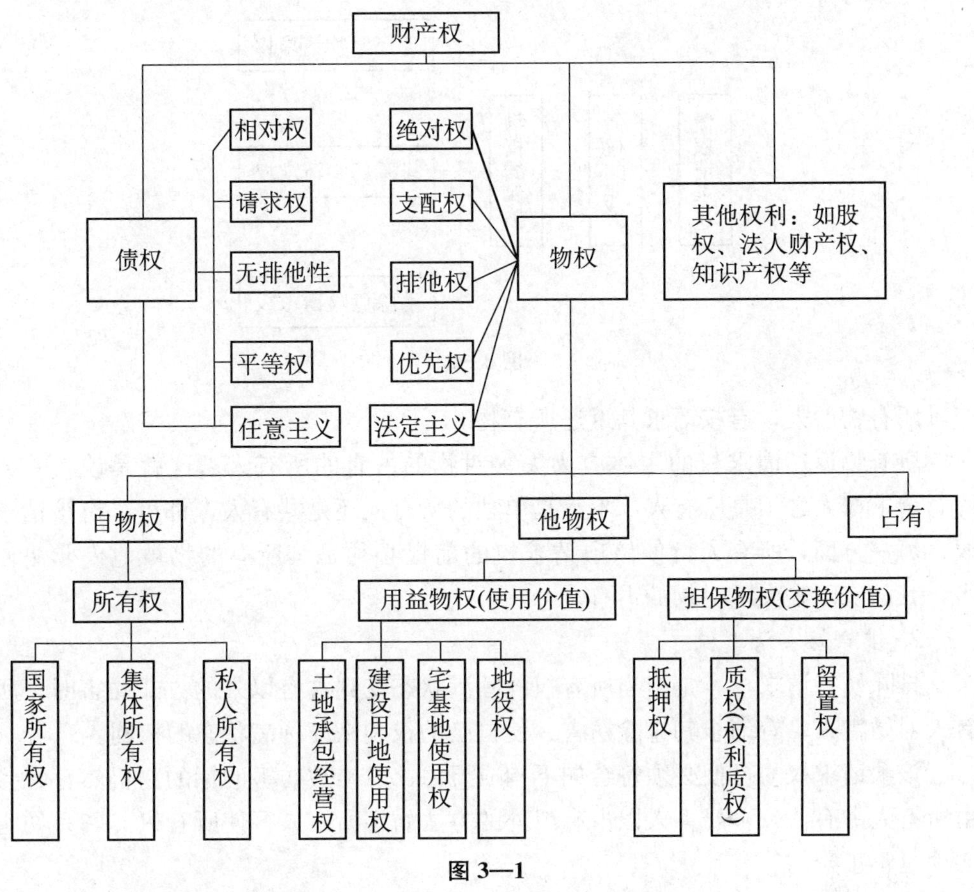

图 3—1

二、物权请求权

物权请求权是指基于物权而产生的请求权，物权请求权是指物权人在其物被侵害或有可能遭受侵害时，有权请求侵害人返还原物、恢复原状、消除危险、排除妨害。物权请求权是保护物权的一项专门的制度，是民法上的一项独立请求权制度。

物权请求权的目的为排除妨害，根据不同的妨害样态可分为以下几种（参见图 3—2）：

1. 返还原物请求权

返还原物请求权，又称为所有物返还请求权，是指所有人对无权占有人或侵

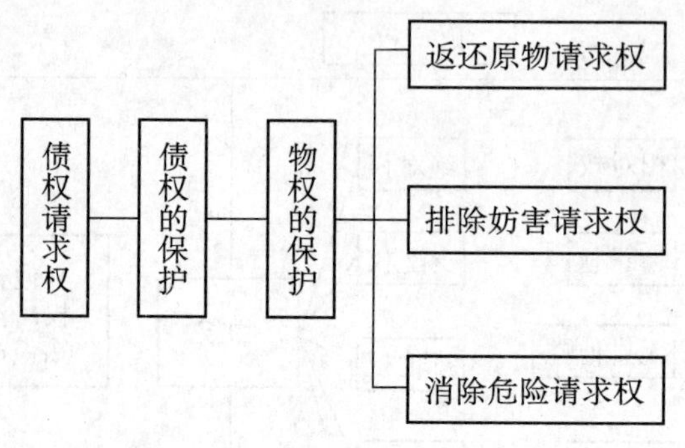

图 3—2

夺其所有物的人，有权请求其返还所有物。

所有物返还请求权的主体应为失去对物的占有的所有人。这就是说，一方面，请求权人必须是所有人，不管是单独的所有人还是共有人，都可享有该请求权；另一方面，所有人行使该项请求权的前提必须是其所有的物被他人非法侵占，其已实际丧失了对物的占有。

2. 排除妨害请求权

排除妨害请求权，是指当所有权的圆满状态受到占有以外的方式妨害时，所有人对妨害人享有请求其排除妨害、使自己的权利恢复圆满状态的权利。

该项请求权的行使必须符合如下构成要件：(1) 被妨害的标的物仍然存在且由所有人占有。(2) 妨害人以占有以外的方法妨害所有人行使所有权。(3) 妨害必须是不正当的。

3. 消除危险请求权

依据《物权法》的规定，排除妨害请求权分为停止侵害请求权和消除危险请求权。所谓停止侵害请求权，是指不法行为人的行为及物件给他人的财产和人身造成了现实的损害，受害人有权请求法院制止正在进行的侵害。二者的主要差别在于，前者给他人物权带来的不利影响是现实存在、持续存在的，而后者给他人物权带来一种现实的损害危险。根据《物权法》的规定，消除危险请求权实际上是一种另类的排除妨害请求权。

三、物权的变动

所谓物权的变动，是物权的产生、变更和消灭的总称。法律规定，不动产物权的变动需要办理登记，而动产物权的变动需要经过交付（参见图 3—3）。

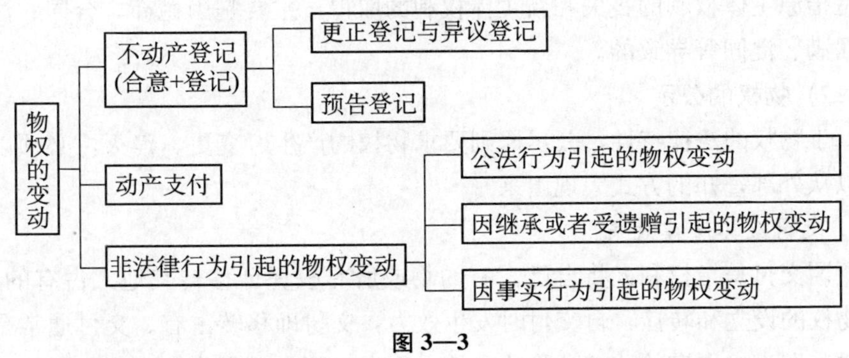

图 3—3

(一) 物权的变动的概念

1. 物权的产生

物权的产生即物权人取得了物权，它在特定的权利主体与不特定的义务主体之间形成了物权法律关系，并使特定的物与物权人相结合。

物权的取得具有原始取得与继受取得之分，前者是指不以他人的权利及意思为依据，而是依据法律直接取得物权；后者则是指以他人的权利及意思为依据取得物权。继受取得又可分为创设与移转两种方式：创设的继受取得即所有人在自己的所有物上为他人设定他物权，而由他人取得一定的他物权，如房屋所有人在其房屋上为他人设定抵押权，则他人基于房屋所有人设定抵押权的行为取得抵押权；移转的继受取得即物权人将自己享有的物权以一定法律行为移转给他人，由他人取得该物权。

物权的取得主要基于以下几种方式：一是基于民事法律行为。二是基于民事法律行为以外的原因取得物权，这主要有：因取得时效取得物权；因公用征收或没收取得物权；因法律的规定取得物权（留置权）；因附合、混合、加工取得所有权；因继承取得物权；因拾得遗失物、发现埋藏物取得所有权等。

2. 物权的变更

物权的变更是指物权的主体、内容或客体的变更。物权内容的变更，是指不影响物权整体内容的物权的范围、方式等方面的变化。物权客体的变更则是指物权标的物所发生的变化。

3. 物权的消灭

从权利人方面观察，物权的丧失，可以分为绝对的消灭与相对的消灭。绝对的消灭是指物权本身不存在了，即物权的标的物不仅与其主体相分离。相对的消灭则是指原主体权利的丧失和新主体权利的取得，主要是因抛弃、合同、法定期间的届满、混同等导致的。

（二）物权的公示

基于物权的法律特性，公示原则要求物权的产生、变更、消灭，必须以一定的可以从外部查知的方式表现出来。

1. 交付及其法律效果

所谓交付是指权利人将自己占有的物或所有权凭证移转其他人占有的行为。动产物权的设立和转让，自交付时发生效力，交付即移转占有。交付通常是指现实交付，即直接占有的移转。除此之外，还有以下交付方式：

第一，简易交付，即动产物权设立和转让前，权利人已经依法占有该动产的，物权的设立和转让自法律行为生效时发生效力。如受让人已经通过寄托、租赁、借用等方式实际占有了动产，则于物权变动的合意成立时，视为交付。

第二，占有改定，即动产物权转让时，双方又约定由出让人继续占有该动产的，物权转让自该约定生效时发生效力。

第三，指示交付，即动产物权设立和转让前，第三人依法占有该动产的，负有交付义务的人可以通过转让请求第三人返还原物的权利代替交付。

第四，拟制交付，即出让人将标的物的权利凭证（如仓单、提单）交给受让人，以代替物的现实交付。

2. 登记及其法律效果

登记作为不动产物权的公示方法，是将物权变动的事项，登载于特定国家机关的簿册上。

根据我国民法通则和其他法律的规定，我国不动产物权的变动，系采取登记要件主义，即以登记作为物权变动的要件。不动产物权的变动除了当事人间的合意外，还要进行登记。不动产物权的设立、变更、转让和消灭，经依法登记，发生效力；未经登记，不发生效力，但法律另有规定的除外。在我国，法律禁止土地的买卖。因此，不存在土地所有权的民事移转问题。但根据我国土地管理法和其他法律、法规的规定，其他土地物权的产生、变更、消灭，都必须依法进行登记。

3. 不动产登记与合同效力的关系

基于法律行为移转物权，事先需要达成合意，此种合意并不是所谓物权合意，因为即使当事人具有移转物权的意图和目的，但如果没有完成公示方法，也根本不可能移转物权。例如，土地使用权转让，如果没有签订转让协议，根本不可能发生土地使用权的移转。房屋所有权的转让更是如此。此外，还需要经过登记手续。根据《物权法》的规定，不动产物权的设立、变更、转让和消灭，依照法律规定应当登记的，自记载于不动产登记簿时发生效力。当事人之间订立有关设立、变更、转让和消灭不动产物权的合同，除法律另有规定或者合同另有约定外，自合同成立时生效；未办理物权登记的，不影响合同效力。

4. 不动产登记簿

不动产登记簿是物权归属和内容的根据。不动产登记簿由登记机构管理。不动产权属证书是权利人享有该不动产物权的证明。不动产权属证书记载的事项，应当与不动产登记簿一致；记载不一致的，除有证据证明不动产登记簿确有错误外，以不动产登记簿为准。

权利人、利害关系人可以申请查询、复制登记资料，登记机构应当提供。

5. 更正登记和异议登记

权利人、利害关系人认为不动产登记簿记载的事项错误的，可以申请更正登记。不动产登记簿记载的权利人书面同意更正或者有证据证明登记确有错误的，登记机构应当予以更正。

不动产登记簿记载的权利人不同意更正的，利害关系人可以申请异议登记。登记机构予以异议登记的，申请人在异议登记之日起15日内不起诉，异议登记失效。异议登记不当，造成权利人损害的，权利人可以向申请人请求损害赔偿。

6. 预告登记

当事人签订买卖房屋或者其他不动产物权的协议，为保障将来实现物权，按照约定可以向登记机构申请预告登记。预告登记后，未经预告登记的权利人同意，处分该不动产的，不发生物权效力。

预告登记后，债权消灭或者自能够进行不动产登记之日起3个月内未申请登记的，预告登记失效。

(三) 非法律行为引起的物权变动

1. 公法行为引起的物权变动

因人民法院、仲裁委员会的法律文书或者人民政府的征收决定等，导致物权设立、变更、转让或者消灭的，自法律文书或者人民政府的征收决定等生效时发生效力。

2. 因继承或者受遗赠引起的物权变动

因继承或者受遗赠取得物权的，自继承或者受遗赠开始时发生效力。

3. 因事实行为引起的物权变动

因合法建造、拆除房屋等事实行为设立或者消灭物权的，自事实行为成就时发生效力。

四、所有权

(一) 所有权的概念

财产所有权是财产所有人在法律规定的范围内对属于他的财产享有占有、使用、收益、处分的权利。占有是所有权人对于财产实际上的占领、控制。财产所有人可以自己占有财产，也可以由非所有人占有。使用是依照物的性能和用途，以并不毁损其物或变更其性质的方式而加以利用。使用权能一般由所有人自己行使，也可以由非所有人行使。收益是指收取所有的物的利益，包括孳息和利润。孳息分为法定孳息和自然孳息。前者指依法律关系取得的利益，后者指果实、动物的生产物以及其他依物的用法收取的利益。收益权能一般由所有人行使，他人使用所有物时，除法律或合同另有规定外，收益归所有人所有。处分是决定财产事实上和法律上命运的权能。处分分为事实上的处分和法律上的处分。前者是在生产或生活中使物的物质形态发生变更或消灭，后者指依照所有人的意志，通过某种法律行为对财产进行处理。处分权能通常只能由所有人自己行使，只有在法律有特别规定的场合，非所有人才能处分他人所有的财产。

(二) 所有权的种类

所有权的种类就是指所有权的不同类型，所有权的种类是对所有制形式的反映。在我国，所有权的种类主要有国家所有权、集体组织所有权和公民个人所有权。这是我国现阶段财产所有权的三种基本形式。

1. 国家所有权

国家所有权是国家对国有财产的占有、使用、收益和处分的权利，国家所有权本质上是社会主义全民所有制在法律上的表现。国家所有权作为一种法律关系，它是在全民所有制基础上，由特定的权利主体（国家）和不特定的义务主体（任何公民和法人）之间组成的权利和义务关系。国有财产由国务院代表国家行使所有权；法律另有规定的，依照其规定。

2. 劳动群众集体组织所有权和法人所有权

（1）劳动群众集体组织所有权

劳动群众集体组织所有权又称集体所有权，是集体组织对其财产享有的占有、使用、收益、处分的权利。集体组织所有权在法律上具有自己的特点：

其一，集体组织所有权的主体是各个集体组织。各个集体组织的财产，都分别属于各该集体组织。

其二，集体组织所有权属于集体组织，只有它才能作为该组织全体成员的代表对集体财产行使所有权，它的成员个人不是集体组织财产的所有人，无权处分集体组织的财产。

其三，集体组织所有的财产，除了法律规定的国家专有财产外，可以是其他任何财产。

集体所有的不动产和动产包括：法律规定属于集体所有的土地和森林、山岭、草原、荒地、滩涂；集体所有的建筑物、生产设施、农田水利设施；集体所有的教育、科学、文化、卫生、体育等设施；集体所有的其他不动产和动产。

（2）法人所有权

第一，公司法人所有权。公司财产所有权在本质上是法人所有权，它是公司以法人的名义享有的所有权，即公司作为所有权人在法律规定的范围内独占性地支配其财产（所有物）的权利，公司可以对其财产进行占有、使用、收益、处分，并可排除他人对于其财产违背其意志的干涉。公司财产所有权的主体是公司法人，公司的出资者（股东）及公司其他成员对于公司财产均不享有所有权。

公司财产所有权是公司享有的各种财产权利的核心，因为它不仅是公司作为独立的民事主体的最重要的物质基础，也是以公司为主体发生各类财产关系的前提和结果。

第二，事业单位、社会团体财产所有权。事业单位、社会团体财产所有权是指具有法人资格的事业单位、社会团体，对其财产享有占有、使用、收益、处分的权利。

3. 个人所有权

个人对其合法的收入、房屋、生活用品、生产工具、原材料等不动产和动产享有所有权。

(三) 业主的建筑物区分所有权

业主对建筑物内的住宅、经营性用房等专有部分享有所有权，对专有部分以外的共有部分享有共有和共同管理的权利。基于物权客体的独立性原则，区分所有的特定部分，须具备一定的条件，才可以成为建筑物区分所有权的客体。这些条件有：（1）须具有构造上的独立性，即被区分的部分在建筑物的构造上，可以被区分而与建筑物其他部分相隔离。(2)须具有使用上的独立性，即建筑物被区分的各部分，可以为居住、工作或其他的目的而使用。

由此可以看出，业主的建筑物区分所有权由以下部分组成：

1. 专有部分所有权

专有部分所有权是指数人区分一建筑物而各有的那一部分，以此专有部分为客体的区分所有权，为各区分所有人单独所有。业主对其建筑物专有部分享有占有、使用、收益和处分的权利。业主行使权利不得危及建筑物的安全，不得损害其他业主的合法权益。

2. 共有部分所有权

共有部分是区分所有的建筑物及其附属物的共同部分，即专有部分之外的建筑物的其他部分。业主对建筑物专有部分以外的共有部分，享有权利，承担义务。建筑物的共有部分，为相关区分所有人所共有，均不得分割。各区分所有人对共有部分，应按其目的加以使用。共有部分的修缮费以及其他负担，由各区分所有人按其所有部分的价值分担。

3. 成员权

成员权是指业主对建筑物专有部分享有的权利。内容主要包括：对共有物的维修与管理的表决权；对业主委员会代表的选举权和被选举权；相关内容的建议权等。

(四) 相邻关系

不动产的相邻权利人应当按照有利生产、方便生活、团结互助、公平合理的原则，正确处理相邻关系。常见的相邻关系有：相邻土地使用关系；相邻防险、排污关系；相邻用水、流水、截水、排水关系；相邻管线安设关系；相邻光照、通风、音响、震动关系；相邻竹木归属关系。

对相邻关系的处理的原则：

1. 法定与习惯原则。法律、法规对处理相邻关系有规定的，依照其规定；法律、法规没有规定的，可以按照当地习惯。

2. 便利公平原则。按照有利生产、方便生活、团结互助、公平合理的原则处理，如不动产权利人应当为相邻权利人用水、排水提供必要的便利。对自然流水的利用，应当在不动产的相邻权利人之间合理分配。对自然流水的排放，应当尊重自然流向。不动产权利人对相邻权利人因通行等必须利用其土地的，应当提供必要的便利。不动产权利人因建造、修缮建筑物以及铺设电线、电缆、水管、暖气和燃气管线等必须利用相邻土地、建筑物的，该土地、建筑物的权利人应当提供必要的便利。

3. 补偿原则。不得侵害他人权益，如果侵害应该给予补偿。建造建筑物，不得违反国家有关工程建设标准，妨碍相邻建筑物的通风、采光和日照。如不动产权利人不得违反国家规定弃置固体废物，排放大气污染物、水污染物、噪声、光、电磁波辐射等有害物质。不动产权利人挖掘土地、建造建筑物、铺设管线以及安装设备等，不得危及相邻不动产的安全。不动产权利人因用水、排水、通行、铺设管线等利用相邻不动产的，应当尽量避免对相邻的不动产权利人造成损害；造成损害的，应当给予赔偿。

(五) 共有

不动产或者动产可以由两个以上单位、个人共有。共有包括按份共有和共同共有。所谓按份共有，是指共有人对共有的不动产或者动产按照其份额享有所有权的共有。而共同共有是指共有人对共有的不动产或者动产共同享有所有权的共有。

1. 对共有物的管理

对共有的不动产或者动产的管理按照约定为先的原则；没有约定或者约定不明确的，各共有人都有管理的权利和义务。对共有物的管理费用以及其他负担，有约定的，按照约定负担；没有约定或者约定不明确的，按份共有人按照其份额负担，共同共有人共同负担。对共有的不动产或者动产处分或者作重大修缮的，应当经占份额 2/3 以上的按份共有人或者全体共同共有人同意，但共有人之间另有约定的除外。

2. 对共有物的分割

共有人约定不得分割共有的不动产或者动产，以维持共有关系的，应当按照约定，但共有人有重大理由需要分割的，可以请求分割；没有约定或者约定不明确的，按份共有人可以随时请求分割，共同共有人在共有的基础丧失或者有重大理由需要分割时可以请求分割。因分割对其他共有人造成损害的，应当给予赔偿。

共有人可以协商确定分割方式。达不成协议，共有的不动产或者动产可以分割并且不会因分割减损价值的，应当对实物予以分割；难以分割或者因分割会减损价值的，应当对折价或者拍卖、变卖取得的价款予以分割。共有人分割所得的不动产或者动产有瑕疵的，其他共有人应当分担损失。

3. 对共有物权利与义务的承担

按份共有人可以转让其享有的共有的不动产或者动产份额。其他共有人在同等条件下享有优先购买的权利。

因共有的不动产或者动产产生的债权债务，在对外关系上，共有人享有连带债权、承担连带债务，但法律另有规定或者第三人知道共有人不具有连带债权债务关系的除外；在共有人内部关系上，除共有人另有约定外，按份共有人按照份额享有债权、承担债务，共同共有人共同享有债权、承担债务。偿还债务超过自己应当承担份额的按份共有人，有权向其他共有人追偿。

（六）所有权的善意取得

善意取得，又称为即时取得，是指动产占有人无权处分其占有的动产，如果他将该动产转让给第三人，受让人取得该动产时出于善意，则受让人将依法即时取得对该动产的所有权或其他物权。

在善意取得的情况下，原权利人与受让人之间将发生一种物权的变动，即因为受让人出于善意将即时取得标的物的所有权，而原权利人的所有权将因此发生消灭。善意取得是所有权继受取得的一种方式。原权利人不得向善意的受让人主张返还原物，也就是说，如果原权利人向受让人提出返还原物，则受让人可以基于善意取得而进行有效的抗辩。为了对善意取得人的利益与原权利人的利益进行平衡，适用善意取得制度应具备以下条件：

1. 转让人必须为无权处分财产的人。善意取得适用的前提是转让人处分财产构成无权处分，所谓无权处分，是指权利人无处分权而从事了法律上的处分行为。这种法律上的处分主要是指通过买卖、设定抵押等使所有权发生转让或者将要发生转让。

2. 受让人受让该不动产或者动产时是善意的。根据善意取得制度，取得财产的第三人在取得财产时应为善意；如果让与人为善意，而受让人为恶意，则不适用这一制度。

3. 善意取得的财产必须是法律允许流转的财产。善意取得的财产必须是法律允许自由流通的财产。法律禁止或限制流转的物，如国家专有物资、爆炸物、枪支弹药、麻醉品、毒品等，不能在市场上交换，当然不能适用善意取得制度。

4. 以合理的价格转让。善意取得制度意在保护交易安全，因而唯有在受让人与转让人之间存在基于合理价格的交易行为时，才成立善意取得。

5. 转让的不动产或者动产依照法律规定应当登记的已经登记，不需要登记的已经交付给受让人。

五、用益物权

(一) 用益物权的概念

所谓用益物权，是指非所有人对他人之物所享有的占有、使用、收益的排他性权利。用益物权作为物权的一种，着眼于财产的使用价值。

(二) 用益物权的种类

1. 土地承包经营权

土地承包经营权是公民和集体经济组织依法对集体所有或者国家所有由集体使用的土地所享有的承包经营的权利。它是我国农村集体经济组织实行家庭承包经营为基础、统分结合的双层经营体制在法律上的一种表现形式。

2. 建设用地使用权

建设用地使用权是指建设用地人依法对国家所有的土地享有占有、使用和收益，并且利用该土地建造建筑物、构筑物及其附属设施的权利。建设用地使用权可以在土地的地表、地上或者地下分别设立。新设立的建设用地使用权，不得损害已设立的用益物权。

设立建设用地使用权的，应当向登记机构申请建设用地使用权登记。建设用地使用权自登记时设立。登记机构应当向建设用地使用权人发放建设用地使用权证书。

3. 宅基地使用权

宅基地使用权是我国特有的一种用益物权形式，它是指农村居民及少数城镇居民为建造自有房屋对集体土地所享有的占有、使用的权利。宅基地使用权可以分为两种：即农村宅基地使用权和城镇宅基地使用权。

第一，农村的宅基地与集体经济组织成员的权利和利益是联系在一起的。也就是说，农民可以申请宅基地很大程度上是因为农民是农村集体经济组织的成员，每一个成员都有权以个人或者户的名义申请宅基地。也就是说，农村集体经济组织内部成员符合建房申请宅基地条件的，依法享有宅基地使用权。非农村集体经济组织内部成员，不得申请取得宅基地使用权。

第二，宅基地使用权是特定主体对于集体土地的用益物权。宅基地使用权作为用益物权，首先表现在权利人可以对宅基地长期享有占有、使用的权利。

第三，集体经济组织的成员只能申请一处宅基地。

第四，宅基地使用权的转让受到限制。宅基地使用权人对宅基地享有占有权、使用权、收益权，但是这种转让权受到限制。

4. 地役权

(1) 地役权的概念

地役权是指按照合同约定，利用他人的不动产，以提高自己不动产的效益的权利。

地役权具有从属性和不可分性。地役权的成立必须是需役地与供役地同时存在，因此在法律属性上地役权与其他物权不同。地役权虽然是一种独立的权利，并非需役地所有权或使用权的扩张，但它仍应当与需役地的所有权或使用权共命运，这就是地役权的从属性。

(2) 地役权的内容

第一，合理使用供役地。供役地权利人应当按照合同约定，允许地役权人利用其土地，不得妨害地役权人行使权利。例如为耕作处于他人土地包围之中的自己的土地，而从他人土地上通行；为排灌自己土地的水，而从他人土地上引水通过。地役权人使用供役地时，应当选择对供役地损害最小的地点、路线和方法，尽量避免降低供役地效用。

第二，实施必要的附属行为。地役权人为行使其权利，可以在供役地内为必要的附属行为。如为行使通行地役权而在供役地上开辟道路。地役权人为附属行为，须为行使其权利所必需，否则不得实施。

六、担保物权

(一) 担保物权的概念

所谓担保物权，是指债权人直接支配属于他人所有的、用于担保的财产的一种排他性的权利。因此，担保物权显然是一种他物权。担保物权是相对于用益物权，以物的交易价值为内容的物权。

(二) 抵押权

1. 抵押权的概念

抵押权是指债权人对于债务人或第三人不转移占有而提供担保的不动产或其他财产，依法享有就担保财产优先受偿的权利。

根据我国法律的规定，下列财产可以抵押：抵押人所有的房屋和其他地上定着物；抵押人依法有权处分的国有土地使用权、房屋和其他地上定着物；抵押人依法有权处分的国有的机器、交通运输工具和其他财产；抵押人依法承包并经发包方同意抵押的荒山、荒沟、荒丘、荒滩等荒地的使用权；依法可以抵押的其他土地。

根据我国法律的规定，下列财产不得抵押：土地所有权；耕地、宅基地、自留地、自留山等集体所有的土地使用权，但法律规定可以抵押的除外；学校、幼儿园、医院等以公益为目的的事业单位、社会团体的教育设施、医疗卫生设施和其他社会公益设施；所有权、使用权不明或者有争议的财产；依法被查封、扣押、监管的财产等等。

2. 抵押权当事人的权利

（1）抵押人的权利

第一，收取孳息的权利。抵押人在一般情况下仍然收取抵押物的孳息，但债务履行期届满，债务人不履行债务致使抵押物被人民法院扣押的，自扣押之日起，抵押权人有权收取由抵押物分离的自然孳息以及抵押人就抵押物可以收取的法定孳息。

第二，抵押人的处分权。财产抵押后，该财产的价值大于所担保债权的，抵押人可以再次将该物抵押，但不得超过其余额部分。同一抵押物有数个抵押权的，如抵押合同以登记生效的，按抵押物登记的先后顺序清偿。顺序相同的，按债权比例清偿。如果抵押合同自签订之日起生效的，该抵押物已登记的，按登记的先后顺序清偿，未登记的，按合同生效时间的先后顺序清偿；顺序相同的，按债权比例清偿。已登记的抵押权先于未登记的抵押权受偿。

第三，转让抵押物的权利。在抵押期间，抵押人转让已办理登记的抵押物的，应通知抵押权人并告知受让人转让物已抵押的情况。抵押人未通知抵押权人或未通知受让人的，转让行为无效。抵押人转让抵押物所得的价款，应向抵押权人提前清偿所担保的债权或向与抵押权人约定的第三人提存。超过债权数额的部分归抵押人所有，不足部分由债务人清偿。

（2）抵押权人的权利

第一，抵押权的保全权利。在抵押人的行为足以使抵押物的价值减少时，抵押权人有权要求抵押人停止其行为。抵押物价值减少时，抵押权人有权要求抵押人恢复抵押物的价值，或提供与减少的价值相当的担保。抵押人对抵押物价值的减少无过错的，抵押权人有权在抵押人因损害而得到的赔偿范围内要求提供担保。抵押物价值减少的部分，仍作为债权的担保。

第二，抵押权的处分。抵押权人可以让与其抵押权，或就抵押权为他人提供担保。但抵押权不得与债权分离单独转让或作为其他债权的担保。

第三，优先受偿权。在债务人不履行债务时，抵押权人可与抵押人协议以抵押物折价或以拍卖、变卖后的价款受偿；协议不成的，抵押权人可以提起诉讼。抵押物折价或拍卖、变卖后，其价款超过债权数额的部分归抵押人所有，不足部分由债务人清偿。

3. 抵押权的实现

抵押权的实现是指抵押权人在债务人不履行到期债务时，以抵押物价值优先受偿，从而实现自己的债权。根据我国法律的规定，抵押物的实现方式主要包括：以抵押物折价、拍卖和变卖。对通过上述3种方式处分抵押物所获得的价款，抵押权人享有优先受偿的权利。

4. 抵押权的终止

出现下列情况之一的，抵押权终止：主债权消灭、抵押物灭失、抵押权实现。

(三) 质权

1. 质权的概念

质权，亦称质押，指为了担保债权的履行，债务人或第三人将其动产或权利移交债权人占有，当债务人不履行债务时，债权人有就其占有的财产优先受偿的权利。

在质权合同中，出质人和质权人不得约定在债务履行期届满，质权人未受清偿时，质物的所有权转移为质权人所有。质权合同为要式合同，质权合同自质物移交于质权人占有时生效。

2. 质权当事人的权利和义务

(1) 质权人的权利

第一，占有质物的权利。质权人有权在债权受清偿前占有质物。

第二，收取孳息的权利。质权人有权收取质押物的孳息，但质权合同另有约定的除外。

第三，质权的保全权。因不能归责于质权人的事由可能使质押财产毁损或者价值明显减少，足以危害质权人权利的，质权人有权要求出质人提供相应的担保；出质人不提供的，质权人可以拍卖、变卖质押财产，并与出质人通过协议将拍卖、变卖所得的价款提前清偿债务或者提存。

第四，优先受偿权。债务人不履行到期债务或者发生当事人约定的实现质权的情形，质权人可以与出质人协议以质押财产折价，也可以就拍卖、变卖质押财产所得的价款优先受偿。

（2）质权人的义务

第一，妥善保管质物的义务。因保管不善致使质物灭失或者毁损的，质权人应当承担民事责任。质权人在质权存续期间，未经出质人同意，擅自使用、出租、处分质物，因此给出质人造成损失的，由质权人承担赔偿责任。

第二，返还质物的义务。债务履行期届满债务人履行债务的，或者出质人提前清偿所担保的债权的，质权人应当返还质物。

（3）出质人的权利

第一，出质人在质权人因保管不善致使质物毁损灭失时，有权要求质权人承担民事责任。

第二，债务履行期届满，债务人履行债务的，或出质人提前清偿所担保的债权的，出质人有权要求质权人返还质物。

第三，出质人如是债务人以外的第三人，该第三人代为清偿债权或因质权实行丧失质物的所有权时，有权向债务人追债。

3. 权利质权

所谓“权利质权”，是指以所有权以外的可让与的财产权作为质权标的之担保方式。权利质权的标的是权利，其在性质上为“准质权”。

债务人或者第三人有权处分的下列权利可以出质：汇票、支票、本票；债券、存款单；仓单、提单；可以转让的基金份额、股权；可以转让的注册商标专用权、专利权、著作权等知识产权中的财产权；应收账款，等等。

（四）留置权

留置权指债权人按照合同约定占有债务人的财产（动产），在债务人逾期不履行债务时，有留置该财产并就该财产优先受偿的权利。

留置权是一种法定担保物权，在符合一定的条件时依法律的规定产生，而不是依当事人之间的协议而设定。因保管合同、运输合同、加工承揽合同发生的债权，债务人不履行债务时，债权人有留置权，但当事人在合同中可约定不得留置的物。

留置权所担保的范围包括主债权及利息、违约金、损害赔偿金、留置物保管费用和实现留置权的费用。债权人和债务人应在合同中约定，债权人留置财产后，债务人应在不少于2个月的期限内履行债务。未在合同中约定的，债权人留置财产后，应确定2个月以上的期限，通知债务人在该期限内履行债务。债务人逾期仍不履行的，债权人可以与债务人协议以留置物折价，也可依法拍卖、变卖留置物。留置物折价或拍卖、变卖后，其价款超过债权数额的部分归债务人所有，不足部分由债务人清偿。

七、占有

（一）占有的概念

占有是主体对于物基于占有的意思进行控制的事实状态。占有是对物在事实上的占领、控制。占有的标的以物为限，因而物之外的财产权（如专利权），只能成立准占有，而不能成立占有。

占有的形态是多种多样的，构成占有至少必须有两个要件：其一，在主观上，占有人必须具有占有的意思。如果占有人对占有是无意识的，那么不能成立占有。其二，在客观上，占有还要求占有人事实上控制或管领了某物。占有人事实上控制、管领某物是占有的客观外形，是占有的客观构成要件。占有人的占有，并不以占有人对于物的亲自支配为必要。占有人基于某种法律关系，通过他人为媒介，也可以成立占有。这主要有两种情况：一种情况是占有人依辅助人而成立的占有，例如，雇主依雇员占有机器；另一种情况是间接占有，例如承租人直接占有租赁物，对于出租人构成间接占有。

（二）占有的种类

依占有的不同状态，可以将占有分为不同的种类：

1. 自主占有与他主占有

这是依占有人的意思为标准进行的分类。自主占有是指以物属于自己所有的意思（所有的意思）的占有；无所有的意思，仅依某种特定关系支配物的意思的占有是他主占有。

自主占有中的“所有的意思”，是指具备所有人占有的意思，不必是真正的所有人或要求其自信为所有人。因此，所有人对其物的占有为自主占有，盗贼对于所盗赃物的占有亦为自主占有。至于他主占有，如典权人对于典物的占有，承租人对于租赁物的占有，质权人对于质物的占有。

自主占有与他主占有区别的意义在于：作为所有权取得的时效要件的占有和先占要件的占有，应当是自主占有。另外，在占有物毁损、灭失时，自主占有人与他主占有人的责任范围不同。

2. 直接占有与间接占有

这是以占有人在事实上是否占有物为标准进行的分类。直接占有是指在事实上对物的占有，如居住房屋、穿着衣服，都是直接占有；间接占有是指基于一定法律关系，对于事实上占有物的人（即直接占有人）有返还请求权，因而间接对物管领的占有。间接占有的特点在于间接占有人与直接占有人间存在特定的法律关系，基于这种法律关系，间接占有人对于直接占有人有返还请求权。例如质权人、承租人、保管人基于质权、租赁、保管法律关系，占有标的物，是直接占有人，而享有返还请求权的出质人、出租人、寄托人为间接占有人。

直接占有与间接占有区别的意义在于：这两种占有的取得手段不同，保护方法也不一样。

3. 有权占有与无权占有

这是根据进行的占有是否依据本权所作的分类。所谓本权，是指基于法律上的原因，可对物进行占有的权利，如所有权、地上权、典权、质权、留置权等。有权占有即指有本权的占有，如地上权人依地上权对土地的占有；无权占有是指无本权的占有，如拾得人对于遗失物的占有。

有权占有与无权占有区别的意义在于：无权占有人在本权人请求返还原物时，有返还的义务；另外，作为留置权要件的占有，限于有权占有。

4. 善意占有与恶意占有

这是对无权占有依占有人的主观心理状态的不同所作的分类。善意占有是占有人不知其无占有的权利的占有；恶意占有是占有人知道其无占有的权利的占有。

善意占有与恶意占有区别的意义在于：取得时效中善意占有与恶意占有的期间不同，即时取得以善意占有为要件；另外，善意占有与恶意占有受保护的程度不同。

(三) 占有的保护

占有为一种既成的事实，即使这种事实与其他当事人的权利相抵触，也不应再受到非法行为的侵害。例如甲侵占（如偷窃）了乙的电视机，丙不能因甲是无权占有再去侵夺。因此，对占有的保护，就是对社会安宁、稳定的保护。

占有人对于非法行为的侵害，有自力救济权和占有保护请求权。

1. 占有人的自力救济权

占有人在其占有受到侵害时，如果侵害人没有比占有人更强的权利，则占有人有权依其占有进行自力救济。

占有人的自力救济权包括：(1) 自力防御权。占有人对于侵夺或妨害其占有的行为，例如侵入占有人的房屋，可以以自己的力量进行防御，例如将侵入者驱逐出房屋。自力防御权的保护，重在占有的事实状态，因此只有直接占有人可以行使，间接占有人无此权利。(2) 自力取回权。即占有人对于被他人侵夺的占有物，有权取回。例如占有人的动产被他人非法侵夺时，占有人可以当场或追踪，予以取回。

2. 占有保护请求权

占有保护请求权是占有人的占有被非法侵害时，占有人可直接对侵害人，也可向法院提起保护其占有的请求权。该请求权主要有以下两项：(1) 占有物返还请求权。占有人在其占有物被侵夺时，有权请求返还其占有物。(2) 占有妨害排除请求权。占有人在其占有受到妨害使占有人无法完全支配其占有物时，有权请求排除妨害。

在他人的行为还没有对占有人造成现实的妨害，只是有妨害的可能时，占有人也可以请求预防这种妨害的发生。

第三节　知识产权法

一、知识产权的概念

知识产权是国际上广泛承认的一种财产权，它是人们在科学、技术、文化艺术等知识活动领域从事智力活动而创造的财富，所以也叫“智力成果权”。也就是说，它是人的精神创造的产物，这种精神财富通过法律确认为一种财产，给予法律保护，就叫知识产权。

知识产权包括工业产权和版权两部分。工业产权主要包括专利权和商标权，它是以应用在工商领域的精神创作成果为保护对象。版权也叫著作权，主要是保护文化领域的精神成果。知识产权具有如下特征：

1. 知识产权是一种无形财产权，它与房屋、汽车等有形资产一样，都具有价值和使用价值，都受到国家法律的保护。因为与有形资产相比，知识产权的权利客体是无形的，可复制的，更容易受到侵犯，因此，权利人对法律的依赖性特别强。

2. 知识产权具有专有性，也称为独占性。具体表现为：（1）它是一种“独占权”，权利人依法享有独占、使用、收益、处分的权利。（2）对于一项专利、一个商标，国家也只能授予一次专利权和商标权。

3. 知识产权具有时间性。即知识产权仅在法律规定的期限内受到保护。

4. 知识产权具有地域性。即根据某一国（地区）法律的确认并得到保护的工业产权，只有在该国境内有效，超出该国范围后并不会当然地受到保护，但该国加入了保护知识产权的国际公约组织时除外。如果权利人按照他国法律规定，通过该国的法律程序进行申请知识产权并得到确认，也可实现在他国的权利保护。

二、保护知识产权的法律规范

我国保护知识产权的法律规范包括国内法律规范和国际公约。

国内法律规范指调整有关商标、发明与创作的所有权和使用权等各种关系的法律规范，主要包括专利法、商标法和著作权法。

知识产权国际保护条约是缔约的各成员国在知识产权保护方面必须共同遵守的准则，也是各成员国制定国内知识产权保护法律的依据。其中，保护专利权的国际公约有《国际保护工业产权巴黎公约》；保护商标权的国际公约有《国际保护工业产权巴黎公约》、《商标注册马德里协定》和《商标国际注册条约》；保护版权的国际公约有《伯尔尼公约》、《世界版权公约》。

三、著作权法

文学艺术作品可以满足人类的精神需求。作品的传播和利用可以给创作者带来名誉和物质利益，为了使作者的这两种利益均得到满足与保障，产生了著作权保护制度。

（一）著作权的概念

著作权，国外很多国家也称之为“作者权”，指作者因创作了文学、艺术和科学作品而依法享有的各项专有权利的总称。广义的著作权还包括对上述各类作品进行特定利用所产生的权利，即“邻接权”，通常指艺术表演者、录音录像制品制作者、广播电视节目制作者和出版者依法享有的人身权利和财产权利。

著作权除了具有知识产权的共同特征外，还具有一些不同于其他知识产权的特殊性质：

1. 著作权的标的主要反映在文学、艺术和科学范围之内，用以丰富人类的精神生活。

2. 著作权兼顾了人身权与财产权两方面的内容，且法律对这两方面的规定都比较详尽。

3. 著作权的独占性和排他性程度更弱些。著作权的效力只排斥那些对自己有独创性的表现形式未经许可的利用，但不能排斥他人独立完成的、且与之相近似和相同的作品也取得同样的权利。

4. 著作权的法律确认方面的无手续性。著作权的权利保护一般实行的是自动保护原则，作品一经产生就能享有法律所规定的权利保护，而不需要履行任何手续。而且，著作权的维持是自动的，不以缴纳年费为条件。

5. 著作权的保护期具有长时效性。作者的署名权、修改权、保护作品完整权等人身权的保护不受时间限制；作者的发表权和各项财产权的保护期为作者终生及其死亡后 50 年，截止于作者死亡后第 50 年的 12 月 31 日；如果是合作作品，截止于最后死亡的作者死亡后第 50 年的 12 月 31 日；法人或者其他组织的作品、著作权（署名权除外）由法人或者其他组织享有的职务作品，其发表权和各项财产权的保护期为 50 年，截止于作品首次发表后第 50 年的 12 月 31 日。

（二）著作权法的基本原则

著作权法的立法宗旨，始终是围绕着在著作权人和使用人以及社会公众之间达成利益平衡的基础上，尽可能保护著作权人的著作权。因此，反映的立法原则主要如下：

1. 保护作者权益为核心的原则

作者是从事创造性智力劳动的劳动者，是社会精神财富的创造者。维护作者的合法权益，就是保护创作的源泉。把保护创作人的利益放在立法原则的首位，是我国著作权法和世界各国著作权立法的通行做法。

2. 鼓励作品传播的原则

作品的传播者虽然不直接创作作品，但其广泛深入地传播作品，满足社会公众在物质和精神上的需求，付出了投资和一定程度的创造性劳动。因此，他们的劳动成果应该受到应有的保护。

3. 作者利益和公众利益协调一致的原则

文学艺术作品作为人类精神文化财富的一部分，具有较强的承袭性。作者对其创作成果充分享有人格权、财产权的同时，不能将权利的行使绝对化，否则会妨碍社会文化艺术和科学事业的进步。因此，著作权法在保护作者和作品传播者利益的同时，还要对他们的权利进行一些必要的限制，以平衡作者与社会公众之间的利益关系。

(三) 著作权主体

著作权的原始主体是作品的创作者，其享有著作人身权和著作财产权。一般情况下，著作权的原始主体为作者，但在特殊情况下，作者以外的自然人或其他组织也可能成为著作权的原始主体，如职务作品、委托作品等。

著作权的继受主体是指除作者以外，其他依法享有著作权的公民、法人、非法人单位或国家。继受主体取得著作权的主要原因有：

1. 因继承、遗赠、遗赠扶养协议而取得著作权。只能取得著作财产权。

2. 因合同而取得著作权。(1) 依据委托合同取得著作权。(2) 通过对著作权的转让，著作财产权的受让人取得著作权。

3. 著作权的特殊主体即国家取得著作权。当国家购买著作权或接受赠与，以及著作权无人继承又无人受遗赠时，国家成为著作权特殊主体。

(四) 著作权的客体

著作权的客体是指在文学、艺术和科学领域内，具有独创性并能以某种有形形式复制的智力创作成果。因此，作品首先必须是人的创作，而且必须是文学、艺术、科学领域的智力成果，同时，该作品必须具有独创性。受著作权法保护的作品有：文字作品、口述作品、音乐、舞蹈、曲艺、杂技、美术、摄影等艺术作品。

依法禁止出版、传播的作品、时事新闻、法律、法规、国家机关的决议、决定、命令等，不属于著作权法所保护的作品。

(五) 著作权的内容

著作权包括著作人身权和著作财产权。

著作人身权是指作者基于对作品的创作而享有的以人身利益为内容的权利。所包含的是与作者身份有关的一些权利内容，具体包括发表权、署名权、修改权、保护作品完整权。著作人身权具有一定的专属性，作者的署名权、修改权、保护作品完整权的保护不受期限限制，永远受到保护。

著作财产权是指著作权人基于对作品的利用而享有的财产收益权，既包括著作权人所能得到的那部分财产权益，也包括其实现其利益的各种手段和方式。包括使用权、许可他人使用权、转让权和获得报酬权。著作财产权中的各项权能与人身权中的发表权的保护期为作者终生及其死亡后 50 年。

（六）邻接权

邻接权又叫作品传播权，指作品创作出来后，法律对于传播者在传播作品中作出的创造性劳动，赋予其依法享有特定的专有权利。包括：出版社对著作权人交付出版的作品可通过签订合同取得独家出版的权利，有权许可或者禁止他人使用其出版的图书、期刊的版式设计；演员对其表演享有许可他人现场直播并获得报酬的权利；录音录像制品制作者对其制作的录音录像制品，享有许可他人复制、发行、出租、通过信息网络向公众传播并获得报酬的权利；广播电台、电视台有权禁止未经其许可转播其播放的广播、电视等。我们称之为出版者的权利、表演者权、录制者权、广播电视组织权。

（七）对著作权的限制

法律一方面对著作权进行保护，另一方面对著作权进行一定的限制，以使作品更大限度地为社会、公众所利用，推动文化、教育、科学事业的发展。这种限制主要表现为对著作权人行使财产权的限制，具体包括：

1. 合理使用，即依据法律的明文规定，不必征得著作权人的同意而无偿使用他人已经发表的作品，但应当指明作者姓名、作品名称，不得影响作品的正常使用，也不得不合理地损害著作权人的合法利益。

2. 法定许可使用，指根据法律的直接规定，以特定的方式使用他人已经发表的作品可以不经著作权人的许可，但应当向著作权人支付使用费，并尊重著作权人的其他各项人身权和财产权的制度。

3. 强制许可，指在某些特殊情况下，由著作权主管机关根据情况，将对已经发表的作品进行特殊使用的权利授予申请并获准的人。

（八）著作权的法律保护

著作权的法律保护是指对违反法定义务、侵犯著作权人权利的行为追究法律责任的制度。包括对侵权行为的认定和法律责任的承担两个方面。

1. 著作权侵权行为

侵犯著作权的行为可分为侵犯著作人身权和侵犯著作财产权的行为两大类。

侵犯著作人身权的行为包括：（1）未经著作权人许可，发表其作品；（2）擅自将与他人合作创作的作品当作自己单独创作的作品发表；（3）未经同意，在他人作品上署名的；（4）歪曲、篡改他人作品；（5）剽窃他人作品。

侵犯著作财产权的行为包括：（1）未经著作权人许可，使用他人作品（著作权法另有规定的除外）；（2）使用他人作品，应当支付报酬而未支付的；（3）对传播作品的邻接权人权利的侵害。

2. 著作权侵权行为的法律责任

（1）民事责任。侵犯著作权要承担民事责任的具体方式有停止侵害、消除影响、公开赔礼道歉、赔偿损失等。这些责任方式，可以单独使用，也可合并使用。

（2）行政责任。行政处罚即著作权行政管理机关依据法律法规对侵害著作权的行为人所作的惩罚性处理，包括责令停止侵权行为；没收违法所得；没收、销毁侵权复制品；罚款；没收主要用于制作侵权复制品的材料、工具、设备等财产。行政处罚与承担民事责任的不同点在于：承担民事责任是强制侵权行为人履行义务，但一般不具有惩罚性；而行政处罚则侧重于惩罚侵权行为人。

（3）刑事责任。著作权侵权刑事责任是对于严重侵害著作权，并对社会经济秩序造成严重危害的行为所施加的刑事制裁。我国 1997 年修改颁布的《刑法》中规定了著作权侵权的刑事责任，完善了我国著作权法律保护的体系。具体责任形式有：罚金、拘役、有期徒刑。单位犯罪的，对单位判处罚金，并对直接负责的主要人员和其他直接责任人员，判处罚金、拘役或有期徒刑。

四、专利法

（一）专利与专利法的含义

“专利”在知识产权中有三种含义：（1）是作为专利权的简称使用。指专利权人对发明创造享有的专利权，即国家依法在一定时期内授予发明创造者或者其权利继受者独占使用其发明创造的权利，这里强调的是权利。（2）指被授予专利权的发明创造的本身，是受国家认可并在公开的基础上进行法律保护的专有技术。（3）指专利局颁发的确认申请人对其发明创造享有专利权的专利证书或记载发明创造内容的专利文献。

专利法是用以调整由发明创造活动而产生的智力成果所引起的各种社会关系的法律规范的总称。它的实质是依照法律确认和保护发明创造的产权。专利法主要解决发明创造的权利归属和发明创造的使用、推广等问题。

（二）专利法的立法目的

1. 保护发明创造专利权。即保护权利人对其获得专利的发明创造（发明、实用新型或外观设计）在法定期限内所享有的独占权或专有权。

2. 鼓励发明创造。通过专利法所确立的专利制度，使得那些具有实用价值和经济意义、被依法授予专利权的发明创造，成为专利权人的财产权利，专利权人可以依此在经济上得到利益，从而调动人们开展发明创造的积极性，吸引更多的资金、人力投入发明创造活动。

3. 促进发明创造的推广应用。在法律保护下的专利技术公开，是专利法规定的一项重要制度，有关单位和个人可以通过这一途径查到所需要的发明创造信息，对已授予专利的发明创造，及时与专利权人联系，取得使用许可，从而有利于发明创造得到推广应用。

4. 促进科学技术进步和创新。专利技术公开制度对于充分利用已有的科研成果，避免研究开发工作中的重复，提高科研工作的效率具有的积极作用，从而能够推动全社会科学技术的进步和创新。

(三) 专利权的主体

专利权的主体，指有权依照专利法申请专利并被授予专利权的单位和个人。单位对于下列职务发明创造有权申请专利，成为专利权的主体：

1. 发明人或设计人在本职工作中完成的发明创造。

2. 虽然与发明人或设计人的本职工作无关，但是属于在执行本单位分配的专门任务时完成的发明创造。

3. 退职、退休或者调动工作一年内作出的与其在原单位承担的本职工作或者分配的任务有关的发明创造。

4. 依靠本单位的物质条件完成的发明创造。这种物质条件包括资金、设备、人力、技术情报或资料等。

个人指作出有关发明或设计的自然人。个人对于非职务发明创造，有权申请专利，申请被批准后，专利权归申请的个人所有。

(四) 专利权的客体

专利权的客体是指《专利法》保护的对象，即依法可以取得专利权的发明创造。具体包括：发明专利、实用新型专利和外观设计专利。

1. 发明，是指一种解决技术问题的具体方案或一种技术构思。它应当具有在工业上应用的可能性，而不要求已经“经过实践证明可以直接应用于工业生产”。包含产品发明、方法发明和改进发明。(1) 产品发明。指发明的结果表现为有一定形态的物品或者物质的发明。(2) 方法发明。指为达到某种效果而采取的一系列手段与步骤，或者把一种对象改造成另外一种物质或状态所采用的步骤与手段，可以是机械方法发明，可以是化学方法发明，还可以是生物方法发明。(3) 改进发明。指对已知的物品、方法或物质的新的应用。

2. 实用新型，也称“小发明”。指对产品的形状、构造或其结合所提出的比较实用的新的技术方案。实用新型只有物品发明，而且仅限于对有形物品的革新设计，不涉及无一定形状的物品，也不涉及方法发明。

3. 外观设计，即工业品外观设计，指对产品的形状、图案、色彩或者其结合所作的富有美感并适合于工业上应用的新设计。

(五) 授予专利权的条件

取得专利的发明创造必须满足的条件主要涉及发明创造的技术特征和技术水平，主要包括：

1. 新颖性：即首创性，这是取得专利的首要实质性条件。指申请专利的发明或实用新型不属于现有技术。即，在申请日以前没有同样的发明或实用新型在国内外出版物上公开发表过、在国内公开使用过以及以其他方式为公众所知，也没有同样的发明或实用新型由他人向专利局提出申请。

但是，申请专利的发明创造在申请日以前6个月内，有下列情形之一的，仍视为具有新颖性：(1) 该发明创造是在中国政府主办或者承认的国际展览会上首次展出的；(2) 在规定的学术会议或者技术会议上首次发表的；(3) 他人未经申请人同意而泄露其内容的。

2. 创造性：指与申请日前已有的技术相比，该发明有突出的实质性特点和显著的进步。其中，突出的实质性特点是指对所属技术领域的技术人员来说，发明相对于现有技术是非显而易见的。显著的进步指该发明与最为接近的现有技术相比，克服了现有技术的不足和缺点，或者能够产生有益的技术效果。

3. 实用性：指该发明或实用新型能够在工业领域重复地生产或使用，并能为社会提供预期的效果。

如下几种情形不能授予专利权：科学发现；智力活动的规则和方法；疾病的诊断和治疗方法；动植物品种；用原子核变换方法获得的物质。

(六) 专利的申请和审查程序

发明人在提出专利申请时，必须按照专利法规定的程序和手续向国家知识产权局专利局提出书面申请，对发明的内容作出说明，并具体指出要求保护的范围，必要时还要附具图样对其发明作出解释。

申请专利时应遵循以下原则：(1) 书面原则。申请人只能以提交书面文件的形式申请。(2) 先申请原则。专利权授予最先提出申请的人。(3) 单一性原则。一份申请只能限于一项专利。(4) 优先权原则。专利申请人（或其权利继承人）在巴黎公约一个成员国内正式提出过一项发明专利、实用新型、外观设计的申请后，在规定期限内在公约其他成员国提出同样的申请时，享有优先权。发明和实用新型专利申请的优先权期限为12个月，外观设计专利申请的优先权期限为6个月。

专利申请人需提供的申请材料包括：请求书；说明书；权利要求书、摘要。其中，权利要求书是最重要的法律文件，它是确定专利权的法律保护范围的最根本的依据。

世界各国对专利申请实施实质审查或形式审查。有的国家实行形式审查制度，即只审查专利申请书的形式是否符合法律要求，而不审查该项发明是否符合新颖性等实质性条件，只要申请的手续完备，申请书的内容符合规定的要求，就授予专利权。我国对发明专利申请实行实质审查制度，即不仅审查申请书的形式，而且对发明是否具备新颖性、创造性与实用性等条件进行实质性审查。但对实用新型和外观设计专利申请的审批采用形式审查制，即只进行初步审查，其实质为注册制。审查具备专利条件的，将被授予专利权。

(七) 专利的实施

专利的实施具体包括以下几种情况：(1) 专利权人自己实施。表现为本人制造专利产品或使用专利方法，也可以是专利权人将其作为一种出资与他人合资经营或合作经营。(2) 许可他人实施。指专利权人通过与他人订立专利权许可合同，许可他人使用，并依法取得转让费，同时还要向专利行政部门备案。专利实施许可又可分为：普通许可、排他许可、独占许可、交叉许可以及分许可。(3) 强制许可实施。是指国务院专利行政部门依照法律规定，不经专利权人同意，通过行政程序而直接允许申请人实施专利权人的发明或者实用新型专利，并向其颁发实施该专利的强制许可证的一种行政措施。

(八) 违反专利法应承担的法律责任

1. 民事责任。专利管理机关或人民法院在处理专利侵权时，主要是采取责令侵权人停止侵权、消除影响和赔偿损失等措施来解决。

2. 行政责任。管理专利工作的部门根据专利权人的请求责令侵权人停止侵权行为。专利管理机关在处理专利侵权纠纷时，认定侵权行为成立的，可以责令侵权人立即停止侵权行为、责令侵权人赔偿损失、罚款、对相关单位或个人依法给予行政处分。

3. 刑事责任。假冒他人专利的行为，情节严重的，可以追究直接责任人员的刑事责任。单位犯本罪的，对单位还要判处罚金。中国单位或者个人将其在国内完成的发明创造擅自向外国申请专利，泄露国家重要机密，情节严重的，以泄露国家秘密罪论处。从事专利管理工作的国家机关工作人员以及其他有关国家工作人员在受理、审批专利申请工作中，或者在管理专利的工作中，或者在处理专利纠纷中，玩忽职守、滥用职权、徇私舞弊，构成犯罪的，依法应追究刑事责任。

五、商标法

商标权作为传统三大知识产权之一，是知识产权中生命最持久、与国家经济运行、企业生产和人民生活最直接相关的知识产权。商标法是指调整在商标注册、使用、管理和对商标专用权的保护过程中所发生的各种社会关系的法律规范的总称。

（一）商标的概念

商标是指商品的生产者、经营者或者服务的提供者在其商品或服务上所使用的，由文字、图形、字母、数字、三维标志和颜色组合构成的，具有显著特征，便于识别商品或服务来源的可视性标志。

其特征主要有：

1. 商标是使用在商品或服务上的标志；

2. 商标是区分同类商品或服务的标志；

3. 商标是具有显著性的标志。

（二）商标权的概念及构成

经商标局核准注册的商标为注册商标，商标权是商标所有人依法对其使用的注册商标享有的专有使用权。

商标权的主体是指依法享有商标权的自然人、法人或者其他组织，包括商标权的原始主体和继受主体。

商标权的客体是指法律对商标权所保护的具体对象，即注册商标。

商标权的内容是指商标注册人对其注册商标所享有的权利，具体包括：

1. 独占使用权。它是商标权的核心。是指商标权人对自己的注册商标在指定的范围内依法享有专有利用的权利。商标权人的独占使用权并不是绝对的，而是有一定条件的，包括：（1）商标权人只能在商标注册国范围内享有独占使用权，即具有地域的限制。（2）商标权人只在商标注册时所核定使用的商品范围内有独占使用权。如果他人将该注册商标使用在其他不同类别的商品上，则商标权人不具有独占使用权。

2. 禁止权。指商标权人禁止他人未经自己的许可而使用其注册商标的权利。禁止权主要包括两个方面内容：一是商标权人有权禁止他人以相同或近似的商标在同种或类似商品上使用；二是商标权人对于侵犯其商标权的行为，可以依法请求法律保护。

3. 转让权。指商标权人可以根据自己的意愿，按照一定的法定程序将自己的注册商标有偿或无偿地转让给他人，由他人享有商标专用权。

4. 许可使用权。指商标权人通过签订商标使用许可合同，许可他人在一定期限、一定地域使用该注册商标的权利，有一般许可和独占许可之分。

5. 续展权。商标权人有权在商标有效期满前 6 个月内申请续展注册；在此期限内未提出申请的，可以给予 6 个月的宽展期，宽展期仍未提出申请的，则注销该注册商标。申请续展的次数不受限制。

（三）商标注册的构成

1. 商标注册的构成条件

并非所有的商标都可获准注册，能够获准注册的商标必须符合法定的条件：（1）商标必须具备法定的构成要素。商标应当是文字、图形、字母、数字、三维标志和颜色组合的标志，且这些标志必须是视觉能够感知的，也是人们肉眼可以感觉和识别的。（2）商标不能是法律禁用的标志。（3）商标必须具备显著性或可识别性。在商标注册的评审实践中，参照性的标准包括：区别于极为简单的符号；区别于人们及行业通用、共用的标志；区别于指定商品的标志。（4）商标不得与他人在先权利相冲突。在先权利是指在商标申请注册之前即已存在并合法有效的权利。如，肖像权、名称权、著作权、专利权、商号权等。申请商标注册不得损害他人现有的在先权利。（5）商标不得与他人的注册商标混同。即不得同他人在同一种商品或者类似商品上已经注册的商标或者初步审定的商标相同或者近似。

2. 商标注册的申请原则

（1）申请在先原则。又称注册在先原则，指两个或两个以上申请人在同一或者类似的商品上以相同或者近似的商标申请注册时，商标局会注册申请在先的商标，对在后的申请予以驳回。

（2）自愿注册和强制注册相结合的原则。一般情况下，商标所有人可自行决定是否申请商标注册，但人用药品和卷烟制品是强制注册。在对外贸易的惯例中，对出口商品也一直实行强制注册原则。

（3）申请单一性原则。即“一类商品一件商标一份申请”的申请原则，它表明了在同一份申请书中，只允许报一件商标并限在同一类别商品或服务之中。

（4）优先权原则。优先权是商标注册申请人的一项重要权利。指任何人或者其权利继承人已经在巴黎公约成员国某一国家正式提出商标注册申请的，自第一次申请之日起6个月内，对其在其他成员国提出的同一商标注册申请享有优先权。

3. 商标注册的申请和审查程序

对商标进行注册，一般都要求申请人向商标局提交书面申请，也可委托代理机构提出申请。主管部门在收到商标注册申请后，要对申请进行审查。经审查认为申请人有资格取得商标注册，即将该申请予以公告，让公众进行审查，时间一般为3个月。如果在规定期间内无人提出异议或裁定异议不成立的，即可核准注册，发给商标注册证，并予公告。

商标获得注册后，如果出现下列情况，商标局可以依法撤销该注册商标：第一，第三人对注册商标的异议成立；第二，有效期届满，未按期办理续展手续；第三，连续3年没有使用的。

(四) 商标侵权行为的法律责任

商标侵权行为人应承担的法律责任分为民事责任、行政责任和刑事责任。

1. 民事责任。指当事人实施了一般的商标侵权行为，一经发现很快被制止，尚未造成严重的后果，或危害不大，依照民法通则及商标法有关规定应当承担民事侵权责任。具体地说，承担民事责任的方式有以下几种：停止侵害、消除影响、损害赔偿。

2. 行政责任。这是对商标专用权的行政保护方式。对于侵犯商标权的行为，任何人都可向侵权人所在地或侵权行为地县级以上工商行政管理机关控告或检举。工商行政管理机关依照商标法、商标法实施细则及其他相关规定查处侵犯商标权的行为。工商行政管理部门有权采取如下处理措施：责令立即停止销售；收缴并销毁侵权商标标识；消除现存商品上的侵权商标；收缴直接专门用于商标侵权的模具、印版或者其他作案工具；如果采取前四项措施不足以制止侵权行为的，或者侵权行为与商品难以分离的，责令并监督销毁侵权商品；根据情节处以非法经营额5%以下或者侵权所获利润5倍以下的罚款。对侵犯注册商标专用权的单位的直接责任人员，可以根据情节处以1万元以下的罚款。

3. 刑事责任。侵犯商标权构成犯罪的行为，是侵犯商标权行为中最严重和危害最大的一种。侵犯注册商标权构成犯罪的分别是：假冒注册商标罪，销售假冒注册商标的商品罪，非法制造、销售非法制造的注册商标标识罪。这几种犯罪都是为牟取非法利益，故意违反商标法，严重侵犯商标权人的合法权益，破坏社会经济正常秩序的行为。

对于企事业单位实施假冒商标犯罪行为实行“两罚制”。一方面，对企事业单位判处罚金，另一方面，对直接负责的主管人员和其他直接责任人员追究刑事责任。

对假冒商标罪的犯罪主体依法追究刑事责任，并不免除其赔偿被侵权人损失的民事责任。

（五）驰名商标

1. 驰名商标的含义及认定的标准

驰名商标是指在中国为相关公众广为知晓并享有较高声誉的商标。认定驰名商标的标准为：(1) 相关公众对该商标的知晓程度。指某类商品或服务的实际和潜在消费者、营销渠道中所接触的人员和使用这一商品或服务的消费者对该商标的知晓率，而不是指为所有人认知或者在所有社会公众中均有很高的知名度。(2) 该商标使用的持续时间。商标使用的持续时间作为认定驰名商标的一个因素也是非常必要的。证明该商标使用持续时间的有关材料包括：该商标使用、注册的历史和范围的材料。(3) 与该商标有关的任何宣传工作的持续时间、程度和地理范围。

2. 驰名商标的认定方式

商标的驰名状态是不确定的，驰名商标的认定条件是概括的，认定方式和认定机关也是不确定的，因此，对商标的驰名状态只能是“一事一议”。一般来说，有两种认定方式：

(1) 主动认定。又称事前认定，是在并不存在实际权利纠纷的情况下，有关部门出于预防将来可能发生权利纠纷的目的，应商标所有人的请求，对商标是否驰名进行认定。主动认定着眼于预防可能发生的纠纷，是行政机关认定驰名商标的方式。

(2) 被动认定。又称事后认定，是在商标所有人主张权利时，也即存在实际的权利纠纷的情况下，应商标所有人的请求，有关部门对其商标是否驰名、能否给予扩大范围的保护进行认定。这是司法机关认定驰名商标的基本模式。

我国对驰名商标的认定采取“个案处理，被动认定”方式，即只有在商标注册人认为其驰名商标受到损害并请求保护其合法权益时，才可以向国家工商行政管理局或司法机关提出驰名商标的认定申请。

3. 我国对驰名商标的法律保护

结合 TRIPs 的要求及我国对驰名商标保护之实践，以驰名商标是否在中国注册为标准规定了两种情形。

(1) 对未在中国注册的驰名商标的保护。就相同或者类似商品申请注册的商标是复制、模仿或者翻译他人未在中国注册的驰名商标，容易导致混淆的，不予注册并禁止使用。即如果某一驰名商标没在中国注册，其权利范围限制在相同或类似商品上。

(2) 对在中国已注册的驰名商标的保护。由于无权使用人将与驰名商标相同或相近似的商标用于与该驰名商标不同类的商品上，导致消费者对商品来源及其他方面与生产者的关系产生了误认或混淆，进而使该驰名商标的特殊吸引力发生弱化，从而造成对驰名商标商誉的损害，因此，对注册驰名商标实行跨类保护。

由此可见，我国商标法对驰名商标的保护与对普通商标的保护相比较有两点特殊之处：一是保护的范围不仅包括在中国注册的驰名商标，还包括未在中国注册的驰名商标；二是注册驰名商标所有人的禁止权不限于类似商品上的近似使用，而是扩展到非类似商品上的使用。

第四节　合同法

一、合同与合同法

(一) 合同的概念

《合同法》第2条规定：“本法所称合同是平等主体的自然人、法人、其他组织之间设立、变更、终止民事权利义务关系的协议。”“婚姻、收养、监护等有关身份关系的协议，适用其他法律的规定。”《合同法》所调整的合同具有以下自身的特征：

1. 合意是合同的本质特征

合同是合意的结果，因此，它必然要求：第一，存在双方甚至多方当事人；第二，各方当事人均作出了意思表示；第三，诸意思表示一致。

2. 合同主体的法律地位平等

合同主体包括自然人、法人和其他组织，合同的主体具有广泛性。同时，合同当事人之间具有平等性。其表现在：第一，当事人参与合同关系的地位平等，任何一方都不具有凌驾或优越于另一方的法律地位。法律地位的平等决定了当事人必须平等协商，不得强制。第二，适用规则的平等。第三，权利保护的平等。

3. 合同的目的及效果在于设立、变更和终止民事权利义务关系

合同是一项反映市民社会交易关系的制度工具，当事人协议的内容和目的在于设立、变更和终止民事法律关系。民事法律关系包括财产关系和人身关系，根据《合同法》第2条的规定，应当说，我国《合同法》所界定的合同并不调整全部的民事合同，涉及身份关系，例如，婚姻、收养、监护方面达成的协议，需适用《婚姻法》、《收养法》等相关法律。

4. 合同关系具有相对性

合同的相对性是指合同主要在当事人之间发生，只有合同当事人一方能基于合同向与其有合同关系的另一方提出请求，而不能向与其无合同关系的第三人提出合同上的请求，也不能擅自为第三人设定合同上的义务。

（二）合同法的基本原则

1. 平等原则

合同当事人享有合同权利和承担合同义务的资格平等，人格独立，互不隶属。这是商品经济等价有偿原则贯彻于合同法的具体要求。

2. 自愿原则

当事人在法律允许的范围内，可基于自己的意愿缔结合同、选择交易对象、决定合同内容、选择合同形式、决定合同的履行及变更等，第三人不得非法干预。

3. 公平原则

合同当事人应以公平观念确定彼此的权利义务，包括给付和风险负担的合理性。在格式合同的相关规则中，突出地体现了公平原则的要求。

4. 诚实信用原则

诚实信用原则被奉为民法的“帝王条款”。一方面，其精神已化为具体的条

文规定而贯穿于合同的订立、履行至终止的各个阶段，合同当事人必须遵守；另一方面，在缺乏具体规定时，当事人应以诚信之要求参与合同关系，法官亦应以诚信之观念裁量案件。

5. 公序良俗原则

合同当事人在契约活动中应当遵守公共秩序和善良风俗。

二、合同的订立

（一）要约与承诺

1. 要约

要约是希望和他人订立合同的意思表示。其构成要件包括：第一，要约必须是特定人的意思表示。第二，要约必须具有订立合同的目的。即表明经受要约人承诺，要约人即受该意思表示约束。第三，要约必须向要约人希望与之订立合同的相对人发出。第四，要约的内容必须具体确定。

要约不同于要约邀请。要约邀请是指希望他人向自己发出要约的意思表示。《合同法》第15条明确规定："寄送的价目表、拍卖公告、招标公告、招股说明书、商业广告等为要约邀请。商业广告的内容符合要约规定的，视为要约。"

要约到达受要约人时生效。要约人在要约生效后，不得随意撤销要约或对要约内容加以变更、限制和扩张。受要约人在要约生效时即取得承诺的权利。

要约基于以下事项而消灭：第一，要约存续期间的经过。第二，拒绝要约的通知到达要约人。第三，要约人依法撤回或撤销要约。第四，要约人对要约的内容作出实质性变更。

2. 承诺

承诺是受要约人同意要约的意思表示。其构成要件包括：第一，承诺必须由受要约人向要约人作出。第二，承诺的内容必须与要约的内容一致。第三，承诺的方式符合要约的要求。第四，承诺必须在规定的期限内到达要约人。

原则上，承诺通知到达要约人时生效。承诺生效的时间和地点即是合同成立的时间和地点。

承诺可以撤回，但撤回的通知必须在承诺生效之前到达要约人，或与承诺通知同时到达要约人。

（二）合同的成立

合同的成立指合同当事人经过要约、承诺，对合同的内容达成一致，建立了合同关系。

1. 合同成立时间的特别规定

当事人采用信件、数据电文等形式订立合同的，可以在合同成立之前要求签订确认书。签订确认书时合同成立。

法律、行政法规规定或者当事人约定采用书面形式订立合同，当事人未采用书面形式但一方已经履行主要义务，对方接受的，该合同成立。采用合同书形式订立合同，在签字或者盖章之前，当事人一方已经履行主要义务，对方接受的，该合同成立。

2. 合同成立的地点

承诺生效的地点是合同成立的地点；当事人采用信件、数据电文等形式订立合同，并在合同成立之前要求签订确认书的，签订确认书的地点为合同成立的地点；当事人采用合同书形式订立合同的，双方当事人签字或者盖章的地点为合同成立的地点。

（三）缔约过失责任

1. 缔约过失责任的概念和构成要件

缔约过失责任，是指在合同订立过程中，一方因违背其依据诚实信用原则所负的义务，致另一方信赖利益损失时所承担的民事责任。该责任的构成要件是：第一，缔约一方当事人有违反先合同义务的行为。第二，违反先合同义务给对方造成了信赖利益的损失。第三，违反先合同义务的行为与另一方遭受的信赖利益损失之间存在因果关系。

2. 缔约过失责任的适用类型

根据《合同法》第42、43条，缔约过失责任主要适用于以下行为：第一，假借订立合同，恶意进行磋商；第二，故意隐瞒与订立合同有关的重要事实或提供虚假情况；第三，泄露或不正当使用在订立合同过程中知悉的商业秘密；第四，其他违背诚实信用原则的行为。

3. 缔约过失责任的责任形式

缔约过失责任为损害赔偿责任，赔偿的是缔约一方的依赖利益的损失。

三、合同的效力

（一）合同的生效要件

合同的生效要件主要有：第一，合同主体具有相应的民事行为能力。第二，意思表示真实。第三，合同的内容不违反法律、行政法规的强制性规定或者社会的公共利益。第四，合同的形式符合法律的规定。

(二) 效力待定的合同

1. 效力待定合同的含义

效力待定的合同是指已经成立但欠缺有效要件，其效力能否发生尚未确定，只有经过权利人追认才能有效的合同。其基本特征是：第一，合同已经成立；第二，主要由于主体资格要件的欠缺而影响到合同的效力；第三，其效力存在着两种发展的可能性——或者自始无效，或者自始有效，它既可因形成权人的否认而确定地自始无效，也可因形成权人的追认而确定地自始有效。

2. 效力待定合同的类型

效力待定的合同主要包括：第一，限制民事行为能力人依法不能独立签订的合同；第二，无权代理行为；第三，无权处分行为。

(三) 可变更、可撤销的合同

1. 可变更、可撤销合同的含义

可变更、可撤销的合同，是指已经成立，但意思表示不真实，可因变更、撤销权人行使变更、撤销权的行为使其效力归于消灭的合同。可变更、可撤销的合同具有以下特征：第一，合同在被变更、撤销以前，已发生了针对无变更、撤销权的当事人的效力。第二，合同可撤销的事由是合同的意思表示的不真实。第三，是否使合同的效力归于消灭或变更，取决于变更、撤销权人的意思，撤销权人以外的人不得主张变更、撤销该法律行为；第四，合同效力的消灭，必须有撤销行为；第五，撤销权一旦行使，可撤销的法律行为原则上溯及其成立之时，其效力归于消灭。

2. 可变更、可撤销合同的类型

可变更、可撤销的合同主要包括：第一，因重大误解订立的合同；第二，显失公平的合同；第三，因欺诈订立的合同；第四，因胁迫而订立的合同；第五，乘人之危而订立的合同。

3. 变更、撤销权的行使

在可撤销的法律行为中，撤销权通常由因意思表示不真实而受损害的一方当事人享有，即受欺诈方、受胁迫方、危难被乘方、误解方、显失公平行为中受重大不利的一方享有撤销权。

撤销权只能通过诉讼、仲裁的方式行使。即双方发生争议，必须提起诉讼或仲裁，要求人民法院或仲裁机构予以裁决。

具有撤销权的当事人自知道或者应当知道撤销事由之日起1年内没有行使撤销权，或具有撤销权的当事人自知道撤销事由后明确表示或者以自己的行为放弃撤销权的，则撤销权消灭。

(四) 无效合同

1. 无效合同的含义

无效合同是指严重欠缺有效要件，绝对不许按当事人合意的内容赋予法律效果的合同。合同无效可以是合同全部无效，也可以是合同部分无效。无效合同具有以下特征：第一，无效合同严重欠缺合同的有效要件，主要表现为违法性，即违反了法律和行政法规的强制性规定，损害了国家利益和社会公共利益。第二，自始无效。第三，绝对无效。第四，当然无效。第五，不得履行性。对于无效合同，当事人不得实际履行，也不承担不履行合同的违约责任，如果已经履行，应当恢复到合同订立前的状态。

2. 无效合同的类型

无效合同主要包括：第一，一方以欺诈、胁迫手段订立的损害国家利益的合同。第二，恶意串通，损害国家、集体或者第三人利益的合同。第三，以合法形式掩盖非法目的的合同。第四，损害社会公共利益的合同。第五，违反法律、行政法规的强制性规定的合同。

此外，根据《合同法》第53条规定，合同中的下列免责条款无效：第一，造成对方人身伤害的；第二，因故意或者重大过失造成对方财产损失的。

(五) 合同被确认无效或撤销的法律后果

合同被确认无效或撤销后，主要的法律后果是：第一，返还财产。第二，赔偿损失。

四、合同的履行

(一) 合同履行规则

合同的履行是指债务人依据法律和约定作出给付的行为。合同的履行应以诚实信用原则为基础，全面、适当履行。

当事人就质量、价款或者报酬、履行地点等内容没有约定或者约定不明确的，可以协议补充；不能达成补充协议的，按照合同有关条款或者交易习惯确定。仍不能确定的，适用下列规定：第一，质量要求不明确的，按照国家标准、行业标准履行；没有国家标准、行业标准的，按照通常标准或者符合合同目的的特定标准履行。第二，价款或者报酬不明确的，按照订立合同时履行地的市场价格履行；依法应当执行政府定价或者政府指导价的，按照规定履行。第三，履行地点不明确，给付货币的，在接受货币一方所在地履行；交付不动产的，在不动产所在地履行；其他标的，在履行义务一方所在地履行。第四，履行期限不明确的，债务人可以随时履行，债权人也可以随时要求履行，但应当给对方必要的准备时间。第五，履行方式不明确的，按照有利于实现合同目的的方式履行。第六，履行费用的负担不明确的，由履行义务一方负担。

（二）第三人代为履行

当事人约定由债务人向第三人履行债务的，债务人未向第三人履行债务或者履行债务不符合约定，应当向债权人承担违约责任。

当事人约定由第三人向债权人履行债务的，第三人不履行债务或者履行债务不符合约定，债务人应当向债权人承担违约责任。

（三）双务合同履行中的抗辩权

1. 同时履行抗辩权

当事人互负债务，没有先后履行顺序的，应当同时履行。一方在对方履行之前有权拒绝其履行要求。一方在对方履行债务不符合约定时，有权拒绝其相应的履行要求。此即为同时履行抗辩权。

2. 先履行抗辩权

先履行抗辩权是指在双务合同中，后履行的一方当事人在应当履行的一方当事人未履行或者不适当履行时，享有不履行或部分不履行的权利。

3. 不安抗辩权

不安抗辩权是指有效的双务合同中，具有先给付义务的一方当事人在履行期限到来之时，发现对方履行能力严重恶化，不能为对等给付时，在对方提供适当担保前拒绝给付的权利。

行使不安抗辩权的先履行义务人需要证明后给付义务人的履行能力明显降低、有不能为对待给付的现实危险。行使不安抗辩权，中止履行的，应当及时通知对方。对方提供适当担保时，应当恢复履行。中止履行后，对方在合理期限内未恢复履行能力并且未提供适当担保的，中止履行的一方可以解除合同。

（四）合同债权的保全

1. 债权人的代位权

代位权是指债务人怠于行使其到期债权，对债权人造成损害的，债权人为了保全其债权，依法请求人民法院以自己的名义代位行使债务人的债权的权利。

代位权的行使要件是：第一，债权人对债务人享有合法的到期债权。第二，债务人怠于行使其到期债权，该债权是非专属于债务人的金钱债权。第三，债务人怠于行使债权的行为给债权人造成了损害，债权人有保全债权的必要。

债权人行使代位权，以提起诉讼或申请仲裁的方式进行。代位权诉讼由被告住所地人民法院管辖。

人民法院审理后，认定代位权成立的，由次债务人向债权人履行清偿义务，债权人与债务人、债务人与次债务人之间相应的债权债务关系即予消灭。债权人行使代位权的必要费用，由债务人负担。

2. 债权人的撤销权

撤销权是指债务人滥用财产处分权，使其财产减少而损害债权人的债权时，债权人为保全其债权，依法享有的以自己的名义请求法院撤销债务人的财产处分行为的权利。

撤销权的行使要件是：第一，债权人对债务人存在合法有效的债权。第二，债务人实施了处分财产的行为，包括放弃到期债权、无偿转让财产、以明显不合理的低价转让财产等行为。第三，债务人的行为有害于债权。第四，债务人以明显不合理的低价转让财产时，第三人具有恶意。

债权人行使撤销权时，以自己的名义向人民法院提起诉讼，请求人民法院撤销债务人不当处分其财产的行为。债权人提起撤销权诉讼时以债务人为被告，由被告住所地人民法院管辖。

债权人自知道或应当知道撤销事由之日起 1 年内或者自债务人的行为发生之日起 5 年内没有行使撤销权的，该撤销权消灭。

撤销权的行使范围以债权人的债权为限。

撤销判决确定之后，对于债务人处分的财产，第三人应当返还给债务人；债务人因此而取得受益人的财产的，亦应予以返还。债务人所放弃的债权应视为未放弃，已设定担保的财产应视为无担保。与债权人行使撤销权所保全的债权范围相适应，虽然债务人被撤销的行为自始无效，但是仅仅限于行使撤销权人的债权额的限度内的无效，其他部分仍然有效。

债权人行使撤销权所支付的律师代理费、差旅费等必要费用，由债务人负担；第三人有过错的，应当适当分担。

（五）合同债权的担保

合同债权的担保是指为使债权人的债权得以实现，通过法定或约定的方式，用特定人的财产或信用，保障债务人履行债务的法律制度。

1. 保证

保证是以第三人的信用所为的担保，是人的担保，是指第三人和债权人约定，当债务人不履行债务时，第三人按照约定代债务人履行债务或者承担民事责任的行为。债权人和保证人之间形成保证合同关系。

保证一般以保证合同的方式设立，保证的设立应具备合同成立和生效的一般要件。

保证包括一般保证和连带责任保证。前者是指当事人在保证合同中约定，只有在债务人不能履行债务时，保证人才承担保证责任的保证方式。一般保证的保证人在主合同纠纷未经审判或仲裁，并就债务人财产依法强制执行仍不能履行债务前，对债权人可以拒绝承担保证责任，此即为一般保证人的先诉抗辩权。后者是指债务人在债务履行期届至时未履行债务的，债权人既可请求债务人履行债务，也可请求保证人履行保证债务的保证方式。当事人在保证合同中没有约定保证方式，或者约定不明确的，保证人承担连带保证责任。

一般保证的保证人与债权人未约定保证期间的，保证期间为主债务履行期届满之日起 6 个月。在合同约定的保证期间和前述规定的保证期间，债权人未对债务人提起诉讼或者申请仲裁的，保证人免除保证责任；债权人已提起诉讼或者申请仲裁的，保证期间适用诉讼时效中断的规定。连带责任保证的保证人与债权人未约定保证期间的，债权人有权自主债务履行期届满之日起 6 个月内要求保证人承担保证责任。在合同约定的保证期间和法律规定的保证期间，债权人未要求保证人承担保证责任的，保证人免除保证责任。

保证人享有主债务人的一切抗辩权，此外，一般保证的保证人享有先诉抗辩权。保证人向债权人履行后，对债务人享有代位求偿权。

除因债的一般消灭原因消灭外，保证债务还因以下事由而消灭：第一，主债务消灭。第二，未经保证人同意而转让主债务。第三，债权人和主债务人在未经保证人同意时变更主债务的内容，加重保证人的负担。第四，保证期满而债权人未请求保证人履行保证债务，或债权人允诺债务人延期履行。

2. 物的担保

物的担保，是指以债务人或其他人的特定财产作为抵偿债权的标的，在债务人不履行其债务时，债权人可以将该财产变价，并从中优先受偿。其方式主要有抵押、质押和留置。抵押、质押和留置在本章物权法部分已有介绍，兹不赘述。

3. 定金

定金是一种金钱担保，指合同当事人依约定或法律规定，由一方在合同订立时或在合同履行前预付给对方一定数量的金钱，以保障合同债权实现的一种担保方式。

定金担保方式的特点是：第一，定金担保在定金交付时才成立。第二，定金的数额由当事人约定，但不得超过主合同标的额的 20%。第三，给付定金的一方不履行约定债务的，无权要求返还定金；收受定金的一方不履行约定债务的，应当双倍返还定金。

五、合同的变更和转让

（一）合同的变更

合同变更有广、狭二义。广义的合同变更，包括合同主体、客体和内容的变更。狭义的合同变更，仅指合同客体和内容的变更。合同主体的变更则称为合同转让。合同变更具有下列特点：第一，以原合同有效为前提。第二，须以双方协议的方式进行，如果当事人对合同变更的内容约定不明确，应依法推定为未变更。第三，法律、行政法规规定变更合同应当办理批准、登记手续的，须依照法律规定办理批准、登记等法定手续。第四，合同变更仅对未履行部分生效，已履行部分不受影响。

（二）合同的转让

合同转让是指在不改变合同内容的前提下，合同当事人一方依法将其合同的权利和义务全部或部分转让给第三人的法律行为。合同转让可分为合同债权转让、合同债务转让和合同债权债务的概括转让三种情况。

1. 合同债权转让

合同债权转让，是指合同债权人将其债权全部或者部分转让给第三人的行为。债权让与无须取得债务人的同意，但下列债权不得让与：第一，当事人约定不得让与的债权。第二，法律规定不得让与的债权。第三，依其性质不得让与的债权。债权让与后，主权利和非专属于债权人的从权利移转。让与人应保证所转让的债权没有瑕疵，即不受第三人的追索，但受让人明知权利有瑕疵或当事人限制或免除权利瑕疵担保责任的除外。接到让与通知后，债务人应当向新债权人履行义务，但其对于原债权人的抗辩权可对抗新债权人。

2. 合同债务转让

合同债务转让，是指原债务人的债务全部或部分地移转给第三人（新债务人）承担。合同债务转让的要件是：第一，存在有效的合同债务。第二，债务具有可移转性。第三，债务转让应当经过债权人同意。

3. 合同债权债务的概括转让

合同债权债务的概括转让，是指原合同当事人一方将其在合同中的债权债务一并移转给第三人。合同债权债务的概括转让，主要通过两种方式实现：其一是合同承受，其二是法人或其他组织的分立、合并。合同债权债务的概括转让需经另一方当事人同意。若法律、行政法规规定合同转让应当办理批准、登记手续的，应依照规定办理。

六、合同的终止

合同的终止，是指因某种原因致使合同债权债务关系不复存在。合同终止的原因主要有：债务履行、免除、混同、提存、抵销、合同解除等。

1. 债务履行，即清偿，是指能达到债权消灭效果的给付行为。

2. 免除，是债权人以债的消灭为目的而抛弃债权的意思表示。债务人因债权人抛弃债权而免除清偿义务。

3. 混同，是指债权和债务归于一人的事实，债的关系于此时消灭。混同成立的原因有二：第一，债权债务的概括承受。例如在企业合并的情形下，合并后债权债务同归于合并企业。第二，特定承受。即债权人承受债务人对自己的债务，或债务人受让债权人对自己的债权。

4. 提存，是指由于债权人的原因而使债务人无法向其交付合同标的物时，债务人将该标的物交给提存部门从而消灭合同关系的制度。

提存的条件主要有：第一，提存人具有行为能力，意思表示真实。第二，提存之债必须真实、合法。第三，存在提存的原因。包括：债权人无正当理由拒绝受领；债权人下落不明；债权人死亡未确定继承人或者丧失行为能力未确定监护人；法律规定的其他情形，例如《合同法》第70条规定，债权人分立、合并或者变更住所没有通知债务人，致使履行债务发生困难的，债务人可以中止履行或将标的物提存。第四，提存的标的与债的标的相符，且适于提存。

提存的效力主要有：第一，提存之债从提存之日即告清偿。第二，标的物提存后，毁损、灭失的风险由债权人承担。提存期间，标的物的孳息归债权人所有。第三，提存机关负有妥善保管的义务，债权人负担提存费用。第四，债权人可以随时领取提存物，但债权人领取提存物的权利自提存之日起5年内不行使而消灭，提存物扣除提存费用后归国家所有。

5. 抵销，是指当事人互负债务，一方将自己的债务与对方的债务相抵，使合同效力终止的制度。其包括法定抵销和合意抵销两种。

法定抵销，是指按照法律的规定，在二人互负同种类债务，且债务均已届清偿期时，依当事人一方的意思表示而成立的抵销。

合意抵销，即根据当事人之间的合同消灭相互所负债务的法律行为。合意抵销的发生条件及效力，可由当事人双方自由商定。

6. 合同解除，是在合同有效成立以后，合同部分履行或全部履行之前，由于合同解除条件的具备，由一方或双方的意思表示而使合同关系归于消灭的一项法律制度。合同解除包括协议解除、约定解除和法定解除三种类型。

主张解除合同的，应当通知对方。合同自通知到达对方时解除。对方有异议的，可以请求人民法院或者仲裁机构确认解除合同的效力。法律、行政法规规定解除合同应当办理批准、登记等手续的，依照其规定。

合同解除后，尚未履行的，终止履行；已经履行的，根据履行情况和合同性质，当事人可以要求恢复原状、采取其他补救措施，并有权要求赔偿损失。

七、违约责任

(一) 违约责任的概念

违约责任，是指合同当事人不履行合同义务或者履行合同义务不符合约定时所承担的法律后果。

违约责任的基本特征在于：第一，违约责任以有效合同的存在为前提。第二，违约责任须以违反合同义务为要件。第三，违约责任的承担具有一定的任意性，可由当事人协商确定。第四，违约责任以损害赔偿为重要方式，以恢复原状为基本要求。

(二) 主要的违约行为形态

1. 预期违约

根据《合同法》第108条，当事人一方明确表示或者以自己的行为表明不履行合同义务的，对方可以在履行期限届满之前要求其承担违约责任。该条即是关于预期违约及其责任的规定。

2. 实际违约

在履行期限到来后，当事人不履行或不完全履行合同义务的，可构成实际违约，例如迟延履行、加害给付、数量短少等。

(三) 违约责任形式

1. 继续履行

继续履行是违约方不履行合同债务或履行合同债务不符合约定时，仍要求违约方依照合同规定继续履行的责任形式。

2. 采取补救措施

采取补救措施是指在违反合同的事实发生后，为防止损失发生或扩大，由违约方承担的修理、重做、更换等措施。

3. 赔偿损失

赔偿损失是指违约方向受害人支付一定数额金钱的责任方式。损害赔偿责任的承担，必须具备以下要件：第一，须有违约行为。第二，须受害人受有损失。第三，违约行为与损失之间有因果关系。

违约损害赔偿的一个基本原则是完全赔偿原则，违约方应赔偿受害人因其违约行为所遭受的全部损失，但不得超过违反合同一方订立合同时预见或者应当预见到的因违反合同可能造成的损失。

4. 支付违约金

违约金是指当事人违反合同后，依据合同约定支付给对方一定数量的金钱。

当事人可以约定一方违约时应当根据违约情况向对方支付一定数额的违约金，也可以约定因违约产生的损失赔偿额的计算方法。约定的违约金低于造成的损失的，当事人可以请求人民法院或者仲裁机构予以增加；约定的违约金过分高于造成的损失的，当事人可以请求人民法院或者仲裁机构予以适当减少。

当事人在合同中既约定违约金又约定定金的，一方违约时，双方可选择适用违约金或定金条款。

(四) 违约责任的免责事由

1. 不可抗力

不可抗力，是指不能预见、不能避免并不能克服的客观情况。因不可抗力不能履行合同的，根据不可抗力的影响，部分或者全部免除责任，但法律另有规定的除外。当事人迟延履行后发生不可抗力的，不能免除责任。当事人一方因不可抗力不能履行合同的，应当及时通知对方，以减轻可能给对方造成的损失，并应当在合理期限内提供证明。

2. 受害人过错

受害人过错，是指受害人对违约行为或违约损害后果的发生或者扩大存在过错。当事人一方违约后，对方应当采取适当措施防止损失的扩大；没有采取适当措施致使损失扩大的，不得就扩大的损失要求赔偿。当事人因防止损失扩大而支出的合理费用，由违约方承担。当事人双方都违反合同的，应当各自承担相应的责任。

3. 免责条款

免责条款，是指合同当事人约定的排除或限制其将来可能发生的违约责任的条款。合同自由原则赋予当事人自主约定合同免责条款的权利，但是，关于造成对方人身伤害的以及因故意或者重大过失造成对方财产损失的免责条款无效。

思考题

1. 物权与债权相比，其特殊性在哪？
2. 用益物权与担保物权的区别是什么？
3. 试论物权法的体系。
4. 知识产权和财产所有权的区别。
5. 保护专利权是否会导致另外的一种垄断？这种垄断会不会影响公众的利益？
6. 发明、实用新型、外观设计三种专利各自保护的侧重点是什么？
7. 为什么要对驰名商标进行特殊的保护？
8. 什么是缔约过失责任？其适用范围有哪些？
9. 合同终止的原因有哪些？

案例分析

赵某原有5间瓦房，坐北朝南，门前为村委会分给其的一片菜园，赵某的东面住着张某，张某家有汽车，用以运输货物，每天需将汽车停放于自家门口，因此找赵某商量，提出占有赵某的一部分菜地用于停车，直至菜地被村委会收回，并一次性补偿2 000元给赵某，赵某答应，双方并登记备案。

试分析：(1) 张某对赵某的部分菜地享有什么权利？

(2) 如果赵某后来也买了一辆货车，停放于那块被开辟的菜地之上，使得张某的汽车无法停放，问：谁有权停放汽车，为什么？

(3) 若赵某门前菜地妨碍了张某一家的正常通行，张某能否要求赵某在菜园中开辟一条小路以供其通行之用？如果可以，张某是基于什么权利提出该项要求？

要点分析：

第一，张某对赵某的部分菜地享有地役权。第二，张某有权将汽车停放在那块被开辟的菜地之上。尽管赵某对菜地享有所有权，但因为与张某设定了约定地役权，使得所有权的内容受到限制，所以张某享有的地役权优先于赵某的所有权受到保护。第三，张某能要求赵某在菜园中开辟一条小路以供其通行之用。这是根据相邻权提出的要求。

推荐阅读书目

1. 胡康生主编．中华人民共和国物权法释义．北京：法律出版社，2007

2. 王利明．物权法研究．修订版．北京：中国人民大学出版社，2007

3. 刘春田主编．知识产权法教程．北京：知识产权出版社，1995

4. 崔建远主编．合同法．4版．北京：法律出版社，2009

5. 王利明，房绍坤，王轶．合同法．3版．北京：中国人民大学出版社，2009

6. 屈茂辉．中国合同法学．长沙：湖南大学出版社，2003

第四章
市场秩序法律制度

· 本章学习目标 ·

对竞争法有一定的认识和了解，掌握市场上各种违背竞争秩序的行为的特征及法律对其的规制，对竞争秩序形成一个较为具体的理念；要求重点掌握不正当竞争、反不正当竞争法的概念及不正当竞争行为的种类、特征，垄断行为的认定；了解不正当竞争行为的监督检查、不正当竞争行为和垄断行为的法律责任。

· 引导案例 ·

2009 年 5 月 13 日，欧盟裁定英特尔违反了反垄断法律，阻挠竞争对手 AMD 市场竞争，并向英特尔课以高达 10.6 亿欧元（约合 14.5 亿美元）的罚款。作为全球最大处理器厂商，英特尔在个人电脑微处理器市场的份额约为 80%，该公司真正意义上的竞争对手仅为 AMD 一家。欧盟委员会表示，英特尔滥用其垄断地位，试图将 AMD 阻挡于市场之外，这种行为违反了欧盟的竞争法律。该委员会指出，英特尔向宏基、戴尔、惠普、联想以及 NEC 等电脑厂商提供折扣，要求这些厂商从英特尔购买所需的全部或绝大部分 x86 处理器，并向这些厂商付费以推迟或取消基于 AMD 处理器的产品型号。欧盟监管机构称，英特尔在 2002 年至 2007 年间付钱给德国最大电子产品零售商 Media Saturn Holding，要求后者仅销售基于英特尔处理器的电脑。Media Saturn Holding 拥有 Media Market 大型连锁超市。此举意味着位于德国德累斯顿的 AMD 欧洲最大工厂的员工都无法在当地主要电脑商店购买到采用 AMD 处理器的电脑。欧盟竞争委员会官员尼利·科洛斯（Neelie Kroes）表示："多年以来，英特尔蓄意将 AMD 阻挡在市场之外的做法损害了数百万欧洲消费者的利益，这种严重且长期违反欧盟反垄断规定的行为是无法容忍的。"欧盟监管机构表示，罚金是根据英特尔在违反欧盟法规的过去5年零3个月内在欧洲的处理器销售额计算得出。在全球每年220亿欧元（约合300亿美元）的处理器销售额中，欧洲市场约占30%。根据欧盟反垄断法规，欧盟委员会有权给英特尔开出更高罚单，即每个违法年度的罚金是该公司全球年收入的10%。英特尔2007年在全球的收入为279亿欧元（约合388亿美元）。除了开出罚单，欧盟委员会还要求英特尔"立刻停止目前仍在进行的不法行为"，并警告称将检查该公司是否执行其裁决。

请思考：欧盟委员会为什么要给英特尔开出高额罚单并要求英特尔"立刻停止目前仍在进行的不法行为"？其意义何在？

第一节　市场秩序法律概述

一、竞争法的含义与地位

竞争是市场激发创新、提高效率的基本形式，但竞争本身也有消极的一面，如为了在竞争中获胜，市场主体可能会采取诸如诋毁商业对手、仿冒他人驰名商标等手段，给他人和消费者造成损失，同时，市场竞争到一定阶段，往往会产生垄断，而垄断又会限制或消除竞争。在此情形下，市场和竞争本身都无法克服自身的缺陷，需要借助外来的强制力量来规制竞争行为，抵消或减少其所带来的负面效应，换言之，社会需要对竞争积极功能的保护和对竞争消极功能的抑制，以保证市场机制的正常运行。一方面要通过制定合理的规则有效地促进竞争积极作用的发挥，推动经济健康运行，另一方面又要针对竞争的消极作用，采取有效规制措施，予以约束和限制，将其危害减至最低。竞争法正是在这一背景下，适应市场发展的需要而产生的。简言之，竞争法是调整市场竞争关系和市场竞争管理关系的法律规范的总和。根据各国立法模式的不同，竞争法有广、中、狭三种含义：广义的竞争法是指有关维护、促进公平竞争、反不正当竞争和反垄断的法律法规的总称；中义的竞争法是指有关制止不正当竞争和垄断的立法；狭义的竞争法则仅仅是指有关反不正当竞争法的法律。本书所称竞争法，取其广义。

作为调整市场竞争关系的部门法，竞争法属于经济法范畴。经济法是调整在国民经济运行过程中，为了保障经济的协调、有序发展而进行市场规制和宏观调控所形成的经济关系的法律规范的总称，竞争法属于经济法体系中的市场规制法，而且处于经济法体系中的核心地位。

首先，竞争法体现了经济法所追求的维护社会整体效益和实质正义的价值目标。与民商法不同，经济法主要是通过自上而下地、宏观地调控市场经济行为和经济结构来实现国民经济的正常运行，其着眼点为社会生产的整体、长期、宏观的效率，关注的是社会群体利益，具体制度以社会整体利益为出发点。国民经济正常运行表现为经济的协调、有序发展，供给与需要大致均衡，社会经济内部各种结构和比例关系大致均衡，而建立良好的竞争秩序，保证市场资源的高效配置是实现这一目标的重要手段。同时，竞争法在竞争领域实现社会整体利益，关注消费者福利，实现实质正义。

其次，竞争法在经济法律体系中处于核心地位。经济法是国家权力干预经济的法制化体现，其兴起与发展于资本主义经济由自由竞争向垄断转变时期，是对市场自我调控缺陷的弥补。被经济法学界视为现代意义上经济法开端的美国谢尔曼反托拉斯法及之后德国出现的反卡特尔法等经济法规，就是这一结果的表现形式。有学者指出："经济法是'规制以垄断资本主义固有的垄断为中心的经济从属关系的法'，国家为了维持竞争秩序而介入市场的法，就是本来意义上的经济法。"因此，从经济法的产生、发展来看，它正是以竞争立法的产生为契机的。经济法就是以竞争法为核心而发展起来的法律规范。①

二、竞争法的基本内容与立法模式

（一）竞争法的基本内容

竞争法是以市场主体之间的竞争关系为调整对象的法律规范的总称，其所要实现的目的为保证与保护市场上的公平竞争、正当竞争与有效竞争，因此，凡对前述竞争原则有危害或可能危害的行为，均为竞争法所规制的对象。实践表明，在市场竞争过程中，非正当的竞争行为总是存在，通常表现为两大类：一类是特定市场主体对另一特定市场主体所采取的有违诚实信用或商业道德的竞争行为；另一类是市场上相互有竞争关系的主体联合起来消除或限制他们之间的竞争的市场行为，或某一市场主体利用自身的市场优势地位来消除或限制相关市场的竞争的市场行为。前者是在有竞争的背景下，以不正当的手段进行竞争，其实质是违

① 参见种明钊主编：《竞争法》，48页，北京，法律出版社，1997。

背商业道德和良好习惯，用卑鄙手段夺取他人利益的违法行为，因此概之以不正当竞争。而后者是通过抑制竞争甚至消灭竞争，达到独霸或瓜分市场的目的，从而获取巨大的利润，概之以垄断、图谋垄断或限制竞争行为。竞争法因此相应地分为反不正当竞争法和反垄断法两大部分。

（二）竞争法的立法模式

由于各国的历史背景、文化传统、政治体制等的区别，在竞争立法中，对前述规范对象的立法规制，呈现出不同的立法模式。大致而言，可以归纳为三种类型：

1. 分立式模式。分立式模式是指将反不正当竞争法和反垄断法分别单独立法。按照两部法律的先后制定顺序不同，可以分为两种：制定反不正当竞争法在先，反垄断法在后，如德国、日本等国；制定反垄断法在先，反不正当竞争法在后，如韩国。分立式立法模式强调二法之间的区别：首先，两者的性质不同。不正当竞争行为侵犯的是具体、单个生产经营者的财产权和人身权，是商事领域的竞争超出正常竞争所允许限度的一种表现，这种限度由某一社会的一般商业道德和法律规范所决定。因而反不正当竞争法的要旨是静态地保障单个主体的财产权和人身权，它是传统民事侵权法在经济市场化后的自然延伸。这种延伸表现为从法律上具体确认市场竞争中的特殊侵权形式，以及不同程度地令行为人承担行政责任和刑事责任。其次，两者立法目的不同。反不正当竞争法的作用是将市场竞争中的反伦理行为定为侵权行为，并予以具体调整，而不同于民商法仅依诚实信用原则宣告其为不法，以防止及消除竞争过度、恶性竞争的影响，借此维护微观的竞争秩序。反垄断法其要旨是从宏观上防止市场竞争不足，以保持经济具有相当的活力，提升本国企业和整个经济的竞争力，具有鲜明的政策性、灵活性和行政主导性等特征，与国家产业政策的制订和执行关系密切。最后，法律适用不同。反不正当竞争法主要是事后救济、不告不理。反垄断法偏重事前管制和行政手段，如调查市场结构、掌握和公布市场垄断情况、认定某些交易方式的合法与不法、核准企业兼并和卡特尔协议、引导企业达到具有效益和竞争力的规模等，专门的反垄断执法机关以及民事和行政的公诉也属不可或缺。

2. 合并式模式。合并式模式即指通过一部法律统一调整不正当竞争行为和限制竞争及垄断行为。典型的有匈牙利 1990 年《禁止不正当竞争法》、保加利亚 1991 年《保护竞争法》、俄罗斯 1991 年《竞争与限制商品市场垄断行为法》、我国台湾地区 1991 年“公平交易法”以及南非、澳大利亚等国的竞争法律。上述合并立法有两个特点：立法国家和地区多属于转型国家和地区；立法时间相对较晚。20世纪90年代俄罗斯和一些东欧国家相继实行全面市场经济制度，既要考虑市场结构的形成与变化，又必须维护正常的市场秩序，采用合并式立法能契合这些国家当时的实际需要：转型经济中，市场的不确定性、经济主体规模的变动性、主体行为的行政职能性等共同决定了制定反垄断法是一项兼具技术性和挑战性的宏大立法工程，若制定的反垄断法带有一定的超前性，可能会影响规模效益或阻碍民族经济的发展。合并立法通过弱化立法的技术性内容，将因市场不稳定带来的技术难题暂时搁置或作原则性规定，待市场相对稳定后通过修订再行细化相关内容，这不失为一种有效的过渡性做法。[①] 实际上，我国在1993年制定的《反不正当竞争法》也带有这一特征，即以反不正当竞争行为为主要内容，同时包含了少数反垄断条款。

3. 混合式模式。混合式模式是指将反垄断法和反不正当竞争法分别纳入若干单行法律、法规之中进行综合调整。以美国为典型代表。美国于1890年颁布《保护贸易和商业免受非法限制和垄断之害法》（即《谢尔曼法》），主要规制贸易契约、共谋行为，之后，相继出台了《联邦贸易委员会法》、《克莱顿法》等，对价格歧视、独家交易、合并和连锁董事会四种行为进行了规制，另外，还有一系列修正案扩大规定反垄断的范围。由此，形成了美国独具特色的反托拉斯法律系统，其中包含单行法律、法规、司法解释、行政指导规则和判例等，难以明显区分哪一法律是反垄断法的，而哪一法律是反不正当竞争法的。

就我国而言，自1987年开始竞争立法起，对于采取何种立法模式一直存在争议，大体有以下三种不同的观点：（1）主张采取分立式模式，即分别制定反垄断法和反不正当竞争法。（2）主张采取合并模式。主要理由是有利于竞争法各部分的协调、统一和平衡发展。（3）主张采取折中模式。即在竞争立法之初采取一种综合的调整模式，从当时的经济情况出发，以一部《反不正当竞争法》把当时经济条件下已经出现或即将出现的限制竞争行为以及大量的不正当竞争行为均纳入其中加以调整。这种观点形成于20世纪90年代初我国市场经济初步确立之时。最后基本采用的是第三种意见，制定反不正当竞争法，以调整不正当竞争行为为主要内容，但将少数具有实践基础的垄断行为一并予以规制，因此，在全国人大常委会审议反不正当竞争法草案时，从整体上删除了滥用市场竞争优势和限

① 参见刘继峰：《竞争法学原理》，80～81页，北京，中国政法大学出版社，2007。

制竞争协议的内容，留待将来制定反垄断法，但保留部分条款，最终形成了一部以规制不正当竞争行为为主，包含部分垄断行为规制条款的混合性的反不正当竞争法。

应该说，在当时的立法背景下，我国采取折中式的竞争立法模式是有其合理性的，反映了当时的经济发展水平和市场结构。但这毕竟只是权宜之计。随着我国市场经济制度的逐步发展和成熟，以及经济全球一体化的大势所趋，制定专门的反垄断法规制限制竞争行为，保障市场竞争的公平、自由，促进产业健康发展，已经是可能性和必要性兼而有之，因此，我国于 2008 年出台了《反垄断法》，同时，对 1993 年的《反不正当竞争法》的修订也提上了议事日程，从而在我国形成分立式立法模式。

第二节 反不正当竞争法

一、不正当竞争行为的概念

我国 1993 年《反不正当竞争法》第 2 条规定：“本法所称的不正当竞争，是指经营者违反本法规定，损害其他经营者的合法权益，扰乱社会经济秩序的行为。”

不正当竞争行为主要有以下特征：

1. 商业竞争性与营利性。不正当竞争行为，顾名思义是指相互有竞争关系的市场主体之间的竞争行为，只不过这种竞争行为有损商业道德，危及他人利益。值得注意的是，这里的相互竞争关系应作广义来理解，并非要求行为人与被侵害者必定处于共同或相联系的经济活动领域，有直接的竞争关系。凡是利用不正当的手段，非法利用他人成果，牟取竞争优势或商业利益的行为，都可视为不正当竞争行为。因此，不正当竞争行为应被界定为以竞争为主要形态、以营利为最终目的的行为。

2. 违背商业道德、诚实信用原则。反不正当竞争法是一个有着深厚道德基础的部门法，它反映了市场中的商业伦理、商业惯例，以及在社会生活中普遍适用的诚信原则。对商业道德、诚信原则的违背，是不正当竞争行为之所以不“正当”的本质原因。各国立法和理论都基本遵循这一本质界定。我国 1993 年《反不正当竞争法》第 2 条指出：“经营者在市场交易中，应当遵循自愿、平等、公平、诚实信用的原则，遵守公认的商业道德。”

3. 社会危害性。不正当竞争行为通常会在三个层面产生危害：首先，危害了其他经营者的利益，通过诋毁、仿冒等行为，往往会给其他经营者带来财产损失，甚至导致其严重亏损或破产倒闭；其次，损害了消费者的利益，如虚假广告行为会直接导致消费者上当受骗，甚至造成人身健康权益的损害；最后，损害了社会正常健康的经济秩序。不正当竞争行为采用的是欺诈、恶意等手段，会妨碍正常的交易秩序，破坏市场商业风气，甚至危及整个经济的良性运行。

二、不正当竞争行为的主要类型

不正当竞争行为在现实社会中的表现形式是复杂多样的。《保护工业产权巴黎公约》列举了混淆、误导、诋毁三种典型的不正当竞争行为，后来世界知识产权组织在《反不正当竞争示范法》中又增列了侵犯商业秘密、不正当地利用他人成果的行为、比较广告等。不正当竞争行为一般指：采用假冒或混淆等不正当手段从事市场交易的行为；商业贿赂行为；引人误解的虚假宣传行为；侵犯商业秘密行为；不正当有奖销售行为；损害他人商业信誉或商品声誉行为；公用企业或者具有独占地位的经营者强制交易行为；滥用行政权力限制竞争行为；以排挤竞争对手为目的、以低于成本的价格销售商品的行为，等等。

（一）市场混淆行为

1. 概念与构成要件

市场混淆行为是指经营者采用假冒或者模仿之类的不正当手段，使其商品（或服务）与他人的商品（或服务）相混淆，而导致或足以（可能）导致购买者误认的行为。其行为的构成要件为：

第一，主体。混淆行为人是不正当地使用他人商业标识的经营者，在实践中，往往表现为中小企业或其他经营个体，由于自身没有竞争优势，没有建立较好的市场认知度和信任度，为了追求利润，假冒或仿冒一些知名企业、大品牌的商品（或服务）的标识来欺骗消费者。

第二，客体。市场混淆行为侵害的是特定市场主体的商业标识。商业标识是指构成商品（或服务）的表征并具有将其与其他同类商品（或服务）区别开来的区别性特征的商品的外在表征或形式。商标、商号、姓名、名称、商品容器、包装、装潢等，以及企业的标章和其他表示商品（或服务）的表征，都可以成为商业标识。

第三，主观方面。混淆的意图是为了与他人的商品（或服务）发生混同，让消费者在购买时误认误购，从而借助他人的市场开发优势搭便车，获取不正当的利润。

第四，客观方面。混淆行为表现为行为人对特定主体的商业标识进行了不正当使用，发生了混淆事实，或由此获得了交易机会和经济利益。行为人的不正当使用主要表现为两种形式：一是假冒，即完全冒用他人的商业标识，将自己的商品（或服务）与他人的同类商品（或服务）在外在标识上做的完全一致，或直接把自己与他人在经营身份上加以等同或联系起来而使消费者真假难辨。二是仿冒，即使用与他人特有的商业标识近似度很高的商业标识，如采用类似的装潢、图案、字体等，由此引起公众对自己的商品（或服务）的混淆或误认误购。

2. 市场混淆行为的表现形式

根据我国现行法律规定，市场混淆行为表现为三种形式：

（1）假冒他人注册商标。指行为人侵犯他人的注册商标专用权，直接或间接地造成市场混淆的各种不正当竞争行为。具体包括：未经注册商标人许可，在同一种商品或类似商品上使用与注册商标相同或近似的商标；销售明知或应知是侵犯他人注册商标专用权的商品；伪造、擅自制造他人注册商标标识或销售伪造、擅自制造的注册商标标识；在同种或类似商品上，将与他人注册商标相同或近似的文字、图形作为商品名称或商品装潢使用，并足以造成误认的；故意为侵犯他人注册商标专用权的商品提供仓储、运输、邮寄、隐匿等便利条件的。

（2）仿冒知名商品特有的名称、包装、装潢。商品的通用名称、包装、装潢通常仅具有经济意义，有关经营者不享有专用权。但知名商品特有的名称、包装、装潢凝聚着特定经营者的商业信誉和商品声誉，能使消费者将特定商品与特定的生产经营者联系在一起，是应受法律保护的无形财产。为了保护正常的竞争秩序，维护消费者合法利益，应禁止仿冒行为。值得注意的是，这里的保护客体为知名商品特有的名称、包装、装潢，同时要符合两个条件：其一为知名商品，即享有较高的市场认知度和较好的美誉度的商品，一般由工商行政管理机关或人民法院认定；其二为特有的包装、名称、装潢，即非为相关商品所通用，具有显著区别性特征。

（3）擅自使用他人的企业名称或姓名。企业名称权或经营者姓名权是工业产权的重要内容，是经营者的无形资产和宝贵财富。擅自使用他人的企业名称或姓名，实际上就是盗用他人的商业信誉或产品声誉的民事侵权行为，同时也是欺骗消费者、破坏公平竞争秩序的不正当竞争行为。

（二）虚假表示与虚假宣传行为

虚假表示与虚假宣传行为，又称为“误导公众行为”，指经营者利用广告或其他方法，对商品（或服务）的质量、价格、产地、性能、用途等方面进行引人误解的陈述或表示。此类误导行为主要是以消费者为损害对象，而不是针对经营者，致使消费者在取得商品或接受服务时作出对自己有害的决定。

在实践中，商业宣传是市场竞争中的必要手段，经营者通过对自己商品优点的描述来吸引消费者，由此占据和扩大市场份额，获得竞争中的优势地位，是商业社会中的常见现象。但如果利用虚假的信息来误导甚至欺骗消费者，则构成不正当竞争。虚假表示与虚假宣传主要有以下行为方式：

1. 伪造或冒用质量标志的行为

质量标志是有关部门依法定程序颁发给经营者，以证明其产品或服务质量达到一定水平的特定标志，如我国的绿色食品标志、真皮标志等。名优标志是指经有关机构、团体评定为名优产品而授予其经营者使用的荣誉性质量证明标志。质量标志的作用在于客观、公正地向购买者传递产品质量特定的信息，指导购买者选购商品，获准使用质量标志尤其是名优标志的产品必然能赢得消费者的信赖，具有更强的市场竞争力。伪造或冒用质量标志，包括以下情形：尚未推行产品质量认证制度的商品，经营者伪造认证标志；已经推行质量认证制度的商品，经营者未向产品质量认证机构申请或虽然申请但经认证不合格者，擅自使用认证标志。

2. 伪造产地

商品的产地是指商品的制造、加工地或者商品生产者的所在地。有的商品因其产地独特的地理气候特点或技术优势而获得领先的市场竞争力，如西湖龙井茶叶。正因如此，经营者为了提高其商品的声誉，在商品上标注虚假产地，欺骗消费者，构成不正当竞争行为。

3. 对商品质量作引人误解的虚假表示

指经营者对反映商品质量的各种内容，如品质、制作成分、性能、用途、生产日期、有效期等作不真实的或引人误解的标注，使消费者难以了解商品的真实情况，从而发生误认误购行为。

4. 引人误解的虚假宣传

我国《反不正当竞争法》第9条规定：“经营者不得利用广告或者其他方法，

对商品的质量、制作成分、性能、用途、生产者、有效期限、产地等作引人误解的虚假宣传。广告的经营者不得在明知或者应知的情况下，代理、设计、制作、发布虚假广告。”对上述法条的理解有两点值得关注：第一，责任主体不仅包括进行虚假宣传的经营者，还包括明知或应知的广告制作者、发布者；第二，引人误解的虚假宣传，既包括虚假宣传，也包括引人误解的宣传，前者指宣传与实际情况不符，如前述的伪造或冒用标志、伪造产地等均属于虚假宣传，较易认定，而后者的认定标准则以消费者、市场的主观认知为判断依据，如某旅行社广告中称所交费用中包括“一日一餐”，随后在实际旅游过程中解释为仅指第一天的午饭免费，而不包括其后每一餐的费用。这种广告显然属于引人误解的宣传。

(三) 商业贿赂行为

1. 商业贿赂的概念

商业贿赂是指在市场交易中，经营者采用财物或其他手段，暗中收买交易对象或其有关人员，以获得交易机会或有利的交易条件的不正当竞争手段。包括商业行贿和商业受贿两种类型。

商业贿赂行为有如下的特征：第一，在主体方面，商业行贿的主体一般是经营者，包括购买者和销售者，既可以是自然人，如个体户、农村承包户，也可以是单位，通常由法定代表人、代理人或其内部工作人员进行。商业受贿的主体是指经营者和有关个人，既包括经营者的法定代表人、代理人或其他对交易活动享有决定权的内部工作人员，也包括掌握有关土地供应权、税收减免权、工程发包权等经济职权的国家机关工作人员。第二，在主观方面，无论是行贿或受贿，行为人的心理状态都为故意和自愿，其目的是排挤竞争对手，获得竞争优势。第三，在客观方面，可以是给付金钱等财物或其他非物质性利益，如提供出国机会等。第四，所危害的客体是国家有关财物、会计等法律法规的规定和市场的合法竞争秩序。

2. 与商业贿赂有关的几个概念

(1) 回扣。所谓回扣，是指经营者为了销售或购买商品，在账外暗中给予交易对象或有关人员的财物。回扣有三个特征：其一，回扣是由卖方或买方支付给交易相对人的财物，不是支付给中间人的劳务报酬；其二，回扣的支付和接受是通过“账外暗中”的秘密方式进行的，即未在依法设立的反映经营者生产经营活动或行政事业经费收支的财务账上按照财务制度规定如实记载；其三，回扣的客体是金钱或实物，一般不包括非物质性利益。

回扣的性质如何，在理论和实践中均颇具争议。如美国《克莱顿法》规定商业交易中支付回扣属破坏竞争秩序的非法行为，但允许向中间人提供劳务报酬性质的佣金。日本《关于禁止私人垄断及确保公正交易的法律施行令》规定，在提供商品或提供劳务的活动中，可以向相对人支付回扣，但必须以书面契约形式予以明确，并按照一定时间内的成交数额或数量计算回扣数额。在我国，《反不正当竞争法》颁布以前，对回扣问题的各种立法和政策规定不一，有的规定禁止收受任何形式的回扣，如1988年全国人大常委会通过的《关于惩治贪污罪贿赂罪的补充规定》；有的规定允许公开明示的回扣，禁止私下收受回扣，如1988年财政部《关于回扣问题的调查情况和处理意见》。由此，在起草、审议《反不正当竞争法》过程中，回扣成为了争议的焦点之一，最后，《反不正当竞争法》规定："在帐外暗中给予对方单位或者个人回扣的，以行贿论处；对方单位或者个人在帐外暗中收受回扣的，以受贿论处。"这一规定明确了我国回扣问题的政策界限。

（2）折扣和佣金。折扣是指经营者为了销售或购买商品，以公开明示的方式向交易对象支付的一定数额的财物。一般情况下，折扣是卖方在原定价格的基础上公开明示地给买方一定比例的减让，又称让利、打折等，但也不排除买方为了购买商品而向卖方以公开明示的方式支付的额外价款，前者称为"顺向折扣"，后者称为"反向折扣"。折扣作为有效竞争手段，已经成为市场中常见的营销方式，只要采取明示的方式，并如实入账，支付和接受折扣是合法的竞争行为。

佣金是指在市场交易中，经营者以公开明示的方式付给促成交易的中间人的劳务酬劳。佣金的给付对象只能是中间人，这是佣金与折扣、回扣的重要区别。这里的中间人，泛指为促成交易提供信息、服务的单位或个人，而不能是交易双方本身或其代表人、代理人。佣金的给付也必须公开、入账。

(四) 侵犯商业秘密

1. 商业秘密的界定

商业秘密是指不为公众所知悉、能为权利人带来经济利益、具有实用性并经权利人采取保密措施的技术信息和经营信息。据此可以将商业秘密的构成要件分为如下三部分：

第一，不为公众知悉。包含新颖性和秘密性两重含义，新颖性是将商业秘密与"公有领域"、"公共技术"或"公知信息"区别的要件，商业秘密的内容必须与通行的技术或经营信息存在差异；秘密性是指内容不被公众所知晓。

第二，价值性和实用性。价值性是指商业秘密通过现在或将来的使用，能够给所有人带来现实的或潜在的经济利益，在市场竞争中，经营者通过掌握商业秘密而保持竞争优势。实用性是指商业秘密必须是具体的可以实施的方案或确定的内容，法律并不保护单纯的构想、原理或抽象的概念。实用性与价值性是密切相关的，实用性是价值性的基础，没有实用性就谈不上价值性；价值性是实用性的结果。从实践中看，具备价值性和实用性的商业信息包括技术秘密和经营秘密两个方面，具体可指设计、程序、产品配方、制作工艺、制作方法、管理诀窍、客户名单、货源情报、产销策略、招投标中的标底及标书内容等。

第三，采取保密措施。权利人自身必须具备将特定商业信息内容作为商业秘密进行保护的主观状态，并且同时实施了客观的保密措施，将其控制起来成为独占的信息，法律才会予以保护。一般保密措施包括订立保密协议、建立保密制度或安装隔离机器设备、将资料锁入保险柜等行为。

2. 侵犯商业秘密的行为

侵犯商业秘密的行为会严重损害权利人的合法权益，造成直接或间接的经济损失，还将破坏市场公平竞争的法律环境，有必要对此类行为进行规制。我国相关的法律规定下述行为为侵犯商业秘密的行为：(1) 以盗窃、利诱、胁迫或者其他不正当手段获取权利人的商业秘密；(2) 披露、使用或者允许他人使用以前项手段获取的权利人的商业秘密；(3) 违反约定或者违反权利人有关保守商业秘密的要求，披露、使用或者允许他人使用其所掌握的商业秘密；(4) 第三人明知或者应知前述所列违法行为，获取、使用或者披露他人的商业秘密，视为侵犯商业秘密。

(五) 商业诋毁行为

商业诋毁行为是指经营者自己或利用他人，通过捏造、散布虚假事实等手段，对竞争对手的商业信誉、商品声誉进行恶意的诋毁、贬低，以削弱其市场竞争能力，从而为自己牟取不正当利益的行为。一般具备如下要件：第一，其行为主体为经营者，即从事商品经营或提供服务的法人、其他经济组织或个人。必须指出的是，经营者在实施商业诋毁行为中，既可以自己实施，也可能利用他人实施，如会计、审计、质量检验等机构及其工作人员、政府机关及其工作人员以及消费者个人等，如果这些组织或个人与经营者之间就实施商业诋毁行为有共谋，就应与经营者共同承担法律责任。第二，其行为的主观方面为故意。行为人是以削弱竞争对手的市场竞争能力，为自己谋求竞争优势为目的来实施商业诋毁行为的。第三，其侵害的客体是作为行为人竞争对手的经营者的商业信誉、商品声誉。商业信誉是指社会对特定经营者的评价，包括经营者的信用、资产、经营能力、经营作风等，商品声誉是指社会对特定商品的评价，包括质量、性能、效用、价格等方面，二者都体现了特定经营者及其商品的社会公共评价和形象，是重要的无形资产。第四，其行为的客观方面表现为捏造、散布虚假或引人误解的事实，造成社会公众对特定经营者或特定商品评价的降低或形成负面印象。

在实践中，商业诋毁行为的表现形式多种多样，如发布对比性广告，夸大宣传自己产品的效用，贬低其他同类产品；唆使他人在公众中造谣并传播、散布竞争对手所售的商品质量有问题，如散布某类食品中含有有毒物质的谣言，使公众对该商品失去信赖，以便行为人自己的同类产品取得竞争优势；组织人员，以顾客或消费者的名义向有关监督管理部门或公共媒体作关于竞争对手产品质量低劣、服务质量差等情况的虚假投诉，造成竞争对手商誉受损的后果等。各种恶意诋毁、贬低他人商誉的行为，不但损害了竞争对手的合法利益，而且也欺骗了其他从业者和消费者，最终破坏了市场公平竞争的正常秩序。

（六）不正当有奖销售行为

1. 有奖销售行为

有奖销售行为是指经营者销售商品或者提供服务，附带性地向购买者提供物品、金钱或者其他经济利益的行为。实践中多采取两种形式：一是附赠式有奖销售，即经营者对购买指定商品或达到一定购买金额的所有购买者予以奖励；二是抽奖式有奖销售，即以抽签、摇号、对号码等带有偶然性的方法决定购买者是否中奖以及奖励等级。

在市场竞争中，有奖销售是经营者招徕顾客、扩大销路的营销手段，有正负两方面的作用。一方面，有奖销售在一定程度上能刺激购买者的购买欲望，使潜在的货币购买力转变为现实购买力，从而扩大销售，搞活流通，促进经济发展；另一方面，有奖销售也可能产生激发购买者投机赌博心理、大企业利用自身雄厚财力排挤中小企业、破坏公平竞争秩序等负面效应，尤其是欺骗性的有奖销售、设立巨额奖金的有奖销售行为对市场竞争的危害和对消费者利益的损害更明显。

2. 不正当的有奖销售行为

正是因为有奖销售行为同时具有正负两种效应，所以有必要运用法律手段进行规范，明确合法有奖销售与不正当有奖销售的界限。不正当的有奖销售主要指以下三种行为：

（1）欺骗性有奖销售行为。这类行为存在于抽奖式有奖销售中，经营者谎称有奖或对所设奖项的种类、中奖几率等作不实表示，或者以不正当的手段让内定人员中奖，或者以其他欺骗性方式，使所设奖励不能如实被购买者获得，这种行为即构成欺骗性有奖销售行为。

(2) 利用有奖销售手段推销质次价高的商品。这类行为既可存在于抽奖式有奖销售中，也可存在于附赠式有奖销售中，其特点在于通过有奖销售促销的商品价格与质量严重不符，实质为变相涨价，损害购买者的利益。

(3) 最高奖金额超过 5 000 元的抽奖式有奖销售。设立巨额奖金，一方面可能会损害竞争对手尤其是中小企业的利益，造成对竞争秩序的破坏；另一方面会诱导购买者偏离购物的本意，忽略商品的质量、性能和价值，有悖于商业道德。因此，我国法律规定，抽奖式的有奖销售，最高奖的金额不得超过 5 000 元。

三、不正当竞争行为的法律责任

不正当竞争行为产生的法律责任可分为民事责任、行政责任和刑事责任三种形式。

1. 民事责任

民事责任是指当事人违反民事义务而应依法承担的民事法律后果。根据我国《反不正当竞争法》第 20 条规定，经营者实施不正当竞争行为，“给被侵害的经营者造成损害的，应当承担损害赔偿责任，被侵害的经营者的损失难以计算的，赔偿额为侵权人在侵权期间因侵权所获得的利润；并应当承担被侵害的经营者因调查该经营者侵害其合法权益的不正当竞争行为所支付的合理费用”。据此，不正当竞争行为实施者应承担的民事责任主要是损害赔偿责任和费用支付责任两个方面。

2. 行政责任

行政责任是指国家行政机关对违反法律、法规和行政规章的单位和个人依行政程序所给予的行政制裁。就不正当竞争行为而言，主要采取行政处罚的形式，即行政机关对尚未构成犯罪的违法行为予以强制制裁，具体对经营者假冒他人的注册商标，擅自使用他人的企业名称或者姓名，伪造或者冒用认证标志、名优标志等质量标志，伪造产地，对商品质量作引人误解的虚假表示的，经营者采用财物或者其他手段进行贿赂以销售或者购买商品的，公用企业或者其他依法具有独占地位的经营者，限定他人购买其指定的经营者的商品，以排挤其他经营者的公平竞争的，经营者利用广告或者其他方法，对商品作引人误解的虚假宣传的，侵犯商业秘密的等行为，监督检查部门应当责令停止违法行为，没收违法所得，可以根据情节处以不同程度的罚款；情节严重的，可以吊销营业执照。

3. 刑事责任

刑事责任是指人民法院对于触犯刑事法律构成犯罪的单位或个人所给予的法律制裁。为了有效地维护正常竞争秩序，我国《反不正当竞争法》对一些情节特别严重的不正当竞争行为规定了刑事责任条款。这些行为有：假冒他人注册商标；仿冒知名商品特有的名称、包装、装潢而销售伪劣商品；虚假广告；商业诽谤；侵犯商业秘密；商业贿赂等。

第三节 反垄断法

一、反垄断法概述

（一）反垄断法的定义

反垄断法是通过规制特定主体（或行为人）在特定市场上的经济活动中的非法排除或者限制竞争的状态和行为，进而调整企业即经营者之间的竞争关系的法律规范的总称。它是反垄断实体法和程序法的统一体。

（二）反垄断法的立法目的

反垄断法既然是规制排除或限制竞争的状态和行为，并进而调整竞争关系的经济法，那就意味着对反垄断法的立法目的的总结离不开对竞争和竞争秩序的考察与研究。

从经济学角度看，竞争是经济主体在市场上为实现自身经济利益和既定目标而不断地角逐、竞赛的过程。竞争是市场经济必备的体制要求和体制现象，它是市场经济体制的内在要素，可以说市场经济运行的过程始终表现为竞争过程。西方经济学关于垄断与竞争的理论经历了一个产生、发展和演变的过程。从理论上来讲，垄断是自由竞争的必然结果，垄断在一定条件下也具有正面影响，从而实现规模经济与竞争的共存互促、协调发展。所以，当代反垄断法并不是绝对地反对垄断本身，更不是为了竞争而竞争，而是着眼于更深远的立法目的：（1）自由。在市场经济条件下，反垄断法意义上的自由应为市场主体的整体自由和实质意义上的自由。如反垄断法通过对严重限制竞争的横向协议（卡特尔）、行政性垄断、垄断力的滥用以及将产生或加强市场支配地位的企业合并的禁止与监控，来实现大多数企业参与竞争的自由——即赋予所有的企业，不管是大企业还是小企业以均等的机会。(2) 公平。反垄断法意义上的公平应为社会整体和实质意义上的公平。通过反垄断法对不同的情况、不同的企业作不同的法律调整，进而对形式上公平而实质上不公平的矫正而实现的。(3) 效率。反垄断法所要追求或保护的效率不是指个别市场主体的效率，而是社会整体的效率。具体而言，反垄断法就是要通过创设和维护有效竞争的竞争秩序来促使社会资源的配置达到最优，使社会整体的经济效率达到最大化。

通常情况下，自由、公平、效率这三个价值之间是相辅相成、协调一致的。但是必须看到，在特定情况下，自由、公平和效率有不协调即相互矛盾的一面，尤其是公平与效率的冲突更为明显。换言之，自由、公平、效率在不同时期、不同国家和地区受重视的程度不同，如美国的反垄断法初期注重自由、公平而后转向注重效率，而欧盟竞争法则以消除各国间的经济壁垒、促进市场一体化、实现竞争自由为首要目标，效率目标居次，故不能仅以自由、公平、效率这三个价值的本身内容来考察和确定孰轻孰重、谁先谁后，而是应当结合特定国家在特定时期的经济、政治、文化背景，并以社会整体利益作为最终评判标准，来确定上述三个价值的主次轻重。

(三) 反垄断法的调整机制

垄断行为或垄断状态的判断，涉及市场结构、主体性质、结果认定等一系列复杂的因素，更与国家在特定时期的产业政策、经济发展水平等密切相关，因此，反垄断法在历经百余年的执法过程中，形成了独特的复杂而灵活的调整机制，即本身违法原则和合理原则。

本身违法原则又可译作自身违法原则、当然违法原则，它是指对市场上的某些危害、限制竞争的行为，不必考虑它们的具体情况和后果，即可直接认定这些竞争行为严重损害了竞争，构成违法而应予以禁止。本身违法原则通常适用于那些根据立法和司法经验以及经济学原理必然会危害竞争且无抗辩理由的行为，如直接或间接地限制商品或服务的价格的垄断协议一般都是违法的。这是因为价格竞争是市场竞争的主要形式和手段，一旦价格被直接或间接固定，则必然严重窒息市场上的竞争，损害非垄断成员以及广大消费者的利益，妨碍科学技术的发展与进步。本身违法原则的优点主要是使得审理案件的法院或反垄断主管机构对案件不必进行很多调查和研究，就可以直接认定其为违法，从而可以节省判案时间和费用。

合理原则是指对市场上的某些限制竞争行为并不必然地视为违法，其违法性得依具体情况而定。具体而言，对某些限制竞争行为案件，反垄断主管机构或法院应具体地、仔细地考察和研究相关企业的行为目的、方式和后果，以判断该限制竞争行为的合理与否，如果经调研认为该限制竞争行为属于“不合理”地限制竞争，则该限制竞争行为构成违法而将被禁止；如果经调研认为该限制竞争行为属于“合理”地限制竞争，则该限制竞争行为属于合法的限制竞争行为，应当得到许可。如我国《反垄断法》第 15 条规定本应禁止的垄断协议如果有下述合理抗辩则可被允许：为改进技术、研究开发新产品的；为提高产品质量、降低成本、增进效率，统一产品规格、标准或者实行专业化分工的；为提高中小经营者经营效率，增强中小经营者竞争力的；为实现节约能源、保护环境、救灾救助等社会公共利益的；因经济不景气，为缓解销售量严重下降或者生产明显过剩的；为保障对外贸易和对外经济合作中的正当利益的；法律和国务院规定的其他情形。

在各国反垄断法中，合理原则是应用更为广泛的一项原则，而本身违法原则只适用于某些例外情况，这些例外情况主要是由各国长期的反垄断法实践所充分证实的，对竞争有严重的不良影响却不可能带来益处，或者其限制竞争的弊端远大于其带来的益处的一些情况。

二、反垄断法的基本内容

尽管各国反垄断法的立法及执法模式不尽相同，但其基本内容却具有高度同质性，大体而言，分三个方面对限制竞争的行为进行规制，即联合限制竞争协议、滥用市场优势地位、企业合并，由此形成相应的反垄断法三大核心实体法制度。另外，我国《反垄断法》还规定了行政垄断的有关内容。

（一）限制竞争协议规制

限制竞争协议是指两个或者两个以上的行为人以协议、决议或其他方式联合起来实施的限制竞争行为。对限制竞争协议的禁止性规定是反垄断法的支柱内容之一。从实践来看，限制竞争协议是最为常见的垄断行为，其实际发生的数量和执法机关查处的数量都远远高于其他垄断行为。

限制竞争协议在各国竞争法中的表述各不相同，如垄断协议、联合行为、卡特尔、垄断契约等，其内涵亦有差异，但综合而言，概具备如下特征：第一，限制竞争行为的当事人应为两个或以上，是多个彼此独立的经营者的共同行为，从而与单个经营者所实施的限制竞争行为，如滥用市场优势地位区别开来。第二，限制竞争行为是当事人意思表示一致的外在表现形式，其既可以是书面形式，也可以是口头形式、默示形式，还包括“拟制的合意”，所谓“拟制的合意”是指企业联合组织所作出的决议。这种决议尽管并非以所有当事人的意思表示的完全一致为准，而是以多数当事人的意思表示为准，但由于它一旦作出，各成员都须严格遵守，该意思表示对所有成员企业都有约束力，故企业联合组织的决议亦可视为全部成员企业的共同的意思表示。第三，限制竞争协议是以限制竞争为目的的合意，当事人之间就是通过限制彼此之间的竞争或者限制第三人的竞争来达到避免竞争风险、牟取垄断利润的目的。

反垄断法对限制竞争协议最重要的一种分类标准，是从当事人之间是否具有竞争关系的角度，将限制竞争协议分为水平协议和垂直协议两类，这两类协议对于竞争的危害程度不同，由此反垄断法对其规制的严厉程度亦不相同。

1. 水平协议。是指处于同一产业相同经济阶段并具有竞争关系的企业相互之间联合起来限制竞争的行为，又称为横向协议或卡特尔。水平协议的直接目的是通过当事人之间的共谋来消除彼此之间的竞争，形成对某一行业或环节的联合垄断，最常见的类型为固定价格协议、限定产量协议、划分销售范围协议、客户分配协议等，购买者之间也可能形成卡特尔，如串通投标协议、固定价格协议等。这类行为直接地减少或消除了同业者之间的竞争，其反竞争性明显且严重，因此，水平协议常常要受到较为严格的反垄断法规制。例如在美国，对固定价格、限制产量、划分市场的水平协议多适用本身违法原则，即只要认定构成水平协议，无论是否造成对竞争的危害，即可予以禁止与处罚。

2. 垂直协议。指两个或两个以上在同一产业中处于不同阶段而有买卖等合作关系的企业，通过共谋而实施的限制竞争行为。垂直协议往往发生在制造商与销售商、批发商与零售商之间，即卖方对买方销售或者转售所购买的商品进行限制，故有著作直接称之为销售限制，最为常见的销售限制有：限制转售价格，即生产者固定零售价格，或者确定最低或者最高销售价格；独家分销协议，即销售商在特定地域，只对特定类型的代理人或特定商品进行排他性销售；独家交易协议，即禁止下游企业与具有竞争关系的生产者或销售者进行交易，等等。

垂直协议既有可能对竞争产生危害，也可能对社会生产有积极作用。对竞争的危害主要体现为可能消除品牌内的竞争，如独家分销协议，在一定地域内只允许一家销售商销售，则消除了这一地域范围内同一品牌商品经销商之间的竞争，限制了贸易的自由流动。但垂直协议同时也会产生积极的竞争效果，如通过销售限制，生产商得以管理供货渠道的数量，可以使销售合理化，提高整个销售制度的效率，保证产品的质量及消费者安全，促进售后服务等。因此，在存在品牌间的竞争的情形下，垂直的销售限制对竞争的危害较少，反垄断法往往通过合理原则来分析，获得豁免的可能性较大。

（二）滥用市场支配地位规制

滥用市场支配地位又称垄断力（Monopoly Power）的滥用，它是一种结构性的垄断行为，指拥有市场支配地位（垄断力）的企业滥用其市场支配力，并在一定交易领域实质性地限制竞争，违背公共利益，应受到反垄断法谴责的行为。[①] 一旦某一企业在相关市场上拥有了支配地位，出于资本逐利性的本质，一方面可能会设置较高的市场进入障碍，排挤潜在的竞争者来维持其垄断地位，另一方面还可能对消费者或其他交易相对人收取垄断高价，因此，有必要对其进行反垄断法规制。

规制滥用市场支配地位的行为，首先必须确定市场支配地位本身。关于市场支配地位的概念，国内外学者的观点是大同小异的。市场支配地位是指一个企业或数个彼此不存在实质性竞争的企业在特定市场单独拥有或共同拥有的独立的和几乎不受限制的自主决定产品或者服务的价格、产量和销量等经营事项，而基本上不需要考虑其竞争者和消费者反应的一种状况或状态。在理解市场支配地位时，不要将其理解为绝对的、完全的控制地位，这种控制地位只有在国家独家垄断的领域内才有可能实现。而现实中的市场支配地位通常是相对的、不完全、不彻底的控制地位或者说在很大程度上的控制地位。至于市场支配地位的认定，市场份额标准是首要的、基础性的判断标准，但却不是唯一的标准，甚至也不是决定性的标准，而是要在考察市场份额的基础上，还要考察该企业的财力、进入采购和销售市场的渠道、与其他企业的联合情况、其他企业进入市场所面临的法律上和事实上的障碍、转向经营其他商品或服务的能力以及市场相对人转向其他企业的可能性等因素，才能最终认定市场支配地位的存在与否。

滥用市场支配地位的行为是五花八门、层出不穷的。为了更好地规制滥用行为，世界上一些主要国家纷纷对滥用行为的种类进行了规定。我国《反垄断法》

① 参见曹士兵：《反垄断法研究》，139页，北京，法律出版社，1996。

中规定的主要的滥用市场支配地位的行为有：

1. 暴利价格行为。暴利价格行为是指拥有市场支配地位的企业凭借其市场支配地位，不适当地采取低价买入或者高价销出的办法牟取高额利润的行为。暴利价格行为有两种类型：(1) 在卖方市场的情况下，拥有市场支配地位的企业作为生产商（供应商）凭借其垄断地位高价销售其产品，盘剥销售商或广大消费者。(2) 在买方市场的情况下，拥有市场支配地位的企业作为销售商（如大型商场或超市），通过低价购买产品来盘剥生产商即供应商。暴利价格行为的主要目的在于榨取高额利润。

2. 掠夺性定价行为。掠夺性定价行为是指具有市场支配地位的企业，为了挤垮竞争对手，巩固和强化自己的市场支配地位，无正当理由地以低于成本的价格销售商品的行为。掠夺性定价主要有产品性掠夺性定价和地区性掠夺性定价两种。其核心特征在于：这种滥用行为所针对的对象是同业竞争者，即处于同一行业或产业的相同经济阶段的竞争者，其目的是排挤竞争对手，而非暂时性赢利，它是一种暂时的亏本经营行为。

3. 拒绝交易行为。拒绝交易行为又称抵制行为，它是指拥有市场支配地位的企业无正当理由，不适当地拒绝与特定交易相对人交易的行为。拒绝交易行为"既可用来对付横向同业竞争者，又可用来削弱纵向交易者，属于掠夺和阻碍行为的混合物"，但它主要是一种纵向滥用行为，它会使得不到交易的交易相对人在与其竞争对手的角逐中陷入绝境。拒绝交易行为即抵制行为有两种，一种是单个企业进行的拒绝交易；另一种是由数个企业联合起来共同进行的拒绝交易。后者是一种间接的抵制行为，又称联合抵制。

4. 强制交易行为。强制交易行为是指拥有市场支配地位的企业以利诱、胁迫和其他不正当手段，促使其他企业从事损害竞争的交易行为，主要包括：使他人与自己交易、使他人不与自己的竞争对手交易、安排他人之间进行交易、阻碍他人之间建立正常的交易关系、使竞争对手被迫加入某贸易组织以及减弱、回避甚至放弃与自己竞争等等。

5. 搭售行为。搭售行为又称捆绑销售，它是一种合同行为，通常是指合同当事人一方要求另一方当事人在购买或取得合同商品或工业服务的同时，还必须接受那些在实质上或商业习惯上与合同商品或工业服务不相称的商品或工业服务的行为。搭售行为基本上是一种剥削滥用行为，但有时采取搭售措施的企业亦可通过搭售将其市场支配力延伸到搭卖品市场上。搭售可以使滥用企业获得如下好处：借机强行销售滞销品；较之于分别销售更能降低销售成本；以两种商品价格充作一种商品价格出售，可以规避政府关于最高限价的规定；使搭卖品的价格高于竞争价格，以获得高额利润等。

6. 歧视。歧视又称差别待遇行为，它是指拥有市场支配地位的企业没有任何正当理由，不适当地对条件完全相同的交易对象，就所提供的商品的价格或其他交易条件，采取不同的标准或待遇的行为。歧视行为是一种纵向行为，它通常会影响到其前置或后置经济阶段上企业的竞争，会使受歧视者处于不利的竞争地位。歧视行为包含价格歧视、拒绝交易（即抵制）等多种滥用行为。但最典型、危害也最大的是价格歧视行为。

（三）企业合并规制

反垄断法意义上的企业合并，是指一个或多个个人或企业通过持有其他公司的股份、取得其他企业的资产、受让或承租其他企业的营业或财产、与其他企业共同经营或受其他企业委托经营、干部兼任等可能发生支配性影响的方式，对其他企业全部或部分获得控制，从而导致持久的相互关系的一切可能性行为。[①] 企业合并的监控制度是各国反垄断法的重要内容，该制度设立的根本目的在于防止经济力量的过度集中，而过度集中意味着有弊害的垄断性结构的形成。因此，可以说，反垄断法的企业合并监控制度主要是对垄断状态的预防性措施，同时，也不排除其在特定情况下的事后补救或制裁措施的性质。如大企业间未经申报或虽经申报但未获反垄断主管机构批准而在事实上完成了合并，如果该合并严重排除或限制竞争，并且也无豁免的法定事由，同时，用其他制裁性措施皆达不到恢复有效竞争之目的，则拆散合并企业也就成了反垄断主管机构不得不采取的最后的措施，也是最严厉的一种措施。尽管对企业合并的监控制度直接针对的是企业间的排除、限制竞争的行为，但其最终目的却在于通过对企业合并的监控来避免或预防有弊害的垄断状态的出现。

1. 企业合并规制的实质性标准。反垄断主管机构在审查企业合并申请时，其依据的实质性标准就是该企业合并是否将产生或加强市场支配地位以及将严重影响竞争。审查经营者集中，应当考虑参与集中的经营者在相关市场的市场份额及对市场的控制力；相关市场的市场集中度；经营者集中对市场进入、技术进步的影响；经营者集中对消费者和其他有关经营者的影响；经营者集中对国民经济

① 参见徐士英等：《竞争法新论》，27 页，北京，北京大学出版社，2006。

发展的影响等因素。

2. 企业合并规制的程序。各国反垄断主管机构监控的是那些在市场上拥有优势地位（包括市场支配地位）的大企业参与的并且达到反垄断法规定的干预标准的企业合并。从反垄断法对企业合并的监控程序看，基本上都采取由合并企业事先申报，由反垄断主管机构在法定期限内进行实质审核，并最终作出批准或禁止决定的程序。

(四) 行政垄断规制

以上三类垄断为经济性垄断，各国反垄断法已经形成了相对稳定的类型化界定及系统的行为规制原则与制度，但是，包括我国在内的经济转轨国家还存在行政垄断，对其如何进行规制，是否属于反垄断法规制范围，理论界尚有争议。

行政垄断是指行政机关（包括享有行政权的组织）滥用行政权力干预市场竞争的行为。实践中常见的行政垄断行为有政府及其所属部门强制他人购买其指定的经营者的商品，或直接强制他人购买本地生产的商品，排斥外地商品的进入。在我国当前的市场垄断行为中，行政垄断占有相当大的比例，其形成原因复杂，有体制原因、思想意识的原因、法治水平的原因等等，治理难度极大，必须采用政治的、经济的、法律的手段进行综合整治。我国 2008 年颁布的《反垄断法》将行政垄断纳入了其调整范围，将对遏制行政垄断起到重要作用。

三、反垄断法的法律责任和追责机制

(一) 法律责任

反垄断法上的法律责任制度同其他各部门法的法律责任制度一样，在本部门法律制度体系中占有不可或缺的重要地位，它是法律权威性和强制性的根本体现。如果没有法律责任制度，反垄断法所设计的各项反垄断制度和措施将无法实现，反垄断法也将成为一纸空文。因此，世界上美、德、日等国和欧共体的反垄断法都规定了详细的法律责任制度，只是在法律责任的具体类型以及适用条件上不尽相同。其中，美国、日本和欧共体都规定反垄断法上的法律责任包括民事责任、行政责任和刑事责任。而德国只规定了民事责任和行政责任。

1. 民事责任。反垄断法上的民事责任专指非法垄断者所要承担的对受害竞争者和消费者的民事损害赔偿责任。国外法院对狭义上的民事责任即民事损害赔偿责任的范围的确定不尽相同。其中美国《克莱顿法》第 4 条规定了“私人三倍损害赔偿之诉"，即受害者可以获得三倍于损失额的赔偿金，这显然是一种惩罚性的民事责任形式。而德国则规定受害者可获得的赔偿额只限于其因垄断行为所受到的实际损失，包括现有财产的损失和可得利益的损失。我国《反垄断法》第50条规定，"经营者实施垄断行为，给他人造成损失的，依法承担民事责任"，显然与德国的做法相仿。

2. 行政责任。在我国，主要应由反垄断主管机构作出行政处罚，主要包括发布停止非法垄断行为的禁令、行政罚款、没收违法所得、责令改正等方式。

3. 刑事责任。由于非法垄断行为直接侵害自由、公平的有效竞争秩序，进而损害国家利益、整体经济利益和社会公共利益，所以，如果其情节和后果严重，应由《刑法》将其列入犯罪行为之列，并对非法垄断行为主体及其负责人、直接责任人员予以一定的刑事制裁。纵观美国、日本等国反垄断立法与司法实践，刑事制裁必须由法院通过刑事诉讼作出，并且只有两种刑事制裁形式，即（3年以下的）监禁和罚金。我国的《反垄断法》亦规定情节严重、危害后果严重的非法垄断行为主体应负刑事责任。

（二）反垄断法的追责机制

反垄断法的追责机制分为私人执行与依职权执行，相应地适用与执行主体从广义上说主要有两个：一是法院，另一是反垄断执法机构。

法院对反垄断法的适用与执行只有在涉案当事人提起民事、行政或刑事诉讼的情形下才能发生，它不像反垄断主管机构可以主动地展开调查、裁处反垄断法案件。从这个角度说，法院对反垄断法的适用与执行是被动的、消极的，有相当的局限性，但这并不能抹杀法院在反垄断法适用与执行方面的重要作用。例如，对违反反垄断法者的刑事制裁以及对受害者的民事赔偿通常都只能由法院依审判作出，纠正反垄断主管机构的不当裁决也只能诉诸法院。值得注意的是，多数国家审理反垄断案件的法院都是普通法院，但也有少数国家成立了专门性的反垄断法院，如德国成立有卡特尔法庭，英国成立有限制性商业行为法院等等。在我国当前，由于《反垄断法》刚刚实施不久，尚未成立专门的反垄断法院，则应认为由普通法院审理。

另一反垄断法适用和执行主体即反垄断执法机构，它是实施和管理反垄断法的常设的专门机构。在性质上，反垄断执法机构在处理反垄断案件的过程中既具有依准司法程序独立审理案件的准司法权，也具有普通行政机构的行政执法权。换言之，反垄断主管机构是一个准司法机构，它是"审执合一"的有机结合体，这是由反垄断法司法与执法实践的特殊性所决定的。我国《反垄断法》第10条规定："国务院规定的承担反垄断执法职责的机构（以下统称国务院反垄断执法机构）依照本法规定，负责反垄断执法工作。国务院反垄断执法机构根据工作需要，可以授权省、自治区、直辖市人民政府相应的机构，依照本法规定负责有关反垄断执法工作。"

思考题

1. 试析反不正当竞争法与反垄断法的区别和联系。
2. 如何界定不正当竞争行为？
3. 反垄断法的主要规制内容有哪些？

案例分析

原告王跃文（来自湖南，以下称湖南王跃文）因认为被告叶国军、王跃文（来自河北，以下称河北王跃文）、北京中元瑞太国际文化传播有限公司（以下简称中元公司）、华龄出版社侵犯其著作权并与其不正当竞争，向湖南省长沙市中级人民法院提起诉讼。

原告湖南王跃文诉称：原告是国家一级作家，因自己的作品而在全国范围内享有较高知名度，小说《国画》是原告于1999年创作的作品。2004年6月，原告在被告叶国军处购买了被告华龄出版社出版的长篇小说《国风》，该书作者的署名为"王跃文"。经原告调查，这个"作者"真名叫王立山，是河北省遵化市农民，文化程度较低且从事煤炭交易，不具备写作长篇小说的能力。就是这样一个人，将自己姓名改为王跃文后，成为被告中元公司的签约作家。因此《国风》不是王立山创作，只是他人利用王立山来假冒原告署名的作品。中元公司、华龄出版社和叶国军制作、出售了王立山的这一假冒原告署名的作品，严重侵犯原告的著作权，且对原告构成不正当竞争。请求判令四被告：（1）停止侵权，公开赔礼道歉；（2）连带赔偿原告的经济损失50万元，原告为诉讼的合理开支3万元；（3）负担本案诉讼费用。

试分析：（1）该案原告王跃文是我国反不正当竞争法中的经营者吗？

（2）该案是否构成不正当竞争？

要点分析：

消费者面临作品的选择时，作品的题材和作者是其要考虑的主要因素。作为文化市场的经营者，作家通过署名的方式使自己的名字得到传播，并使之成为消费者选择作品的标识之一，这种标识作用可以指引消费者作出消费选择。作家署名的这种标识功能，使其具备被他人借鉴、仿冒、攀附或淡化的可能性，故作家有权禁止他人实施上述不正当竞争的行为。本案中，原告湖南王跃文创作了以《国画》为代表作的系列官场题材小说并在作品上以本名署名。该署名直接指向原告本人，明示作品的提供者身份；该署名在新作品上，能使人产生与原告创作的《国画》等优秀作品相关的联想；同样，原告由于其先前的创作行为而享有盛誉，其署名作品也因此较为容易被消费者接受，有益于提高新作品的市场认同度。原告王跃文姓名的商业标识作用，应予认可。法院认为对于被告河北王跃文：在没有发表过作品的情况下，其在自书简介中，作出自己“已发表作品近百万字，并触及敏感问题，在全国引起较大争议”的虚假宣传，与其改名行为相联系，使人产生其作品与原告王跃文相关之联想，借原告已具有的市场号召力，使消费者在两个王跃文之间产生混淆。对于被告中元公司：该公司明知被告王跃文与原告不存在任何关系，而在其制作的广告宣传资料中突出使用王跃文名字，并使用“《国画》之后看《国风》”、“风行全国的第一畅销小说”等词句，使人将“王跃文”、“《国风》”、“畅销小说”等关键词与原告及畅销小说《国画》联系起来，由此混淆作品的来源。对于被告华龄出版社：该社作为专业出版机构，应当对稿件进行审查，即对出版行为的授权、稿件来源、作者身份以及出版物等内容履行全面合理的审慎义务。本案中，该社在明知被告王跃文与原告同名的情况下，未对被告王跃文书写的自我介绍材料的内容予以审查，导致具有虚假信息并能引人误解的内容发表，使本应成为消费者甄别不同作者的“作者简介”信息未起到应有作用；该社虽将发行《国风》一书的有关事项委托中元公司办理，但该社未对发行工作进行必要的监督，使标有该社名称的宣传资料流入市场，该社对客观上造成的混淆具有主观过错，应承担相应的责任。

因此，被告王跃文、中元公司借原告在文化市场具有的声誉，对其作品进行引人误解的宣传，使消费者对作品的来源产生混淆，违背诚实信用原则，实施不正当竞争，其行为应予制止，并应对此承担相应的民事责任；被告华龄出版社未尽合理审慎义务，对被告王跃文、中元公司所造成的不正当竞争结果，负有主观过错，亦应对两被告的行为承担连带责任。

推荐阅读书目

1. 孔祥俊．反不正当竞争法的适用与完善．北京：法律出版社，1998
2. 谢晓尧．竞争秩序的道德解读．北京：法律出版社，2005
3. 吕明瑜．竞争法．北京：法律出版社，2004
4. 徐士英等．竞争法新论．北京：北京大学出版社，2006
5. 孔祥俊．反垄断法原理．北京：中国法制出版社，2001

第五章

安全生产和产品质量法律制度

• 本章学习目标 •

了解安全生产、食品安全和产品质量监督管理一般法律制度，包括监督管理职能部门的设置及职责、监管对象特点、监督管理环节和手段以及相关法律责任等。重点掌握监管主体与客体以及法律责任承担的特点。

□·引导案例·□

2009 年 6 月 1 日赵建磊在北京华联超市股份有限公司购买了一包 6 罐装的王老吉凉茶。赵建磊称他喝完后肚子疼，便上网查询了一些资料，发现产品中的夏枯草、蛋花和布渣叶属非法添加物质。2009 年 6 月 4 日赵建磊对华联超市提起诉讼，索要相当于价款 10 倍的赔偿金。

请思考：本案是什么性质的纠纷？原告的诉讼请求能否得到法院的支持？

第一节 安全生产法

一、安全生产的概念及法律体系

安全生产法律制度主要调整生产经营单位的安全生产保障、从业人员的权利和义务、安全生产的监督管理、生产安全事故的应急救援与调查处理以及相关法律责任等内容。

关于安全生产，国家制定了大量的法律法规。第九届全国人民代表大会常务委员会第二十八次会议于2002年6月29日通过的《安全生产法》是关于安全生产的基本法。同时，国务院及有关主管部门针对特别领域的安全生产以及安全生产中的重要环节制定了专门法规、规章予以调整，前者如《建设工程安全生产管理条例》、《电力安全生产监管办法》、《小型露天采石场安全生产暂行规定》、《水利工程建设安全生产管理规定》、《煤矿重大安全生产隐患认定办法（试行）》、《海洋石油安全生产规定》、《公路水运工程安全生产监督管理办法》以及《冶金企业安全生产监督管理规定》等，后者如《安全生产许可证条例》、《安全生产培训管理办法》、《安全生产检测检验机构管理规定》、《安全生产行政复议规定》与《安全生产事故隐患排查治理暂行规定》等。此外，有关法律、行政法规对消防安全和道路交通安全、铁路交通安全、水上交通安全、民用航空安全另有规定的，适用其规定。

二、生产经营单位安全生产保障制度

生产经营单位应当具备法律、行政法规和国家标准或者行业标准规定的安全生产条件；不具备安全生产条件的，不得从事生产经营活动。生产经营单位加强安全生产保障的制度主要有：

（一）安全生产投入管理制度

生产经营单位应当具备安全生产条件所必需的资金投入。生产经营单位的决策机构、主要负责人或者个人经营的投资人对此应予以保证，并对由于安全生产所必需的资金投入不足导致的后果承担责任。

（二）安全生产管理机构与安全生产管理人员法律制度

1. 设置

矿山、建筑施工单位和危险物品的生产、经营、储存单位，应当设置安全生产管理机构或者配备专职安全生产管理人员。

其他生产经营单位，从业人员超过300人的，应当设置安全生产管理机构或者配备专职安全生产管理人员；从业人员在300人以下的，应当配备专职或者兼职的安全生产管理人员，或者委托具有国家规定的相关专业技术资格的工程技术人员提供安全生产管理服务。生产经营单位委托工程技术人员提供安全生产管理服务的，保证安全生产的责任仍应由本单位负责。

2. 安全生产知识和管理能力

生产经营单位的主要负责人和安全生产管理人员必须具备与本单位所从事的

生产经营活动相应的安全生产知识和管理能力。危险物品的生产、经营、储存单位以及矿山、建筑施工单位的主要负责人和安全生产管理人员，应当由有关主管部门对其安全生产知识和管理能力考核合格后方可任职。生产经营单位的安全生产管理人员应当根据本单位的生产经营特点，对安全生产状况进行经常性检查；对检查中发现的安全问题，应当立即处理；不能处理的，应当及时报告本单位有关负责人。生产经营单位发生重大生产安全事故时，单位的主要负责人应当立即组织抢救，并不得在事故调查处理期间擅离职守。

（三）从业人员安全知识与作业培训制度

第一，生产经营单位应当对从业人员进行安全生产教育和培训，保证从业人员具备必要的安全生产知识，熟悉有关的安全生产规章制度和安全操作规程，掌握本岗位的安全操作技能。未经安全生产教育和培训合格的从业人员，不得上岗作业。生产经营单位应当教育和督促从业人员严格执行本单位的安全生产规章制度和安全操作规程；并向从业人员如实告知作业场所和工作岗位存在的危险因素、防范措施以及事故应急措施。生产经营单位必须为从业人员提供符合国家标准或者行业标准的劳动防护用品，并监督、教育从业人员按照使用规则佩戴、使用。

第二，生产经营单位采用新工艺、新技术、新材料或者使用新设备，必须了解、掌握其安全技术特性，采取有效的安全防护措施，并对从业人员进行专门的安全生产教育和培训。

第三，生产经营单位的特种作业人员必须按照国家有关规定经专门的安全作业培训，取得特种作业操作资格证书，方可上岗作业。

（四）建设项目与安全设施设计、施工管理制度

生产经营单位新建、改建、扩建工程项目的安全设施，必须与主体工程同时设计、同时施工、同时投入生产和使用。矿山建设项目和用于生产、储存危险物品的建设项目，应当分别按照国家有关规定进行安全条件论证和安全评价。

建设项目安全设施的设计人、设计单位应当对安全设施设计负责。矿山建设项目和用于生产、储存危险物品的建设项目的安全设施设计应当按照国家有关规定报经有关部门审查。

矿山建设项目和用于生产、储存危险物品的建设项目的施工单位必须按照批准的安全设施设计施工，并对安全设施的工程质量负责。矿山建设项目和用于生产、储存危险物品的建设项目竣工投入生产或者使用前，必须依照有关法律、行

政法规的规定对安全设施进行验收；验收合格后，方可投入生产和使用。

安全设备的设计、制造、安装、使用、检测、维修、改造和报废，应当符合国家标准或者行业标准。生产经营单位使用的涉及生命安全、危险性较大的特种设备，以及危险物品的容器、运输工具，必须按照国家有关规定，由专业生产单位生产，并经取得专业资质的检测、检验机构检测、检验合格，取得安全使用证或者安全标志，方可投入使用。

国家对严重危及生产安全的工艺、设备实行淘汰制度。生产经营单位不得使用国家明令淘汰、禁止使用的危及生产安全的工艺、设备。

(五) 危险物品与危险作业管理制度

危险物品，是指易燃易爆物品、危险化学品、放射性物品等能够危及人身安全和财产安全的物品。生产、经营、运输、储存、使用危险物品或者处置废弃危险物品的，由有关主管部门依照有关法律、法规的规定和国家标准或者行业标准审批并实施监督管理。生产经营单位生产、经营、运输、储存、使用危险物品或者处置废弃危险物品，必须执行有关法律、法规和国家标准或者行业标准，建立专门的安全管理制度，采取可靠的安全措施，接受有关主管部门依法实施的监督管理。

生产经营单位对重大危险源应当登记建档，进行定期检测、评估、监控，并制订应急预案，告知从业人员和相关人员在紧急情况下应当采取的应急措施。生产经营单位应当按照国家有关规定将本单位重大危险源及有关安全措施、应急措施报有关地方人民政府负责安全生产监督管理的部门和有关部门备案。

生产经营单位应当在有较大危险因素的生产经营场所和有关设施、设备上，设置明显的安全警示标志。

生产、经营、储存、使用危险物品的车间、商店、仓库不得与员工宿舍在同一座建筑物内，并应当与员工宿舍保持安全距离。生产经营场所和员工宿舍应当设有符合紧急疏散要求、标志明显、保持畅通的出口。禁止封闭、堵塞生产经营场所或者员工宿舍的出口。

生产经营单位进行爆破、吊装等危险作业，应当安排专门人员进行现场安全管理，确保操作规程的遵守和安全措施的落实。

(六) 安全生产管理协议制度

两个以上生产经营单位在同一作业区域内进行生产经营活动，可能危及对方生产安全的，应当签订安全生产管理协议，明确各自的安全生产管理职责和应当采取的安全措施，并指定专职安全生产管理人员进行安全检查与协调。

生产经营单位不得将生产经营项目、场所、设备发包或者出租给不具备安全生产条件或者相应资质的单位或者个人。生产经营项目、场所有多个承包单位、承租单位的，生产经营单位应当与承包单位、承租单位签订专门的安全生产管理协议，或者在承包合同、租赁合同中约定各自的安全生产管理职责；生产经营单位对承包单位、承租单位的安全生产工作统一协调、管理。

三、生产经营单位从业人员的权利义务

生产经营单位的从业人员有依法获得安全生产保障的权利，并应当依法履行安全生产方面的义务。

(一) 从业人员的权利

第一，生产经营单位与从业人员订立的劳动合同，应当载明有关保障从业人员劳动安全、防止职业危害的事项，以及依法为从业人员办理工伤社会保险的事项。生产经营单位不得以任何形式与从业人员订立协议，免除或者减轻其对从业人员因生产安全事故造成伤亡依法应承担的责任。

第二，生产经营单位的从业人员有权了解其作业场所和工作岗位存在的危险因素、防范措施及事故应急措施，有权对本单位的安全生产工作提出建议。

第三，从业人员有权对本单位安全生产工作中存在的问题提出批评、检举、控告；有权拒绝违章指挥和强令冒险作业。生产经营单位不得因从业人员对本单位安全生产工作提出批评、检举、控告或者拒绝违章指挥、强令冒险作业而降低其工资、福利等待遇或者解除与其订立的劳动合同。

第四，从业人员发现直接危及人身安全的紧急情况时，有权停止作业或者在采取可能的应急措施后撤离作业场所。生产经营单位不得因此而降低其工资、福利等待遇或者解除与其订立的劳动合同。

第五，因生产安全事故受到损害的从业人员，除依法享有工伤社会保险外，依照有关民事法律尚有获得赔偿的权利的，有权向本单位提出赔偿要求。

第六，工会依法组织职工参加本单位安全生产工作的民主管理和民主监督，维护职工在安全生产方面的合法权益。例如，工会有权对建设项目的安全设施与主体工程同时设计、同时施工、同时投入生产和使用进行监督，提出意见。工会对生产经营单位违反安全生产法律、法规，侵犯从业人员合法权益的行为，有权要求纠正；发现生产经营单位违章指挥、强令冒险作业或者发现事故隐患时，有

权提出解决的建议，生产经营单位应当及时研究答复；发现危及从业人员生命安全的情况时，有权向生产经营单位建议组织从业人员撤离危险场所，生产经营单位必须立即作出处理。工会有权依法参加事故调查，向有关部门提出处理意见，并要求追究有关人员的责任。

（二）从业人员的义务

第一，从业人员在作业过程中，应当严格遵守本单位的安全生产规章制度和操作规程，服从管理，正确佩戴和使用劳动防护用品。

第二，从业人员应当接受安全生产教育和培训，掌握本职工作所需的安全生产知识，提高安全生产技能，增强事故预防和应急处理能力。

第三，从业人员发现事故隐患或者其他不安全因素，应当立即向现场安全生产管理人员或者本单位负责人报告；接到报告的人员应当及时予以处理。

四、安全生产的监督管理制度

（一）安全生产监督管理职能部门

国务院负责安全生产监督管理的部门依法对全国安全生产工作实施综合监督管理，县级以上地方各级人民政府负责安全生产监督管理的部门依法对本行政区域内安全生产工作实施综合监督管理。

此外，国务院有关部门依法在各自的职责范围内对有关的安全生产工作实施监督管理；县级以上地方各级人民政府有关部门依法在各自的职责范围内对有关的安全生产工作实施监督管理。

（二）监管职权及行为

1．依法审查批准或验收

负有安全生产监督管理职责的部门对涉及安全生产的事项需要审查批准（包括批准、核准、许可、注册、认证、颁发证照）或者验收的，必须严格依照有关法律、法规和国家标准或者行业标准规定的安全生产条件和程序进行审查；不符合有关法律、法规和国家标准或者行业标准规定的安全生产条件的，不得批准或者验收通过。对未依法取得批准或者验收合格的单位擅自从事有关活动的，负责行政审批的部门发现或者接到举报后应当立即予以取缔，并依法予以处理。对已经依法取得批准的单位，负责行政审批的部门发现其不再具备安全生产条件的，应当撤销原批准。

2．执法监督检查

负有安全生产监督管理职责的部门依法对生产经营单位执行有关安全生产的

法律、法规和国家标准或者行业标准的情况进行监督检查，行使以下职权：第一，进入生产经营单位进行检查，调阅有关资料，向有关单位和人员了解情况。第二，对检查中发现的安全生产违法行为，当场予以纠正或者要求限期改正；对依法应当给予行政处罚的行为，依照安全生产法和其他有关法律、行政法规的规定作出行政处罚决定。第三，对检查中发现的事故隐患，应当责令立即排除；重大事故隐患排除前或者排除过程中无法保证安全的，应当责令从危险区域内撤出作业人员，责令暂时停产停业或者停止使用；重大事故隐患排除后，经审查同意，方可恢复生产经营和使用。第四，对有根据认为不符合保障安全生产的国家标准或者行业标准的设施、设备、器材予以查封或者扣押，并应当在 15 日内依法作出处理决定。

监察机关依照行政监察法的规定，对负有安全生产监督管理职责的部门及其工作人员履行安全生产监督管理职责实施监察。

3. 举报制度

负有安全生产监督管理职责的部门应当建立举报制度，公开举报电话、信箱或者电子邮件地址，受理有关安全生产的举报；受理的举报事项经调查核实后，应当形成书面材料；需要落实整改措施的，报经有关负责人签字并督促落实。

任何单位或者个人对事故隐患或者安全生产违法行为，均有权向负有安全生产监督管理职责的部门报告或者举报。居民委员会、村民委员会发现其所在区域内的生产经营单位存在事故隐患或者安全生产违法行为时，应当向当地人民政府或者有关部门报告。新闻、出版、广播、电影、电视等单位有进行安全生产宣传教育的义务，有对违反安全生产法律、法规的行为进行舆论监督的权利。

五、生产安全事故的应急救援与调查处理制度

县级以上地方各级人民政府组织有关部门制定本行政区域内特大生产安全事故应急救援预案，建立应急救援体系。

危险物品的生产、经营、储存单位以及矿山、建筑施工单位应当建立应急救援组织；生产经营规模较小，可以不建立应急救援组织的，应当指定兼职的应急救援人员。危险物品的生产、经营、储存单位以及矿山、建筑施工单位应当配备必要的应急救援器材、设备，并进行经常性维护、保养，保证正常运转。

生产经营单位发生生产安全事故后，事故现场有关人员应当立即报告本单位负责人。单位负责人接到事故报告后，应当迅速采取有效措施，组织抢救，防止

事故扩大，减少人员伤亡和财产损失，并按照国家有关规定立即如实报告当地负有安全生产监督管理职责的部门，不得隐瞒不报、谎报或者拖延不报，不得故意破坏事故现场、毁灭有关证据。

负有安全生产监督管理职责的部门接到事故报告后，应当立即按照国家有关规定上报事故情况。负有安全生产监督管理职责的部门和有关地方人民政府对事故情况不得隐瞒不报、谎报或者拖延不报。

有关地方人民政府和负有安全生产监督管理职责的部门的负责人接到重大生产安全事故报告后，应当立即赶到事故现场，组织事故抢救。

事故调查处理应当按照实事求是、尊重科学的原则，及时、准确地查清事故原因，查明事故性质和责任，总结事故教训，提出整改措施，并对事故责任者提出处理意见。

六、法律责任

发生生产安全事故的，应当依法追究生产安全事故责任人员的法律责任。

(一) 事故单位的法律责任

生产经营单位发生生产安全事故，经调查确定为责任事故的，应当查明事故单位的责任并依法予以追究。对于生产经营单位违反安全生产法的行为，构成犯罪的，依照刑法有关规定追究刑事责任；尚不够刑事处罚的，主要负责人或个人经营的投资人应承担相应行政责任。行政处罚由负责安全生产监督管理的部门决定；予以关闭的行政处罚由负责安全生产监督管理的部门报请县级以上人民政府按照国务院规定的权限决定；给予拘留的行政处罚则由公安机关依法决定。

此外，生产经营单位发生生产安全事故造成人员伤亡、他人财产损失的，应当依法承担赔偿责任；拒不承担或者其负责人逃匿的，由人民法院依法强制执行。生产安全事故的责任人未依法承担赔偿责任，经人民法院依法采取执行措施后，仍不能对受害人给予足额赔偿的，应当继续履行赔偿义务；受害人发现责任人有其他财产的，可以随时请求人民法院执行。

(二) 负有安全生产监督管理职责部门的法律责任

发生生产安全事故的，除了追究事故单位的法律责任，还应当查明对安全生产的有关事项负有审查批准和监督职责的行政部门的责任，对有失职、渎职行为的，依法追究法律责任。其违法行使职权行为的表现主要有：对不符合法定安全生产条件的涉及安全生产的事项予以批准或者验收通过的；发现未依法取得批准、验收的单位擅自从事有关活动或者接到举报后不予取缔或者不依法予以处理的；对已经依法取得批准的单位不履行监督管理职责，发现其不再具备安全生产条件而不撤销原批准或者发现安全生产违法行为不予查处的；对生产安全事故隐瞒不报、谎报或者拖延不报的。职能部门对以上种种不法行为，应承担相关行政责任与刑事责任。

（三）承担安全评价、认证、检测、检验工作的机构的法律责任

承担安全评价、认证、检测、检验的机构应当具备国家规定的资质条件，并对其作出的安全评价、认证、检测、检验的结果负责。若出具虚假证明，构成犯罪的，依照刑法有关规定追究刑事责任；尚不够刑事处罚的，没收违法所得，并处以与违法所得相应的罚款。给他人造成损害的，与生产经营单位承担连带赔偿民事责任。

第二节　食品安全法

第十一届全国人民代表大会常务委员会第七次会议 2009 年 2 月 28 日通过的《食品安全法》以及 2009 年 7 月 8 日国务院第 73 次常务会议通过的《食品安全法实施条例》，是我国关于食品安全的专门法律、法规，其确立的食品安全法律制度主要包括食品安全风险监测和评估制度、食品安全标准法律制度、食品生产经营法律制度、食品检验法律制度、食品进出口法律制度、食品安全事故处置法律制度、监督管理法律制度和法律责任制度。

一、食品安全风险监测和评估制度

（一）食品安全风险监测制度

食品安全风险监测主要是对食源性疾病、食品污染以及食品中的有害因素进行监测。

相关主管部门及其职能是：卫生行政部门组织制定、实施国家以及各省级行政区域食品安全风险监测计划和方案；国务院农业行政、质量监督、工商行政管理和国家食品药品监督管理等有关部门获知有关食品安全风险信息后，向国务院卫生行政部门通报，以便于食品安全风险监测计划的调整。

（二）食品安全风险评估制度

食品安全风险评估制度是对食品、食品添加剂中生物性、化学性和物理性危

害进行风险评估。

国务院卫生行政部门组织成立食品安全风险评估专家委员会，进行食品安全风险评估。评估应当运用科学方法，根据食品安全风险监测信息、科学数据以及其他有关信息进行。

食品安全风险评估机制的启动方式，主要是国务院卫生行政部门通过食品安全风险监测或者接到举报，发现食品可能存在安全隐患的，组织进行检验和食品安全风险评估。

食品安全风险评估结果，国务院卫生行政部门应当通报。评估结果是制定、修订食品安全标准和对食品安全实施监督管理的科学依据。食品安全风险评估得出食品不安全结论的，国务院质量监督、工商行政管理和国家食品药品监督管理部门应当依据各自职责立即采取相应措施，确保该食品停止生产经营，并告知消费者停止食用；需要制定、修订相关食品安全国家标准的，国务院卫生行政部门应当立即制定、修订。

二、食品安全标准法律制度

产品的国家、行业标准分为强制性标准和推荐性标准，其中，食品安全标准是强制执行的标准。食品安全标准主要包括下列内容：第一，食品、食品相关产品中的致病性微生物、农药残留、兽药残留、重金属、污染物质以及其他危害人体健康物质的限量规定；第二，食品添加剂的品种、使用范围、用量；第三，专供婴幼儿和其他特定人群的主辅食品的营养成分要求；第四，对与食品安全、营养有关的标签、标识、说明书的要求；第五，食品生产经营过程的卫生要求；第六，与食品安全有关的质量要求；第七，食品检验方法与规程；第八，其他需要制定为食品安全标准的内容。

食品安全国家标准由国务院卫生行政部门负责制定、公布，其中，食品中农药残留、兽药残留的限量规定及其检验方法与规程由国务院卫生行政部门、国务院农业行政部门制定。屠宰畜、禽的检验规程由国务院有关主管部门会同国务院卫生行政部门制定。有关产品国家标准涉及食品安全国家标准规定内容的，应当与食品安全国家标准相一致。目前，国务院卫生行政部门需要对现行的食用农产品质量安全标准、食品卫生标准、食品质量标准和有关食品的行业标准中强制执行的标准予以整合，统一公布为食品安全国家标准。食品安全国家标准公布前，食品生产经营者仍应按照现行食用农产品质量安全标准、食品卫生标准、食品质量标准和有关食品的行业标准生产经营食品。

没有食品安全国家标准的，可以制定食品安全地方标准。省、自治区、直辖市人民政府卫生行政部门组织制定食品安全地方标准，并报国务院卫生行政部门备案。

企业生产的食品没有食品安全国家标准或者地方标准的，应当制定企业标准，作为组织生产的依据。国家鼓励食品生产企业制定严于食品安全国家标准或者地方标准的企业标准。企业标准应当报省级卫生行政部门备案，在本企业内部适用。

三、食品生产经营法律制度

（一）生产经营许可制度

国家对食品生产经营实行许可制度。从事食品生产、食品流通、餐饮服务，应当依法取得食品生产许可、食品流通许可、餐饮服务许可。但取得食品生产许可的食品生产者在其生产场所销售其生产的食品，不需要取得食品流通的许可；取得餐饮服务许可的餐饮服务提供者在其餐饮服务场所出售其制作加工的食品，不需要取得食品生产和流通的许可；农民个人销售其自产的食用农产品，不需要取得食品流通的许可。

（二）食品生产经营的具体要求

食品生产经营不仅应当符合食品安全标准，还应当符合下列具体要求：第一，具有与生产经营的食品品种、数量相适应的食品原料处理和食品加工、包装、贮存等场所，保持该场所环境整洁，并与有毒、有害场所以及其他污染源保持规定的距离；第二，具有与生产经营的食品品种、数量相适应的生产经营设备或者设施，有相应的消毒、更衣、盥洗、采光、照明、通风、防腐、防尘、防蝇、防鼠、防虫、洗涤以及处理废水、存放垃圾和废弃物的设备或者设施；第三，有食品安全专业技术人员、管理人员和保证食品安全的规章制度；第四，具有合理的设备布局和工艺流程，防止待加工食品与直接入口食品、原料与成品交叉污染，避免食品接触有毒物、不洁物；第五，餐具、饮具和盛放直接入口食品的容器，使用前应当洗净、消毒，炊具、用具用后应当洗净，保持清洁；第六，贮存、运输和装卸食品的容器、工具和设备应当安全、无害，保持清洁，防止食品污染，并符合保证食品安全所需的温度等特殊要求，不得将食品与有毒、有害物品一同运输；第七，直接入口的食品应当有小包装或者使用无毒、清洁的包装材料、餐具；第八，食品生产经营人员应当保持个人卫生，生产经营食品时，应当将手洗净，穿戴清洁的工作衣、帽；销售无包装的直接入口食品时，应当使用无毒、清洁的售货工具；第九，用水应当符合国家规定的生活饮用水卫生标准；第十，使用的洗涤剂、消毒剂应当对人体安全、无害等。

食品生产经营应当符合食品安全标准和要求，违反食品安全标准和要求的行为主要表现为：第一，用非食品原料生产的食品或者添加食品添加剂以外的化学物质和其他可能危害人体健康物质的食品，或者用回收食品作为原料生产的食品；第二，生产、经营致病性微生物、农药残留、兽药残留、重金属、污染物质以及其他危害人体健康的物质含量超过食品安全标准限量的食品；第三，生产、经营营养成分不符合食品安全标准的专供婴幼儿和其他特定人群的主辅食品；第四，生产、经营腐败变质、油脂酸败、霉变生虫、污秽不洁、混有异物、掺假掺杂或者感官性状异常的食品；第五，生产、经营病死、毒死或者死因不明的禽、畜、兽、水产动物肉类及其制品；第六，生产、经营未经动物卫生监督机构检疫或者检疫不合格的肉类，或者未经检验或者检验不合格的肉类制品；生产、经营被包装材料、容器、运输工具等污染的食品；第七，生产、经营超过保质期的食品；第八，生产、经营无标签的预包装食品；第九，生产、经营国家为防病等特殊需要明令禁止生产经营的食品等。

(三) 良好生产规范、危害分析与关键控制点体系认证制度

国家鼓励食品生产经营企业符合良好生产规范要求，实施危害分析与关键控制点体系，提高食品安全管理水平。对通过良好生产规范、危害分析与关键控制点体系认证的食品生产经营企业，认证机构应当依法实施跟踪调查；对不再符合认证要求的企业，应当依法撤销认证，及时向有关质量监督、工商行政管理、食品药品监督管理部门通报，并向社会公布。认证机构实施跟踪调查不收取任何费用。

(四) 从业人员健康管理制度

食品生产经营者应当建立并执行从业人员健康管理制度。患有痢疾、伤寒、病毒性肝炎等消化道传染病的人员，以及患有活动性肺结核、化脓性或者渗出性皮肤病等有碍食品安全的疾病的人员，不得从事接触直接入口食品的工作。食品生产经营人员每年应当进行健康检查，取得健康证明后方可参加工作。

(五) 农业投入品管理制度

食用农产品生产者应当依照食品安全标准和国家有关规定使用农药、肥料、

生长调节剂、兽药、饲料和饲料添加剂等农业投入品。食用农产品的生产企业和农民专业合作经济组织应当建立食用农产品生产记录制度。

(六) 生产经营记录制度

1. 食品生产者的进货查验、记录制度与出厂检验、记录制度

(1) 进货查验、记录制度

食品生产者采购食品原料、食品添加剂、食品相关产品，应当查验供货者的许可证和产品合格证明文件；对无法提供合格证明文件的食品原料，应当依照食品安全标准进行检验。

食品生产企业应当建立食品原料、食品添加剂、食品相关产品进货查验记录制度，如实记录食品原料、食品添加剂、食品相关产品的名称、规格、数量、供货者名称及联系方式、进货日期等内容。食品原料、食品添加剂、食品相关产品进货查验记录应当真实，保存期限不得少于2年。

(2) 出厂检验、记录制度

食品生产企业应当建立食品出厂检验记录制度，查验出厂食品的检验合格证和安全状况，并如实记录食品的名称、规格、数量、生产日期、生产批号、检验合格证号、购货者名称及联系方式、销售日期等内容。食品出厂检验记录应当真实，保存期限不得少于2年。

2. 食品经营者的进货查验记录制度与贮存包装制度

(1) 进货查验记录制度

食品经营者采购食品，应当查验供货者的许可证和食品合格的证明文件。

食品经营企业应当建立食品进货查验记录制度，如实记录食品的名称、规格、数量、生产批号、保质期、供货者名称及联系方式、进货日期等内容。食品进货查验记录应当真实，保存期限不得少于2年。

(2) 贮存包装制度

食品经营者应当按照保证食品安全的要求贮存食品，定期检查库存食品，及时清理变质或者超过保质期的食品。

食品经营者贮存散装食品，应当在贮存位置标明食品的名称、生产日期、保质期、生产者名称及联系方式等内容。

食品经营者销售散装食品，应当在散装食品的容器、外包装上标明食品的名称、生产日期、保质期、生产经营者名称及联系方式等内容。

预包装食品的包装上应当有标签。预包装食品指预先定量包装或者制作在包

装材料和容器中的食品。其标签应当标明下列事项：名称、规格、净含量、生产日期；成分或者配料表；生产者的名称、地址、联系方式；保质期；产品标准代号；贮存条件；所使用的食品添加剂在国家标准中的通用名称和生产许可证编号等。

（七）食品添加剂管理制度

食品添加剂，指为改善食品品质和色、香、味以及为防腐、保鲜和加工工艺的需要而加入食品中的人工合成或者天然物质。

1. 食品添加剂的生产许可制度

国家对食品添加剂的生产实行许可制度。申请食品添加剂生产许可的条件、程序，按照国家有关工业产品生产许可证管理的规定执行。从事食品添加剂新品种生产活动的单位或者个人，应当向国务院卫生行政部门提交相关产品的安全性评估材料。国务院卫生行政部门应当自收到申请之日起60日内组织对相关产品的安全性评估材料进行审查；对符合食品安全要求的，依法决定准予许可并予以公布；对不符合食品安全要求的，决定不予许可并书面说明理由。

2. 食品添加剂的使用管理制度

食品添加剂应当在技术上确有必要且经过风险评估证明安全可靠，方可列入允许使用的范围。一方面，国务院卫生行政部门应当根据技术必要性和食品安全风险评估结果，及时对食品添加剂的品种、使用范围、用量的标准进行修订。另一方面，食品生产者应当依照食品安全标准关于食品添加剂的品种、使用范围、用量的规定使用食品添加剂；不得在食品生产中使用食品添加剂以外的化学物质和其他可能危害人体健康的物质。

3. 食品添加剂标签、说明书管理制度

食品添加剂应当有标签、说明书和包装。第一，标签、说明书的内容应当符合法律规定，不得含有虚假、夸大的内容，不得涉及疾病预防、治疗功能。食品和食品添加剂与其标签、说明书所载明的内容不符的，不得上市销售。第二，标签、说明书应当清楚、明显，容易辨识。第三，食品经营者应当按照食品标签标示的警示标志、警示说明或者注意事项的要求，销售预包装食品。

（八）保健食品管理制度

声称具有特定保健功能的食品不得对人体产生急性、亚急性或者慢性危害，其标签、说明书不得涉及疾病预防、治疗功能，内容必须真实，应当载明适宜人群、不适宜人群、功效成分或者标志性成分及其含量等；产品的功能和成分必须与标签、说明书相一致。

生产经营的食品中不得添加药品，但是可以添加按照传统既是食品又是中药材的物质。按照传统既是食品又是中药材的物质的目录由国务院卫生行政部门制定、公布。

（九）集中交易市场的开办者、柜台出租者和展销会举办者的管理制度

集中交易市场的开办者、柜台出租者和展销会举办者，应当审查入场食品经营者的许可证，明确入场食品经营者的食品安全管理责任，定期对入场食品经营者的经营环境和条件进行检查，发现食品经营者有违反法律规定的行为的，应当及时制止并立即报告所在地县级工商行政管理部门或者食品药品监督管理部门。

集中交易市场的开办者、柜台出租者和展销会举办者未履行前述义务，本市场发生食品安全事故的，应当承担连带责任。

（十）食品召回制度

国家建立食品召回制度。食品生产者发现其生产的食品不符合食品安全标准，应当立即停止生产，召回已经上市销售的食品，通知相关生产经营者和消费者，并记录召回和通知情况。食品经营者发现其经营的食品不符合食品安全标准，应当立即停止经营，通知相关生产经营者和消费者，并记录停止经营和通知情况。食品生产者认为应当召回的，应当立即召回。

食品生产者应当对召回的食品采取补救、无害化处理、销毁等措施，并将食品召回和处理情况向县级以上质量监督部门报告。

食品生产经营者未依照法律规定召回或者停止经营不符合食品安全标准的食品的，县级以上质量监督、工商行政管理、食品药品监督管理部门可以责令其召回或者停止经营。

（十一）食品广告管理制度

食品广告的内容应当真实合法，不得含有虚假、夸大的内容，不得涉及疾病预防、治疗功能。

食品安全监督管理部门或者承担食品检验职责的机构、食品行业协会、消费者协会不得以广告或者其他形式向消费者推荐食品。

社会团体或者其他组织、个人在虚假广告中向消费者推荐食品，使消费者的合法权益受到损害的，与食品生产经营者承担连带责任。

四、食品检验法律制度

食品检验机构从事食品检验，应当先按照国家有关认证认可的规定取得资质

认定。食品检验由食品检验机构指定的检验人独立进行。检验人应当依照有关法律、法规的规定，并依照食品安全标准和检验规范对食品进行检验，不得出具虚假的检验报告。食品检验实行食品检验机构与检验人负责制。食品检验报告应当加盖食品检验机构公章，并有检验人的签名或者盖章。食品检验机构和检验人对出具的食品检验报告负责。

食品安全监督管理部门对食品不得实施免检。县级以上质量监督、工商行政管理、食品药品监督管理部门应当对食品进行定期或者不定期的抽样检验。在执法工作中需要对食品进行检验的，应当委托符合法律规定的食品检验机构进行，并支付相关费用。对检验结论有异议的，可以依法进行复检。

食品生产经营企业可以自行对所生产的食品进行检验，也可以委托符合法律规定的食品检验机构进行检验。

食品行业协会等组织、消费者需要委托食品检验机构对食品进行检验的，应当委托符合法律规定的食品检验机构进行。

五、食品进出口法律制度

(一) 进口食品管理制度

第一，进口的食品、食品添加剂以及食品相关产品应当符合我国食品安全国家标准。进口的食品应当经出入境检验检疫机构检验合格后，海关凭出入境检验检疫机构签发的通关证明放行。进口尚无食品安全国家标准的食品，或者首次进口食品添加剂新品种、食品相关产品新品种，进口商应当向国务院卫生行政部门提出申请并提交相关的安全性评估材料。国务院卫生行政部门依法作出是否准予许可的决定，并及时制定相应的食品安全国家标准。

第二，境外发生的食品安全事件可能对我国境内造成影响，或者在进口食品中发现严重食品安全问题的，国家出入境检验检疫部门应当及时采取风险预警或者控制措施，并向国务院卫生行政、农业行政、工商行政管理和国家食品药品监督管理部门通报。接到通报的部门应当及时采取相应措施。

第三，向我国境内出口食品的出口商或者代理商应当向国家出入境检验检疫部门备案。向我国境内出口食品的境外食品生产企业应当经国家出入境检验检疫部门注册。国家出入境检验检疫部门应当定期公布已经备案的出口商、代理商和已经注册的境外食品生产企业名单。

第四，进口的预包装食品应当有中文标签、中文说明书。标签、说明书应当符合法律规定和食品安全国家标准的要求，载明食品的原产地以及境内代理商的名称、地址、联系方式。否则，不得进口。

第五，进口商应当建立食品进口和销售记录制度，如实记录食品的名称、规格、数量、生产日期、生产或者进口批号、保质期、出口商和购货者名称及联系方式、交货日期等内容。食品进口和销售记录应当真实，保存期限不得少于2年。

（二）出口食品管理制度

第一，出口的食品由出入境检验检疫机构进行监督、抽检，海关凭出入境检验检疫机构签发的通关证明放行。

第二，出口食品生产企业和出口食品原料种植、养殖场应当向国家出入境检验检疫部门备案。

六、食品安全事故处置法律制度

（一）食品安全事故应急预案制度

国务院组织制定国家食品安全事故应急预案。县级以上地方人民政府根据有关法律、法规的规定和上级人民政府的食品安全事故应急预案以及本地区的实际情况，制定本行政区域的食品安全事故应急预案，并报上一级人民政府备案。

此外，食品生产经营企业应当制定食品安全事故处置方案，定期检查本企业各项食品安全防范措施的落实情况，及时消除食品安全事故隐患。

（二）食品安全事故报告与处理制度

1. 食品安全事故报告制度

食品安全事故发生后，事故发生单位和接收病人进行治疗的单位应当及时向事故发生地县级卫生行政部门报告。

农业行政、质量监督、工商行政管理、食品药品监督管理部门在日常监督管理中发现食品安全事故，或者接到有关食品安全事故的举报，应当立即向卫生行政部门通报。

发生重大食品安全事故的，接到报告的县级卫生行政部门应当按照规定向本级人民政府和上级人民政府卫生行政部门报告。县级人民政府和上级人民政府卫生行政部门应当按照规定上报。

任何单位或者个人不得对食品安全事故隐瞒、谎报、缓报，不得毁灭有关证据。

2. 食品安全事故调查制度

县级以上卫生行政部门接到食品安全事故的报告后，应当立即会同有关农业行政、质量监督、工商行政管理、食品药品监督管理部门进行调查处理，并采取下列措施，防止或者减轻社会危害：第一，开展应急救援工作，对因食品安全事故导致人身伤害的人员，卫生行政部门应当立即组织救治；第二，封存可能导致食品安全事故的食品及其原料，并立即进行检验；对确认属于被污染的食品及其原料，责令食品生产经营者依法予以召回、停止经营并销毁；第三，封存被污染的食品用工具及用具，并责令进行清洗消毒；第四，做好信息发布工作，依法对食品安全事故及其处理情况进行发布，并对可能产生的危害加以解释、说明。

发生重大食品安全事故，设区的市级以上人民政府卫生行政部门应当立即会同有关部门进行事故责任调查。重大食品安全事故涉及两个以上省、自治区、直辖市的，由国务院卫生行政部门组织事故责任调查。除了查明事故单位的责任，还应当查明负有监督管理和认证职责的监督管理部门、认证机构的工作人员失职、渎职情况。

七、监督管理法律制度与法律责任

（一）监督管理对象

根据《食品安全法》第99条规定，食品指各种供人食用或者饮用的成品和原料以及按照传统既是食品又是药品的物品，但是不包括以治疗为目的的物品。《食品安全法》调整的食品安全，涉及食品生产和流通诸环节。具体包括：食品生产和加工，食品流通和餐饮服务；食品添加剂的生产经营；用于食品的包装材料、容器、洗涤剂、消毒剂和用于食品生产经营的工具、设备的生产经营；食品生产经营者使用食品添加剂、食品相关产品等。

（二）监督管理机构

国务院设立食品安全委员会，其工作职责由国务院规定。国务院卫生行政部门承担食品安全综合协调职责，负责食品安全风险评估、食品安全标准制定、食品安全信息公布、食品检验机构的资质认定条件和检验规范的制定，组织查处食品安全重大事故。国务院质量监督、工商行政管理和国家食品药品监督管理部门依照法律规定的职责，分别对食品生产、食品流通、餐饮服务活动实施监督管理。

县级以上质量监督、工商行政管理、食品药品监督管理部门和农业行政部门履行各自食品安全监督管理职责。

（三）法律责任制度

相关法律责任主体及其责任主要有：第一，食品生产、经营者违反法律规定从事生产、经营，依法承担法律责任。第二，集中交易市场的开办者、柜台出租者、展销会的举办者违反法律规定，允许未取得许可的食品经营者进入市场销售食品，或者未履行检查、报告等义务的，依法承担法律责任。第三，食品检验机构、食品检验人员违反法律规定，出具虚假检验报告的，应当承担法律责任。第四，违反法律规定在广告中对食品质量作虚假宣传，欺骗消费者的，应当承担法律责任。第五，卫生行政、农业行政、质量监督、工商行政管理、食品药品监督管理部门或者其他有关行政部门不履行法定职责或者滥用职权、玩忽职守、徇私舞弊的，应当承担法律责任。

法律责任包括刑事责任、行政责任和民事责任。根据《食品安全法》的规定，生产不符合食品安全标准的食品或者销售明知是不符合食品安全标准的食品，消费者除要求赔偿损失外，还可以向生产者或者销售者要求支付价款 10 倍的赔偿金。如果责任人应当承担民事赔偿责任和缴纳罚款、罚金，但其财产不足以同时支付时，先承担民事赔偿责任。

第三节　产品质量法

我国产品质量法律渊源主要有：《产品质量法》、《农产品质量安全法》和《食品安全法》。根据《产品质量法》有关规定，产品质量法律制度主要包括产品质量监督和产品质量责任两部分。

一、产品质量监督法律制度

（一）产品质量监督管理对象

《产品质量法》第 2 条规定："在中华人民共和国境内从事产品生产、销售活动，必须遵守本法。""本法所称产品是指经过加工、制作，用于销售的产品。""建设工程不适用本法规定；但是，建设工程使用的建筑材料、建筑构配件和设备，属于前款规定的产品范围的，适用本法规定。"

根据该条规定，产品质量监督管理的对象即在中华人民共和国境内从事产品生产和销售的行为。

1. 产品的概念

根据《产品质量法》第 2 条，产品是指经过加工、制作，用于销售的产品。产品的内涵包括：第一，经过加工、制作；第二，用于销售。其中，“经过加工、制作”，通常的理解是应当经过机械化的工业加工、制作。“用于销售”说明产品与商品的性质具有共通之处，但产品并不等同于商品。比较而言，产品的外延更窄。

把握《产品质量法》上产品的外延，需要注意以下几个方面：

第一，身体组织、器官。法律禁止人的身体组织、器官买卖，因此，身体组织、器官不是产品。

第二，临床用血和血液制品。临床用血和血液制品的性质较为特殊。一方面，临床用血和血液制品来自人体，具有人身性质；另一方面，现实中经过加工、制作，医疗机构向患者收取费用后提供使用或由血液制品生产企业进行销售。为充分保护使用者利益，法律亦确认临床用血和血液制品属于产品责任法调整范畴。

第三，无形物。例如，电力公司供电行为所涉及的电，这一无形物是否属于产品质量法调整？电致人伤害时，电力公司是否应当承担产品质量法上的责任？通常认为，供电行为不属于产品质量法的调整范围。

第四，不动产。根据《产品质量法》第 2 条第 3 款规定，建设工程不属于《产品质量法》调整的范围，但是，建设工程使用的建筑材料、建筑构配件和设备，符合第 2 款规定的产品内涵的，则应适用《产品质量法》。

2. 生产者的认定

产品的生产者即从事产品制造、加工的组织或个人，其特点是：第一，生产者是经营者。作为经营者，必然以营利为目的，在市场中以买者和卖者的双重身份交替出现，于先买后卖中取得利润；作为经营者，其营业通常具有一定的持续性、连续性。第二，其产品制造、加工活动包括对原材料的加工、对零部件的组装、对产品的分装等。

生产者可以作如下分类：第一，从民事主体类型角度，生产者可以分为组织生产者和个人生产者。第二，从加工、制作对象角度，生产者可以分为原材料生产者、零部件生产者和成品生产者。第三，从实际加工行为人角度，生产者可以分为实际生产者和表见生产者。前者是指产品的实际加工制造人，后者是指以生产者的名义出现，在产品上标出自己的名称、商标或其他区别标识者。例如，在委托生产或商标使用许可的情形中，可能发生表见生产者。第四，从加工、制作行为的合法性角度，生产者可以分为合法生产者与非法生产者。前者是指依法进行工商登记，并且在法律有特别规定的情形下取得生产许可证的生产者；后者是指未经工商登记或未取得生产许可证的生产者。

3. 销售者的认定

产品的销售者是指在生产者以外，其他从事产品买入、卖出并从中获取利益的经营者。其特点是：第一，作为经营者，以营利为目的且通常具有营业的持续性；第二，经营方式包括产品专营或兼营；第三，非产品生产者，并不从事产品制造、加工活动。事实上，产品生产者也要从事销售活动，但《产品质量法》上所指的销售者有其特定外延，是指生产者以外的其他产品销售者。

销售者可作如下分类：第一，从民事主体类型的角度，包括组织和个人。第二，从在产品流通中所处环节的角度，包括产品进口者、批发者和零售者。第三，从销售行为的合法性角度，可以分为合法销售者和非法销售者。

（二）产品质量监督机构

根据《产品质量法》第 8 条，国务院产品质量监督部门主管全国产品质量监督工作。国务院有关部门在各自的职责范围内负责产品质量监督工作。县级以上地方产品质量监督部门主管本行政区域内的产品质量监督工作。县级以上地方人民政府有关部门在各自的职责范围内负责产品质量监督工作。

目前，我国产品质量监督部门主要包括质量监督检验检疫部门和工商行政管理部门。此外，卫生行政部门、农业部门等根据特别法规定，对部分产品的质量拥有监管职权。

1. 质量监督检验检疫部门

质量监督检验检疫部门对产品质量进行监督管理的主要方式是：第一，起草、修订国家标准化法律法规，协调和指导行业、地方标准化工作。第二，制定、发布和执行国家认证认可、安全质量许可、卫生注册和合格评定方面的法律、法规和规章，协调并指导全国认证认可工作，监督管理认可机构和人员注册机构。拟订国家实施强制性认证与安全质量许可制度的产品目录，制定并发布认证标志、合格评定程序和技术规则，组织实施强制性认证与安全质量许可工作。负责进出口食品和化妆品生产、加工单位的卫生注册登记的评审和注册工作。依法监督和规范认证市场，监督管理认证有关的中介服务和技术评价行为。第三，对国内食品生产加工环节质量安全卫生进行监督管理。组织实施国内食品生产许可、强制检验等食品质量安全准入制度。负责调查处理国内食品生产加工环节的食品安全重大事故。第四，对进出口食品和化妆品安全、卫生、质量进行检验监督管理，组织实施对进出口食品和化妆品及其生产单位的日常监督管理。对进口食品（包括饮料、酒类、糖类）、食品添加剂、食品容器、包装材料、食品用工具及设备进行检验检疫和监督管理。参与在全国范围内对动物及动物源性食品进行农、兽药残留监测。第五，实施产品质量监督抽查。拟订国家重点监督的国内产品目录并组织实施监督。组织实施QS标志制度。管理和协调产品质量的行业监督、地方监督与专业质量监督。管理质量仲裁的检验和鉴定工作。监督管理产品质量检验机构，管理国家产品质量监督抽查免检工作；管理工业产品生产许可证的工作。第六，组织查处违反质量、标准化的行为，负责组织协调全国有关专项打假活动。第七，组织建立企业质量信用制度，组织质量专业技术人员职业资格考试。第八，实施缺陷产品召回制度，组织重点产品质量事故的调查并提出整改意见，负责产品防伪的监督管理工作。

2. 工商行政管理部门

工商行政管理部门对产品质量进行监督管理的主要方式是：第一，负责各类企业、农民专业合作社和从事经营活动的单位、个人以及外国（地区）企业常驻代表机构等市场主体的登记注册并监督管理，承担依法查处取缔无照经营的责任。第二，承担依法规范和维护各类市场经营秩序的责任，负责监督管理市场交易行为和网络商品交易及有关服务的行为。第三，承担监督管理流通领域商品质量和流通环节食品安全的责任，组织开展有关服务领域消费维权工作，按分工查处假冒伪劣等违法行为，指导消费者咨询、申诉、举报受理、处理和网络体系建设等工作，保护经营者、消费者合法权益。

3. 卫生行政部门

卫生行政部门对产品质量进行监督管理的主要方式是：第一，起草卫生、食品安全、药品、医疗器械相关法律法规草案，制定卫生、食品安全、药品、医疗器械规章，依法制定有关标准和技术规范。第二，承担食品安全综合协调、组织查处食品安全重大事故的责任，组织制定食品安全标准，负责食品及相关产品的安全风险评估、预警工作，制定食品安全检验机构资质认定的条件和检验规范，统一发布重大食品安全信息。

4. 农业部

农业部的相关职能主要是：第一，拟定农业各产业技术标准并组织实施；第二，组织实施农业各产业产品及绿色食品的质量监督、认证和农业植物新品种的保护工作；第三，组织协调种子、农药、兽药等农业投入品质量的监测、鉴定和执法监督管理；第四，组织国内生产及进口种子、农药、兽药、有关肥料等产品的登记和农机安全监理工作。

二、产品质量责任法律制度

根据责任性质的不同，产品质量责任包括产品质量民事责任、产品质量行政责任和产品质量刑事责任。根据责任主体的不同，产品质量责任包括生产者、销售者的法律责任和其他主体的法律责任。

（一）生产者、销售者的法律责任

1. 产品质量民事责任

产品质量民事责任是指产品生产者、销售者生产、销售质量不合格产品，造成他人损害时，根据民事法律所应承担的责任，具体又包括产品违约责任和产品侵权责任。

（1）产品违约责任

产品违约责任是指产品生产者、销售者提供的产品质量不符合合同约定所应承担的修理、更换、损害赔偿等民事责任。

违约行为的认定主要从两个方面进行：第一，出卖人应当按照约定的质量要求交付标的物。出卖人提供有关标的物质量说明的，交付的标的物应当符合该说明的质量要求。若出卖人交付不符合约定或说明质量的标的物，构成违约行为。第二，当事人对标的物的质量要求没有约定或者约定不明确，应当按照国家标准、行业标准履行；没有国家标准、行业标准的，按照通常标准或者符合合同目的的特定标准履行。若出卖人交付的标的物未达到相关标准或不能实现合同目的，构成违约行为。

出卖人交付的标的物不符合质量要求的，买受人可以依法要求出卖人承担违约责任。违约责任方式主要有：第一，修理、更换、重作、退货、减少价款或者报酬等补救措施。第二，赔偿损失。损失赔偿额应当相当于因违约所造成的损失，包括合同履行后可以获得的利益，但不得超过违反合同一方订立合同时预见到或者应当预见到的因违反合同可能造成的损失。经营者对消费者提供商品有欺诈行为的，依照《消费者权益保护法》第 49 条的规定承担损害赔偿责任，即消费者可以要求增加赔偿其受到的损失，增加赔偿的金额为消费者购买商品的价款的1倍。

（2）产品侵权责任

产品侵权责任是指产品生产者、销售者生产、销售的产品存在缺陷致人损害时所应承担的损害赔偿等民事责任。

产品侵权责任的构成要件是：第一，产品存在缺陷。产品缺陷是指产品存在危及人身、他人财产安全的不合理的危险；产品有保障人体健康和人身、财产安全的国家标准、行业标准的，是指不符合该标准。产品缺陷的本质是指产品存在的不合理危险，而产品不符合产品安全标准是产品存在不合理危险的证明。但应当注意的是，由于产品安全标准可能设定的安全值不高，或未完全覆盖所有安全性能指数，因此，符合产品安全标准的产品并不排除存在缺陷的可能。导致产品缺陷的主要原因是设计不当、制造不良或对产品危险和正确使用方法未作正确警告和说明。第二，损害事实。缺陷产品可能侵害他人人身权和财产权，造成财产损失和精神损害。第三，损害事实与产品缺陷之间存在因果关系。通常采用相当因果关系理论来认定。

产品侵权责任方式主要有：第一，排除妨碍、消除危险。因产品缺陷危及他人人身、财产安全的，被侵权人有权请求生产者、销售者承担排除妨碍、消除危险等侵权责任，例如采取售后警示、产品召回等措施。第二，损害赔偿。因产品投入流通时存在缺陷造成现实损害的，或产品投入流通后发现存在缺陷但生产者、销售者未及时采取补救措施或者补救措施不力造成损害的，应当承担损害赔偿侵权责任。

产品侵权责任主体包括产品生产者和销售者。因产品存在缺陷造成损害的，受害人可以向产品的生产者或销售者请求赔偿，也可以向产品的生产者和销售者共同请求赔偿。受害人仅向产品销售者请求赔偿，而产品缺陷由生产者造成的，销售者赔偿后，有权向生产者追偿。受害人仅向产品生产者请求赔偿，但因销售者的过错使产品存在缺陷的，生产者赔偿后，有权向销售者追偿。受害人向产品的生产者和销售者共同请求赔偿时，如果能够证明产品侵权责任构成三要件，产品生产者和销售者即应对受害人承担连带责任，而向受害人先行给付者，有权向最终责任人追偿。

如果产品责任人能够证明有下列情形之一的，不承担赔偿责任：第一，未将产品投入流通；第二，产品投入流通时，引起损害的缺陷尚不存在的；第三，将产品投入流通时的科学技术水平尚不能发现缺陷的存在的。此外，如果产品责任人能够证明，缺陷产品致害是因为受害人过错或第三人过错等原因，则可以主张责任的减轻或免除。但应当注意的是，此时受害人的过错或第三人的过错通常要求是故意或重大过失，一般过失不发生责任减免。

（3）责任竞合

产品违约责任与产品侵权责任存在差异，主要表现在：第一，请求权主体与责任主体不同。由于合同关系的相对性，有权行使合同请求权的主体与合同责任主体限于合同关系当事人，而侵权请求权主体与侵权责任主体则无此限制。第二，责任方式与损害赔偿范围不同。违约责任与产品侵权责任各有自身责任方式，前者如违约金，后者如消除危险、排除妨碍。虽然损害赔偿是合同法与侵权法共同的责任方式，但前者仅针对财产权受侵犯时的物质损失，后者则包括财产权和人身权受侵犯时的物质损失和精神损害。第三，诉讼时效不同。合同法上的诉讼时效包括出售质量不合格的商品未声明所适用的1年诉讼时效、国际货物买卖所适用的4年诉讼时效与其他情形中的2年诉讼时效，而产品侵权诉讼时效为2年，但在造成损害的缺陷产品交付最初消费者满10年后请求权丧失，尚未超过明示的安全使用期的除外。第四，诉讼管辖不同。因合同纠纷提起的诉讼，由被告住所地或者合同履行地人民法院管辖，合同双方当事人可以在书面合同中协议选择被告住所地、合同履行地、合同签订地、原告住所地、标的物所在地人民法院管辖。而因产品侵权提起的诉讼，由侵权行为地或被告住所地人民法院管辖。

一方面，产品侵权责任有别于合同法上的责任，另一方面，出卖人交付缺陷产品造成损害的行为可能同时满足侵权责任和违约责任构成要件，受害人据此取得两项请求权，即基于侵权的请求权和基于合同的请求权。对此现象，我国《合同法》第122条规定："因当事人一方的违约行为，侵害对方人身、财产权益的，受损害方有权选择依照本法要求其承担违约责任或者依照其他法律要求其承担侵权责任。"根据上述规定，缺陷产品受害人若同时为产品交易合同当事人，则其享有选择权，或行使违约损害赔偿请求权，或行使侵权损害赔偿请求权，但不能同时实现两项请求权。根据最高人民法院《关于适用〈中华人民共和国合同法〉若干问题的解释（一）》第30条，"债权人依照合同法第一百二十二条的规定向人民法院起诉时作出选择后，在一审开庭以前又变更诉讼请求的，人民法院应当准许"。由于两种责任存在前述差异，受害人可从自身利益最大化角度选择行使相应的请求权。

产品责任的基础，历来有合同责任和侵权责任之别。然而，以合同责任救济缺陷产品造成的损害，存在不足：第一，非合同关系当事人不得求偿；第二，不能对受害人固有利益损失提供救济。由于合同责任的救济局限，产品侵权责任救济蓬勃兴起。一方面，侵权责任的出现，丰富了受害人请求权的行使依据，在实现缺陷产品受害人利益保护方面发挥了独立的作用；另一方面，受害人请求权的行使应当注意责任竞合的问题。

2. 产品质量行政责任

产品质量行政责任是指产品生产者、销售者因违反产品质量管理法律制度进行生产和销售，依法所应承担的行政责任。

根据《产品质量法》的规定，违法生产、销售行为的表现有生产、销售不符合保障人体健康和人身、财产安全的国家标准、行业标准的产品；在产品中掺杂、掺假，以假充真，以次充好，或者以不合格产品冒充合格产品；生产、销售国家明令淘汰的产品；销售失效、变质的产品；伪造产品产地，伪造或者冒用他人厂名、厂址，伪造或者冒用认证标志等质量标志以及产品标识不符合法律规定等。

上述不法行为应当承担的产品质量行政责任主要有责令停止生产、销售，没收违法生产、销售的产品，罚款，没收违法所得和吊销营业执照等。

3. 产品质量刑事责任

产品质量刑事责任是指，产品生产者、销售者违法生产、销售产品的行为，造成严重社会危险，构成犯罪，依据刑事法律所应承担的责任。根据《刑法》第二编“分则”第三章第一节“生产、销售伪劣商品罪”，产品生产者、销售者有生产、销售伪劣商品的犯罪行为的，要承担刑事责任并受刑罚处罚。

4. 民事责任优先承担原则

民事责任、行政责任和刑事责任三大基本责任类型，三者性质不同，独立存在。一般情况下，三者各有其发生根据和适用范围，并行不悖，《产品质量法》中既规定了民事赔偿，又规定了行政处罚和情节严重构成犯罪应追究刑事责任的情形。不法行为人因同一行为应当承担行政责任或者刑事责任的，不影响依法承担民事责任。生产、销售缺陷产品造成损害的行为，不能因为已经追究了行政责任或刑事责任，而否认或放弃民事责任。

但因同一行为应当承担民事赔偿责任和缴纳罚款、罚金，侵权人的财产不足以支付的，应先承担民事赔偿责任。如企业生产伪劣产品，造成消费者人身、财产损害，需承担产品侵权责任，而同时构成生产伪劣产品罪，被判处罚金，如果该企业财产不足以同时支付对受害人的损害赔偿以及罚金时，应当先对受害人承担损害赔偿责任。此原则在《民法通则》、《产品质量法》以及《食品安全法》中均有相关条文体现。

（二）其他主体的法律责任

根据《产品质量法》的规定，其他主体的违法行为及其法律责任主要有：

第一，产品质量检验机构、认证机构伪造检验结果或者出具虚假证明的，依法承担罚款、没收违法所得和取消检验资格、认证资格等行政责任；构成犯罪的，依法追究刑事责任。此外，产品质量检验机构、认证机构出具的检验结果或者证明不实，造成损失的，应当承担相应的民事赔偿责任。产品质量认证机构违反法律规定，对不符合认证标准而使用认证标志的产品，未依法要求其改正或者取消其使用认证标志资格的，对因产品不符合认证标准给消费者造成的损失，与产品的生产者、销售者承担连带责任。

第二，社会团体、社会中介机构对产品质量作出承诺、保证，而该产品又不符合其承诺、保证的质量要求，给消费者造成损失的，与产品的生产者、销售者承担连带责任。

第三，在广告中对产品质量作虚假宣传，欺骗和误导消费者的，依照《广告法》的规定追究法律责任。

第四，知道或者应当知道属于法律禁止生产、销售的产品而为其提供运输、保管、仓储等便利条件的，或者为以假充真的产品提供制假生产技术的，没收全部运输、保管、仓储或者提供制假生产技术的收入，并处相应罚款；构成犯罪的，依法追究刑事责任。

第五，服务业的经营者将法律禁止销售的产品用于经营性服务的，责令停止使用；对知道或者应当知道所使用的产品属于法律禁止销售的产品的，按照违法使用的产品（包括已使用和尚未使用的产品）的货值金额，依照法律对销售者的处罚规定处罚。

第六，隐匿、转移、变卖、损毁被产品质量监督部门或者工商行政管理部门查封、扣押的物品的，处以相应罚款；有违法所得的，并处没收违法所得。

第七，国家机关及其工作人员违法行使职权的行为，应当承担相应民事责任、行政责任，甚至刑事责任。例如，产品质量监督部门或者工商行政管理部门的工作人员滥用职权、玩忽职守、徇私舞弊，构成犯罪的，应当依法追究刑事责任；尚不构成犯罪的，依法给予行政处分。

思考题

1. 安全生产、食品安全和产品质量监督管理主管部门是哪些？它们如何行使监督管理职权？

2. 如何认识民事责任优先承担原则？

3. 产品违约责任与产品侵权责任之间的联系和区别有哪些？

案例分析

1995 年 3 月 8 日原告贾国宇与家人及邻居在被告北京市海淀区春海餐厅聚餐，用餐中使用的卡式炉燃气罐突然爆炸，原告面部及双手被严重烧伤。经查，春海餐厅提供的炉具为被告龙口市厨房配套设备用具厂生产的 YSQ-A“众乐”牌卡式炉，提供的燃气为北京国际气雾剂有限公司生产的罐装“白旋风”牌边炉石油气。原告向北京市海淀区人民法院提起诉讼，要求气雾剂公司、厨房配套设备用具厂和春海餐厅共同赔偿医疗费、治疗辅助费、护理费、营养费、交通费、学习费等 37 711.63 元，赔偿部分丧失劳动能力的今后生活补助费 51 840 元、未来教育费 2 万元、恢复治疗费 30 万元、手术整容费 60 万元及残疾赔偿金 65 万元，共计 1 659 551.63 元。案件审理中，海淀区人民法院委托国家技术监督局对此次爆炸事故原因进行了技术鉴定。鉴定结论为：事故罐内压较高，超过气罐的耐压强度，是酿成这次事故的原因。此外，由于卡式炉燃气罐与炉具连接部位漏气，导致卡式炉内产生小火，是酿成事故的诱因。经国家燃气用具质量监督检验中心对 YSQ-A“众乐”牌卡式炉进行测试，认为该产品有漏气的可能性，如果安装时不对准，漏气的可能性更大。经委托北京市法庭科学技术鉴定研究所对贾国宇的伤情进行鉴定，结论为：贾国宇损伤为面部、双手烧伤，遗留面部及双手片状疤痕，对其容貌有较为明显的影响。贾国宇劳动能力部分受限，丧失率为 30%。又经中国人民解放军第 304 医院证明，贾国宇今后面部及手部可行药物及皮肤美容护理治疗，费用约 5～6 万元；必要时可再行手术治疗，费用约 1 万元。但治疗后仍遗留部分疤痕难以消除。海淀区人民法院还查明，气雾剂公司生产的“白旋风”牌边炉石油气气罐罐体表面所印英文标注为“WARNING-EX-

TREMELY FLAMMABLE CONTAINS LIQUEFIED BUTANE GASUNDER PRESSURE；NEVER REFILL GAS INTO EMPTIY CAN”（瓶内装有极易燃烧的液态丁烷气；用完后绝不能再次充装）；所印中文标注为“本罐用完后无损坏，可再次复充”。没有证据证明春海餐厅提供服务与事故发生有因果关系。诉讼期间，支付国家技术监督局专家鉴定组技术鉴定费5万元，北京市法庭科学技术鉴定研究所鉴定费560元，中国人民解放军第304医院今后医疗评估费35元，中国医学科学院整形外科医院会诊费70元。

试分析：(1) 该案是什么性质的纠纷?

(2) 原告的诉讼请求能否得到支持?

要点分析：

该案是产品侵权责任纠纷。气雾剂公司和厨房配套设备用具厂应当对贾国宇承担连带责任。第一，气雾剂公司和厨房配套设备用具厂提供的产品均存在缺陷。气雾剂公司生产的“白旋风”牌边炉石油气气罐没有根据气罐承压能力科学安全地按比例成分装填气体，充装使用方法的中英文标注不一致，内容互相矛盾，属于不合格产品。“众乐”牌卡式炉与燃气瓶连接部位存在漏气可能，使用时安装不慎可能性更大，存在危及人身、财产安全的不合理危险，且不符合坚固、耐用、不漏气的行业生产标准，质量存在缺陷。第二，原告贾国宇人身权受侵犯，遭受了财产损失和精神损害。事故发生时，贾国宇尚未成年，身心发育正常，烧伤造成的片状疤痕对其容貌产生了明显影响，并使之劳动能力部分受限，严重地妨碍了她的学习、生活和健康。除肉体痛苦外，无可置疑地给其精神造成了终身悔憾与痛苦，甚至可能导致其心理情感、思想行为的变异，其精神损害是显而易见的，必须给予抚慰与补偿。第三，气雾剂公司和厨房配套设备用具厂二被告生产、销售的缺陷产品与原告所受的损害之间存在因果关系。

损害赔偿数额应以实际损失为依据，全部赔偿为原则。对于精神损害赔偿数额，贾国宇要求的精神损害赔偿65万元的诉讼请求明显过高，不能全额支持。依据《产品质量法》第32条、《消费者权益保护法》第41条之规定，法院判决气雾剂公司和厨房配套设备用具厂共同赔偿贾国宇治疗费、营养品费、护理费、交通费、残疾者生活自助具费、残疾者生活补助费和今后治疗费等实际费用支出，并判决赔偿具有精神损害赔偿性质的残疾赔偿金10万元。驳回贾国宇关于赔偿医疗和精神损失等费用过高部分的诉讼请求。

至于被告春海餐厅，其是服务的提供者，而非致害产品的生产者和销售者，因此不适用产品责任，而是一般的过错责任。由于被告春海餐厅在提供服务的过程中，没有过错，因此，不负有法律责任。

推荐阅读书目

1. 楚风华主编．安全生产法教程．北京：煤炭工业出版社，2006
2. 赵相林，曹俊．国际产品责任法．北京：中国政法大学出版社，2000

第六章

产业政策法律制度

• 本章学习目标 •

掌握产业政策法的概念和体系；了解产业政策对企业生产经营的影响；能够分析政府制定产业政策以及推行产业政策过程中具体行政行为的合法性；掌握企业因政府产业政策调整而权益受损的司法救济途径。

• 引导案例 •

某市位于我国东部沿海地区，制造业很发达，政府为了优化产业结构，扶持优势产业，保证制造业所需要的土地供应，同时出于环保的考虑，决定从2009年1月1日起禁止养猪。

请思考：某市政府的这一举措是否合法？政府用行政手段推行产业政策的合理性何在？

第一节　产业政策法概述

一、产业政策的定义和起源

产业政策是政府在不同时期对不同的产业或产业组织、产业技术、产业所在地加以区别对待的政策。一般来说，政府会采取各种措施扶持或限制某种产业或产业组织，引导产业技术的发展，促成产业在国家的不同区域合理分布，以促进经济的发展。产业政策包括产业结构政策、产业组织政策、产业技术政策和产业布局政策。所谓产业结构政策，是指关于社会生产各部门、各行业之间的结构比例关系的政策。产业组织政策，是指国家对某种产业组织加以扶持或限制的政策，如国家对中小企业加以扶持的政策。产业技术政策，是指政府所制定的用以引导和干预产业技术进步的政策，如国家关于促进科技成果转化的法律等。产业布局政策，是指政府所制定的用以指导和规范产业在全国不同地域分布的政策。

对于产业政策一词，多数学者认为起源于日本。但 1984 年日本学者小宫隆太郎在他的《日本的产业政策》一书中提到，16～17 世纪的重商主义学派就主张政府必须通过扶植和保护政策来发展本国工业。近代以来，各国不断强化国家宏观经济管理职能，同时不约而同地把政策对象指向产业结构的调整。现代意义上的产业政策发源于日本，第二次世界大战后，为实现振兴经济、赶超欧美的战略目标，日本政府陆续制定了一系列产业政策，形成了独具特色的产业政策体系。除日本外，较为重视以产业政策干预经济发展的还有韩国、新加坡、我国台湾地区等亚洲国家和地区。而在英美等自由主义传统根深蒂固的国家，政府原则上采取自由放任的经济模式，较少制定所谓扶持重点产业的产业政策。有关产业政策是否真能起到促进经济发展的争论一直都没有停过，特别是随着日本经济的衰退，这种国家积极干预经济的发展模式就更受到质疑。

二、产业政策法的概念

政策一词具有多义性，就广义来说，公共政策既包括立法机关的立法也包括党或行政机关的决策，本书所言及的政策是广义的。产业政策法是以法律形式表现出来的产业政策，是产业政策体系中最为重要的部分。根据《立法法》，产业政策法的制定必须依据一定的程序，以法律、行政法规、部门规章、地方性法规、地方政府规章等形式出现。产业政策既包括以法律形式表现出来的产业政策即产业政策法，又包括大量以非法律形式出现的产业政策，如政府为促进或限制产业的发展而发布的通知、意见等等。与后者相比，前者的制定程序更加严格、具有更强的稳定性。在前者与后者相冲突时，应当优先适用前者。

产业政策法有如下特征：

1. 综合性。要达到扶持或限制某个产业的目标，仅靠单一的措施是无能为力的，一项产业政策至少要涉及财政、货币、对外贸易、税收、竞争和反垄断等方面，只有协调运用众多法律制度，才能很好地达到产业政策法的立法目的。正因为如此，不同于传统的部门法，产业政策法不是将调整不同性质法律关系的规则分别订立于不同的法律中，而是针对某一产业，为达到某一调控目的将不同性质的规则放在一部法律当中，颇类似于古代法中诸法合体的体例。与传统的部门法相比，产业政策法既有强制性规范，也有选择性或指导性规范；既有程序性规范，也有实体性规范。

2. 阶段性。如同公司必须随着市场及自身的变化不断地调整其发展战略一样，政府也必须根据国际贸易环境的变化和本国经济的发展阶段不断调整其产业政策，因此产业政策法的稳定性不如传统的民法、刑法，很多产业政策法都被界定为“临时措施”，如日本制定的《特别产业结构改善临时措施法》、《机械工业振兴临时措施法》。

三、产业政策法与其他法律的关系

（一）产业政策法与宪法

国家推行产业政策究其本质是政府对私人自由的干涉，其所牵涉到的关系为政府与公民之间的关系，为限制政府的权力、保障公民自由不受政府不当干涉，宪法应当对政府的经济职权加以限定。如果立法机关或行政机关超越宪法所赋予的权限制定产业政策法，理论上因违背宪法而无效。

（二）产业政策法与行政法

国家的产业政策必须由行政机关加以推行，因此现实中许多因推行国家产业政策引发的纠纷多属行政纠纷，应依据行政诉讼法、行政复议法、行政许可法、行政处罚法等行政法律加以解决。

（三）产业政策法与商法

随着国家对经济干预的加深，现代商法越来越具有公法的特征，原来由私人之间自主决定的事项现在也必须由国家批准。如《证券法》第 16 条第 1 款第 4 项明确规定公开发行公司债券所募集的资金投向必须符合国家的产业政策。第 13 条所列的公司公开发行股票的条件中虽未明文规定应符合国家的产业政策，但其第 1 款第 4 项规定的“其他条件”在解释上包括符合国家的产业政策。

（四）产业政策法与民法

产业政策法与民法的关系体现于《合同法》第 52 条，根据此条，违反法律、行政法规强制性规定的合同是无效的，此处的法律、行政法规自然也包括产业政策法。

第二节　产业政策法的基本制度

一、产业结构政策法

所谓产业结构政策，是指关于社会生产各部门、各行业之间的结构比例关系的政策。产业结构政策以在一定时间内扶持、保护、调整某个产业为内容，是政府对经济的主动干预。产业结构政策法即产业结构政策的法律表现形式。产业结构政策法包括产业扶持法和产业调整法。

(一) 产业扶持法

产业扶持法的主要内容是确立需要扶持的产业类型、规定产业扶持的方法。国家需要扶持的产业主要是支柱产业、基础产业、幼稚产业。产业扶持的主要手段为税收优惠、财政补贴、宽松的信贷政策、价格管制等。

1. 支柱产业促进法

支柱产业也称为主导产业，是指在国民经济中有举足轻重的地位，在国民生产总值中占有很大比重，与其他产业关联度大的产业。确立何种产业为本国的支柱产业是一国政府的战略选择，这一战略选择随着时代的变化而不断变化。以日本为例，在20世纪50年代，日本政府确立的主导产业主要是纺织，20世纪50年代末到20世纪60年代初为煤炭、钢铁，20世纪60年代后期为机械、化纤，20世纪70年代为汽车，20世纪80年代初中期为家电，20世纪80年代后期为计算机、新材料等高新技术产品。按照我国《90年代国家产业政策纲要》的规定，我国在20世纪90年代的支柱产业为机械电子、石油化工、汽车制造和建筑业。而在2009年，为防止中国经济加速下滑，实现经济增长保八目标，国务院陆续出台重要产业调整振兴规划。到2009年2月25日，有色金属业和物流业振兴规划获通过，至此，纺织业、钢铁业、汽车业、船舶业、装备制造业、电子信息产业、轻工业、石化产业、物流业、有色金属业十大规划全部出齐。与日本等国家相比，我国的产业扶持政策以法律形式出现的较少。

2. 基础产业促进法

基础产业又称瓶颈产业，是指在国民经济发展中起着基础和决定作用的产业，如农业、交通运输、能源、邮电通信等。基于基础产业的地位，各国都非常重视基础产业的发展。如对农业进行保护和补贴就是全世界通行的做法。我国的基础产业振兴法主要有《农业法》、《铁路法》、《公路法》、《电力法》、《电信管理条例》等。但这些法律的缺陷在于规则弹性太大易引发争议，以至于实践当中政府对一些企业的巨额财政补贴引发很大的争议。

3. 幼稚产业扶持法

一般认为，幼稚产业必须具备以下3个特点：一是，这种产业是该国尚未发展成熟的新兴产业，它暂时还没有能力同国外较发达的同类产业竞争，且该产业具有发展潜力；二是，该产业具有较大的产业关联度，即该产业和国内很多相关产业的发展息息相关，对这些产业的发展有正的外部效应；三是，该产业在现阶段缺乏推动其发展的资金实力。幼稚产业保护理论最初于18世纪后半期由美国独立后的第一任财政部长汉密尔顿提出，在19世纪中叶由德国的史学派先驱弗里德里希·李斯特加以系统化。李斯特认为生产力是决定一国兴衰存亡的关键，而保护民族工业就是保护本国生产力的发展。所以国家和政府需要作为民族工业发展强有力的后盾，而不是秉承古典学派的自由放任原则。我国曾经对汽车工业、电子工业等幼稚产业加以保护，主要措施有关税壁垒、进口配额、财政补贴、税收优惠等。中国加入世界贸易组织后，使用关税壁垒等贸易保护措施将受到限制，但是关税及贸易总协定第18条也允许WTO成员国以保护其幼稚产业为理由使用关税壁垒。我国政府应当善于利用这一条款，为我国的幼稚产业如商用飞机制造业等提供保护。

（二）衰退产业调整法

衰退产业也称夕阳工业，是指经过一段时间的发展后因技术进步、外部需求的变化或失去国际竞争力等因素而陷入困境的企业。如互联网的出现和发展令传统纸质媒体的发展举步维艰、新能源的开发会使煤炭等行业陷入衰退。又如中国制造业的成本优势令其他一些国家的制造业陷入衰退。由于衰退产业的外部市场需求急剧减少，所以衰退产业常常表现出严重的产能过剩，而且这种产能过剩不是因为经济周期的原因。

衰退产业调整法是关于衰退产业的援助和调整等方面的法律规范的总称，其目标在于即时发现已经或行将衰退的产业，并采取有效的措施对其进行调整，以减少经济损失和资源浪费，稳定社会经济秩序，避免引起社会和政治动乱。

对于调整衰退产业，日本政府有较为成熟的做法，其具体措施为：第一，支持增长产业的迅速增长，以使这些产业能更多地吸引衰退产业的资源。第二，在衰退产业的设备处理上，成立设备处理的卡特尔，由各方共同协助，对衰退产业的设备进行处理。第三，制定一定的劳动雇佣法，使衰退产业的劳动者经过一定的培训后能较快地转移到其他产业。第四，在一定时期内对衰退产业采取必要的维持措施，以避免过快转移所带来的种种经济与社会问题。

二、产业组织政策法

所谓产业组织政策，就是政府处理企业的规模经济与市场的竞争活力之间的矛盾、实现资源最优配置的各种原则、措施的总称。一般认为，产业组织政策可分为两类：一类是鼓励竞争、反对垄断的政策；另一类是限制恶性竞争、促进规模经济的政策。我们认为，产业组织政策还涉及确立国有企业与民营企业以及外资企业比重的政策。

产业组织政策法是产业组织政策的法律表现形式，包括反垄断法、中小企业促进法以及国有资产重组、外商投资方面的法律、法规。

(一) 企业规模政策法

一般来说，企业规模大更能节约成本，带来规模效用，但中小规模的企业在促进就业、强化市场竞争、减少收入差距方面具有积极作用。由于国内外经济环境的复杂性，政府的政策也常常从保护中小企业、反垄断这一端走向鼓励企业兼并重组、扶持大的企业集团、避免恶性竞争的另一端。

1. 企业兼并联合政策法与反垄断法

依自由放任的经济学原理，企业兼并应当是市场中企业自发的行为，政府不应当干预。政府所应当做的是防止兼并可能带来的垄断。但是，由于市场的不完善，一些本应带来效率的兼并会因为种种障碍而不能完成。为此，政府有必要采取一系列措施鼓励企业间的兼并联合。在20世纪60年代，日本政府就成功地运用了企业兼并政策。当时，日本企业的规模普遍较小，不能形成规模经济，因而其运行成本高于当时经济发达国家；而且，大量小规模企业间存在过度竞争，这就影响了技术进步和产品质量的提高。这种状况意味着日本企业无法与强大的跨国公司竞争。日本政府为了改善这种状况，实行了以增强国际竞争力为目标的兼并政策，对提高日本的企业竞争力产生了重大影响。

在我国，由于法治不够健全以及一些地方存在的地方保护主义等因素，自发的市场并购行为有时候难以成功，这就需要中央政府积极推进，鼓励企业进行兼并重组。我国目前出台的诸多鼓励企业兼并联合的政策中多数不是以法律形式出现，而且在实践中，有的地方政府不是以财政、税收等间接手段鼓励兼并重组，而是直接以行政命令要求企业兼并重组，这种做法的合理性与合法性都值得怀疑。

值得探讨的是，国家鼓励兼并重组的政策与反垄断法的关系。《反垄断法》第2条规定："中华人民共和国境内经济活动中的垄断行为，适用本法；中华人民共和国境外的垄断行为，对境内市场竞争产生排除、限制影响的，适用本法。"一些人认为，央企重组属于国家市场体制改革范畴，其中伴随有行政手段的干预，不是单纯的经济活动，不应受制于《反垄断法》。我们认为，即使政府的决定合法，中央企业的合并也是经济行为，也不能认为经济行为只包括自发的市场行为而不包括政府干预下的经济行为。所以央企的并购重组也应受反垄断法的约束，接受反垄断法审查，况且政府决定的合法性还值得怀疑。法律的作用是平衡组建企业集团的利益和充分竞争的利益，在企业的规模足以阻碍任何可能的竞争时，应当禁止这种兼并的发生。

2. 中小企业法

在我国，中小企业一方面面临着极大的政策风险，随时可能因国家的产业政策变化而被迫关闭或被兼并，另一方面，由于许多劳动密集型的中小企业在解决就业方面的巨大优势，我国政府对中小企业也采取了许多扶持措施。我国自2003年1月1日起施行的《中小企业促进法》规定政府应当在资金支持、创业扶持、技术创新、市场开拓、社会服务等方面对中小企业进行扶持。但是从法学的角度看，《中小企业促进法》的可诉性不强，如《中小企业促进法》第15条规定："各金融机构应当对中小企业提供金融支持，努力改进金融服务，转变服务作风，增强服务意识，提高服务质量。"这一条文的缺陷在于，金融机构是否给中小企业贷款是金融机构本身的商业判断，法律怎可命令金融机构向中小企业提供金融支持？另外，如果金融机构不为某中小企业提供金融支持，由于该法没有规定这种行为的法律责任，这一法律漏洞使该中小企业无从对金融机构起诉。因此，实际情况是，《中小企业促进法》对解决我国中小企业在融资等方面的困难效果有限。

（二）企业性质政策法

现代国家的产业组织政策还包括国有资本与民营资本的比例、内资与外资的比例两方面的政策。我国在计划经济时期，几乎所有的企业都是国有企业。后来政府相继出台法律和政策明确民营经济的地位。中共十五大提出对国有企业抓大放小的策略，之后我国国有企业占国民经济的比重不断下降。目前我国政府的政策是国有经济应对关系国家安全和国民经济命脉的重要行业和关键领域保持绝对控制力，包括军工、电网电力、石油石化、电信、煤炭、民航、航运等七大行业。同时，国有经济对基础性和支柱产业领域的重要骨干企业保持较强控制力，包括装备制造、汽车、电子信息、建筑、钢铁、有色金属、化工、勘察设计、科技等行业。我们认为，这种决策应当上升到法律层面，应当避免人为地划定国有企业与民营企业的经营范围，给予民营企业更多的竞争机会。

改革开放以来，我国政府对外国企业在中国的投资基本上持鼓励态度，但是对于一些行业仍以国家安全等理由拒绝外国企业进入。外国企业在中国投资或收购中国企业仍存在一些法律障碍。如根据《关于外国投资者并购境内企业的规定》，商务部可以危害国家安全为理由否决外国企业收购中国企业。

三、产业技术政策法

所谓产业技术政策，是指政府制定的用以指导、支持和推动产业科技发展的一系列政策的总称。一般来说，产业技术政策可以分为产业技术的研究和开发政策、产业技术的转化和推广政策、产业技术的引进和消化政策、产业技术的更新和改造政策。

产业技术政策法是产业技术政策的法律化。改革开放以来，产业技术进步在我国越来越受到重视，国家制定了大量的产业技术政策与法律。其中，比较重要的有：《科技进步法》、《促进科技成果转化法》、《技术引进合同管理条例》、《中共中央、国务院关于加速科学技术进步的决定》、《中共中央、国务院关于加强技术创新、发展高科技、实现产业化的决定》、《国家高新技术产业开发区若干政策的暂行规定》、《国家重点技术创新项目》、《近期行业技术发展重点》、《“九五”全国技术开发指南》、《关于加速实施技术创新工程形成以企业为中心的技术创新体系的意见》、《国家产业技术政策》，等等。

1. 基础性研究政策

基础性研究对应用性研究有着巨大的推动作用，一个技术大国不可能是基础研究薄弱的国家。基础性研究不同于应用性研究，因不属知识产权法保护的对象等原因，其不能为研究者带来直接的经济效用。基础性研究因其正的外部性和周期很长、风险很大、投入很多等因素，是一个典型的市场失灵的领域，需要政府的介入。具体而言，政府应当保障基础研究所需要的经费，并对科研人员进行奖励。我国关于基础性研究的政策体现在《科技进步法》等法律当中。《科技进步法》第27～30条规定了国家对基础科学研究的支持政策。另外2006年颁布的《国家中长期科学和技术发展规划纲要》也明确了基础性研究在我国科技工作中的地位。但与应用性研究相比，我国对基础性研究的重视程度不够。

2. 技术开发激励制度

不同于基础科学的研究，工程技术的进步能够直接带来经济效用、改善人民的生活。因此建立起一套激励技术开发的制度至关重要。改革开放以前，我国主要由国有机构依国家计划进行技术开发，激励手段主要是各类政府颁发的科技进步奖励。改革开放后，我国的科技体制逐步市场化。1980年以后，陆续制定了《专利法》、《著作权法》等法律，通过赋予技术研发者在市场上的合法垄断权来激励开发者。除此之外，国家对技术开发的扶持政策还包括税收优惠、财政补贴等。

3. 产业技术成果转化与推广政策法

我国是一个曾长期实行计划经济的国家，许多高校和科研院所缺少市场意识和市场激励，因此我国的科技成果转化率颇低，许多耗费巨资研发出来的科技成果没能得到应用，这无疑是在浪费我国本就有限的资源。为解决这一问题，我国于1996年出台了《促进科技成果转化法》，规定了对科技成果转化的税收、财政补贴等优惠措施，但效果并不理想。我们认为，解决这一问题的关键在于改革我国科研领域的计划体制。

4. 产业技术引进与消化法

在全球化的今天，必须依靠自主创新，才能在全球化的经济竞争中取得优势地位。但是并不是所有的技术都应自主研发，这是因为自主研发要面临以下的障碍：首先是法律上的障碍，我国已经加入世界贸易组织，外国公司的专利也受到保护，如果某项技术已经由外国公司研发出来并申请了专利，那么后来者自主研发出来将没有任何意义。许多中国企业在自主研发前没有进行事前的专利分析，导致研发出之后才知道他人早已经就该成果取得了专利权，耗费巨资而一无所获。即使自主研发者事先注意到了专利的问题，研发出了一个与现有专利完全不同的技术成果，该技术成果也可能因没有竞争力而无法运用于市场。其次，自主研发的成本与风险可能要比引进技术高。每个国家都有其比较优势和重点发展的领域，在所有领域都搞自主开发不是明智之举。因此，引进技术是后发国家赶超先进国家的一个重要手段。我国自改革开放以来也先后制定了《技术引进和设备进口工作暂行条例》、《技术引进合同管理条例》等规定，对技术引进加以鼓励。

须指出的是，技术引进并不能从根本上增强一国的竞争力。为此，政府应当鼓励企业在引进技术的基础上对引进技术进行吸收和改造，形成有自主知识产权的产品。

5. 产业技术更新与改造法

目前，我国正致力于发展循环经济、提高自主创新能力，鼓励企业进行设备更新与技术改造。国家制定的一系列政策措施有：《淘汰落后生产能力、工艺和产品的目录》、《关于清理整顿小玻璃厂、小水泥厂的意见》等。

四、区域经济协调发展政策法

区域经济协调发展政策法是区域经济政策的法律化。所谓区域经济政策，是指政府旨在改善一国范围内经济的空间结构所制定的公共干预的准则及所有的公共干预行为。政府制定区域经济政策的理由在于资源是有限的，只有集中有限资源于特定的地区才能在国际竞争中立于不败之地。

1964年开始至改革开放前，为了应对可能发生的战争，我国曾开始所谓“大三线”建设，将大量沿海企业迁至中西部地区。改革开放后，我国则采取了在东部沿海地区实行优惠政策的地区倾斜政策，对东部沿海地区给予了诸多财政、信贷、税收、能源价格上的优惠政策，这种政策倾斜虽然对增强我国的国际竞争力起到了一定的作用，但是却使我国本就失衡的经济发展水平进一步失衡，以至于广大中西部地区虽然人口众多，但经济发展水平低下、内需缺乏，这使国家的经济难以持续发展。在此背景下，为促进社会公平、增强我国经济的可持续发展能力，我国政府于1998年年底启动了“西部大开发”战略，随后于2002年提出振兴东北老工业基地的重大战略。2004年国家又启动了“中部崛起战略”。但是，应当看到，这些由政府主导的优惠政策实施后的效果并不理想。

思考题

1. 公共政策既包括以法律形式出现的政策也包括狭义的政策。狭义的政策与法律相比具有灵活性的优点，可以面临复杂的情势随时调整，但易变的政策不利于经济活动的开展，请思考：政府在何种情形下应立法？何种情形下应当运用灵活性较大的政策？

2. 思考由国有经济对电信等七大行业进行绝对控制这一政策的合理性与合法性。

案例分析

山西省人民政府于2008年9月2日发布《山西省人民政府关于加快推进煤矿企业兼并重组的实施意见》，文件称：“为加快培育大型煤矿企业和企业集团，提高煤炭产业集中度和产业水平，促进煤炭产业结构优化升级，根据《国务院关于促进煤炭工业健康发展的若干意见》（国发［2005］18号）、《国务院关于同意山西省开展煤炭工业可持续发展政策措施试点意见的批复》（国函［2006］52号）及《煤炭产业政策》（国家发展改革委公告2007年第80号）精神，现就加快推进我省煤矿企业兼并重组提出以下意见。”该意见坚持“总量适度、优化布局、改善结构、提升水平”和“关小上大、产能置换、有序建设”的原则。2009年4月山西省政府又出台《关于进一步加快推进煤矿企业兼并重组整合有关问题的通知》，通知中明确要求年产90万吨以下的矿井应关闭。之后，当地政府责令具有合法证照的中小煤矿企业停产整顿，并限期与国有大型煤矿签订并购协议。

试分析：(1) 上述政府的行为是否合法？

(2) 如果煤矿企业因政府的非法行为遭受损失应如何救济？

要点分析：

政府责令企业停产整顿属行政处罚行为的一种，根据《中华人民共和国行政处罚法》第3条，政府进行行政处罚必须是有权机关依照法律规定的条件并依据法律规定的程序进行。山西省政府的这两个文件不是法律，所以政府无权依据这两个文件责令企业停产整顿。而根据《中华人民共和国煤炭法》第67、70、75条，只有在未取得煤炭生产许可证、以危险方法进行生产以及未采取安全措施进行生产时才可责令煤矿停产。如果被责令停产的煤矿没有上述情形，政府的行为就是违法的。即使煤矿具有上述三种情形，但若政府未遵循《行政处罚法》的规定，履行举行听证会等程序就作出处罚，也会因违反程序而违法。我国《合同法》第4条规定：“当事人依法享有自愿订立合同的权利，任何单位和个人不得非法干预。”依据本条政府可以依法干预当事人订立合同，根据《合同法》第52条，此处的法包括法律和行政法规，而山西省政府强制民营中小煤矿与国有大矿签订并购协议并没有法律和行政法规的依据，违背了合同自由原则，因此是违法的，属政府滥用职权。

受损害的中小煤矿企业可以就政府的违法行为向上一级政府提起行政复议，也可以直接以政府为被告提起行政诉讼，在行政机关的行为被确认违法后，可要求行政机关赔偿因此造成的损失。另外，本案中的中小煤矿企业也可以国有大型煤矿企业为被告提起民事诉讼，以受胁迫为由要求撤销双方的“协议”，请求对方返还取得的财产。

推荐阅读书目

1. 漆多俊主编．经济法学．北京：高等教育出版社，2003

2. 刘大洪主编．经济法学．北京：北京大学出版社，2007

3. 杨紫烜主编．2版．经济法学．北京：北京大学出版社，高等教育出版社，2006

第七章
税收法律制度

• 本章学习目标 •

了解税收和税法的基本理论；了解税收实体法律制度和程序法律制度的主要内容；掌握我国现行税法的基本规定。

□•引导案例•□

2005年4月3日上午，湖南常宁的一位村主任蒋石林，以一名普通纳税人的身份将常宁市（县级市，隶属于湖南省衡阳市）财政局告上了法庭，要求法院认定该市财政局超出年度财政预算购买两台小轿车的行为违法，并将违法购置的轿车收归国库，以维护纳税人的合法权益。对此，常宁市财政局局长周年贵反问道：如果每个人都起诉，那岂不是给购车的单位带来很多的麻烦？他同时质疑，原告蒋石林是一个农民，现在已经取消农业税，他是否具有纳税人的资格？

请思考：该局长的反问是否站得住脚？原告是否具有纳税人的资格？是否符合起诉的条件？

第一节　税收与税法概述

一、税收的概念和职能

税收是国家为了实现其职能，凭借政治权力强制地、无偿地征收实物或货币，以取得财政收入的一种手段，是国家参与国民收入分配与再分配的一种方式。

税收是不同社会制度、不同历史时期的国家普遍采用的一种财政收入形式。自近代以来，税收在财政收入中所占的比重越来越大，许多国家的这一比例高达90%以上，因此有人将近代国家称为“税收国家”或“租税国家”。之所以如此，是因为税收具有自身的优点，可以弥补其他财政收入形式的缺陷。与其他财政收入形式如发行国债、国有资产收入、收取规费等相比，税收具有强制性、无偿性、固定性和普遍性的特征。

税收所具有的上述特征，使得税收来源广泛、征收及时，能够为财政收入提供稳定、充足的资金来源。这种筹集资金的财政职能是税收最原始、最基本也是首要的职能。同时，税收还具有调节经济的职能。国家可以通过税收政策的调整来影响投资和储蓄，影响产业结构和资源的配置，还可以通过采取增税和减税措施来平衡经济，控制经济波动。税收已经成为调节经济运行的重要经济杠杆，在宏观调控方面起着十分重要的作用。另外，税收还具有保障稳定的职能。当代的税收制度，因其实行累进制结构，因此即使不依赖减税或增税的积极措施，在一定程度上也具有自动调整经济的功能，即所谓的“内在稳定器”功能，再加上各种税收手段的综合运用，使税收具有明显的“反周期”作用，在很大程度上促进了经济的稳定。此外，税收还能够在一定程度上解决社会分配不公的问题，促进社会分配公平，保障社会稳定。

二、税收的种类

1. 按课税对象，分为流转税、所得税、财产税、资源税和行为税

这是税收分类最主要的方法。这种分类之所以重要，是因为课税对象是最基本的课税要素，是区分不同税种的主要标志。因此，学者在理论上很重视这种分类，各国和有关国际组织在实践中也主要采用这种分类。

2. 按税负能否转嫁，分为直接税和间接税

这是国际通行的一种税收分类方法，对现代各国税制影响较大。直接税是指税负不能由纳税人转嫁出去，而由自己负担的各种税，如所得税、财产税、社会保障税等。间接税是指税负可以由纳税人转嫁出去，由他人负担的各种税，如消费税、营业税等。

3. 按税收与价格的关系，分为价内税和价外税

价内税一般指税金已经包含在商品或非商品的价格中的各种税，如我国现行的消费税。价外税一般指税金属于价格的附加，以不含税价格计征的各种税，如

增值税。价内税随着商品的流转会出现“税上加税”的重复征税问题。

4. 按计税依据，分为从价税和从量税

从价税是指以征税对象的价格为标准计征的税种，这类税一般实行比例税率或累进税率，故又称为从价定率征收的税种。从量税是指以征税对象的数量、重量、容量等为标准计征的税种，这类税一般实行定额税率，所以又称为从量定额征收的税种。从价税直接受到价格变动的影响，能及时体现国家的经济政策，所以多数税种都是从价税。

5. 按税收权限和税收归宿，分为中央税、地方税、中央和地方共享税

中央税是指属于中央财政固定收入，为中央政府支配和使用的税收，也称国家税。地方税是指属于地方财政固定收入，为地方政府支配和使用的税收，简称地税。中央和地方共享税则是指中央政府和地方政府共同享有，按比例分成的税收，简称共享税。

除上述分类以外，还有其他一些分类，这里就不再逐一介绍。

三、税法的概念和构成要素

税法是税收法律制度的总称，是调整税收征纳关系的法律规范。所谓税收征纳关系，是指国家为了实现其职能，由各级税务机关向纳税人无偿地征收货币或实物的关系。对这种征纳关系的法律调整，就是税法。

税法的构成要素又称课税要素，是指各单行税种法共同具有的基本内容的概括，一般包括以下要素。

(一) 纳税人

纳税人，又称为纳税义务人或纳税主体，是指税法规定的负有纳税义务的单位和个人，它解决的是由谁纳税的问题。

要注意区分纳税人和以下两个概念：

1. 纳税人不同于负税人。负税人是实际负担税收的人。在直接税中，纳税人就是负税人；在间接税中，由于存在着税负转嫁的因素，纳税人并不是负税人。税法只规定纳税人，而不规定负税人。无论纳税人是否为负税人，都有依法纳税的义务。

2. 税法往往规定有扣缴义务人，即按照税法的规定，负有代扣代缴、代收代缴义务的单位和个人，如工资发放单位、出版社等。税法设立扣缴义务人是为了实行源泉控制，保证国家财政收入。

（二）征税对象

征税对象，又称课税对象或课税客体，是指税法规定对什么东西征税。每种税都有特定的征税对象，它是一种税区别于另一种税的根本标志，也是进行税收分类和税法分类的最重要依据。征税对象所要解决的问题，是国家对什么征税的问题，它划定了征税与否的基本界限。

征税对象可以从质和量两方面进行划分，其中质的具体化是税目，量的具体化是计税依据。

（三）税目与计税依据

所谓税目，是税法上规定应征税的具体项目，是征税对象的具体化。征税对象虽然指明了征税的目的物，但往往比较笼统，需要进一步划分具体范围。这个在税法上规定的界限范围，就是税目。

计税依据又称计税基数或计税标准，简称税基，是计算应纳税额的依据。计税依据是征税对象在量的方面的具体化。由于征税对象只有在量化后才能据以计税，因此计税依据的确定是必不可少的重要环节。计税依据按计量单位的性质可以分为两大类：一类是以课税对象的实物形态的数量，如重量、容积、体积、数量为计税标准；一类是以课税对象的价值形态的价值量为计税标准，如所得额、增值额等，以货币单位计量。

（四）税率

税率是指应纳税额与计税依据，即征税对象的数额（量）之间的比例。税率的高低，直接关系到国家财政收入的多少和纳税人的负担轻重，是发挥税收这一经济杠杆作用的主要手段。税率可分为比例税率、累进税率和定额税率 3 种基本形式，不同税率又可细分为若干种税率形式。

1. 比例税率

比例税率，是指对同一征税对象不论其数额大小，均按照同一比例计算应纳税额的税率，一般适用于对商品流转额的课税。在具体运用上，比例税率又可分为单一比例税率、差别比例税率、幅度比例税率。

2. 累进税率

累进税率，是指按照征税对象数额的大小划分为若干个等级，并相应设置每一等级的税率，数额越大，税率越高，并逐级递增的税率。比较而言，比例税率、累进税率较好地体现了纳税能力强者多纳税、纳税能力弱者少纳税的公平原则。累进税率根据划分级距的标准的不同和累进方式的不同，又可分为全额累进税率、超额累进税率、全率累进税率、超率累进税率等。

3. 定额税率

定额税率，又称固定税额，是税率的一种特殊形式。它是按征税对象的一定计量单位，直接规定一个固定的税额。这是一种古老的税率形式。其优点是计算简便，而且因为是从量计征，所以不易受价格变动的影响。

除上述3类基本形式外，税率还有名义税率与实际税率、边际税率与平均税率之分，还有附加、加成等形式。

（五）税收优惠

税收优惠是指国家为实现一定的政治、经济政策，对某些特定的纳税人或者征税对象给予的一种特殊照顾或鼓励，它以减轻纳税人的税负为主要内容。税收优惠包罗甚广，包括优惠税率、税收减免、税收抵免、亏损结转、出口退税等，其中税收减免在各种税法中规定得最为普遍。

（六）纳税环节

纳税环节是指商品在整个流转过程中按照税法应当缴纳税款的环节。商品从生产到消费要经过生产、批发、零售甚至进出口等多个环节，纳税环节要解决的就是在其中哪一个或哪几个环节纳税的问题，它关系到税收由谁负担、征收是否及时便利等问题。

（七）征收管理

征收管理，是税法构成中的程序性要素，是各税种实体法不可缺少的程序方面的要件，具体包括征收机关、纳税地点、纳税义务发生时间、纳税期限等。

纳税期限是税法规定的纳税人缴纳税款的期限。从我国现行税法来看，纳税期限分按年、按季、按月、按日和按次征收等多种。纳税期限与纳税义务发生的时间是不同的，只有在纳税义务发生之后，才会有纳税期限的问题。

纳税地点是指缴纳税款的具体地点，即纳税人应向何地征税机关申报纳税并缴纳税款。纳税地点关系到征税管辖权和是否便利纳税等问题，在税法中明确规定纳税地点有利于防止漏征和重复征税。纳税地点一般为纳税人的住所地，也可以是财产所在地或特定行为发生地。

征税机关一般为国家税务机关，但关税及进口货物的增值税、消费税由海关征收，耕地占用税、契税等由各级财政部门负责征收。

（八）税收法律责任

税收法律责任是指税收法律关系主体因违反税法所应承担的法律后果，它既包括纳税人和扣缴义务人违反税法所应承担的法律责任，又包括征税机关和税务人员违法所应承担的法律责任。

总之，税法的构成要素是非常重要的。在税法的构成要素中，实际上蕴涵着税法主体主要的权利和义务，尤其是其中的3个主要构成要素——纳税人、征税对象和税率，它们回答了由谁纳税、对什么纳税、征多少税这些最基本的税收问题，因而被称为税法的基本要素。

第二节　税收征纳实体法律制度

一、流转税法

流转税，国际上通称为商品和劳务税，是以商品或劳务服务的流转额为课税对象的一类税种。

流转税以商品或劳务的流转额为课税对象，只要存在商品生产流通，都要按流转额的一定比例征收流转税，而不论纳税人是否盈利。因此，流转税具有税源广泛、征收普遍、及时便利的优点，有利于国家稳定、可靠地取得充足的财政收入。此外，流转税还具有调节经济的作用。所以，在相当长的时间里流转税都是大多数国家的主体税种。

我国现行流转税主要包括增值税、消费税、营业税、关税、城市维护建设税等税种。

（一）增值税

增值税是以商品生产流通或劳务服务各个环节产生的增值额为征税对象而征收的一种税。所谓增值额，是指生产者或经营者在一定期间的生产经营过程中新创造的价值，即商品销售收入额或营业收入额扣除非增值因素的余额。

增值税，从产生到现在只不过几十年，但已成为一个广泛开征的国际性税种。它有两大优点：一是可以消除重复征税。增值税虽然采取多环节课征，但它是以各个环节的增值额为征收对象，即只对销售额中本企业创造的没有征过税的那部分征税，对转移过来的、在前一环节已征过税的那部分销售额不再征税，因而克服了传统流转税制重复课税的缺点。二是增值税具有中性税的属性。增值税按增值额征税，避免了因企业组织形态的不同和社会专业化分工的不同而导致的税负不公。

我国从1979年开始试点采用增值税，1994年全面推行，以《增值税暂行条例》为核心颁布了一系列法规、规章，使之成为我国税制结构中占据第一位的主体税种。2008年11月该条例进行了修订，同年12月又修订了实施细则，于2009年1月1日起开始施行。该次修订允许抵扣固定资产的进项税额，实现了增值税由生产型向消费型的转换。

1. 纳税人

凡是在中华人民共和国境内销售货物或者提供加工、修理修配劳务以及进口货物的单位和个人，都为增值税的纳税义务人。其中，“单位”包括各种类型的企业、事业单位、军事单位、社会团体及其他单位；“个人”是指个体经营者和其他个人，包括中国公民和外国公民。

为便于征收管理，增值税的纳税人根据其经营规模大小和会计核算健全程度，分为一般纳税人和小规模纳税人两大类。一般纳税人可以使用增值税专用发票，并可以抵扣进项税额；小规模纳税人不得使用增值税专用发票，只能使用普通发票，并不得抵扣进项税额。

小规模纳税人的标准为：从事货物生产或者提供应税劳务的纳税人，以及以从事货物生产或者提供应税劳务为主，并兼营货物批发或者零售的纳税人，年应征增值税销售额在50万元以下的；除此项规定以外的纳税人，年应税销售额在80万元以下的。另外，年应税销售额超过小规模纳税人标准的其他个人（自然人）按小规模纳税人纳税；非企业性单位、不经常发生应税行为的企业可选择按小规模纳税人纳税。

小规模纳税人以外的纳税人应当向主管税务机关申请认定为一般纳税人。小规模纳税人会计核算健全，能够提供准确税务资料的，可以向主管税务机关申请资格认定，不作为小规模纳税人，经申请可认定为一般纳税人。除国家税务总局另有规定外，纳税人一经认定为一般纳税人后，不得转为小规模纳税人。

2. 征税范围

凡是在中华人民共和国境内销售货物或者提供加工、修理修配劳务以及进口货物，都属于增值税的征税范围。

（1）销售货物

销售货物是指有偿转让货物的所有权。属于增值税征收范围的货物是指有形动产，包括电力、热力、气体在内。销售不动产和转让无形资产属于营业税的征收范围，不征收增值税。

（2）提供应税劳务

我国现行增值税的征税范围主要侧重于销售货物，应税劳务仅限于提供加工、修理修配劳务。由于征收增值税的应税劳务范围过窄，不利于增值税链条的连续性，也导致了不同产业的税负不公，因此增值税的改革趋势之一是进一步扩大对劳务的征收范围。

提供应税劳务也必须是有偿的，单位或个体经营者聘用的员工为本单位或雇主提供加工、修理修配劳务，不包括在内。

（3）进口货物

进口货物的增值税由海关代征，与关税一并征收。进口货物不仅包括通过贸易途径输入的有形动产，而且包括个人携带及邮递入境的应税物品。实际上，货物的进口与出口都是一种广义的货物销售形式。出口货物从原理上来说也应征收增值税，只不过一般各国对此都实行零税率，只是对于法律有规定的某些限制或禁止出口的货物，不适用零税率，征收增值税。

3. 税率

（1）纳税人销售或进口下列货物，税率为13%：粮食、食用植物油；暖气、冷气、热水、煤气、石油液化气、天然气、沼气、煤炭产品；图书、报纸、杂志；饲料、化肥、农药、农机、农膜；国务院规定的其他货物。其中，粮食、食用植物油目前已扩展到粮食、蔬菜、烟叶、茶叶、园艺植物、水产品、畜产品等各类农业产品。自来水则可采用简易办法，按6%征收率计税。

（2）纳税人出口货物，税率为零。但是，国务院另有规定的除外。

（3）纳税人销售或进口上述规定外的其他货物，以及提供加工、修理修配劳务，税率为17%。

纳税人兼营不同税率的货物或者应税劳务，应当分别核算不同税率货物或者应税劳务的销售额。未分别核算销售额的，从高适用税率。纳税人销售不同税率货物或应税劳务，并兼营应属一并征收增值税的非应税劳务，非应税劳务应从高适用税率。

另外，小规模纳税人使用简便计算方法纳税，增值税的征收率为3%。

4. 增值税应纳税额的计算

（1）一般纳税人应纳税额的计算

一般纳税人销售货物或者提供应税劳务，应纳税额为当期销项税额抵扣当期进项税额后的余额。其计算公式为：

应纳税额=当期销项税额−当期进项税额

因当期销项税额小于当期进项税额不足抵扣时，其不足部分可以结转下期继续抵扣。

第一，销项税额的确定。

销项税额是纳税人销售货物或者提供应税劳务，按照销售额和税法规定的税率计算并向购买方收取的增值税税额。其计算公式为：

销项税额=销售额×税率

销售额的确定是计算应纳增值税额的关键。销售额是指纳税人因销售货物或提供应税劳务而向购买方收取的全部价款和价外费用，但不包括收取的销项税额。可见，增值税是价外税，以不含税的销售额为计税依据。如果纳税人采用销售额和增值税合并定价方法，就必须按下列公式换算成不含税销售额：

不含税销售额=含税销售额÷（1+增值税税率）

第二，进项税额的确定。

进项税额是指纳税人购进货物或接受应税劳务已缴纳的增值税税款。

由于一般纳税人按“扣税法”来计征增值税，因此进项税额一般不需计算（法律另有规定的除外），而主要采取按增值税扣税凭证上注明的增值税额来确定的办法：一是从销售方取得的增值税专用发票上注明的增值税税额；二是从海关取得的完税凭证上注明的增值税税额。此外，有些进项税额虽然纳税人已实际负担，但法律规定不允许扣除。

法律规定下列项目的进项税额不得从销项税额中抵扣：用于非增值税应税项目、免征增值税项目、集体福利或者个人消费的购进货物或者应税劳务；非正常损失的购进货物及相关的应税劳务；非正常损失的在产品、产成品所耗用的购进货物或者应税劳务；国务院财政、税务主管部门规定的纳税人自用消费品；以上规定的货物的运输费用和销售免税货物的运输费用。

（2）小规模纳税人应纳税额的计算

小规模纳税人销售货物或者应税劳务，按简易办法计算应纳税额，不得抵扣进项税额。计算公式为：

应纳税额=销售额×征收率

其中，销售额与一般纳税人的销售额一样，也不包括增值税税额。如果小规模纳税人采用销售额和应纳税额合并定价方法，则应换算成不含税的销售额。换算公式为：

不含税销售额＝含税销售额÷（1＋征收率）

（3）进口货物应纳税额的计算

纳税人进口货物，无论是一般纳税人还是小规模纳税人，都应按照组成计税价格和税率计算应纳税额，不得抵扣进项税额。计算公式为：

应纳税额＝组成计税价格×税率

组成计税价格＝关税完税价格＋关税＋消费税

其中，如果进口的货物不属于消费税的征税范围，消费税为零。

5. 增值税专用发票管理

增值税专用发票仅限于增值税一般纳税人领购使用。小规模纳税人确需使用的，由主管税务机关代为填开。

一般纳税人销售货物、应税劳务等应税项目，必须向购买方开具专用发票。但下列情形不得开具专用发票：向消费者销售应税项目；销售免税项目；销售报关出口的货物、在境外销售应税劳务；将货物用于非应税项目；将货物用于集体福利或个人消费；将货物无偿赠送他人；提供非应税劳务（应当征收增值税的除外）、转让无形资产或销售不动产。

此外，向小规模纳税人销售应税项目，可以不开具专用发票。

（二）消费税

消费税是以特定的消费品和消费行为为课税对象而征收的税种。它具有以下特点：第一，消费税的征收范围具有选择性。消费税只是选择一部分消费品和消费行为征收，而不是对所有消费品和消费行为都征收。第二，征税环节具有单一性。消费税不是对消费品的生产、流通、消费等所有环节都征收，而只是在其中的某一环节征收。第三，税负具有转嫁性。消费税无论在哪个环节征收，无论是实行价内税还是价外税，最终都要转嫁到消费者身上，由消费者（或购买者）负担。

消费税开征的历史较为悠久，在许多国家的税收史上都曾占有重要地位，今天仍是各国普遍开征的重要税种。它不仅可以增加财政收入，还可以引导消费方向，调节消费结构，影响消费与供求。而且从某种意义上讲，对某些消费品特别是高档消费品征税意味着“向富人征税”，会让高收入者、高消费者承担更多的税金，这在一定程度上起到了缓解社会分配不公的作用。

1994 年税制改革中相继颁布施行的《消费税暂行条例》及其实施细则确立了我国现行消费税法的内容。2008 年 11 月和 12 月又分别进行了修订，于 2009

年1月1日起施行。

1. 纳税人

凡在中华人民共和国境内生产、委托加工和进口应税消费品的单位和个人，以及国务院确定的销售应税消费品的其他单位和个人，是消费税的纳税义务人。这里的“单位和个人”与前述增值税的“单位和个人”范围相同。

2. 征税范围

消费税的征税范围是指生产、委托加工和进口属于应当征收消费税的消费品，包括11个税目，13个子目。2009年经修订消费税的征税范围达到14个税目，减少了护肤护发品税目，增加了高尔夫球及球具、高档手表、游艇、木制一次性筷子、实木地板税目。总的来说，消费税的征税范围可以分为五大类：一些过度消费会对人类身体健康、社会秩序和生态环境等带来危害的消费品，如烟、酒、鞭炮、焰火等；奢侈品和少数非生活必需品，如化妆品、贵重首饰及珠宝玉石；高耗能及高档消费品，如摩托车、小汽车；不可再生和替代的石油类消费品，如汽油、柴油；具有一定财政意义的产品，如轮胎等。

3. 税率

消费税的税率有比例税率和定额税率两种，针对不同的税目或子目适用不同的税率，因而档次多，较为复杂。除对黄酒、啤酒、汽油、柴油等一些供求基本平衡、价格差异不大、计量单位规范的消费品适用定额税率外，对其他一些供求矛盾突出、价格差异较大、计量单位不规范的应税消费品则适用比例税率。如黄酒税率为每吨240元，化妆品、烟丝税率为30%，汽车轮胎税率为3%等等。另外，采用复合计税方法的税目，既有比例税率，又有定额税率。例如，甲类卷烟税率为45%加0.003元/支，乙类卷烟税率为30%加0.003元/支，粮食白酒税率为20%加0.5元/500克（或500毫升）。

纳税人兼营不同税率的应税消费品，应分别核算不同税率应税消费品的销售额、销售数量；未分别核算销售额、销售数量，或者将不同税率的应税消费品组成成套消费品销售的，从高适用税率。

4. 应纳消费税额的计算

消费税实行从价定率或者从量定额的办法计算应纳税额，计算公式为：

实行从量定额办法计算的应纳税额＝销售数量×单位税额

实行从价定率办法计算的应纳税额＝销售额×税率

实行复合计税办法计算的应纳税额＝销售额×比例税率＋销售数量×定额税率

其中，销售额为纳税人因销售应税消费品而向购买方收取的全部价款和价外费用，但不包括向购买方收取的增值税税款。可见，这里的销售额与作为增值税计税依据的销售额是一致的。如果纳税人应税消费品的销售额包含了增值税税款，那么也应换算成不含增值税的销售额。

（三）营业税

营业税是一个古老的税种，国内外历史上的营业税指的都是全值流转税或周转税，是以商品或劳务的营业收入（或称销售收入）为课税对象的税种。我国在1994年税制改革中，营业税被作为流转税的一个重要税种保留了下来，但征收范围比以前缩小了，目的是避免与增值税征税范围的交叉，并实现两者的互补。随着我国增值税征税范围的进一步扩展，营业税的征税范围会进一步缩小。2008年11月和12月我国分别对《营业税暂行条例》及其实施细则进行了修订，于2009年1月1日起施行。

营业税主要有3个特点：一是涉及行业多，征收范围较广，税源普遍，有利于筹集财政收入；二是按行业设置税率，简便易行，容易计征；三是税负低并且比较均衡。

我国营业税法的主要内容如下：

1. 纳税人

我国营业税的纳税人是指在我国境内提供应税劳务、转让无形资产或者销售不动产的单位和个人。除法律另有规定的以外，上述单位包括独立核算的单位和不独立核算的单位。还要注意的是，2009年经修订后的营业税暂行条例也同样适用于外商投资企业和外国企业。

2. 征税范围

营业税的征税范围是指在中国境内提供应税劳务、转让无形资产、销售不动产。应税劳务是指应该缴纳营业税的劳务，包括交通运输业、建筑业等7个行业。加工、修理修配劳务属于增值税的征税范围，是营业税非应税劳务。

营业税的征税范围可具体分为9个税目：交通运输业；建筑业；金融保险业；邮电通信业；文化体育业；娱乐业；服务业；转让无形资产；销售不动产。

3. 税率

营业税税率实行比例税率。具体如下：交通运输业、建筑业、邮电通信业、文化体育业，税率为3%；金融保险业、服务业、转让无形资产、销售不动产，税率为5%；娱乐业适用5%～20%幅度的比例税率。

纳税人兼有不同税目应税行为的，应当分别核算不同税目的营业额；未分别核算营业额的，从高适用税率。

4. 应纳营业税额的计算

营业税按照营业额和规定的税率计算应纳税额。计算公式为：

应纳税额＝营业额×税率

纳税人的营业额为纳税人向对方收取的全部价款和价外费用。

(四) 关税

关税是对进出境的货物或物品征收的一种流转税。

关税由海关征收，分为进口税、出口税和过境税。进口税是对进口货物或物品征收的关税。世界各国征收的关税主要是进口税，它是各国执行关税保护政策，限制外国商品进入的主要手段，是关税中最重要的一种。出口税是对出口货物征收的关税。当今各国为鼓励本国货物出口，提高本国商品的竞争力，纷纷削减或废除出口关税。发展中国家为增加财政收入、限制本国资源输出，仍普遍保留出口税。过境税是对通过本国关境运往其他国家或地区的货物征收的一种关税。过境税在重商主义时代较盛行，目的是增加财政收入，但现在各国一般均不征收过境税。

我国现行关税法主要包括《进出口关税条例》、《海关进出口税则》以及《海关法》的相关规定。

1. 纳税人与征税范围

关税的纳税人是指依法负有缴纳关税义务的单位和个人，包括进口货物的收货人、出口货物的发货人、进境物品的所有人。我国准许进出口的货物、进境物品，除法律、行政法规另有规定外，海关依法征收进出口关税。

2. 关税的税率

关税的税率分为进口税率和出口税率两个部分。

进口关税设置最惠国税率、协定税率、特惠税率、普通税率、关税配额税率等税率。对进口货物在一定期限内可以实行暂定税率。

出口关税设置出口税率。对出口货物在一定期限内可以实行暂定税率。

3. 关税应纳税额的计算

进出口货物关税，以从价计征、从量计征或者国家规定的其他方式征收。

从价计征的计算公式为：

应纳税额＝完税价格×关税税率

从量计征的计算公式为：

应纳税额＝货物数量×单位税额

进口货物的完税价格由海关以符合条件的成交价格以及该货物运抵中华人民共和国境内输入地点起卸前的运输及其相关费用、保险费为基础审查确定。出口货物的完税价格由海关以该货物的成交价格以及该货物运至中华人民共和国境内输出地点装载前的运输及其相关费用、保险费为基础审查确定，出口关税不计入完税价格。

（五）城市维护建设税

城市维护建设税，是为筹集城市维护和建设资金而对缴纳增值税、产品税（现为消费税）、营业税的单位和个人，以其实际缴纳的增值税、产品税（现为消费税）、营业税税额为计税依据而征收的一种税。可见，城市维护建设税实质上是以主税的税额为征税对象的一种附加税。城市维护建设税是一种特定目的税。城市维护建设税还是一种受益税。

城市维护建设税对城市、县城、建制镇范围内缴纳增值税、消费税、营业税的单位和个人征收。但外商投资企业、外国企业和外国个人不是城市维护建设税的纳税人。此外，海关对进口环节货物或物品代征增值税、消费税的，不再征收城建税。

城市维护建设税的税率按地域不同，分别如下：

1. 纳税人所在地在城市市区的，税率为7%；

2. 纳税人所在地在县城、建制镇的，税率为5%；

3. 纳税人所在地不在城市市区、县城、建制镇的，税率为1%。

城市维护建设税以纳税人实际缴纳的增值税、消费税、营业税税额为计税依据，即仅为正税税额，不包括非税款项和减、免税款。如纳税人违反增值税、消费税、营业税有关规定而被处以罚款或加收的滞纳金，不能作为计税依据。

城市维护建设税应纳税额的计算公式为：

应纳税额＝实纳“三税”税额×适用税率

二、所得税法

所得税又称收益税，是以纳税人的收益额（或所得额）为征税对象的税种。收益税既可以是对纳税人的总收益额征税，如农业税；也可以是对纯收益额征税，如企业所得税。

目前经济发达国家大多实行以所得税为主体的税制结构模式。这是因为所得税有着自己的优点：一方面，所得税是直接税，对于纳税人的收入，以及消费、投资和储蓄等方面都有直接迅速的影响，比其他税种更能发挥宏观经济调控的税收杠杆作用；另一方面，所得税征税的多少与纳税人所得的多少是相适应的，所得多的多征，所得少的少征，无所得的不征，比其他税种更能体现公平负担的原则，累进性质的所得税尤其如此。不过，所得税也有自己的缺点：它比较容易受经济波动和企业经营管理水平的影响，不易保持国家财政收入的稳定，而且征收比较复杂，要求较高的税收管理水平。

我国的所得税主要包括企业所得税、外商投资企业和外国企业所得税、个人所得税、农业税、社会保障税（尚未开征）等。但是2007年3月全国人大通过了《企业所得税法》，从此实现了我国内资企业所得税与外商投资企业和外国企业所得税的内外统一。另外自2006年起农业税也已全面取消。

(一) 企业所得税

企业所得税是对企业取得的生产经营所得和其他所得征收的一种税。有的国家将其称为公司所得税或法人税，原因在于一些国家的企业所得税仅仅针对具有法人资格的公司或者其他组织征收，而对于不具有法人资格的独资企业和合伙企业则因企业主和企业人格的一致性仅仅征收个人所得税。

1. 纳税人

我国《企业所得税法》第1条就明确规定，在中华人民共和国境内，企业和其他取得收入的组织（以下统称企业）为企业所得税的纳税人，依照本法的规定缴纳企业所得税。而个人独资企业、合伙企业不适用本法。

作为企业所得税纳税人的企业分为居民企业和非居民企业。

居民企业，指依法在中国境内成立，或者依照外国（地区）法律成立但实际管理机构在中国境内的企业。

非居民企业，指依照外国（地区）法律成立且实际管理机构不在中国境内，但在中国境内设立机构、场所的，或者在中国境内未设立机构、场所，但有来源于中国境内所得的企业。

2. 征税范围

居民企业应当就其来源于中国境内、境外的所得缴纳企业所得税。

非居民企业在中国境内设立机构、场所的，应当就其所设机构、场所取得的来源于中国境内的所得，以及发生在中国境外但与其所设机构、场所有实际联系的所得，缴纳企业所得税。

非居民企业在中国境内未设立机构、场所的，或者虽设立机构、场所但取得的所得与其所设机构、场所没有实际联系的，应当就其来源于中国境内的所得缴纳企业所得税。

3. 税率

企业所得税的税率为25%。对国家需要重点扶持的高新技术企业，按15%的税率征收企业所得税。符合条件的小型微利企业，按20%的税率征收企业所得税。

4. 应纳税额的计算

企业所得税的计税依据是应纳税所得额，企业依照税法在正确计算出应纳税所得额后，按规定适用税率计算的税额，即为应纳所得税额。计算公式为：

应纳所得税额＝应纳税所得额×适用税率

企业每一纳税年度的收入总额，减除不征税收入、免税收入、各项扣除以及允许弥补的以前年度亏损后的余额，为应纳税所得额。

企业以货币形式和非货币形式从各种来源取得的收入，为收入总额。包括：(1) 销售货物收入；(2) 提供劳务收入；(3) 转让财产收入；(4) 股息、红利等权益性投资收益；(5) 利息收入；(6) 租金收入；(7) 特许权使用费收入；(8) 接受捐赠收入；(9) 其他收入。

收入总额中的下列收入为不征税收入：(1) 财政拨款；(2) 依法收取并纳入财政管理的行政事业性收费、政府性基金；(3) 国务院规定的其他不征税收入。

企业实际发生的与取得收入有关的、合理的支出，包括成本、费用、税金、损失和其他支出，准予在计算应纳税所得额时扣除。

5. 企业所得税的征收方式

企业所得税按年计算，分月或者分季预缴，多退少补。纳税人在年终汇算清缴时，少缴的所得税税额，应在下一年度内缴纳；多缴的所得税税额，则在下一年度内抵缴。

(二) 个人所得税

个人所得税是对个人（自然人）取得的所得征收的一种税。个人所得税对于增加财政收入、缓解贫富悬殊，起着积极作用。它是世界各国普遍开征的税种，尤其是发达国家，个人所得税收入在税收收入中占有较高比重。我国《个人所得税法》是1980年通过的，至今经历过1993年、1999年、2005年、2007年6月、2007年12月多次修订。其主要内容如下：

1. 纳税人

个人所得税的纳税义务人是在中国境内居住并有所得的个人，以及不在中国境内居住而从中国境内取得所得的个人，包括中国国内公民、在华取得所得的外籍人员和华侨、港澳台同胞。

个人所得税的纳税义务人分为居民纳税义务人和非居民纳税义务人。

居民纳税义务人，是指在中国境内有住所，或者无住所而在境内居住满 1 年的个人。其负有居民纳税义务，从中国境内和境外取得的所得，都应依照税法规定缴纳个人所得税。

非居民纳税义务人，是指在中国境内没有住所又不居住或者无住所而在境内居住不满 1 年，有来源于中国境内的所得的个人。其只就从我国境内取得的所得缴纳个人所得税。

2. 征税范围

个人所得税以个人取得的各项所得为征税对象。由于个人所得的范围很广，我国参照国际通行做法，在税法上具体列举所得的项目：工资、薪金所得；个体工商户的生产、经营所得；对企事业单位的承包经营、承租经营所得；劳务报酬所得；稿酬所得；特许权使用费所得；利息、股息、红利所得；财产租赁所得；财产转让所得；偶然所得；经国务院财政部门确定征税的其他所得。

3. 税率

(1) 工资、薪金所得，适用 9 级超额累进税率，税率为 5%～45%，参见表 7—1。

表 7—1　　工资、薪金所得税率表

级数	全月应纳税所得额（元）	税率（%）
1	≤500	5
2	500～2 000（含 2 000）	10
3	2 000～5 000（含 5 000）	15
4	5 000～20 000（含 20 000）	20
5	20 000～40 000（含 40 000）	25
6	40 000～60 000（含 60 000）	30
7	60 000～80 000（含 80 000）	35
8	80 000～1 000 000（含 1 000 000）	40
9	＞1 000 000	45

注：本表所称全月应纳税所得额是指依照《个人所得税法》第 6 条的规定，以每月收入额减除费用 2 000元后的余额或者减除附加费用后的余额。

(2) 个体工商户的生产、经营所得和对企事业单位的承包、承租经营所得，适用5级超额累进税率，最低级为5%，最高级为35%。

(3) 稿酬所得，劳务报酬所得，特许权使用费所得，利息、股息、红利所得，财产租赁所得，财产转让所得，偶然所得和其他所得，按次计算征收个人所得税，适用20%的比例税率。其中，对稿酬所得适用20%的比例税率，并按应纳税额减征30%；对劳务报酬所得一次收入畸高、特高的，除按20%征税外，还可以实行加成征收。

4. 应纳税额和应纳税所得额的计算

应纳税额应根据应纳税所得额和税率计算，计算公式为：

应纳税额=应纳税所得额×税率

(1) 工资、薪金所得，以每月收入额减除费用2 000元后的余额，为应纳税所得额。此外，对在中国境内无住所而在中国境内取得工资、薪金所得的纳税义务人和在中国境内有住所而在中国境外取得工资、薪金所得的纳税义务人的每月工资、薪金所得，在减除800元费用的基础上，再减除3 200元，作为应纳税所得额。

(2) 个体工商户的生产、经营所得，以每一纳税年度的收入总额，减除成本、费用以及损失后的余额，为应纳税所得额。

(3) 企事业单位承包经营、承租经营所得，以每一纳税年度的收入总额，减除必要费用后的余额，为应纳税所得额。减除必要费用，是指按月减除800元。

(4) 劳务报酬所得、稿酬所得、特许权使用费所得、财产租赁所得，每次收入不超过4 000元的，减除费用800元；4 000元以上的，减除20%的费用，其余额为应纳税所得额。

(5) 财产转让所得，以转让财产的收入额减除财产原值和合理费用后的余额为应纳税所得额。

(6) 利息、股息、红利所得，偶然所得和其他所得，以每次收入额为应纳税所得额。

三、资源税法

我国现行资源税类税种主要包括资源税、城镇土地使用税、耕地占用税和土地增值税。

(一) 资源税

资源税是对从事资源开发利用的单位和个人，就其开发利用的资源的数量或价值征收的一种税。资源税按其性质，有一般资源税和级差资源税之分。我国现行资源税是对我国境内从事应税资源开发的单位和个人，就其因资源和开发条件的差异而形成的级差收入征收的税收。

根据1994年我国《资源税暂行条例》及其实施细则的规定，我国资源税的纳税人为在我国境内开采或生产应税资源的单位和个人。其征税范围包括两大类：一类是矿产品，包括原油、天然气、煤炭、其他非金属矿原矿、黑色金属矿原矿、有色金属矿原矿；另一类是盐，包括固体盐和液体盐。税率采用幅度定额税率，实行从量定额征收。应纳税额按照应税资源的课税数量和规定的单位税额计算，计算公式为：

应纳税额＝课税数量×单位税额

（二）城镇土地使用税

城镇土地使用税是对在我国境内使用土地资源的单位和个人，就其实际占用的土地面积定额征收的一种税，其法律依据是国务院1988年9月发布的《城镇土地使用税暂行条例》，2006年12月重新修订，2007年1月1日起施行。

在城市、县城、建制镇、工矿区范围内使用土地的单位和个人，为城镇土地使用税的纳税人，应当依法缴纳土地使用税。

土地使用税以纳税人实际占用的土地面积为计税依据，从量定额计算缴纳。其税率采用幅度定额税率，按大、中、小城市和县城、建制镇、工矿区分别确定幅度差别税额。在确定了计税依据和具体适用的税额的基础上，计算应纳税额，计算公式为：

应纳税额＝实际占用的土地面积×适用税额

（三）耕地占用税

1987年4月1日国务院发布了《耕地占用税暂行条例》，2007年12月废止，公布了新的《耕地占用税暂行条例》，于2008年1月1日起施行。耕地占用税是对在我国境内占用耕地建房或者从事其他非农业建设的单位和个人，按其实际占用的耕地面积征收的一种税。耕地占用税由地方税务机关负责征收。

耕地占用税的纳税人，是占用耕地建房或者从事非农业建设的单位或者个人。耕地，是指用于种植农作物的土地。耕地占用税以纳税人实际占用的耕地面积为计税依据，实行地区差别定额税率，从量定额一次性征收。

（四）土地增值税

土地增值税是指以转让国有土地使用权、地上建筑物及其附着物（简称房地产）取得的增值额为征税对象的一种税。土地增值税从其名称来看，貌似增值税，但它与对商品和劳务征收的增值税有很大不同，其征税对象是土地这种不动产，计税依据是土地的收益增值额，因此具有一定的所得税性质。也有人认为土地增值税是财产税。

土地增值税首先开征于19世纪的德国，是我国在1994年税制改革中开征的一种新税，其目的是抑制房地产的投机、炒卖活动，促进房地产业的健康发展，增加国家财政收入。

土地增值税的纳税人是转让国有土地使用权、地上的建筑物及其附着物并取得收入的单位和个人。

土地增值税的征收范围是有偿转让国有土地使用权及地上建筑物和其他附着物而取得的收入。应注意两个问题：一是只对转让国有土地使用权征税，因为按现行规定，集体土地需先由国家征用后才能转让；二是只对有偿转让房地产征税，对于以继承、赠与等方式无偿转让的房地产不征税。

土地增值税的计税依据为纳税人转让房地产所取得的增值额，即纳税人转让房地产所取得的收入减除法定扣除项目金额后的余额。土地增值税实行四级超额累进税率。土地增值税应纳税额按以下公式计算：

应纳税款＝土地增值额×税率

土地增值额＝出售房地产总收入－扣除项目金额

四、财产税法

财产税是以纳税人所拥有或支配的某些财产为征税对象的一类税。我国财产税类税种主要包括房产税、车船税、契税和遗产税。目前遗产税尚未开征。

（一）房产税

房产税是以房屋为征税对象并对拥有房屋所有权或使用权的主体征收的一种财产税。2008年12月31日国务院公布命令，自2009年1月1日起废止《城市房地产税暂行条例》，外商投资企业、外国企业和组织以及外籍个人，依照《房产税暂行条例》缴纳房产税。该法于1986年10月1日起施行，2009年1月1日前主要适用于本国企业和个人。

房产税在城市、县城、建制镇和工矿区征收，由产权所有人缴纳。产权属于全民所有的，由经营管理的单位缴纳。产权出典的，由承典人缴纳。产权所有人、承典人不在房产所在地的，或者产权未确定及租典纠纷未解决的，由房产代管人或者使用人缴纳。

作为房产税征税对象的房屋是用于生产经营的房屋，城乡居民用于居住的房屋免征房产税。房产税以房产余值为计税依据，房产出租的，以租金收入为计税依据。其中，房产余值是房产原值一次减除10%～30%后的余值。房产税实行比例税率，按房产余值计算缴纳的，税率为1.2%；按租金收入计算缴纳的，税率为12%。计算公式分别为：

应纳税额＝房产原值×（1－扣除率）×1.2%

应纳税额＝全年房租收入×12%

（二）契税

契税是因土地、房屋权属转移而在当事人之间订立契约时，向产权承受人征收的一种税。国务院于1997年发布了新的《契税暂行条例》，确立了我国现行契税制度。契税的征税范围包括：国有土地使用权出让，土地使用权转让，房屋买卖、赠与和交换。契税的纳税人是转移土地或房屋权属的承受单位和个人。契税的计税依据是：国有土地使用权出让、土地使用权出售和房屋买卖，以成交价为计税依据；土地使用权赠与、房屋赠与，由征收机关按照市场价格核定；土地使用权交换、房屋交换，以交换价格的差额为计税依据。契税的税率采用3%～5%的幅度比例税率。契税的征收机关为土地、房屋所在地的财政机关或者地方税务机关，具体征收机关由省级人民政府确定。

（三）车船税

2006年12月国务院通过了《车船税暂行条例》，自2007年1月1日起施行。1951年原政务院发布的《车船使用牌照税暂行条例》和1986年国务院发布的《车船使用税暂行条例》同时废止。这样统一了内外两套车船税制度，车船使用税与车船使用牌照税合并，使车船税由原来的行为税性质变为财产税性质。

车船税的纳税人是我国境内车辆、船舶的所有人或者管理人。车船，是指依法应当在车船管理部门登记的车船。车船税采用幅度定额税率，按车船的种类、数量和吨位，分别规定不同的税额幅度，实行从量定额征收。车船税由地方税务机关负责征收。

（四）车辆购置税

车辆购置税是对在我国境内购置应税车辆的单位和个人，按其购置车辆的价格的一定比率征收的一种税。2000年10月国务院通过了《车辆购置税暂行条例》，自2001年1月1日起施行。

车辆购置税的纳税人，为在我国境内购置应税车辆的单位和个人。

凡在中华人民共和国境内购置应税车辆的，都属于车辆购置税的征税范围。购置，包括购买、进口、自产、受赠、获奖或者以其他方式取得并自用应税车辆的行为。应税车辆，包括汽车、摩托车、电车、挂车、农用运输车。

车辆购置税以纳税人所购置的车辆的价格为计税依据，实行从价定率征收，税率为10%，应纳税额的计算公式为：

应纳税额＝计税价格×税率

车辆购置税实行一次征收制度，已经征收车辆购置税的车辆，再被其他单位或者个人购置时，不再征收车辆购置税。

五、行为税法

行为税又称特定行为税，是以某些特定行为为征税对象的一类税收。目前我国行为税主要包括印花税、筵席税和屠宰税等。

（一）印花税

印花税是对在经济活动和交往中书立、领受应税凭证的行为征收的一种税，因其在应税凭证上粘贴印花税票作为完税标志而得名。我国于1988年8月6日由国务院发布了《印花税暂行条例》。印花税的纳税人为在中国境内书立、领受应税凭证的单位和个人。外商投资企业、外国企业和其他经济组织在华机构自1994年1月1日起也依法缴纳印花税。印花税的征税范围包括：合同或者具有合同性质的凭证、产权转移书证、营业账簿、权利许可证照、经财政部确定征税的其他凭证。印花税以凭证上记载的金额或者应税凭证的件数为计税依据。凡以金额为计税依据的，适用比例税率；以件数为计税依据的，适用定额税率。

（二）筵席税和屠宰税

1994年税制改革，国务院已将筵席税和屠宰税的立法权限和征管权下放给地方，由各地方自行决定征收与否。

筵席税是对在我国境内的饭店、酒店、宾馆、招待所以及其他饮食营业场所举办筵席的单位和个人，就其筵席支付金额按次从价计征的税种。筵席税一般采用代扣代缴的征收方法。

屠宰税是对屠宰猪、羊、菜牛等几种法定牲畜的单位和个人征收的税种。屠宰应税牲畜须先纳税，然后才能出售。

第三节　税收征纳程序法律制度

税收征管法是调整税收征纳与管理过程中所发生的社会关系的法律规范的总称。税收征管法属于税收程序法，是税法的重要组成部分。

1992 年 9 月 4 日七届全国人大第二十七次会议通过的《中华人民共和国税收征收管理法》（以下简称《税收征管法》），是我国第一部税收程序法。该法于 1995 年 2 月 28 日由全国八届人大常委会作出修改，2001 年 4 月 28 日九届全国人大常委会再次作出修改，自 2001 年 5 月 1 日起施行。2002 年 10 月 15 日国务院又发布了新的《中华人民共和国税收征收管理法实施细则》（以下简称《税收征管法实施细则》），于 2002 年 10 月 15 日起施行。

《税收征管法》只适用于依照税收法律、行政法规规定由税务机关负责征收的各种税收的征收管理活动。至于耕地占用税、契税、牧业税等由财政机关负责征收的税收的征收管理，可以参照《税收征管法》的有关规定执行。而关税及海关代征的税收的征收管理，则依照法律、行政法规的有关规定执行。

一、税务管理

（一）税务登记

税务登记，又称纳税登记，是指纳税人在开业、歇业前以及生产经营期间发生有关变动时，依法向税务机关办理登记的法定手续。

企业及企业在外地设立的分支机构和从事生产、经营的场所，个体工商户和从事生产、经营的事业单位（以下统称从事生产、经营的纳税人）自领取营业执照之日起 30 日内，持有关证件，向税务机关申报办理税务登记。税务机关应当自收到申报之日起 30 日内审核并发给税务登记证件。此外，不从事生产、经营活动，但是依照法律、行政法规的规定负有纳税义务的单位和个人，除税务机关规定不需办理税务登记者外，也应当向所在地税务机关申报办理税务登记。

从事生产、经营的纳税人，税务登记内容发生变化的，自工商行政管理机关办理变更登记之日起 30 日内或者在向工商行政管理机关申请办理注销登记之前，持有关证件向税务机关申报办理变更或者注销税务登记。

《税收征管法实施细则》还规定，国家税务局、地方税务局对同一纳税人的税务登记应当采用同一代码，信息共享。各级工商行政管理机关应当向同级国家税务局和地方税务局定期通报办理开业、变更、注销登记以及吊销营业执照的情况。纳税人有解散、撤销、破产情形的，在清算前应当向其主管税务机关报告，未结清税款的，由其主管税务机关参加清算。

纳税人按照国务院税务主管部门的规定使用税务登记证件。税务登记证件不得转借、涂改、损毁、买卖或者伪造。除按照规定不需要发给税务登记证件的外，纳税人办理下列事项时，必须持税务登记证件：开立银行账户；申请减税、免税、退税；申请办理延期申报、延期缴纳税款；领购发票；申请开具外出经营活动税收管理证明；办理停业、歇业；其他有关税务事项。

（二）账簿、凭证管理

纳税人、扣缴义务人应当自领取营业执照之日起15日内按照国务院财政、税务主管部门的规定设置账簿，根据合法、有效的凭证记账进行核算。

从事生产、经营的纳税人应当自领取税务登记证件之日起15日内，将其财务、会计制度或者财务、会计处理办法报送主管税务机关备案。纳税人使用计算机记账的，应当在使用前将会计电算化系统的会计核算软件、使用说明书及有关资料报送主管税务机关备案。纳税人、扣缴义务人会计制度健全，能够通过计算机正确、完整计算其收入和所得或者代扣代缴、代收代缴税款情况的，其计算机输出的完整的书面会计记录，可视同会计账簿。

纳税人、扣缴义务人的财务、会计制度或者财务、会计处理办法与国务院或者国务院财政、税务主管部门有关税收的规定相抵触的，依照国务院或者国务院财政、税务主管部门有关税收的规定计算应纳税款、代扣代缴和代收代缴税款。

国家根据税收征收管理的需要，积极推广使用税控装置。纳税人应当按照规定安装、使用税控装置，并按照税务机关的规定报送有关数据和资料，不得损毁或者擅自改动税控装置。

生产、经营规模小又确无建账能力的纳税人，可以聘请经批准从事会计代理记账业务的专业机构或者经税务机关认可的财会人员代为建账和办理账务。聘请上述机构或者人员有实际困难的，经县以上税务机关批准，可以按照税务机关的规定，建立收支凭证粘贴簿、进货销货登记簿或者使用税控装置。

（三）纳税申报

税务机关应当建立、健全纳税人自行申报纳税制度。纳税人、扣缴义务人可以直接到税务机关办理纳税申报或者报送代扣代缴、代收代缴税款报告表，经税务机关批准，纳税人、扣缴义务人可以采取邮寄、数据电文方式办理纳税申报或者报送代扣代缴、代收代缴税款报告表。纳税人采取邮寄方式办理纳税申报的，应当使用统一的纳税申报专用信封，并以邮政部门收据作为申报凭据。邮寄申报以寄出的邮戳日期为实际申报日期。数据电文方式，是指税务机关确定的电话语音、电子数据交换和网络传输等电子方式。纳税人采取电子方式办理纳税申报的，应当按照税务机关规定的期限和要求保存有关资料，并定期书面报送主管税务机关。实行定期定额缴纳税款的纳税人，可以实行简易申报、减并征期等申报纳税方式。

纳税人在纳税期内没有应纳税款的，也应当按照规定办理纳税申报。纳税人享受减税、免税待遇的，在减税、免税期间应当按照规定办理纳税申报。

纳税人、扣缴义务人办理纳税申报或代扣代缴、代收代缴税款报告时，应当如实填写纳税申报表或代扣代缴、代收代缴税款报告表，并报送法律和税务机关规定的有关证件、资料。纳税人、扣缴义务人的纳税申报表或者代扣代缴、代收代缴税款报告表的主要内容包括：税种、税目，应纳税项目或者应代扣代缴、代收代缴税款项目，计税依据，扣除项目及标准，适用税率或者单位税额，应退税项目及税额、应减免税项目及税额，应纳税额或者应代扣代缴、代收代缴税额，税款所属期限、延期缴纳税款、欠税、滞纳金等。

纳税人、扣缴义务人按照规定的期限办理纳税申报或者报送代扣代缴、代收代缴税款报告表确有困难，需要延期的，应当在规定的期限内向税务机关提出书面延期申请，经税务机关核准，在核准的期限内办理。纳税人、扣缴义务人因不可抗力，不能按期办理纳税申报或者报送代扣代缴、代收代缴税款报告表的，可以延期办理。但是，应当在不可抗力情形消除后立即向税务机关报告。税务机关应当查明事实，予以核准。

二、税款征收

(一) 税款征收与缴纳的一般规定

税务机关依照法律、行政法规的规定征收税款，不得违反法律、行政法规的规定开征、停征、多征、少征、提前征收、延缓征收或者摊派税款。

税务机关征收税款，税收优先于无担保债权（法律另有规定的除外）。纳税人欠缴的税款发生在纳税人以其财产设定抵押、质押或者纳税人的财产被留置之前的，税收应当先于抵押权、质权、留置权执行。纳税人欠缴税款，同时又被行政机关决定处以罚款、没收违法所得的，税收优先于罚款、没收违法所得。

税务机关应当根据方便、快捷、安全的原则，积极推广使用支票、银行卡、电子结算方式缴纳税款。

纳税人、扣缴义务人按照法律、行政法规规定或者税务机关依照法律、行政法规的规定确定的期限，缴纳或者解缴税款。纳税人因有特殊困难，不能按期缴纳税款的，经省、自治区、直辖市国家税务局、地方税务局批准，可以延期缴纳税款，但是最长不得超过3个月。根据《税收征管法实施细则》的规定，纳税人有下列情形之一的，即为所称特殊困难：因不可抗力，导致纳税人发生较大损失，正常生产经营活动受到较大影响的；当期货币资金在扣除应付职工工资、社会保险费后，不足以缴纳税款的。

（二）应纳税额的核定与调整

应纳税额的计算以纳税人的账簿、成本资料、收入凭证、费用凭证等为依据，而现实中并非所有的纳税人都设置账簿，也并非法律要求设置账簿的纳税人都按规定设置账簿，或者虽设置账簿但账目混乱、凭证残缺不全，税务机关难以查账。因此，为了保证国家税收足额入库，对这类纳税人必须由税务机关采取核定税额的方法征收税款。根据《税收征管法》第35条的规定，纳税人有下列情形之一的，税务机关有权核定其应纳税额：依照法律、行政法规的规定可以不设置账簿的；依照法律、行政法规的规定应当设置账簿但未设置的；擅自销毁账簿或者拒不提供纳税资料的；虽设置账簿，但账目混乱或者成本资料、收入凭证、费用凭证残缺不全，难以查账的；发生纳税义务，未按照规定的期限办理纳税申报，经税务机关责令限期申报，逾期仍不申报的；纳税人申报的计税依据明显偏低，又无正当理由的。此外，对未按照规定办理税务登记而从事生产经营的纳税人以及临时从事经营的纳税人，也由税务机关核定其应纳税额。

企业或者外国企业在中国境内设立的从事生产、经营的机构、场所与其关联企业之间的业务往来，应当按照独立企业之间的业务往来收取或者支付价款、费用。不按照独立企业之间的业务往来收取或者支付价款、费用而减少其应纳税的收入或者所得额的，税务机关有权进行调整。

（三）税收保全措施和税收强制执行措施

1. 税收保全措施

税务机关有根据认为从事生产、经营的纳税人有逃避纳税义务行为的，可以在规定的纳税期之前，责令限期缴纳应纳税款。在限期内发现纳税人有明显的转移、隐匿其应纳税的商品、货物以及其他财产或者应纳税的收入的迹象的，税务机关可以责成纳税人提供纳税担保。如果纳税人不能提供纳税担保，经县以上税务局（分局）局长批准，税务机关可以采取下列税收保全措施：书面通知纳税人开户银行或者其他金融机构冻结纳税人的金额相当于应纳税款的存款；扣押、查封纳税人的价值相当于应纳税款的商品、货物或者其他财产。

纳税人在规定的限期内缴纳税款的，税务机关必须立即解除税收保全措施。限期期满仍未缴纳税款的，经县以上税务局（分局）局长批准，税务机关可以书面通知纳税人开户银行或者其他金融机构从其冻结的存款中扣缴税款，或者依法拍卖或者变卖所扣押、查封的商品、货物或者其他财产，以拍卖或者变卖所得抵缴税款。

纳税人在限期内已缴纳税款，税务机关未立即解除税收保全措施，使纳税人的合法利益遭受损失的，税务机关应当承担赔偿责任。

2. 税收强制执行措施

从事生产、经营的纳税人、扣缴义务人未按照规定的期限缴纳或者解缴税款，纳税担保人未按照规定的期限缴纳所担保的税款，由税务机关责令限期缴纳，逾期仍未缴纳的，经县以上税务局（分局）局长批准，税务机关可以采取下列强制执行措施：书面通知其开户银行或者其他金融机构从其存款中扣缴税款；扣押、查封、依法拍卖或者变卖其价值相当于应纳税款的商品、货物或者其他财产，以拍卖或者变卖所得抵缴税款。

税务机关采取强制执行措施时，对纳税人、扣缴义务人、纳税担保人未缴纳的滞纳金同时强制执行。

个人及其所扶养家属维持生活必需的住房和用品，不在税收保全措施和强制执行措施的范围之内。个人所扶养家属，是指与纳税人共同居住生活的配偶、直系亲属以及无生活来源并由纳税人扶养的其他亲属。

如果税务机关滥用职权采取税收保全措施、强制执行措施，或者采取税收保全措施、强制执行措施不当，使纳税人、扣缴义务人或者纳税担保人的合法权益遭受损失的，应当依法承担赔偿责任。这里的损失，是指因税务机关的责任，使纳税人、扣缴义务人或者纳税担保人的合法利益遭受的直接损失。

（四）税款的退还与追征

纳税人超过应纳税额缴纳的税款，税务机关发现后应当立即退还。纳税人自结算缴纳税款之日起 3 年内发现的，可以向税务机关要求退还多缴的税款并加算银行同期存款利息，税务机关及时查实后应当立即退还。涉及从国库中退库的，依照法律、行政法规有关国库管理的规定退还。

因税务机关的责任，致使纳税人、扣缴义务人未缴或者少缴税款的，税务机关在3年内可以要求纳税人、扣缴义务人补缴税款，但是不得加收滞纳金。因纳税人、扣缴义务人计算错误等失误，未缴或者少缴税款的，税务机关在3年内可以追征税款、滞纳金；有特殊情况的，追征期可以延长到5年。所称特殊情况，是指纳税人或者扣缴义务人因计算错误等失误，未缴或者少缴、未扣或者少扣、未收或者少收税款，累计数额在10万元以上的。对偷税、抗税、骗税的，税务机关追征其未缴或者少缴的税款、滞纳金或者所骗取的税款，不受前述规定期限的限制。

三、税务检查

税务检查是税收征管的一个重要环节，是国家赋予税务机关的一项重要职权。《税收征管法》明确规定了税务机关有检查账簿、记账凭证等有关资料、商品货物或其他财产、生产经营情况、银行存款账户等的权利。税务机关从事税务检查时，可以依法采取税收保全措施或者税收强制执行措施。

税务机关在调查税收违法案件时，经设区的市、自治州以上税务局（分局）局长批准，可以查询案件涉嫌人员的储蓄存款。查询应当指定专人负责，凭全国统一格式的检查存款账户许可证明进行，并有责任为被检查人保守秘密。检查存款账户许可证明由国家税务总局制定。税务机关查询的内容，包括纳税人存款账户余额和资金往来情况。查询所获得的资料，不得用于税收以外的用途。

税务机关派出的人员进行税务检查时，应当出示税务检查证和税务检查通知书，并有责任为被检查人保守秘密。未出示税务检查证和税务检查通知书的，被检查人有权拒绝检查。

第四节　违反税法的法律责任

一、法律责任

违反税法的法律责任主要是行政责任和刑事责任。

（一）纳税人、扣缴义务人的法律责任

1. 纳税人、扣缴义务人违反税务管理行为的法律责任

纳税人有《税收征管法》第60条第1款规定的违反税务管理的行为之一的，

由税务机关责令限期改正，可以处 2 000 元以下罚款；情节严重的，处 2 000 元以上 1 万元以下的罚款。此外，纳税人不办理税务登记、不按规定使用税务登记证件的，也应承担相应的法律责任。纳税人、扣缴义务人未按规定期限办理纳税申报的，由税务机关责令限期改正，可以处 2 000 元以下的罚款；情节严重的，可以处 2 000 元以上 1 万元以下罚款。

2. 偷税、欠税、骗税、抗税的法律责任

纳税人偷税的，由税务机关追缴其不缴或者少缴的税款、滞纳金，并处不缴或者少缴的税款 50%以上 5 倍以下的罚款；构成犯罪的，依法追究刑事责任。扣缴义务人不缴或者少缴已扣、已收税款，由税务机关追缴其不缴或者少缴的税款、滞纳金，并处不缴或者少缴的税款 50%以上 5 倍以下的罚款；构成犯罪的，依法追究刑事责任。

纳税人欠缴应纳税款，采取转移或者隐匿财产的手段，妨碍税务机关追缴欠缴的税款的，由税务机关追缴欠缴的税款、滞纳金，并处欠缴税款 50%以上 5 倍以下的罚款；构成犯罪的，依法追究刑事责任。

以假报出口或者其他欺骗手段，骗取国家出口退税款的，由税务机关追缴其骗取的退税款，并处骗取税款 1 倍以上 5 倍以下的罚款；构成犯罪的，依法追究刑事责任。对骗取国家出口退税款的，税务机关可以在规定期间内停止为其办理出口退税。

以暴力、威胁方法拒不缴纳税款的，是抗税。除由税务机关追缴其拒缴的税款、滞纳金外，依法追究刑事责任。情节轻微，未构成犯罪的，由税务机关追缴其拒缴的税款、滞纳金，并处拒缴税款 1 倍以上 5 倍以下的罚款。

(二) 相关金融机构的法律责任

纳税人、扣缴义务人的开户银行或者其他金融机构拒绝接受税务机关依法检查纳税人、扣缴义务人存款账户，或者拒绝执行税务机关作出的冻结存款或者扣缴税款的决定，或者在接到税务机关的书面通知后帮助纳税人、扣缴义务人转移存款，造成税款流失的，由税务机关处 10 万元以上 50 万元以下的罚款，对直接负责的主管人员和其他直接责任人员处 1 000 元以上 1 万元以下的罚款。

(三) 税务机关和税务人员的法律责任

根据《税收征管法》第 75 条至第 87 条的规定，税务人员违反税法的规定，承担责任的方式主要有行政责任和刑事责任两种。而税务机关如果违法征税，也应承担相应的责任，并追究其负责人或直接责任人员的责任。

二、税务争议的解决

纳税人、扣缴义务人、纳税担保人同税务机关在纳税问题上发生争议时，必须先依照税务机关的纳税决定缴纳或者解缴税款及滞纳金或者提供相应的担保，然后可以依法申请行政复议。对行政复议决定不服的，可以依法向人民法院起诉。这里所谓的纳税争议，根据《税收征管法实施细则》的规定，是指纳税人、扣缴义务人、纳税担保人对税务机关确定纳税主体、征税对象、征税范围、减税、免税及退税、适用税率、计税依据、纳税环节、纳税期限、纳税地点以及税款征收方式等具体行政行为有异议而发生的争议。

当事人对税务机关的处罚决定、强制执行措施或者税收保全措施不服的，可以依法申请行政复议，也可以依法向人民法院起诉。

当事人对税务机关的处罚决定逾期不申请行政复议，也不向人民法院起诉，又不履行的，作出处罚决定的税务机关可以采取《税收征管法》第 40 条规定的强制执行措施，或者申请人民法院强制执行。

思考题

1. 我们为什么要缴税?
2. 看看你的周围，可能涉及哪些税种?
3. 查阅资料，了解我国目前税制改革的情形和趋势。
4. 假设你将要开办一个经营实体，想想你必须和税务机关发生的一系列活动。
5. 作为纳税人，违反税法会承担哪些法律责任?

案例分析

某市地税局接到群众举报，称该市某酒家有偷税行为。为获取证据，该地税局派税务人员王某等四人扮作食客，到该酒家就餐。餐后索要发票，服务人员给开具了一张商业零售发票，且将饭菜写成了烟酒，当税务人员问是否可以打折时，对方称如果要白条，就可以打折。第二天，王某等四人又来到该酒家，称他们是市地税局的，有人举报酒家有偷税行为，并出示税务检查证，依法对酒家进行税务检查。

检查中，该酒家老板不予配合。检查人员出示了前一天的就餐发票，同时当着老板的面打开吧台抽屉，从中搜出大量该酒家自制的收据和数本商业零售发票。经核实，该酒家擅自印制收据并非法使用商业零售发票，偷逃营业税等地方税收58 856.74元，根据《税收征管法》有关规定，税务机关依法作出如下处理：补税58 856.74元，并处所偷税款1倍的罚款，对违反发票管理行为处以9 000元的罚款。翌日，该市地税局向该酒家下达了《税务违章处罚通知书》。该酒家不服，遂向当地人民法院提起行政诉讼。

试分析：(1) 税务机关的检查行为是否合法?

(2) 行政处罚是否有效?

(3) 行政处罚是否符合法律形式?

要点分析：

(1) 检查行为不合法。根据《税收征管法》第54条规定，税务机关具有以下六项税务检查职权：即账簿资料检查权、商品货物检查权、寄运货物单证检查权、责成提供纳税资料权、查核储蓄存款账户权和询问权。税务机关实施税务检查只能行使该六项法定职权，否则，就属违法。本案中税务机关采取的是暗访的方法，并强制性打开当事人抽屉，从中搜出大量的自制收据和数本商业零售发票。这实际是侦查和变相的搜查行为。税务机关作为税务行政管理机关实施该行为，于法无据。

根据最高人民法院《关于执行〈中华人民共和国行政诉讼法〉若干问题的解释》第30条第2项规定，被告严重违反法定程序收集的证据不能作为认定被诉具体行政行为的合法根据，即是说，行政机关根据未依法定程序取得的证据所作出的处理、处罚决定等具体行政行为是不合法具体行政行为，在行政诉讼中属于应予撤销的具体行政行为。

(2) 行政处罚决定无效。根据《行政处罚法》第31条、第42条第1款第1项规定，行政机关在作出行政处罚决定之前，应当告知当事人作出行政处罚决定的事实、理由及依据，并告知当事人依法享有的权利；行政机关作出较大数额罚款时，还应当告知当事人有要求举行听证的权利。国家税务总局《税务行政处罚听证程序实施办法（试行）》第3条明确规定：税务机关对公民作出2 000元以上罚款、对法人或者其他组织作出1万元以上罚款的行政处罚之前，应当告知当事人有要求举行听证的权利。本案中，税务机关对当事人罚款达5万元以上，显然应当下达《税务行政处罚事项告知书》。该市地税局在实施税务检查后，翌日即下达处罚决定，显然违反了上述法定程序。根据《行政处罚法》第41条规定：

其行政处罚决定不能成立。

(3) 税务行政处罚不符合法定形式。《行政处罚法》第39条规定，行政机关作出行政处罚决定，应当制作行政处罚决定书。本案税务机关下达的是《税务违章处罚通知书》。这显然不是法定文书，不符合法定处罚形式。

推荐阅读书目

1. 宋槿篱编著．财税法学．长沙：湖南大学出版社，2003
2. 刘剑文主编．财税法学．北京：高等教育出版社，2003
3. 刘剑文主编．财税法案例分析与法理研究．北京：高等教育出版社，2004
4. 张守文．财税法疏议．北京：北京大学出版社，2005
5. 刘剑文，熊伟．税法基础理论．北京：北京大学出版社，2004

第八章
会计与审计法律制度

• 本章学习目标 •

掌握基本的会计、审计法律知识；了解我国现行的法律规定，为实务操作奠定良好的理论和知识基础。

□ • 引导案例 • □

某市检察院收到群众举报，称某国有企业财务科科长刘某有贪污公款的重大嫌疑。检察机关遂立即采取相关措施，与该企业相配合，对该企业账目记录进行突击检查。检查中发现虽然刘某主管的账目账实相符，但不少账目凭证中有多处涂改的痕迹。市检察院立案侦查，委派司法会计师张某与陈某对刘某所涉及的全部账册资料进行会计鉴定，查明刘某自 2005 年 1 月至 2009 年 10 月间，利用担任会计科科长的职务之便，采用涂改会计凭证等方法多列费用支出、少计收入、增列现金支出、利用会计科目转移资金等手段侵吞钱款 10 万元。检察院遂以贪污罪对刘某提起公诉。

请思考：会计人员的职责是什么？会承担什么样的法律责任？

第一节 会计法律制度

一、会计法概述

(一) 会计和会计法

会计是以货币为主要计量单位，对国家机关、社会团体、企业、事业单位和其他组织等的经济活动，进行记录、计算、分析、检查和监督的一种管理活动。会计的基本职能，就是进行会计核算，实行会计监督。

《中华人民共和国会计法》（以下简称《会计法》）是六届全国人大常委会于1985年1月通过的，1993年12月作了部分修改，1999年10月九届全国人大常委会又作了全面修改。

（二）会计法的适用范围

《会计法》第2条规定，国家机关、社会团体、公司、企业、事业单位和其他组织必须依照本法办理会计事务。该法没有将个体工商户明确列入适用范围之内。主要是考虑现有的个体工商户已有相当一部分具备了个人独资企业的条件，将被作为独资企业加以规范。其他经营规模很小、个人财产与经营财产不分的个体工商户情况比较复杂，如何设置会计账簿、进行会计核算，需要从实际出发另作规定。因此《会计法》第51条规定，个体工商户会计管理的具体办法，由国务院财政部门依据本法的原则另作规定。

（三）会计工作管理体制

《会计法》第7条规定，国务院财政部门主管全国的会计工作，县级以上地方各级人民政府财政部门管理本行政区域内的会计工作。从此项规定可以看出，财政部门是我国会计工作的主管部门。财政部门管理会计工作，应遵循“统一领导，分级管理”的原则。

1. 制定会计制度的权限

1993年我国对企业会计制度进行了重大改革，改变了过去按所有制不同，分别不同部门设计会计制度的做法，加大了统一会计制度的力度。1999年《会计法》在第8条明确规定，国家实行统一的会计制度。国家统一的会计制度由国务院财政部门根据本法制定并公布。

此外，《会计法》还规定，国务院有关部门可以依照本法和国家统一的会计制度制定对会计核算和会计监督有特殊要求的行业实施国家统一的会计制度的具体办法或者补充规定，报国务院财政部门审核批准。中国人民解放军总后勤部可以依照本法和国家统一的会计制度制定军队实施国家统一的会计制度的具体办法，报国务院财政部门备案。

2. 会计机构的内部稽核及内部牵制制度

《会计法》第37条第1款规定，会计机构内部应当建立稽核制度。稽核，即稽查与复核。会计稽核，是在会计机构内部，对于本机构在会计流程中的会计凭证、会计账簿、会计报表及其他会计资料，进行自我检查或者审核的一项工作，是对会计信息的再确认、再监督的过程。

会计机构内部牵制制度，国际上也称为会计责任分离，实质上就是我国传统的“钱、账分管”制度。它是指凡涉及款项或者财务的收付、结算以及登记工作，都必须由两人或者两人以上分工办理，这种相互制约的工作制度，目的主要是保证货币资产的安全。《会计法》第37条第2款规定，出纳人员不得兼任稽核、会计档案保管和收入、支出、费用、债权债务账目的登记工作。这正是会计机构内部牵制制度的最主要内容。

二、会计机构和会计人员

（一）会计机构

会计机构是国家机关、社会团体、公司、企业、事业单位和其他组织办理会计事务的职能部门。

各单位应当根据会计业务的需要，设置会计机构，或者在有关机构中设置会计人员并指定会计主管人员；不具备设置条件的，应当委托经批准从事会计代理记账业务的中介机构代理记账。

《会计法》还规定，国有和国有资产占控股地位或者主导地位的大、中型企业必须设置总会计师，总会计师的任职资格、任免程序、职责权限由国务院规定。国务院颁布的《总会计师条例》规定，总会计师由具有会计师以上专业技术资格的人员担任。总会计师是单位行政领导成员，行使《总会计师条例》规定的职责、权限。

（二）会计人员

1. 会计人员的从业资格

关于会计人员的从业资格，《会计法》第38条规定，从事会计工作的人员，必须取得会计从业资格证书。会计从业资格证书也称做“会计证”。未取得会计证的人员，各单位不得任用其担任会计工作。该条第2款还规定，担任单位会计机构负责人（会计主管人员）的，除取得会计从业资格证书外，还应当具备会计师以上专业技术职务资格或者从事会计工作3年以上经历。

上述规定是关于会计人员的积极从业资格的规定，《会计法》第40条又从反面对会计人员的消极从业资格作出规定，即什么样的人不得取得会计从业资格证书。具体规定如下：“因有提供虚假财务会计报告，做假账，隐匿或者故意销毁会计凭证、会计账簿、财务会计报告，贪污，挪用公款，职务侵占等与会计职务有关的违法行为被依法追究刑事责任的人员，不得取得或者重新取得会计从业资格证书。”“除前款规定的人员外，因违法违纪行为被吊销会计从业资格证书的人员，自被吊销会计从业资格证书之日起五年内，不得重新取得会计从业资格证书。”

2. 会计人员的工作交接

会计人员的工作交接，是指会计人员调动工作或者离职时，就其所承担的各项工作、所持有的各项会计数据资料，按照规定转交给接替其工作的其他会计人员，并明确各自责任的一种工作交接。《会计法》第41条规定，会计人员调动工作或者离职，必须与接管人员办清交接手续。办理交接手续时，应当由法律规定的人员进行监督，这就是所谓的监交。一般会计人员办理交接手续，由会计机构负责人（会计主管人员）监交；会计机构负责人（会计主管人员）办理交接手续，由单位负责人监交，必要时主管单位可以派人会同监交。

三、会计核算

会计核算，是指以货币为主要计算单位，对财务收支和经济业务活动连续地、系统地记录、计算、分析，并据以编制会计报表的活动。简单地说，会计核算就是指会计工作的记账、算账和报账，它是会计的基本职能。

（一）会计核算的内容

会计核算的内容包括一个实行独立核算的单位在生产经营或者执行业务过程中所发生的一切可以用货币计价反映的经济活动。《会计法》第10条规定，对以下事项必须进行会计核算：款项和有价证券的收付；财物的收发、增减和使用；债权债务的发生和结算；资本、基金的增减；收入、支出、费用、成本的计算；财务成果的计算和处理；需要办理会计手续、进行会计核算的事项。

（二）会计核算的基本要求

根据《会计法》的规定，会计凭证、会计账簿、财务会计报告和其他会计资料，必须符合国家统一的会计制度的规定。任何单位和个人不得伪造、变造会计凭证、会计账簿及其他会计资料，不得提供虚假的财务会计报告。

1. 会计凭证及其要求

会计凭证包括原始凭证和记账凭证。

办理《会计法》第10条所列须进行会计核算的经济业务事项，必须填制或者取得原始凭证并及时送交会计机构。会计机构、会计人员必须按照国家统一的会计制度的规定对原始凭证进行审核。对不真实、不合法的原始凭证有权不予接受，并向单位负责人报告；对记载不准确、不完整的原始凭证予以退回，并要求按照国家统一的会计制度的规定更正、补充。

原始凭证记载的各项内容均不得涂改。原始凭证有错误的，应当由出具单位重开或者更正，更正处应当加盖出具单位印章；原始凭证金额有错误的，应当由出具单位重开，不得在原始凭证上更正。

记账凭证应根据经过审核的原始凭证及有关资料编制。

2. 会计账簿及其要求

各单位发生的各项经济业务事项应当在依法设置的会计账簿上统一登记、核算，不得违反会计法和国家统一的会计制度的规定私设会计账簿予以登记、核算。会计账簿登记必须以经过审核的会计凭证为依据，并应当按照连续编号的页码顺序登记。

各单位应当定期将会计账簿记录与实物、款项及有关资料相互核对，保证会计账簿记录与实物及款项的实有数额相符、会计账簿记录与会计凭证的有关内容相符、会计账簿之间相对应的记录相符、会计账簿记录与会计报表的有关内容相符。

3. 财务会计报告及其要求

财务会计报告应当根据经过审核的会计账簿记录和有关资料编制，并符合会计法和国家统一的会计制度关于财务会计报告的编制要求、提供对象和提供期限的规定。其他法律、行政法规另有规定的，从其规定。

财务会计报告由会计报表、会计报表附注和财务情况说明书组成。向不同的会计资料使用者提供的财务会计报告，其编制依据应当一致。有关法律、行政法规规定会计报表、会计报表附注和财务情况说明书须经注册会计师审计的，注册会计师及其所在的会计师事务所出具的审计报告应当随同财务会计报告一并提供。

财务会计报告应当由单位负责人和主管会计工作的负责人、会计机构负责人（会计主管人员）签名并盖章；设置总会计师的单位，还须由总会计师签名并盖章。

4. 会计资料的保管

各单位对会计凭证、会计账簿、财务会计报告和其他会计资料应当建立档案，妥善保管。会计档案的保管期限和销毁办法，由国务院财政部门会同有关部门制定。

5. 会计电算化

使用电子计算机进行会计核算的，其软件及其生成的会计凭证、会计账簿、财务会计报告和其他会计资料，也必须符合国家统一的会计制度的规定。此外，财政部门已经发布了《会计电算化管理办法》、《会计核算软件基本功能规范》、《会计电算化工作规范》等规范文件，对有关问题作出了具体规定。

（三）公司、企业会计核算的特别规定

《会计法》针对公司、企业会计核算的特点，在会计核算基本原则的基础上，作出了特别规定。

公司、企业必须根据实际发生的经济业务事项，按照国家统一的会计制度的规定确认、计量和记录资产、负债、所有者权益、收入、费用、成本和利润。公司、企业进行会计核算不得有下列行为：（1）随意改变资产、负债、所有者权益的确认标准或者计量方法，虚列、多列、不列或者少列资产、负债、所有者权益；（2）虚列或者隐瞒收入，推迟或者提前确认收入；（3）随意改变费用、成本的确认标准或者计量方法，虚列、多列、不列或者少列费用、成本；（4）随意调整利润的计算、分配方法，编造虚假利润或者隐瞒利润；（5）违反国家统一的会计制度规定的其他行为。

四、会计监督

会计监督是对各单位的经济活动、财务收支是否合法、合理，会计人员是否履行自己的职责权限进行检查。会计监督是会计的另一个基本职能，它贯穿于整个会计核算的过程。

会计监督包括内部监督和外部监督，外部监督又有政府监督和社会监督。

（一）内部监督

内部监督是指各单位的会计机构、会计人员对本单位实行的会计监督。

1. 对各单位内部会计监督制度的要求

各单位应当建立、健全本单位内部会计监督制度。单位内部会计监督制度应当符合下列要求：记账人员与经济业务事项和会计事项审批人员、经办人员、财物保管人员的职责权限应当明确，并相互分离、相互制约；重大对外投资、资产处置、资金调度和其他重要经济业务事项的决策和执行的相互监督、相互制约程序应当明确；财产清查的范围、期限和组织程序应当明确；对会计资料定期进行内部审计的办法和程序应当明确。

2. 会计机构、会计人员的监督职权

会计机构、会计人员对违反《会计法》和国家统一的会计制度规定的会计事项，有权拒绝办理或者按照职权予以纠正。会计机构、会计人员发现会计账簿记录与实物、款项及有关资料不相符的，按照国家统一的会计制度的规定有权自行处理的，应当及时处理；无权处理的，应当立即向单位负责人报告，请求查明原因，作出处理。

（二）社会监督

社会监督是由广大群众和社会中介组织进行的监督。对违反《会计法》和国家统一的会计制度规定的行为，《会计法》第 30 条规定，任何单位和个人都有权检举。收到检举的部门有权处理的，应当依法按照职责分工及时处理；无权处理的，应当及时移送有权处理的部门处理。收到检举的部门、负责处理的部门应当为检举人保密，不得将检举人姓名和检举材料转给被检举单位和被检举个人。为更好地保障检举人的权益，《会计法》在法律责任一章中还专门规定了相应的责任："违反本法第三十条规定，将检举人姓名和检举材料转给被检举单位和被检举人个人的，由所在单位或者有关单位依法给予行政处分。"

关于社会中介组织对会计工作的监督，《会计法》第 31 条规定，有关法律、行政法规规定须经注册会计师进行审计的单位，应当向受委托的会计师事务所如实提供会计凭证、会计账簿、财务会计报告和其他会计资料以及有关情况。任何单位或者个人不得以任何方式要求或者示意注册会计师及其所在的会计师事务所出具不实或者不当的审计报告。财政部门有权对会计师事务所出具审计报告的程序和内容进行监督。

（三）政府监督

政府监督是由政府职能部门行使监督管理的职权，在我国是由会计工作的主管部门即财政部门来行使监督职责。除财政部门外，政府其他部门如审计、税务、人民银行、证券监管、保险监管等部门也应当依照有关法律、行政法规的规定，对有关单位的会计资料实施监督检查。实施监督检查后，应当出具检查结论。而且，如果有关监督检查部门已经作出的检查结论能够满足其他监督检查部门履行本部门职责需要的，其他监督检查部门应当加以利用，避免重复查账。

依法对有关单位的会计资料实施监督检查的部门及其工作人员对在监督检查

中知悉的国家秘密和商业秘密负有保密的义务。

五、法律责任

《会计法》规定的法律责任主要有刑事责任和行政责任两种。刑事责任是行为人实施了刑法规定的犯罪行为应当承担的法律责任。行政责任可以分为行政处分和行政处罚。行政处分是国家机关、企事业单位和社会团体对所属人员或者职工的违法、违纪行为所实施的内部纪律上的惩罚措施。行政处罚是行政机关及法定组织，对违反行政法律规范的单位或者个人，依照行政处罚法的规定给予的制裁。《会计法》规定的行政处罚措施主要有责令限期改正、通报批评、罚款、吊销会计从业资格证书等。

《会计法》第 42 条至第 48 条，对于违反《会计法》的行为，区分不同的主体，规定了不同的责任形式。凡是构成犯罪的，依法追究刑事责任；尚不构成犯罪的，承担行政责任。对于单位，可以责令限期改正或者予以通报，并处以罚款；对于直接负责的主管人员和其他直接责任人员，可以处以罚款；属于国家工作人员的，依法给予行政处分；对其中的会计人员可以吊销会计从业资格证书。

违反《会计法》，同时也违反其他法律规定的，由有关部门在各自职权范围内依法进行处罚。这是关于会计违法行为发生法规竞合时法律适用的规定。

第二节　审计法律制度

一、审计法概述

（一）审计及审计的对象

审计是审计机关依法独立检查被审计单位的会计凭证、会计账簿、会计报表以及其他与财政收支、财务收支有关的资料和资产，监督财政收支、财务收支真实、合法和有效的行为。

应当接受审计的收支，依据《审计法》第 2 条的规定，包括财政收支和财务收支两部分。具体包括国务院各部门和地方各级人民政府及其各部门的财政收支、国有的金融机构和企业事业组织的财务收支，以及其他依照规定应当接受审计的财政收支、财务收支。

（二）审计的种类

我国的审计包括 3 种：国家审计、内部审计和社会审计。国家审计是由国家审计机关和审计人员进行的审计。内部审计是指部门、单位内部的审计机构和审计人员对本单位及其下属单位进行的审计。社会审计是指依法成立的社会审计机构和审计人员接受委托人的委托进行审计的服务活动。

我国《审计法》主要规范的是国家审计，之所以对内部审计和社会审计没有专门规定，主要是考虑到内部审计、社会审计与国家审计在性质上、法律适用上有很大差别。从国外立法经验来看，大多采取的也是分别立法。因而我国《审计法》主要对在国家审计中形成的审计关系进行调整。它对内部审计和社会审计的规定，也主要是从内部审计、社会审计的法律地位以及与国家审计机关之间的法律关系的角度来阐述的。如《审计法》第 29 条规定，依法属于审计机关审计监督对象的单位，应当按照国家有关规定建立健全内部审计制度；其内部审计工作应当接受审计机关的业务指导和监督。第 30 条规定，社会审计机构审计的单位依法属于审计机关审计监督对象的，审计机关按照国务院的规定，有权对该社会审计机构出具的相关审计报告进行核查。

（三）审计的基本原则

1. 依法审计原则

《审计法》第 3 条规定，审计机关依照法律规定的职权和程序，进行审计监督。审计机关依据有关财政收支、财务收支的法律、法规和国家其他有关规定进行审计评价，在法定职权范围内作出审计决定。

2. 独立审计原则

《审计法》第 5 条规定，审计机关依照法律规定独立行使审计监督权，不受其他行政机关、社会团体和个人的干涉。

3. 强制性原则

国务院各部门和地方各级人民政府及其各部门的财政收支，国有金融机构和企业事业组织的财务收支，以及其他依照规定应当接受审计的财政收支、财务收支，应当依照《审计法》的规定接受审计监督。任何组织和个人不得拒绝、阻碍审计人员依法执行职务，不得转移、隐匿、篡改、毁弃与财政收支、财务收支有关的资料，否则应承担相应的法律责任。

二、审计机关与审计人员

（一）审计机关的设置及领导体制

国务院设立审计署，在国务院总理领导下，主管全国的审计工作。审计长是审计署的行政首长。

县级以上人民政府设立审计机关。地方各级审计机关实行双重领导体制，即地方各级审计机关对本级人民政府和上一级审计机关负责并报告工作，审计业务以上级审计机关领导为主。

审计机关根据工作需要，经本级人民政府批准，可以在其审计管辖范围内设立派出机构。派出机构根据审计机关的授权，依法进行审计工作。

审计机关履行职责所必需的经费，应当列入财政预算，由本级人民政府予以保证。

（二）审计人员的资格、回避以及任免

审计人员应当具备与其从事的审计工作相适应的专业知识和业务能力。

审计人员办理审计事项，与被审计单位或者审计事项有利害关系的，应当回避。

审计人员依法执行职务，受法律保护。审计机关负责人依照法定程序任免。审计机关负责人没有违法失职或者其他不符合任职条件的情况的，不得随意撤换。地方各级审计机关负责人的任免，应当事先征求上一级审计机关的意见。

三、审计机关的职责与权限

（一）审计机关的职责

1. 对各级财政收支进行审计监督。审计机关对本级各部门（含直属单位）和下级政府预算的执行情况和决算以及其他财政收支情况，进行审计监督。审计署在国务院总理领导下，对中央预算执行情况和其他财政收支情况进行审计监督，向国务院总理提出审计结果报告。地方各级审计机关分别在省长、自治区主席、市长、州长、县长、区长和上一级审计机关的领导下，对本级预算执行情况和其他财政收支情况进行审计监督，向本级人民政府和上一级审计机关提出审计结果报告。

2. 对国有金融机构的财务收支进行审计监督。审计署对中央银行的财务收支，进行审计监督。审计机关对国有金融机构的资产、负债、损益，进行审计监督。

3. 对国有企业事业组织的财务收支进行审计监督。审计机关对国家的事业组织和使用财政资金的其他事业组织的财务收支，对国有企业的资产、负债、损益，进行审计监督。对国有资本占控股地位或者主导地位的企业、金融机构的审

计监督，由国务院规定。

4. 对政府投资建设项目预算的执行情况和决算进行审计监督。审计机关对政府投资和以政府投资为主的建设项目的预算执行情况和决算，进行审计监督。

5. 对有关基金、资金的财务收支进行审计监督。审计机关对政府部门管理的和其他单位受政府委托管理的社会保障基金、社会捐赠资金以及其他有关基金、资金的财务收支，进行审计监督。

6. 对国际组织和外国政府援助、贷款项目的财务收支进行审计监督。

7. 对单位负责人任期经济责任进行审计监督。审计机关按照国家有关规定，对国家机关和依法属于审计机关审计监督对象的其他单位的主要负责人，在任职期间对本地区、本部门或者本单位的财政收支、财务收支以及有关经济活动应负经济责任的履行情况，进行审计监督。这是2006年修订的《审计法》所增加的规定，其目的是加强对领导干部和国有企业负责人的监督。

8. 对特定事项的专项审计调查。审计机关有权对与国家财政收支有关的特定事项，向有关地方、部门、单位进行专项审计调查，并向本级人民政府和上一级审计机关报告审计调查结果。审计机关进行专项审计调查时，应当向被调查的地方、部门、单位及有关人员出示专项调查的书面通知并说明有关情况，有关地方、部门、单位及有关人员应当接受调查，如实反映情况，提供有关资料。

（二）审计机关的权限

1. 监督检查权。审计机关有权要求被审计单位按照审计机关的规定提供预算或者财务收支计划、预算执行情况、决算、财务会计报告，运用电子计算机储存、处理的财政收支、财务收支电子数据和必要的电子计算机技术文档，在金融机构开立账户的情况，社会审计机构出具的审计报告，以及其他与财政收支或者财务收支有关的资料，被审计单位不得拒绝、拖延、谎报。被审计单位负责人对本单位提供的财务会计资料的真实性和完整性负责。

审计机关进行审计时，有权检查被审计单位的会计凭证、会计账簿、财务会计报告和运用电子计算机管理财政收支、财务收支电子数据的系统，以及其他与财政收支、财务收支有关的资料和资产，被审计单位不得拒绝。

2. 调查取证权。审计机关进行审计时，有权就审计事项的有关问题向有关单位和个人进行调查，并取得有关证明材料。有关单位和个人应当支持、协助审计机关工作，如实向审计机关反映情况，提供有关证明材料。

审计机关经县级以上人民政府审计机关负责人批准，有权查询被审计单位在金融机构的账户。审计机关有证据证明被审计单位以个人名义存储公款的，经县级以上人民政府审计机关主要负责人批准，有权查询被审计单位以个人名义在金融机构的存款。

3. 采取行政强制措施权。审计机关进行审计时，被审计单位不得转移、隐匿、篡改、毁弃会计凭证、会计账簿、财务会计报告以及其他与财政收支或者财务收支有关的资料，不得转移、隐匿所持有的违反国家规定取得的资产。对被审计单位违反前述规定的行为，审计机关有权予以制止；必要时，经县级以上人民政府审计机关负责人批准，有权封存有关资料和违反国家规定取得的资产；对其中在金融机构的有关存款需要予以冻结的，应当向人民法院提出申请。

审计机关对被审计单位正在进行的违反国家规定的财政收支、财务收支行为，有权予以制止；制止无效的，经县级以上人民政府审计机关负责人批准，通知财政部门和有关主管部门暂停拨付与违反国家规定的财政收支、财务收支行为直接有关的款项，已经拨付的，暂停使用。

但要注意的是，审计机关采取上述规定的措施不得影响被审计单位合法的业务活动和生产经营活动。

4. 建议纠正处理权。审计机关认为被审计单位所执行的上级主管部门有关财政收支、财务收支的规定与法律、行政法规相抵触的，应当建议有关主管部门纠正；有关主管部门不予纠正的，审计机关应当提请有权处理的机关处理。

5. 审计结果通报公布权。审计机关可以向政府有关部门通报或者向社会公布审计结果。审计机关通报或者公布审计结果，应当依法保守国家秘密和被审计单位的商业秘密，遵守国务院的有关规定。

四、审计管辖及审计程序

（一）审计管辖

各级审计机关应当按照确定的审计管辖范围进行审计监督和专项审计调查。审计机关根据被审计单位的财政、财务隶属关系或者国有资产监督管理关系，确定审计管辖范围。审计机关之间对审计管辖范围有争议的，由其共同的上级审计机关确定。

另外，上级审计机关可以将其审计管辖范围内的《审计法》第 18 条第 2 款至第 25 条规定的审计事项，授权下级审计机关进行审计；上级审计机关对下级审计机关审计管辖范围内的重大审计事项，可以直接进行审计，但是应当防止不必要的重复审计。

(二) 审计程序

1. 组成审计组，送达审计通知书

审计机关根据审计项目计划确定的审计事项组成审计组，并应当在实施审计3日前，向被审计单位送达审计通知书；遇有特殊情况，经本级人民政府批准，审计机关可以直接持审计通知书实施审计。被审计单位应当配合审计机关的工作，并提供必要的工作条件。

2. 进行审计，并取得证明材料

审计人员通过审查会计凭证、会计账簿、财务会计报告，查阅与审计事项有关的文件、资料，检查现金、实物、有价证券，向有关单位和个人调查等方式进行审计，并取得证明材料。

审计人员向有关单位和个人进行调查时，应当出示审计人员的工作证件和审计通知书副本。

3. 审计组提出审计报告

审计组对审计事项实施审计后，应当向审计机关提出审计组的审计报告。审计组的审计报告报送审计机关前，应当征求被审计对象的意见。被审计对象应当自接到审计组的审计报告之日起10日内，将其书面意见送交审计组。审计组应当将被审计对象的书面意见一并报送审计机关。

4. 审计机关审议并作出审计决定

审计机关按照审计署规定的程序对审计组的审计报告进行审议，并对被审计对象对审计组的审计报告提出的意见一并研究后，提出审计机关的审计报告；对违反国家规定的财政收支、财务收支行为，依法应当给予处理、处罚的，在法定职权范围内作出审计决定或者向有关主管机关提出处理、处罚的意见。

5. 送达并生效

审计机关应当将审计机关的审计报告和审计决定送达被审计单位和有关主管机关、单位。审计决定自送达之日起生效。

《审计法》还规定，上级审计机关认为下级审计机关作出的审计决定违反国家有关规定的，可以责成下级审计机关予以变更或者撤销，必要时也可以直接作出变更或者撤销的决定。

五、法律责任

1. 被审计单位涉及资料提供的法律责任：被审计单位拒绝或者拖延提供与审计事项有关的资料的，或者提供的资料不真实、不完整的，或者拒绝、阻碍检查的，由审计机关责令改正，可以通报批评，给予警告；拒不改正的，依法追究责任。

2. 被审计单位及其责任人员转移、隐匿等行为的法律责任：被审计单位转移、隐匿、篡改、毁弃会计凭证、会计账簿、财务会计报告以及其他与财政收支、财务收支有关的资料，或者转移、隐匿所持有的违反国家规定取得的资产，审计机关认为对直接负责的主管人员和其他直接责任人员依法应当给予处分的，应当提出给予处分的建议，被审计单位或者其上级机关、监察机关应当依法及时作出决定，并将结果书面通知审计机关；构成犯罪的，依法追究刑事责任。

3. 被审计单位违反国家规定的财政收支、财务收支行为的法律责任：对本级各部门（含直属单位）和下级政府违反预算的行为或者其他违反国家规定的财政收支行为，审计机关、人民政府或者有关主管部门在法定职权范围内，依照法律、行政法规的规定，区别情况采取下列处理措施：责令限期缴纳应当上缴的款项；责令限期退还被侵占的国有资产；责令限期退还违法所得；责令按照国家统一的会计制度的有关规定进行处理等。

对被审计单位违反国家规定的财务收支行为，审计机关、人民政府或者有关主管部门在法定职权范围内，依照法律、行政法规的规定，区别情况采取前述规定的处理措施，并可以依法给予处罚。

被审计单位的财政收支、财务收支违反法律、行政法规的规定，构成犯罪的，依法追究刑事责任。另外，被审计单位的财政收支、财务收支违反国家规定，审计机关认为对直接负责的主管人员和其他直接责任人员依法应当给予处分的，应当提出给予处分的建议，被审计单位或者其上级机关、监察机关应当依法及时作出决定，并将结果书面通知审计机关。

4. 拒不执行审计决定的法律责任：审计机关依法责令被审计单位上缴应当上缴的款项，被审计单位拒不执行的，审计机关应当通报有关主管部门，有关主管部门应当依照有关法律、行政法规的规定予以扣缴或者采取其他处理措施，并将结果书面通知审计机关。

思考题

1. 思考我国《会计法》在工作实践中所存在的问题和完善的对策。
2. 简述《审计法》对审计范围的规定。
3. 思考审计的独立性以及现实存在的问题。
4. 略论会计人员、审计人员的法律责任。

案例分析

从2003年开始，审计署每年于年中向全国人大作年度审计报告，而每年的这份报告都形成一个席卷全国的超级风暴，媒体称之为“审计风暴”。2003年6月25日，一批违规大案在审计署审计长李金华向全国人大常委会所作的审计报告中曝光。这是审计署首次全文公布审计报告，还“点了四个中央部委的名”。2004年6月23日，全国人大十届常委会第十次会议上，李金华代表国家审计署作年度审计报告。当晚，新华社刊发通讯，题为《一份触目惊心的审计“清单”》。三千多字的“清单”，曝光了8宗工程及征地案件、7宗金融大案，牵涉十多家中央政府部委局及国家级企业。从历次审计风暴所揭露的情况来看，很多单位和问题都是“屡查屡犯”、“边纠边犯”。这就使得审计署发人深省的报告在某些人眼中真的只是“风暴”而已，“风暴”过后依然可以为所欲为。

试分析：(1) 审计机关的职责和权限有哪些?

(2) 如何让审计不再成为“风暴”?

要点分析：

(1) 根据《审计法》的规定，审计机关有权对下列范围的事项进行审计：对各级财政收支进行审计监督；对国有金融机构的财务收支进行审计监督；对国有企业事业组织的财务收支进行审计监督；对政府投资建设项目预算的执行情况和决算进行审计监督；对有关基金、资金的财务收支进行审计监督；对国际组织和外国政府援助、贷款项目的财务收支进行审计监督；对单位负责人任期经济责任进行审计监督；对其他法律、行政法规规定的事项进行审计监督；对特定事项的专项审计调查。

审计机关依法享有下列权限：监督检查权；调查取证权；采取行政强制措施

权；建议纠正处理权；审计结果通报公布权。

（2）依材料所述的情形，很多单位和问题都是“屡查屡犯”、“边纠边犯”，使得审计只是一场“风暴”而已，“风暴”过后依然如故。之所以造成这一现象，最主要在于责任没有落实。有两个主要问题存在：一是审计机关没有直接处理权，大都只能建议或者通报有关主管部门处理；二是官员问责制还没有真正建立起来。

推荐阅读书目

1. 刘燕．会计法．2版．北京：北京大学出版社，2009

2. 李季泽．国家审计的法理．北京：中国时代经济出版社，2004

第九章 金融法律制度

• 本章学习目标 •

在掌握一定的金融法基本理论的基础上，了解我国及世界主要国家的金融体制、金融立法及发展趋势；初步学习掌握金融法学的知识体系：银行法、证券法、保险法、信托法、票据法、外汇管理规定等相关内容。

□·引导案例·□

甲银行向乙银行拆入资金，投资于股票市场、借贷给某公司修建厂房和购买大型生产设备。一年多后甲银行才向乙银行归还该笔拆入款。与此同时，甲银行拟将其吸收的公众存款的3 000万元与另一家公司共同投资设立一房地产开发公司。

请思考：甲银行在拆入资金的使用上有哪些违法之处？拟投资设立房地产开发公司的设想能否实现？

第一节 金融与金融法概述

一、金融法的概念

金融法是调整金融关系的法律的总称。具体来说，就是调整货币流通和资本信用活动中所发生的各种社会关系的法律规范的总称。金融关系包括金融监管关系与金融交易关系。所谓“金融监管关系”，主要是指政府金融主管机关与金融机构、金融市场、金融产品及金融交易的监督管理的关系。所谓“金融交易关系”，主要是指在货币市场、证券市场、保险市场和外汇市场等各种金融市场，金融机构之间、金融机构与大众之间、大众之间进行的各种金融交易的关系。

从调整对象的范围来看，金融法有广义和狭义之分。由于金融活动主要是通过银行的各种业务来实现的，银行法是金融法的基本法，处于中心地位，因此狭义的金融法是指银行法。广义的金融法除包括银行法外，还包括货币法、证券法、票据法、信托法和保险法、外汇管理法等等。金融信托属于金融法的范畴，而普通的、一般性的信托，属于民法范畴。

二、金融关系的概念及种类

金融法的调整对象是指金融活动中各种主体之间产生的社会关系，即金融关系。这里的金融关系不包括资金的财政分配关系，财政分配关系由财税法调整。

现代市场经济条件下，金融活动是资金供求双方在金融市场上，以信用为条件进行的。由于金融有“间接金融”和“直接金融”之分，因此金融关系也就表现为间接金融关系、直接金融关系以及与此两类关系相关联的金融中介服务关系。同时，现代市场经济又是国家适度干预（或调控）的市场经济，因此，国家在调控和监管金融事业中所形成的金融调控监管关系，也应是金融法的调整对象。又由于资金融通须以货币的发行和流通为先导和基础，因而货币的发行和流通及其管理中所形成的社会关系也应是金融法调整对象的有机组成部分。总而言之，作为金融法调整对象的金融关系，是指在货币流通和资金信用融通活动中各主体之间发生的社会关系。

具体说，金融关系应指五种社会关系，即金融领域内相关主体之间的间接金融关系、直接金融关系、金融中介服务关系、国家金融主管机关与各类金融机构、非金融机构和自然人之间的金融调控关系和金融监管关系。前三类关系均是发生在平等主体间金融市场上的交易活动中，故又合称为金融交易关系。后两类关系发生在国家金融主管机关对金融市场各方主体的金融交易活动进行调节控制和监督管理的活动中，故称为金融调控监管关系。

（一）间接金融关系

间接金融关系以金融机构为主导，以货币市场为基础，主要表现为商业银行等金融机构对非金融机构的法人、自然人和其他社会组织吸收存款、发放贷款关系。包括：金融机构与非金融机构、自然人之间因存款、储蓄行为而产生的存款关系和储蓄关系；金融机构与非金融机构及自然人之间因信用贷款、担保（包括保证、抵押、质押）贷款及贴现贷款所产生的资金借贷关系；金融机构之间因同业拆借、票据转贴现、汇兑结算、证券买卖、外汇买卖等活动而产生的同业资金往来关系。

这类关系就其发生领域而言，又可称为货币金融关系，就其法律性质而言，应是各方当事人之间的债权债务关系。因此，需要由商业银行法、存款法、储蓄法、信贷法、担保法、拆解法等法律规范调整。

（二）直接金融关系

直接金融关系以资本市场为基础，主要表现为作为筹资人的公司和国家与作为投资人的公司、企业、基金等社会组织和自然人之间的证券发行、交易关系以及产权交易关系等。

1. 证券发行关系。这里主要是指证券发行市场（即一级市场）上证券发行人与投资者因债券、股票、投资基金等资本证券发行而形成的买卖关系、投资收益关系。

2. 证券交易关系。这里主要是指在证券交易（即二级市场）市场上，证券持有人与投资者因买卖股票、债券等形成的证券交易买卖关系及衍生的上市公司股票收购关系。

3. 产权交易关系。这里是指在产权交易市场上，即非证券化的资本市场上，筹资人与投资者发生的投资入股、股份转让、收购兼并等关系。

这类关系就其发生领域而言，又可称为资本市场金融关系，就其法律性质而言，应是各方当事人之间的投资收益关系。这就需要制定专门的证券发行法、证券交易法、上市公司收购法、企业购并法、社会投资法及产权交易法加以调整。

（三）金融中介服务关系

金融中介服务是指银行、证券公司等金融机构在金融市场（包括货币市场和资本市场）上，为投、融资双方实现融资提供的收付结算、承销经纪、咨询代理等辅助性服务工作。在这些活动中，金融机构不是资金融通的直接当事人，仅是为投、融资双方提供辅助性服务、收取中介服务费。因此，这类关系可称为中介服务关系。主要包括：

1. 货币市场的中介服务关系。主要有资金的结算、清算、咨询代理、信托委托、融资租赁、担保、见证等关系。这里主要是根据银行为社会提供的中间业务的范围大小、种类多少而确定。

2. 资本市场的中介服务关系，包括证券发行服务关系、证券交易服务关系及产权交易服务关系。主要有证券承销与经纪、证券登记、托管与清算、证券投资咨询及财务审计、资产评估与法律鉴证等服务关系。这里的服务关系主要发生于证券商及中介机构与投、融资双方之间。

这类关系需要制定结算法、信托法、租赁法、证券机构与证券业务法、经济鉴证服务法等法律加以调整和规范。

（四）金融调控关系

金融调控是国家对经济实施宏观调控的基本手段，是现代市场经济条件下金融的基本职能之一。金融调控关系是指国家及其授权的金融主管机关以稳定币值、促进经济增长为目的，对有关金融变量实施调节和控制而形成的关系。金融调控以中央银行制定和实施的货币政策为主导，通过调整货币供应量指标、市场利率水平，间接调控金融市场。当然，在某些特定时期，也会动用直接控制手段施以管制。因而金融调控关系既有金融市场交易中的平等性质，又有金融监管中的不平等性质。

以上金融调控关系需要制定中央银行法、货币改革法等加以调整。

（五）金融监管关系

金融监管关系是国家及其授权的金融监管机关对金融机构、金融业务及金融市场实施监管而产生的关系。包括：

1. 对金融机构的主体资格监管关系。主要指国家金融主管机关对银行与非银行金融机构的设立、变更、接管与终止进行全程审批所形成的关系。

2. 对金融机构的业务行为监管关系。是指国家金融主管机关对各类金融机构的业务活动制定基本规则并监督实施而形成的关系。包括存款贷款监管、支付结算监管、信托、委托监管、保险监管、证券发行、证券交易及服务监管等关系。

3. 对金融市场的监管关系。主要是指监管机关对货币市场、资本市场、保险市场、黄金市场和外汇市场的设立、变更、终止及其业务品种的监管形成的关系，同时，还应包括金融监管机关对擅自设立金融机构、擅自发行证券、非法从事存款、贷款、保险、典当、租赁业务等非法金融活动进行查处而形成的关系。这类关系需要制定金融监管法加以调整。

三、金融法的原则

(一) 加强和完善国家金融宏观调控职能的原则

统一管理金融是指国家对金融事业实行统一的政策和法律、法令予以管理，由人民银行统管全局，制定统一的货币金融政策，对各商业银行、政策性银行、外资银行和其他非银行金融机构的设置、业务开展以及金融市场实行严格的监管，不受其他政府机关、经济组织和个人的非法干涉。

管理金融和经营金融业务分离的原则，是政企职责分开在金融领域内的具体化。其内容是指人民银行不再一身兼有管理金融和从事一般金融业务（商业性金融业务）的双重职能，而改由人民银行制定统一的货币政策、方针和金融规章，执行金融监管的国家机关的职能。商业银行、政策性银行和其他金融机构在法律、法规和统一的金融方针政策允许的范围内开展金融业务活动，享有经营自主权，而不再行使金融管理方面的职能。

加强和完善国家金融宏观调控职能的原则，要求明确人民银行的法律地位、增强其权威性。同时，要改善人民银行货币调控手段，尽量少用或不用行政办法，而用间接的、经济的、法律的方法（如存款准备金率、再贴现率等）来调控金融，以实现宏观管理的目的。

(二) 保持货币币值稳定的原则

经济增长、币值稳定是市场经济协调发展的重要标志，是一国货币政策的主要目标。我国中央银行法也把“保持货币币值的稳定，并以此促进经济增长”明定为我国货币政策的目标，从而使其成为我国金融法的重要原则。

要稳定币值，就必须贯彻货币制度独立、统一的方针，执行经济发行的原则。货币制度的独立是指货币政策的制定和实施要与其他政策相对独立，货币的发行必须与财政发行、政府信用分开，即财政部门不得向人民银行透支，人民银行不得直接认购、包销国债和其他政府债券，不得向地方政府、各级政府部门提供贷款。统一是指货币的发行与管理要统一由人民银行负责，其他银行非依法律规定或特别批准不得发行任何形式的银行券。稳定货币币值是与经济发行相联系的，是指货币的发行只能是满足生产和流通的正常需要，使货币的总供给与总需求保持平衡，从而保证货币币值的稳定，防止通货膨胀。

促进经济增长，要求货币的发行、金融活动的开展、金融监管与调控的进行有利于为经济发展创造良好的金融环境，使之保持较快的、平稳的发展势头。

这个原则，归根到底是要保持货币币值的稳定，是在稳定币值的基础上促进经济增长，实现国民经济可持续发展的战略。

(三）保护投资者（债权人）合法权益的原则

金融市场是融通资金、买卖有价证券的场所。金融市场可以从不同的角度进行多种分类，但一般分为货币市场（包括同业拆借市场、票据贴现市场、回购市场和短期外汇市场等）、资本市场（长期信用工具的发行市场与流通市场，如股票市场、债券市场、基金市场、期货市场和长期外汇市场）等。只有通过金融立法建立起规范有序的金融市场，使货币的收付、汇兑、结算、信贷等活动迅速、及时、准确，才能加速资金的横向流动和循环，提高融资的可选择性和有效性。同时，也只有建立起完善的金融市场，公开信息披露，防止内幕交易、欺诈等不法行为，广大投资者（债权人）的利益才能得到切实的保障。

(四）防范和化解金融风险的原则

金融业是从事货币资金融通的特种行业，是时刻面临多种类型风险威胁的高风险行业。这些风险包括信用风险、国家风险（转移风险）、市场风险、利率风险、流动性风险、操作风险、法律风险、声誉风险等。风险的存在，严重影响着金融业的安全运营，并有可能影响到整个社会的经济生活和国家安定，因此，必须加以防范和化解。

防范和化解金融风险的原则，必须贯穿于金融立法、执法、守法和对外交往过程的始终。从立法上而言，必须科学、合理地建立、健全各种金融法律、法规和规章制度，为防范和化解金融风险创造良好的法律环境；从执法上而言，必须强化金融监管部门的地位和职权，改进监管的方式、方法，完善有关资本充足率、贷款损失准备金、资产集中度、流动性管理、风险管理和内部控制等方面的监管程序，切实加强非现场检查、现场检查和聘用外部审计、综合并表监管等措施；从守法方面而言，各金融机构必须健全内部控制和各项具体业务制度，实行合法、合规和审慎经营；在金融对外开放方面，必须积极稳妥，立足于国家主权和安全，切实做好涉外金融业务的经营和监管工作，防范国际金融风险的渗透和转移。

(五）分业经营与分业管理的原则

金融是货币资金融通的简称，而货币资金融通活动是由各种各样的金融机构完成的。这些金融机构种类繁多、设立条件不一，经营方式、业务范围、经营风险也有很大的差异，需要实施不同程度的管理。大体而言，金融机构依其服务对象的范围和性质，可以归结为四大类，即银行业、信托业、证券业、保险业。对这些不同的金融业很难以一个统一的标准、统一的法律来予以规范，而必须根据它们的行业性质和特点，分别制定相应的法律，如银行法、信托法、证券法、保险法等，设置相应的专门监管部门，实施分行业管理。只有这样，才能使我国对金融事业的管理做到有的放矢、落到实处。

此外，还需贯彻政策性金融业务与商业性金融业务相分离，专业银行商业化，开展适度的金融竞争的原则。银行是经营货币业务的特种企业，它也应以盈利为目的，按照效益性、安全性、流动性的经营原则进行商业化经营，这样，才能做到自主经营、自担风险、自负盈亏、自我约束。但我国的国有专业银行长期以来肩负着政策性银行和商业性银行的双重任务，而且业务分工严密，缺乏竞争机制，致使货币资金使用效益低下，政策性业务和商业性业务的经营目标都很难真正实现。虽然在改革开放的过程中，四大专业银行的业务范围分工有所突破和交叉，但专业银行运营机制并未彻底改观。因此，我国的金融立法要完善财政投、融资体制，创建和完善政策性银行及其他政策性金融机构，专营政策性金融业务。各国有专业银行在政策性银行业务分离出去之后，要明晰产权，业务交叉，综合发展，开展适度金融业务竞争，以实现商业化经营的目标。

（六）与国际惯例接轨的原则

市场经济是外向型经济，市场经济体制要求与国际经济体制接轨。随着世界经济一体化进程的加快和我国对外开放的深入，外资金融机构将大量涌入，我国的金融业也将越来越多地参与到国际金融活动中去。为此，一方面，我国的金融立法要大胆地借鉴市场经济国家中的金融立法，采用国际金融立法的通例，培养和发育外向型的金融市场。另一方面，又要从我国的基本国情出发，从维护国家主权和促进本国经济的发展入手，对外债、外汇进行必要的监督管理，并对外资金融机构在华的活动及我国驻外的金融机构进行立法管理和必要的金融监督。

第二节 银行法律制度

银行法是调整银行组织机构、业务经营和监督管理过程中发生的各种社会关系的法律规范的总称，我国的银行法体系包括中央银行法、商业银行法、政策性银行法等。

一、中国人民银行法律制度

（一）中国人民银行的性质与特征

根据《中国人民银行法》规定，中国人民银行是我国的中央银行。中国人民银行在国务院领导下，制定和实施货币政策，对金融业实施监督管理的机关，并受全国人民代表大会常委会的监督。中国人民银行具有相对的独立性。中国人民银行在国务院领导下依法独立执行货币政策，履行职责，开展业务，不受地方政府、各级政府部门、社会团体和个人的干涉。

中国人民银行的全部资本由国家出资，属于国家所有。中国人民银行实行独立的财务预算管理制度，每一会计年度的净利润全部上缴中央财政，发生的亏损由中央财政拨款弥补。中国人民银行作为中央银行，既与其他国家机关不同，又与普通银行不同，其特殊性表现在：

1. 中央银行是发行的银行

中央银行是货币发行的银行，是指中央银行垄断银行券的发行权，成为全国唯一的现钞发行机构。货币的发行是中央银行的重要资金来源，也为中央银行调节金融活动提供了资金力量。

2. 中央银行是银行的银行

中央银行作为银行的银行，主要体现在三方面：一是集中存款准备金。中央银行是商业银行和其他金融机构存款准备金的唯一保管银行，中央银行统一保管存款准备金，可以保证存款机构的清偿能力，维护存款人的资金安全和银行等金融机构本身的安全，有利于中央银行调节信用规模和控制货币供应量。二是为商业银行和非商业银行金融机构提供票据清算服务，支持、维护清算系统的正常运行。三是作为最后贷款人。当商业银行和其他金融机构的资金呈业务性短缺时，中央银行作为最后贷款人支持资金周转困难的商业银行和其他金融机构，以免银行挤兑风潮的扩大而最终导致整个银行业的崩溃，以保证金融业的稳定。

3. 中央银行是政府的银行

一方面，中央银行的资本由政府全部或部分拥有，政府通过法律获得对中央银行的控制权，中央银行成为政府的组成部分；另一方面，中央银行作为政府的银行，代表国家贯彻执行财政、金融政策，代为管理国家财政收支，以及为国家提供各种金融服务，包括经理国库；代理国库券的发行；持有、管理、经营国家外汇储备和黄金储备，进行外汇和黄金的买卖管理；制定、发布并监督执行有关金融监督管理和金融业务的命令和规章；负责金融业的统计、调查、分析和预测；代表国家参加国际金融组织，进行国家和国际间的金融合作等。

（二）中国人民银行的职能和职责

1. 中国人民银行的职能

中国人民银行的职能是由中央银行的性质和地位所决定的。主要有三大职能：

（1）公共服务职能。是指中央银行向政府和银行及其他金融机构提供资金融通、划拨清算、代理业务等方面的金融服务。

（2）宏观调控职能。中央银行运用自己所拥有的金融手段，对货币与信用进行调节和控制，进而影响和干预整个社会经济发展进程，实现预期的货币政策目标。

（3）金融监管职能。中央银行作为一国最高金融管理当局，对银行及其他金融机构的设置、业务活动及经营情况进行检查、监督，对金融市场实施监督管理。

2. 中国人民银行的职责

中国人民银行的主要职责为：起草有关法律和行政法规；完善有关金融机构的运行规则；发布与履行职责有关的命令和规章；依法制定和执行货币政策；监督管理银行间同业拆借市场和银行间债券市场、外汇市场、黄金市场；防范和化解系统性金融风险，维护国家金融稳定；确定人民币汇率政策；维护合理的人民币汇率水平；实施外汇管理；持有、管理和经营国家外汇储备和黄金储备；发行人民币，管理人民币流通；制定和组织实施金融业综合统计制度，负责数据汇总和宏观经济分析与预测；管理信贷征信业，推动建立社会信用体系；从事有关国际金融活动，等等。

（三）中国人民银行的货币政策

1. 货币政策和货币政策目标

货币政策有广义和狭义之分。广义的货币政策指政府、中央银行和其他有关部门所有有关货币方面的规定和采取的影响金融变量的一切措施。狭义的货币政策指中央银行为实现既定的经济目标（稳定物价、促进经济增长、实现充分就业和平衡国际收支）运用各种工具调节货币供应量和利率，进而影响宏观经济的方针和措施的总称，是宏观经济政策的一种，它与国家财政政策共同构成了国家调节宏观经济的重要手段。货币政策具有两方面的功能：一是防御性功能，即保护货币和金融体系免遭意外的冲击、破坏和损失，保持整个经济和社会生活的稳定；二是主动性功能，通过对货币、信用的控制，使社会总需求与总供给达到平衡。

中央银行的货币政策的构成要素，包括三方面：一是货币政策目标；二是实现货币政策的工具；三是货币政策的传导与监控机制。货币政策目标，是中央银行实施货币政策所预定要对宏观经济产生的明确效果，是中央银行制定和实施货币政策的出发点和归属点，一般分为最终目标和中间目标。货币政策的工具，是中央银行实现其货币政策目标的政策手段，一般分为一般性政策工具、特殊性政策工具、其他政策工具。货币政策的传导与监控机制，是指中央银行实施货币政策的具体操作方式、程序以及监控方式和手段。中央银行货币政策的传导机制，一般为运用货币政策工具——操作目标——中介目标——最终目标，即中央银行一般通过货币政策工具的运作，影响商业银行和其他金融机构的活动，进而影响货币供应量，最终影响国民经济宏观经济指标。

通过中央银行调节货币供应量、影响利息率及经济中的信贷供应程度来间接影响总需求，以达到总需求与总供给趋于理想的均衡的一系列措施就是货币政策的工具。货币政策分为扩张性的和紧缩性的两种。扩张性的货币政策是通过提高货币供应增长速度来刺激总需求，在这种政策下，取得信贷更为容易，利息率会降低。因此，当总需求与经济的生产能力相比很低时，使用扩张性的货币政策最合适。紧缩性的货币政策是通过削减货币供应的增长率来降低总需求水平，在这种政策下，取得信贷较为困难，利息率也随之提高。因此，在通货膨胀较严重时，采用紧缩性的货币政策较合适。

2. 货币政策工具

货币政策工具是中央银行实现其货币政策目标的政策手段。货币政策工具可分为以下三类：

一是常规性的货币政策工具，或称一般性货币政策工具。指中央银行所采用的、对整个金融系统的货币信用扩张与紧缩产生全面性或一般性影响的手段，是最主要的货币政策工具，包括：1）存款准备金制度；2）再贴现政策；3）公开市场业务。这三项政策被称为中央银行的“三大法宝”。主要是从总量上对货币供应量和信贷规模进行调节。

二是选择性的货币政策工具，是指中央银行针对某些特殊的信贷或某些特殊的经济领域而采用的工具，以个别商业银行的资产运用与负债经营活动或整个商业银行资产运用与负债经营活动为对象，侧重于对银行业务活动质的方面进行控制，是常规性货币政策工具的必要补充。常见的选择性货币政策工具主要包括：消费者信用控制；证券市场信用控制；不动产信用控制；优惠利率；预缴进口保证金，等等。

三是其他货币政策工具，除以上常规性、选择性货币政策工具外，中央银行有时还运用一些补充性货币政策工具，对信用进行直接控制和间接控制。包括：信用直接控制工具，指中央银行依法对商业银行创造信用的业务进行直接干预而采取的各种措施，主要有信用分配、直接干预、流动性比率、利率限制、特种贷款；信用间接控制工具，指中央银行凭借其在金融体制中的特殊地位，通过与金融机构之间的磋商、宣传等，指导其信用活动，以控制信用，其方式主要有窗口指导、道义劝告。

二、商业银行法律制度

（一）商业银行和商业银行法

在我国，商业银行是指依照《商业银行法》和《公司法》设立的吸收公众存款、发放贷款、办理结算等业务的企业法人。商业银行是经营货币和资金的金融企业。商业银行具有独立的民事权利能力和民事行为能力，依法自主经营、自负盈亏，以其全部法人财产独立承担民事责任。商业银行的分支机构不具有法人资格，在总行授权范围内依法开展业务，其民事责任由总行承担。商业银行的组织形式为公司，第一种是有限责任公司，第二种是股份有限公司。

商业银行与其他银行相比较，具有以下特征：（1）资金来源以吸收存款为主，故被称为“存款银行”；（2）业务范围十分广泛，基本不受专业分工的限制，故被称为“百货公司式的银行”；（3）以利润最大化为其经营目标。

（二）商业银行的职能

第一，信用中介职能。商业银行作为货币借贷双方的“中介人”，通过负债业务（集中社会上各种闲散资金）和资产业务（将集中的闲散资金投放到需要资金的国民经济各部门），实现资本的融通，对经济结构和经济运行过程进行调节。这是商业银行的最基本职能，最能反映其基本特征。

第二，支付中介职能。商业银行作为企事业单位和个人的货币保管、出纳和支付代理者，通过账户上存款转移，代理客户支付；基于储户存款，为储户兑付现款等，减少现金使用，节约流通费用，加速结算过程和货币资金周转，促进扩大再生产。支付中介和信用中介两种职能相互推进，构成商业银行借贷资本的整体运作。

第三，信用创造职能。商业银行把负债作为货币进行流通，在支票流通和转账结算的基础上，贷款转化为存款，在存款不提取或不完全提取时，增加了商业银行的资金来源，形成数倍于原始存款的派生存款。信用创造的实质是流通工具的创造，而不是资本的创造。

第四，金融服务职能。商业银行为适应经济发展和科技进步，满足客户要求，不断开拓金融服务领域，促进资产负债业务的扩大，实现资产负债业务和金融服务的有机结合。如代发工资、提供信用证服务、代付其他费用、办理信用卡等。金融服务职能逐步成为商业银行的重要职能。

商业银行法是调整商业银行组织、管理和业务活动及与其相关的其他金融关系的法律规范的总称。

（三）商业银行的业务范围及经营原则

1. 商业银行的业务范围

商业银行通常有三大业务，即负债业务、资产业务和中间业务。负债业务是筹措资金以形成其经营资产的业务，如吸收存款、承兑票据、发行债券等。资产业务是运用自己的资产获得利润的业务，如放贷、票据贴现、投资、认购债券等。中间业务是不动用自己的资产，而是凭借自己的业务条件经营的业务，如结算、咨询、代理证券募集与买卖、信托保管等。

2. 商业银行的经营原则

商业银行经营贯彻效益性、安全性、流动性为经营原则。此外，还有自主经营、自担风险、自负盈亏和自我约束的经营原则；按照国家的产业政策和发展政策的要求开展信贷业务，业务往来遵循平等、自愿、公平和诚实信用的原则；保障存款人利益的原则；独立经营的原则；公平竞争原则；依法接受中央银行监管的原则，以及业务经营的安全性、流动性和盈利性原则。

三、政策性银行法律制度

所谓政策性银行系指那些多由政府创立、参股或保证的，不以营利为目的，专门为贯彻、配合政府的社会经济政策或意图，在特定的业务领域内，直接或间接地从事政策性融资活动，充当政府发展经济、促进社会进步、进行宏观经济管理的工具的金融机构。

政策性银行的产生和发展是国家干预、协调经济发展的产物。政策性银行与商业银行和其他非银行金融机构相比，有共性的一面，如要对贷款进行严格审查，贷款要还本付息、周转使用等。但作为政策性金融机构，也有其自身特征：一是政策性银行的资本金多由政府财政拨付；二是政策性银行经营时主要考虑国家的整体利益、社会效益，不以盈利为目标，但政策性银行的资金并不是财政资金，政策性银行也必须考虑盈亏，坚持银行管理的基本原则，力争保本微利；三是政策性银行有其特定的资金来源，主要依靠发行金融债券或向中央银行举债，一般不面向公众吸收存款；四是政策性银行有特定的业务领域，不与商业银行竞争。

我国的三大政策性银行是国家开发银行、中国进出口银行、中国农业发展银行。

1. 国家开发银行。国家开发银行是专门从事政策性国家重点建设贷款及贴息业务的银行，是直属国务院领导的政策性金融机构，对由其安排投资的国家重点建设项目，在资金总量和资金结构配置上负有宏观调控的职责。

2. 中国进出口银行。中国进出口银行是对我国进出口业实行政策性贷款业务的专业银行，是经营国家进出口方面业务的政策性金融机构。

3. 中国农业发展银行。中国农业发展银行是负责筹集农业政策性信贷资金，办理国家规定的农业政策性金融业务的银行，是直属国务院领导的政策性金融机构。

第三节　证券法律制度

一、证券和证券法概述

(一) 证券的概念

证券是用以证明证券持有者有权取得相应权益的各类经济权益（通常是所有权、股权或债权）的凭证。

一般而言，证券可以分为有价证券和无价证券。有价证券又可以分为商品证券和资本证券。商品证券是指因商品的买卖而发生的、表示索取与商品等值的货币的证券。商品证券包括提单、仓单、票据等等。资本证券是指因借贷资本而发生的、表明权利人索取与其出资额相应利益的权利凭证。资本证券主要就是股票和债券。我国证券法上所指的证券是资本证券，是指发行人为筹集资本而发行的，表示持有人对发行人享有股权或债权的书面凭证。

我国证券法规范的证券种类有股票、债券、投资基金券、证券期货、期权合约等。

（二）证券法的概念和基本原则

证券法是调整证券关系的法律规范的总和。所谓证券关系，是指证券主体（包括证券的发行主体、投资主体、服务主体、管理主体等等）在证券发行、证券交易等过程中以证券为客体所形成的各种关系。

证券法的基本原则是指证券法所规定的证券发行和证券交易活动必须遵循的基本准则，是证券立法、司法和执法的出发点和指导思想，体现了证券法的基本精神。我国证券法的基本原则主要是“三公”原则，即公开、公平、公正原则；诚实信用原则和保护投资者合法权益原则。（参见图 9—1）

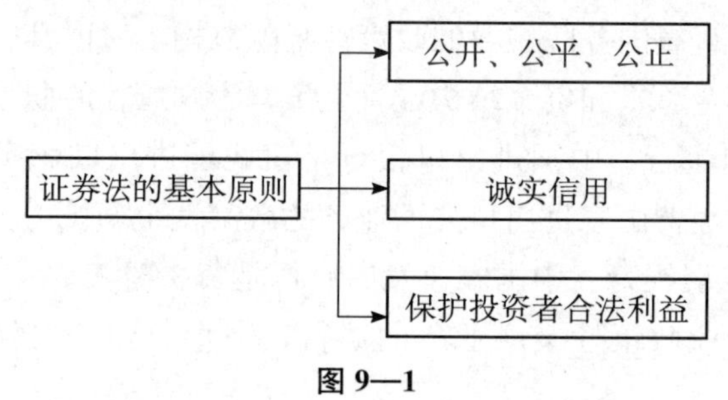

图 9—1

二、证券发行制度

（一）证券发行的概念

证券发行是指经批准符合发行条件的证券发行人，以筹集资金为目的，按照一定程序将证券销售给投资者的行为。证券发行可以分为公募发行与私募发行。公募发行是指针对所有合法投资者销售发行人发行的证券。私募发行是指只有特定的投资者可以认购发行人发行的证券。根据发行证券种类的不同，还可以分为股票发行、债券发行和基金单位发行。

证券发行市场又称一级市场，它主要由证券发行人、证券投资人、证券承销商和证券发行市场的其他主体组成。（参见图 9—2）

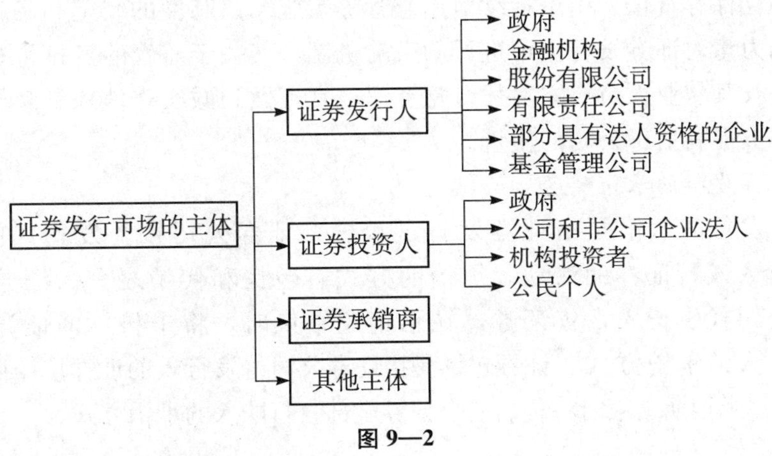

图 9—2

（二）证券发行的基本制度

1. 证券发行审批制度

证券发行的审批制度从国际通行做法来看可以分为：注册制、核准制、注册制与核准制相结合三种。

注册制是指发行人在发行证券之前，依法将公开的各种资料全面、准确地向证券监管机关申报，证券监管机关对申报文件的全面性、真实性、准确性和及时性作出审查，若无异议，申请自动生效。

核准制是指发行人发行证券时不仅要公开本公司的真实情况，而且，发行人必须符合法定条件，证券监管机关有权否决不符合法定条件的申请。

我国《证券法》采用了核准制的做法。从现状来看，证券发行核准制是适合我国国情的。我国的证券市场起步不久，市场中个人投资者所占比例很高，且其投资具有很大的盲目性，承受市场风险的能力有限。另外，证券监管法律体制尚不健全，事后救济手段缺乏。在此种情况下，如照搬国外的注册制，必然造成证券发行者鱼龙混杂，不利于证券市场的健康发展。

为从核准制向注册制过渡做好铺垫，我国于 2004 年开始实施证券发行上市保荐人制度。保荐人制度指由保荐人（券商）负责发行人的上市推荐和辅导，核实公司发行文件与上市文件中所载资料是否真实、准确、完整，协助发行人建立严格的信息披露制度，并承担风险防范责任。

保荐人制度最引人注目的规定，明确了保荐机构和保荐代表人的责任并建立责任追究机制，建立保荐机构和保荐代表人的注册登记管理制度、明确保荐期限、确立保荐责任、引进持续信用监管等措施。该制度的制定和实施，旨在建立市场力量对证券发行上市进行约束的机制，其关于监管的安排将有力推动证券公司及其从业人员树立责任自觉意识，真正做到诚实守信和勤勉尽责，进而从源头上提高上市公司的质量。

2. 证券发行的承销制度

证券发行的承销是指证券发行过程中，证券公司接受发行人的委托，代理发行人发行证券的活动。承销的方式有包销和代销之分。证券代销是指证券公司代发行人发售证券，在承销期结束时，将未售出的证券全部退还给发行人的承销方式。证券包销是指证券公司将发行人的证券按照协议全部购入或者在承销期结束时将售后剩余证券全部自行购入的承销方式。

三、证券交易制度

（一）证券交易的概念和法律特征

证券交易，是指证券投资者将自己购买的证券再次乃至多次投入流通，实现证券在不同投资者之间转让的行为。证券的交易既是一种经济行为，也是一种法律行为。作为经济行为，是因为证券交易行为也是商品货币的换位行为，交易的主体都期望在交易中获利。作为法律行为，是因为交易行为可以引起法律关系的产生、变更和消灭。

证券交易的法律特征如下：

第一，交易主体关系的变化性。通过不断交易，证券转让者与发行者之间的法律关系终止，而随之受让者则与发行者之间建立起新的法律关系。这种变化伴随交易不断发生。

第二，交易价格的竞价性。在证券的场内交易方式中，交易价格的确定采用集中公开竞价的方式。在交易所内，买方经纪人和卖方经纪人在交易时互相报出价格，当某个报出的买进价格与另一个报出的卖出价格一致时即可成交。证券的场外交易价格可由买卖双方协定，但实际上也要受到其他市场价格的影响。

第三，交易行为的法定性。证券交易行为的标的是特殊的商品——证券，所以在其交易的主体、场所、方式、价格、程序等方面均体现严格的法定性，不按法律、法规进行的交易为无效交易行为。

（二）证券场内交易的规定

证券场内交易，是指在证券交易所进行的证券买卖行为。证券交易所是证券交易的最主要场所。证券要在场内进行交易，必须符合法律规定的条件和程序，否则不得在场内进行交易。

证券场内交易的程序是指在证券交易所买卖证券的具体步骤。交易的具体程序如下（参见图9—3）：

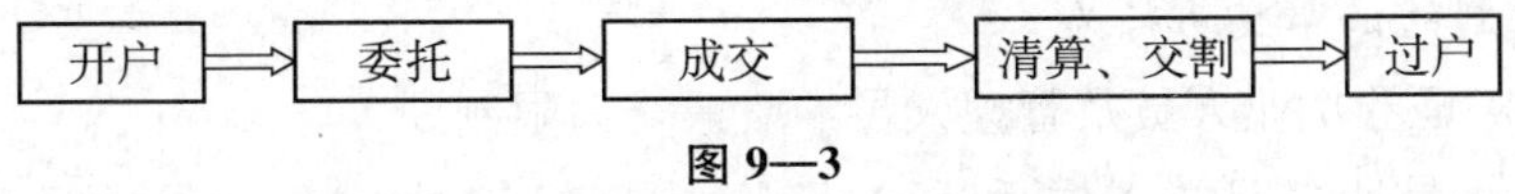

图9—3

1. 开户。开户是指证券投资者在证券经纪公司处开立证券交易的账户。证券投资者要在证券交易所买卖证券，必须选择一家证券经纪公司，并在该公司办理开户手续，设立资金专户。投资者把资金存入，由证券经纪公司代为转存银行。

2. 委托。委托是证券投资者向证券经纪商表明以某种价格购进或卖出一定数量某种证券的意思表示。证券投资者与证券经纪商办理证券买卖委托合同以确定二者的证券委托关系，是上市证券买卖的必经程序。在我国，证券商不得接受有关买卖证券的价格、数量、种类的全权委托，不得擅自接受信用交易委托。

3. 成交。证券交易的成交是指证券交易双方按照规定的程序达成一致的证券交易条件的活动，是证券交易的核心活动。在场内交易中的成交方式，是集中竞价并要按照成交的竞争规则进行。证券交易的集中竞价应当按照价格优先和时间优先的原则进行。

4. 清算和交割。证券交易的清算是指为减少证券和价款的交割数量，分别冲抵多次买卖证券的数量和价款的程序。这样可以节省人力、物力，提高交易效率。证券交易所清算机构的作用类似银行的转账结算。证券的清算按照"净额交收"的原则进行，即同一证券经纪商在同一交割日对同一种证券的买进和卖出进行抵消清算，确定应当交割证券的数量和价款数额。

由于证券买卖的双方都是通过证券商进行交易的，成交后证券商应向委托人递送成交确认书，确认委托完成。委托人应按委托日期办理交割。我国的证券交易所均实行成交后下一个营业日交割的办法。

5. 过户。证券的过户是指证券的所有者向新所有者转移有关证券全部权利的记录行为。证券过户是完成证券交易的最后程序，但并非所有的证券交易都必须办理过户手续。比如，无记名证券无须办理过户手续。我国《公司法》规定，无记名股票的转让，由股东在依法设立的证券交易所将股票交付给受让人后即发生转让的效力；而记名股票的转让，由公司将受让人的姓名或名称及住址记载于股东名册。证券的过户由证券交易所指定的过户机构统一办理，而无须投资者到发行公司去办理。

（三）证券买卖的限制性规定

1. 限制的证券交易行为

（1）对证券从业人员及管理人员的股票交易限制。

证券交易所、证券公司和证券登记结算机构的从业人员、证券监督管理机构的工作人员以及法律、行政法规禁止参与股票交易的其他人员，在任期或者法定限期内，不得直接或者以化名、借他人名义持有、买卖股票，也不得收受他人赠送的股票。任何人在成为前述所列人员时，其原已持有的股票，必须依法转让。

（2）对证券中介机构及其人员的股票交易限制。

为股票发行出具审计报告、资产评估报告或者法律意见书等文件的证券服务机构和人员，在该股票承销期内和期满后 6 个月内，不得买卖该种股票。除前述规定外，为上市公司出具审计报告、资产评估报告或者法律意见书等文件的证券服务机构和人员，自接受上市公司委托之日起至上述文件公开后 5 日内，不得买卖该种股票。

（3）上市公司董事、监事、高级管理人员、持有上市公司股份 5%以上的股东短线交易的限制。

上市公司董事、监事、高级管理人员、持有上市公司股份 5%以上的股东，将其持有的该公司的股票在买入后 6 个月内卖出，或者在卖出后 6 个月内又买入，由此所得收益归该公司所有，公司董事会应当收回其所得收益。但是，证券公司因包销购入售后剩余股票而持有 5%以上股份的，卖出该股票不受 6 个月时间限制。

公司董事会不按照前述规定执行的，股东有权要求董事会在 30 日内执行。公司董事会未在上述期限内执行的，股东有权为了公司的利益以自己的名义直接向人民法院提起诉讼。

公司董事会不按照前述规定执行的，负有责任的董事依法承担连带责任。

2. 禁止的证券交易行为

（1）内幕交易行为。

内幕交易是指知悉证券交易内幕信息的知情人员或者非法获取内幕信息的其

他人员利用内幕信息进行证券交易活动，以获取利益或者减少经济损失的行为。

（2）操纵证券交易市场行为。

操纵证券交易市场行为是指以获取利益或者减少经济损失为目的，利用其资金、持股等优势，制造证券交易假象，诱导或者致使投资者在不了解事实真相的情况下作出证券投资决策，扰乱证券市场秩序的行为。我国证券法严格禁止任何人以操纵证券交易市场的各种手段来获取不正当利益或者转嫁风险。

（3）信息误导行为。

信息误导行为是指有关证券主体编造并传播虚假信息或者作出虚假陈述等，影响证券交易的行为。

（4）欺诈客户行为。

欺诈客户行为是指证券公司及其从业人员在证券交易中违背客户的真实意愿进行代理，损害客户利益的行为。

（5）其他禁止的交易行为。

其他一些行为也为证券法所禁止，如在证券交易中，禁止法人以个人名义开立账户，买卖证券；在证券交易中，禁止任何人挪用公款买卖证券；国有企业和国有资产控股的企业，不得炒作上市交易的股票。

为了制止上述禁止的交易行为，证券法明确规定，证券交易所、证券公司、证券登记结算机构、证券交易服务机构、社会中介机构及其从业人员对证券交易中发现的禁止的交易行为，应当及时向证券监督管理机构报告。

四、信息披露制度

信息披露制度指证券发行公司以及相关人员在证券发行、上市、交易过程中，依法将与证券有关的一切真实信息予以公开，以供投资者作出证券投资判断参考的一项法律制度。它是证券法上的一个重要制度，是公开原则的具体体现。

该制度至少在几方面具有重要意义：第一，保护投资者的合法利益。第二，防止证券欺诈，维护证券市场秩序。第三，促使公司加强内部管理。第四，有助于提高公众对资本市场的信心。

证券法律制度的公开标准是衡量信息公开程度的基本尺度。从理论上来讲，信息公开的法律标准应当概括为：信息内容的全面性、资料的真实性、时间的时效性、空间的易得性、内容的易解性、形式的适法性。

1. 初次信息披露制度

初次信息披露是指发行人发行证券时的信息公开，又称证券发行（一级）市场的信息公开。初次信息披露的主要法律表现形式是招股说明书。

招股说明书，又称公开说明书，它是发行人向公众发出的、邀请公众认购或购买其股票的书面文件。其宗旨是让投资者了解情况，使投资者得以对证券的投资价值和特质作出估价。它既是证券发行的销售文件，也是具有法律效力的文件，必须依法编制。

2. 上市公司信息之持续披露义务

上市公司信息的持续披露是指上市公司证券进入市场流通时的公司信息公开，又称证券流通市场的公司信息披露。设置上市公司信息持续披露制度的目的是规范上市公司在流通市场上的信息披露行为，使证券交易中的投资者能有足够的信息对证券投资的价值作出判断。流通市场上的公司信息披露与发行市场上的公司信息披露不同，它所公开的信息是公司变化中的信息，更集中地体现着公司信息披露的现时性要求。

信息持续性披露文件包括证券发行公司的定期报告和临时报告。

3. 上市公司信息披露的例外

为了保护上市公司的合法利益，各国在规定上市公司信息披露义务的同时，都有一些例外规定，允许某些信息可不予披露。我国有关条例规定：上市公司有充分理由认为向社会公布该重大事件会损害上市公司的利益，且不公布也不会导致股票市场价格重大变动的，经证券交易所同意，可以不予公布。具体来说，可以不予披露的信息主要指：（1）法律、法规予以保护并允许不予披露的商业秘密；（2）证监会在调查违法行为过程中获得的非公开信息和文件；（3）根据法律、法规规定可以不予披露的其他信息。

五、证券监管法律制度

证券监管主要取决于以下因素：一是证券市场的发育程度与自由度；二是政府对经济运行的调控模式；三是一国的政治体制，其中主要是中央与地方的关系及中央各部门之间的职能分工。实质上证券监管制度在各国都有共同内容：一是监管机构的性质、职能、地位，即监管机构的地位是否独立，承担哪些职能与责任；二是监管方式，主要以政府监管为主还是以自律管理为主或二者并用，是法律手段占主导，还是以经济、行政手段占主导的问题；三是监管对象及范围，这主要涉及证券概念外延的界定。

证券监管的目的是寻求最大的投资保护和最小的证券市场干预。一方面促成投资者作出正确的投资选择、引导投资方向，实现资金、资源的优化配置；另一方面利用市场投资选择把发行质量低劣、超过市场资金供给承受能力的证券发行驱逐出证券流通领域。为此，各国政府对证券市场进行监管时必须坚持以下监管原则，确保监管目标的实现（参见图 9—4）。

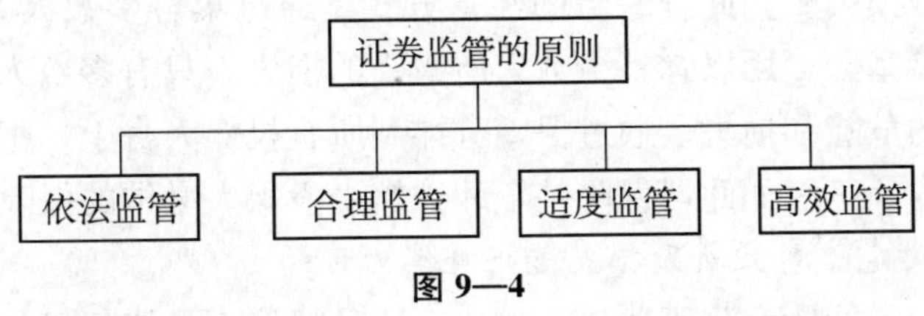

图 9—4

我国证券法虽然没有明确指出国务院证券监督管理机构到底是谁，但根据国务院“三定”方案，国务院证券监督管理机构就是中国证券监督管理委员会，即证监会。

第四节　保险法律制度

一、保险概述

保险是指投保人根据合同约定，向保险人支付保险费，保险人对于合同约定的可能发生的事故因其发生所造成的财产损失承担赔偿保险金责任，或者当被保险人死亡、伤残、患病，或者达到合同约定的年龄、期限时，承担给付保险金责任的商业保险行为。

(一) 保险的特征

作为危险管理方式之一的保险，具有以下特征：

1. 保险以特定危险为对象

危险的存在是构成保险的一个要件，因此在一定意义上可以说，无危险则无保险。但并非任何危险都可构成保险危险。作为保险对象的危险必须具备以下特征：一是危险发生与否具有不确定性。不可能发生或者肯定要发生的危险不能构成保险危险。二是危险发生的时间不能确定。如人寿保险有关人的危险虽然肯定要发生，但发生的具体时间很难预料。三是危险所导致的后果不能确定。四是危险的发生对于投保人或者被保险人来说，必须是非故意的。如果危险是由当事人故意造成的，则不构成保险危险。此外，由保险标的物本身所造成的危险，也不属于保险危险。

2. 保险以众多人的互助共济为基础

以多数人的互助共济为基础是保险区别于以自保形式建立后备基金的关键。保险是建立在“我为人人，人人为我”这一互助共济基础之上的，其基本原理是集合危险，分散损失。因此，保险的经营方式是通过集合多数人共同筹集资金，建立集中的保险基金，用以弥补少数人所遭受的损失。只有多数人参加保险，才能把殃及个人的危险和损失，通过保险分摊到所有投保人身上，把危险和损失限制在最小范围内。正因如此，保险基金才纯粹由投保人缴纳的保险费构成。

3. 保险以对危险事故所致损失进行补偿为目的

保险就是为了补偿危险所造成的损失，这种补偿不是恢复已被毁损、灭失的原物，也不是赔偿实物，通常是通过支付货币的方式来实现的。因此，危险事故所致损失应是可以计算价值的，财产损失是可以补偿的，对人身所造成的损失也应对保险标的进行价值形式的计算，只是其计算方法是事前约定好的。

4. 保险是一种合同法律关系

双方当事人基于保险合同产生保险关系，以合同约定的权利和义务为限，享受权利和承担义务。对双方当事人而言，最主要的义务是缴费和赔付。即一方当事人缴纳保险费，另一方当事人承担赔偿或给付保险金的义务。

（二）保险的要素

1. 以存在不确定的危险为前提要素。所谓危险，是指在将来遭遇自然灾害或意外事故以致造成财产损失或人身伤亡的可能性。保险制度的功能在于分散危险，转移风险，因此，保险以危险为经营对象。但是，并非所有的危险都可成为保险的对象，只有具有不确定性的危险，才是可投保的危险。

2. 以多数人的互助共济为基础要素。保险制度的产生，是为了弥补单个人抵御风险能力的不足，集合众人的力量，从而形成了一套经济上合理、操作上规范的制度。通过这个制度，负担同类危险的人分别缴纳一定的保险费给保险人，建立保险基金，当个别投保人因为遭遇保险危险而遭受损失时，由保险人弥补他的损失，从而实现保险风险的转移和分散。

3. 以对危险事故所致损失进行补偿为目的要素。保险的目的并不是阻止事故的发生，而是对危险事故造成的损失给予经济补偿。订立保险合同的最终目的在于以经济上的补偿来分担当事人所遭受的损害。

（三）保险的种类

依据不同的标准，保险有不同的分类。（参见图 9—5）

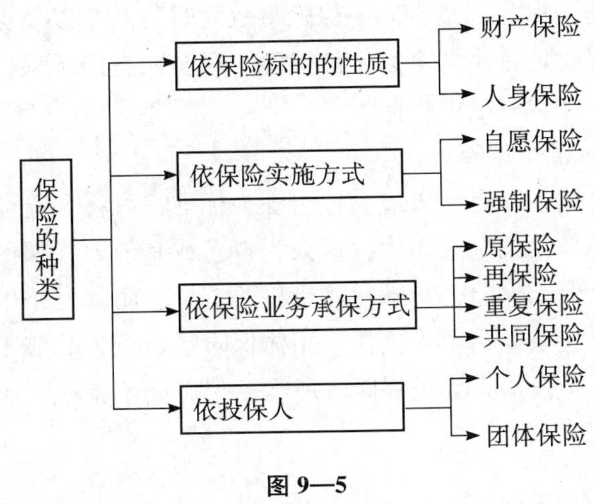

图 9—5

1. 财产保险和人身保险

以保险法上保险标的的性质为标准，可将保险分为财产保险和人身保险。财产保险是以财产及其有关利益为保险标的的保险，包括财产损失保险、责任保险、信用保险等。人身保险是以人的寿命和身体为保险标的的保险，包括人寿保险、健康保险和意外伤害保险等。

2. 自愿保险和强制保险

以保险实施方式为标准，可将保险分为自愿保险和强制保险。自愿保险是投保人和保险人在自愿、平等、互利的基础上，经协商一致订立保险合同来建立保险关系的保险。在自愿保险中，投保与否、保险金额、保险期限可由投保人自行选择。商业保险一般采取自愿保险的形式。强制保险，又称法定保险，是指投保人与保险人依据国家的法律、法规规定必须设定的保险，保险责任自动产生，保险人、投保人双方都没有选择是否承保或投保的余地。

3. 原保险、再保险、重复保险和共同保险

以保险业务承保方式为标准，可将保险分为原保险、再保险、重复保险和共同保险。原保险，又称第一次保险或直接保险，是由保险人直接承保业务并与投保人签订保险合同，对于被保险人因保险事故所遭受的损失，承担直接的原始赔偿或给付责任的保险。再保险，又称第二次保险或分保，是指对原保险责任再予以承保的保险。保险人将自己承保业务中的一部分危险责任转移给其他保险人承担，以减轻自身所承担的经济赔偿或补偿责任，在保险危险责任转移的时候，原保险人必须将已收取的保险费的一部分转让给再保险人。重复保险，是投保人对

同一保险标的、同一保险利益、同一保险事故同时与两个以上保险人订立保险合同的保险。共同保险，是由两个以上的保险人联合而直接承保同一保险标的、同一保险利益、同一保险事故的保险。

4. 个人保险和团体保险

以投保人是自然人还是法人或其他组织为标准，可将保险分为个人保险和团体保险。个人保险是公民个人作为投保人为自己或其他人投保的保险。个人人身保险只能由个人投保，保险公司不得接受机关、社会团体、企事业单位作为投保人，用个人人身保险条款为个人投保。团体保险是单位为其职工投保的保险。团体保险的主要特性是投保人为被保险人所在单位，而不是职工个人，保险单一般不签发给每个职工。

二、保险法概述

（一）保险法的概念

保险法是调整保险关系的一切法律规范的总称，包括调整保险人与投保人、被保险人以及受益人之间因保险合同的订立、变更、转让、履行、解除及承担法律责任过程中产生的各种权利义务关系，规范保险业主体的设立、变更、消灭过程中产生的各种权利义务关系，以及规范保险业主体对内、对外组织活动过程中产生的各种权利义务关系的法律规范。

我国保险法由保险合同法和保险组织法两部分内容构成，在调整具体保险合同行为时，先适用《保险法》，此法没有规定时，适用《合同法》的规定，当《合同法》也没有规定时，再适用《民法通则》的规定；在调整保险业主体的设立、成立、变更和终止，以及主体内部关系和外部监管关系时，先适用《保险法》的规定，当《保险法》没有规定时，再适用《公司法》和其他的法律。

（二）保险法的基本原则

保险法的基本原则，是指贯穿于保险法始终的基本精神和根本指导思想。保险法理论一般认为，最大诚信原则、保险利益原则、损失补偿原则和近因原则共同构成保险法的四大基本原则。这些基本原则有的是通过立法采用法律条文的形式表现出来，有的则是通过法律规范的内容体现出来。

三、保险合同

(一) 保险合同的概念

保险合同是指投保人支付规定的保险费，保险人对于承保标的因保险事故所造成的损失，在保险金额范围内承担补偿责任，或者在合同约定期限届满时，承担给付保险金义务的协议。

保险合同具有一般合同的特点，如是要式合同、诺成合同、双务合同、有偿合同，此外，保险合同还具有以下特征：

1. 保险合同是最大诚信的合同。保险的宗旨在于互助共济，当事人在订立保险合同时，保险标的通常为投保人掌握，保险人对于保险标的的状况往往较难详细调查，有赖于投保人的告知而决定其所负担的责任。此外，保险事故发生与否与投保人是否竭尽保险义务密切相关，所以，保险合同对诚信的要求，高于一般合同。

2. 保险合同是射幸合同。射幸合同是指当事人一方或双方的给付义务，取决于合同成立后偶然事件的发生。保险合同的目的在于使保险人在特定的不可预料或不可抗力的事故发生时，对被保险人履行给付义务，所以也是射幸合同的一种。

3. 保险合同是附合合同。附合合同又称为格式合同，指合同一方当事人拟好合同条款，另一方当事人只能考虑订立或不订立，对于合同条款的内容没有太大的协商余地。保险合同的基本条款及费率是由保险人拟定并经保险监督管理部门备案的。除特殊险种外，投保人如同意投保，就必须接受这些基本条款。保险合同的这一特征是由保险业的迅速发展所决定的，保险人所承保的风险越来越复杂，同时保险人每年签发的保险合同数以千万计，因而不得不简化手续，使保险合同逐渐走向技术化、定型化和标准化。正是由于保险合同附合性的特征，因而需适用附合合同的特殊解释规则。

(二) 保险合同的主体

保险合同的主体是指保险合同的参加者或当事人，亦即保险合同中约定的权利义务的承担者。保险合同的缔约双方为保险人和投保人，他们是保险合同的当事人。因投保人既可以为自己的利益也可以为他人的利益而订立保险合同，所以保险事故发生的主体可能有异于投保人，保险合同可能产生第三方当事人，即被保险人和受益人，他们是保险合同的关系人。(参见图 9—6)

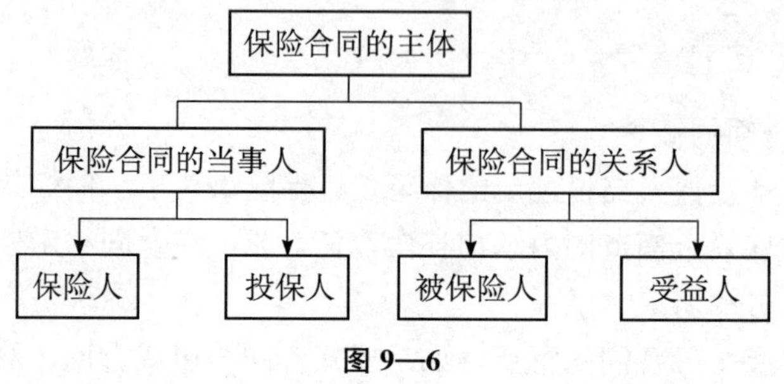

图 9—6

1. 保险合同的当事人

(1) 保险人

保险人也称承保人，是指与投保人订立保险合同，并承担赔偿或者给付保险金责任的保险公司。保险人应具备下列条件：保险人是依法成立的并允许经营保险业务的法人；保险人在保险合同成立时有权向投保人请求缴付保险费；保险人必须依法组织、管理和使用保险金；保险人在保险事故发生时承担赔偿损失和给付保险金的义务。

在我国，商业保险的保险人只能是保险公司，其他单位和个人不能作为保险人经营商业保险业务。

(2) 投保人

投保人亦称要保人，是指与保险人订立保险合同，并按照保险合同负有支付保险费义务的人。投保人既可以是自然人，也可以是法人。但投保人须具备以下条件：必须具有相应的权利能力和行为能力；必须具有保险利益；必须负有缴付保险费的义务。

2. 保险合同的关系人

(1) 被保险人

被保险人，是指其财产或者人身受保险合同保障，享有保险金请求权的人。在财产保险中，被保险人是保险财产的权利主体；在人身保险中，被保险人是从保险合同中获得对其生命、身体和健康保障的人，同时也是保险事故发生的本体；在责任保险中，被保险人是对他人的财产损毁或人身伤亡负有法律责任，因而要求保险人代其进行赔偿，由此对自己的利益进行保障的人。被保险人须具备下列条件：其财产或人身受保险合同保障；享有赔偿请求权。投保人可以为被保险人。

(2) 受益人

受益人，亦称保险金受领人，是指人身保险合同中由被保险人或者投保人指定的享有保险金请求权的人。受益人须具备下列条件：是由被保险人或者投保人在保险合同中指定的人；是享有保险金请求权的人。投保人、被保险人可以为受益人。

(三) 保险合同的成立和生效

1. 保险合同的形式

我国保险合同一般应为书面形式，主要包括投保单、保险单、暂保单和保险凭证。

(1) 投保单。投保单又称要保书或投保书，是指保险人预先备制供投保人提出保险要求时使用的格式文件，一般载明保险合同的主要条款。投保单通常由保险人事先统一印制，投保人依其所列项目逐一据实填写后交付保险人。投保单本身不是正式合同文本，但一经保险人接受，即成为保险合同的一部分。如果投保人对投保单填写不实或者隐瞒、欺诈，都将影响保险合同的效力。

(2) 保险单。保险单又称保单，是指保险人交付给投保人证明其与保险公司订立保险合同的正式书面凭证，一般载明保险合同的全部内容，保险单由保险人制作、签章并交付投保人。一旦发生保险事故，保险单是被保险人向保险人索赔的主要凭证，也是保险人向被保险人赔偿的主要依据。保险单是保险合同的重要组成部分，但签发保险单并非保险合同成立的要件。若在签发保险单前发生保险事故，要区别不同情况确定保险人是否承担保险责任。

(3) 暂保单。暂保单又称临时保险书或临时保单，是指保险人同意承保但不能立刻出具保险单或者其他保险凭证时，向投保人签发的临时单证。暂保单不同于保险单，在有效期限内于保险单作成交付之前，具有与保险单相同的效力，但保险单签发后，暂保单自动失效。暂保单的内容比较简单，只载明被保险人的姓名、承担危险种类、保险标的等重要事项，有关保险责任、责任免除及双方当事人的权利义务等，都以保险单的规定为准。

(4) 保险凭证。保险凭证亦称小保单，是指保险人开具给投保人以证明保险合同已有效成立的书面凭证。它是一种简化的保险单，与保险单具有相同的效力。保险凭证有未列明的内容，以正式保险单为准。如果保险凭证上所记载的内容与保险单的内容相冲突，则以保险凭证上的内容为准。

2. 保险合同的订立程序

保险合同的订立与一般合同的订立一样，须经过要约和承诺两个阶段。投保人是要约人，保险人是承诺人。

（1）投保。投保是指投保人向保险人提出的确定的、明确的订立保险合同的意思表示，即提出保险要求。投保是投保人单方面的意思表示，其本质为保险要约。在实践中，投保基本采用书面形式。投保人向保险人索取其事先印制好的投保单，如实填写好后交付给保险人，即构成投保，产生合同要约的约束力。

（2）承保。承保是指保险人完全同意投保人提出的保险要约的行为。承保是保险人的单方法律行为，其本质为保险承诺。在实务中，保险人收到投保人填写的投保单后，经核准审查认为符合承保条件，在投保单上签字盖章并通知投保人的，即构成承保，产生合同承诺的约束力。保险人承诺保险要约，不得附加任何条件或对要约进行变更。保险人在承诺保险要约时，附加新的条件或对要约进行变更的，则不发生承诺的效力而构成反要约。保险合同自保险人在投保单上签章即承保时或投保人承诺反要约时起成立。

3. 保险合同的生效

一般而言，合同一经依法成立即发生法律效力。但许多保险合同约定，在其成立后的某一时间内生效。在合同成立以后并不立即生效的情况下，保险人的责任是不同的。保险合同成立后，但尚未生效前发生保险事故的，保险人不承担保险责任；保险合同生效后发生保险事故的，保险人应按合同约定承担保险责任。

保险合同的生效须具备一定的要件，包括一般要件和特别要件。一般要件包括当事人须具备完全行为能力、标的（合同内容）须适当、意思表示须真实、健全。特别要件则规定在保险法中，主要是：（1）非损失补偿性保险合同，投保时投保人对保险标的无保险利益的，合同无效；损失补偿性保险合同，保险事故发生时，投保人对保险标的无保险利益的，合同也无效。（2）以被保险人死亡为给付保险金条件的，未经被保险人书面同意并认可保险金额，其合同无效，但父母为其未成年子女投保的人身保险，不受此限制。

保险人的义务主要包括说明义务、赔偿或者给付保险金义务以及保密义务。

四、财产保险合同

（一）财产保险合同的主要内容

财产保险合同是投保人或被保险人以某项财产及其有关利益为标的而订立的保险合同。凡是以财产及其利益为标的的保险合同，均为财产保险合同，无论该合同所涉的是房屋、机器设备等有形财产还是期待利益、债权等无形财产。因此，财产保险合同除有形财产保险外，还包括信用保险、保证保险和责任保险。

财产保险合同的主要内容是财产保险合同应当记载的各种事项，包括当事人的基本情况、双方当事人约定的相互间的权利义务等。根据各类财产保险合同的共性，归纳出财产保险合同一般应具备以下主要内容：

1. 保险标的

财产保险合同的标的是财产及其利益，财产及其利益的种类一旦确定，一方面意味着可以确定保险人应对何种利益承担保险责任，另一方面可以根据保险标的所面临的不同的危险种类、性质、程度等来决定或影响保险费率的高低以及投保人与保险人之间相互权利义务关系的内容与数量。

2. 保险金额和保险费

（1）保险金额。财产保险合同的保险金额，是指合同双方当事人约定的危险发生后应当由保险人赔偿的最高限额。保险金额不仅是保险赔偿的标准，而且是计算财产保险费的依据，与合同双方当事人的权利义务有密切关系。

财产保险合同中的保险金额的确定，是以保险标的的价格为基础的。对不定值保险，保险金额是保险赔付的最高限额，保险赔付的实际金额以保险事故发生时保险标的的价值，即保险价值来确定，但最高不超过约定的保险金额。但对定值保险来说，保险金额就是保险赔付的金额。

（2）保险费。保险费是投保人根据保险合同的有关规定，为被保险人在约定危险事故发生时取得保险金请求权而付给保险人的对价，也是保险人为承担一定的保险责任而向被保险人收取的费用。

（二）保险责任与除外责任

1. 保险责任。保险责任是指投保人与保险人在财产保险合同中约定的，当保险标的受到所承保的保险危险侵袭而遭受损失时，保险人应承担的一种补偿给付责任。财产保险责任具体表现为保险人承担的承保范围内的一切责任，也就是在承保范围内，对保险危险实际发生而造成被保险人的经济损失，应当承担的补偿责任。

在保险人履行财产损失补偿责任时，应当遵循三个原则：一是财产损失发生在保险责任范围以内，对于超过保险人承保责任范围的损失，保险人不承担赔偿责任；二是财产损失发生在财产保险合同约定的保险期限内；三是财产损失补偿应以合同约定的保险金额为最高限额。

保险责任包括基本责任和特约责任两种。基本责任是指财产保险合同中载明的保险人承担保险赔偿责任的危险范围。不同种类的财产保险合同具体承保的危险范围不一样。特约责任是责任的附加，是指投保人和保险人协商，将基本责任以外的灾害事故附加一定条件以承保的赔偿责任。它实质上是投保人和保险人之间一种约定扩大的保险责任。

2. 除外责任。除外责任是指保险人对某些危险所造成损失的免除责任，即某些危险不属于保险人承保的范围，这些危险发生造成被保险人的经济损失，保险人不承担赔偿责任。如战争、保险人的故意行为而造成的财产损失等。

五、人身保险合同

（一）人身保险合同的概念

人身保险，是以人的生命和身体作为保险标的，以被保险人的死亡、伤害、疾病作为保险事故的一种保险。人身保险合同是投保人或被保险人与保险人之间，以自己或与自己有抚养关系的人的身体和寿命为保险标的，明确相互权利、义务关系的协议。

以保险范围为标准，将人身保险分为人寿保险、人身意外伤害保险、健康保险。以投保主体为标准，将人身保险分为个人人身保险、团体人身保险、联合人身保险。按保险产生的依据，将人身保险分为自愿保险和强制保险。按保险金的给付方式，将人身保险分为一次性给付保险和分期给付保险。按主体是否参加保险人利益分配，将人身保险分为利益分配保险和无利益分配保险。

（二）人身保险的几个特殊规定

1. 保险利益

人身保险合同中投保人对被保险人具有保险利益的几种情况有：

（1）对本人的保险利益。投保人对自己的寿命和身体具有保险利益，意味着任何人都有权以自己为被保险人，与保险人订立人身保险合同。

（2）夫妻、父母、子女之间互有保险利益。夫妻具有扶养对方的义务，父母对未成年子女具有抚养的义务，成年子女对年老或丧失劳动能力的父母具有赡养的义务。当夫妻之间、父母与子女之间的一方发生死亡、伤残、疾病或生存到一定年龄、年老时，必然加重另一方的经济负担，所以夫妻、父母、子女之间互有保险利益。

（3）因扶养、抚养、赡养关系产生的保险利益。扶养、抚养、赡养都是指经济上的供养，含义相同。除夫妻之间、父母与子女之间按法律规定具有扶养、抚养、赡养关系外，其他家庭成员或近亲属之间也往往存在扶养、抚养、赡养关系。这些客观存在的法律上或事实上的供养关系，可作为人身保险合同中存在保险利益的依据。

(4) 因被保险人同意具有保险利益。除上述列举的情况以外，被保险人同意为其订立合同，视为投保人对被保险人具有保险利益。这就意味着，凡属以上列举情况的，法律已承认具有保险利益，除订立死亡保险外，无须被保险人同意。凡不属保险法所列举的情况的，若被保险人同意，则认为投保人对被保险人具有保险利益。

另需注意的是，人身保险合同利益的认定时点，以保险合同成立时为准。

2. 以死亡为保险事故的人身保险合同需经被保险人同意方可生效

各国均规定以死亡为保险事故的人身保险合同，需经被保险人同意方可生效。此项规定用意在于：即使在有人身保险利益的情况下，若需就第三人人身投保以死亡为保险事故的人身保险，仍需经被保险人同意方可生效。由于保险合同具有射幸性，所以道德风险之防范本来就是保险合同的一个重点，而人身损害之抽象性、无法获得同质救济的特殊性，都决定了人身保险合同，特别是以死亡为保险事故的人身保险合同，在防止道德风险的发生方面，要比其他保险合同更为严格。也正因为如此，此项规定为大陆法系之各国所采（如德、法、日等）。

但是，纵然是以死亡为保险事故的人身保险合同，也不都是弥补抽象性损失的保险合同，其中为弥补具体损失而订立的保险合同，如丧葬费用保险、医疗费用保险、债权保证等，一般不存在投保人因被保险人死亡获不当得利之道德风险，因此可视具体情况而允许例外。

3. 以无民事行为能力人和限制民事行为能力人的人身投保时，投保人的身份限制

无民事行为能力人，为法律上不能为有效意思表示者，包括无民事行为能力之未成年人、精神病人等。

在未成年人方面，各国《保险法》基本上都规定，除父母外，任何人不得为未成年人投保以死亡为保险事故的人身保险，我国《保险法》亦沿此例。各国和地区对被保险人的最低年龄均有规定，只是由于各国和地区民事法律对民事行为能力的判断标准有异而导致规定略有不同，如韩国为 18 岁，美国纽约州为 15 岁，法国为 12 岁，我国台湾地区为 14 岁。我国《保险法》虽未规定最低年龄，但实际上是准用《民法通则》中的 10 岁，而对以限制民事行为能力人为被保险人的未作限制。此项立法的意旨，在于无民事行为能力人认知能力薄弱、判断能

力较弱或不能独立思维，如果允许他人以无民事行为能力人的人身投保死亡保险，则该他人可能利用保险合同谋利，发生道德风险的可能性比较大。因此法律严格禁止此类保险合同的订立。

(三) 宽限期、中止及复效的规定

人身保险的宽限期的规定，是指人身保险合同履行期间，如果投保人停止支付保险费，法律允许其在60日之内补交保费，保险合同的效力不受影响。宽限期内如果发生保险事故，保险人仍然要承担保险责任。

中止，即保险合同效力的暂时停止，是指人身保险的投保人除合同另有规定外，超过规定的期限60日未缴纳当期保险费的，保险合同效力中止。自合同效力中止之日起2年内双方达成协议，在投保人补交保险费后，合同效力还可恢复。此谓复效。

在中止期间，如果发生保险事故，保险人不承担保险责任。在中止期间双方未达成复效协议的，保险人有权解除合同。保险人依此解除合同，投保人已交足2年以上保险费的，保险人应当按照合同约定退还保险单的现金价值；投保人未交足2年保险费的，保险人应当在扣除手续费后，退还保险费。

六、保险业法

(一) 保险公司

1. 保险公司的概念

保险公司是公司的一种。它是指以营利为目的，依照法律规定设立的，专门经营商业保险业务的公司法人。它通过收取保险费，建立保险基金，向社会提供经济保障。保险公司具有以下几个特征：

第一，法律监管的严格性。保险公司是专门经营风险业务的特殊企业，其经营状况的好坏维系着社会的稳定和千家万户的切身利益。因此，国家对保险公司实行了较其他行业更为严格的法律监管。监管的核心是保险公司的偿付能力。

第二，经营商品的特殊性。保险是保险公司所经营的一种特殊商品，该商品的使用价值就是为被保险人提供风险保障服务。首先，保险人为被保险人提供的保障服务是属于未来的；其次，保险人为被保险人提供的经济保障的货币兑现具有射幸性；再次，保险商品的载体通常是保险单等书面凭证，而非一般的实物形态。

第三，较大的风险性。保险公司的经营以大数法则为基础，通过费率的科学的制定，保险公司总的保费收入与赔偿支出大体相当。但就个别保险标的而言，其风险事故的发生又极具偶然性。这就使保险公司的经营活动具有潜在的随时可能发生保险事故的很强的风险性。因而保险公司的风险防范问题是经营管理和国家对保险企业监管中的核心问题。

第四，特有的金融性。保险基金特别是人寿保险基金是一笔数目大返还期长的基金，这笔基金是资本市场的重要组成部分。保险公司将这笔可观的资金加以运用，可实现保值增值，增强保险公司的偿付能力，同时为国家提供一笔可观的建设资金。目前世界各国正在拓展的投资连结保险、分红保险、万能寿险等业务，都是保险公司所具有的金融性的产物。保险业与银行业、证券业、信托业一道构成了金融的四大支柱。

第五，法人性。保险公司依法成立，即取得法人资格，具有民事权利能力和民事行为能力，依法独立享有民事权利并承担民事义务和责任。

保险公司从不同角度可进行不同分类。以股东的责任范围为标准，可分为无限公司、有限公司和两合公司；以公司的资本权属性质为标准，可分为国有独资公司、私人公司和混合公司；以公司业务范围为标准，可分为人寿保险公司和财产保险公司。我国保险公司应当采取股份有限公司和国有独资公司的组织形式。

2. 保险公司的设立、变更和终止

（1）保险公司的设立

这是指依法定条件和程序创办保险公司并使其取得法人资格的行为。依照我国《保险法》第68条的规定，设立保险公司，应当具备下列条件：第一，主要股东具有持续盈利能力，信誉良好，最近3年内无重大违法违规记录，净资产不低于人民币2亿元。第二，有符合《保险法》和《公司法》规定的章程。第三，有符合《保险法》规定的注册资本。我国《保险法》第69条规定：“设立保险公司，其注册资本的最低限额为人民币二亿元。”第四，有具备任职专业知识和业务工作经验的高级管理人员。第五，有健全的组织机构和管理制度。第六，有符合要求的营业场所和与业务有关的其他设施。申请设立保险公司，应当具有和其规模相适应的营业场所和设施。第七，法律、行政法规和国务院保险监督管理机构规定的其他条件。

（2）保险合同的变更

保险合同的变更，是指在保险合同有效期限内，由于订立保险合同所依据的主、客观情况发生变化，双方当事人按照法定或合同规定的程序，对原保险合同的某些条款进行修改或补充的行为。保险合同的变更包括主体变更、客体变更和内容变更三种。保险合同的变更必须采用书面形式，这是保险法的强制性规定。至于具体形式，既可以由保险人在原保单或者其他保险凭证上批注或者附贴批单，也可以由投保人和保险人订立变更的书面协议。从保险人批注的日期开始或投保人与保险人签字的时间开始，变更产生效力。保险合同变更后，前面履行的继续有效，后面的履行依据变更后的内容。

(3) 保险合同的终止

保险合同的终止是指保险合同的效力因某种法定或约定事由的发生而归于消灭。保险合同终止的法律后果与一般合同相同，即合同只对将来失去效力，并不溯及既往，当事人不承担恢复原状的义务。

保险合同终止的原因主要有：1）保险合同期限届满；2）保险合同的保险标的因非保险事故而完全灭失，保险合同因而失去保险标的；3）保险事故发生后，保险人已全部履行保险金的赔付义务；4）保险合同因解除而终止；5）法律、法规规定或合同约定的其他事由。如作为财产保险合同主体一方的保险人因破产使其主体资格消灭，必然会导致保险合同终止。

（二）保险中介人

保险中介人，亦称保险辅助人，是指在保险市场上联系保险供给方和保险需求方，与保险合同的订立或履行有一定辅助关系的人，包括保险代理人、保险经纪人和保险公估人等。保险中介人虽不是保险合同的主体，但对保险合同的订立和履行往往起到十分重要的作用。

1. 保险代理人

保险代理人，即保险人的代理人，也称保险代理商，是指根据保险人的委托，向保险人收取代理手续费，并在保险人授权的范围内代为办理保险业务的单位或者个人。保险人委托保险代理人代为办理保险业务的，应当与保险代理人签订委托代理协议，依法约定双方的权利义务及其他代理事项。保险代理是一种特殊的代理制度。为规范保险代理人的行为，维护保险市场秩序，我国《保险法》第五章对保险代理人作了一系列原则性规定。

我国《保险代理人管理规定（试行）》结合我国的具体情况，将保险代理人分为专业代理人、兼业代理人和个人代理人三种。《保险代理机构管理规定》和《保险兼业代理管理暂行办法》分别对专业代理人和兼业代理人作出了具体规定。

2. 保险经纪人

保险经纪人，是指基于投保人的利益，为投保人与保险人订立保险合同提供中介服务，并依法收取佣金的单位。它是投保人的代理人，在投保人的授权范围内，经纪人的行为可以约束投保人，但不能约束与投保人订立合同的保险人。

保险经纪人具有以下几个法律特征：保险经纪人是代投保人与保险人签订保险合同的人；保险经纪人必须基于投保人的利益；保险经纪人必须是向承保的保险人收取佣金。

经保监会批准，保险经纪人可以经营下列业务：为投保人拟定投保方案，办理投保手续；为委托人提供防灾、防损或风险评估、风险管理咨询服务；为被保险人或受益人代办检验、索赔；再保险经纪业务；中国保监会批准的其他业务。但中外合资保险经纪公司、外资保险经纪公司只能经营外商投资企业的保险经纪业务。

第五节　信托法律制度

一、信托概述

信托是指委托人基于对受托人的信任，将其财产权委托给受托人，由受托人按委托的意愿以自己的名义，为受益人的利益或者特定目的进行管理或者处分的行为。信托关系是多方的，有委托人、受托人、受益人，这是信托的一个特征，而且，受托人以自己的名义管理、处分信托财产。

信托不同于代理。信托与代理的区别主要在于：第一，两者的处分权不同，代理关系中代理人一般不取得代理财产的处分权；第二，两者的当事人数量不同，代理关系中一般没有以第三者为代理的受益人；第三，两者的权限的大小不同，代理一般属于短期的特别授权行为，而信托则属于长期甚至是永久的特殊委托行为；第四，两者的稳定性不同，委托人可以随时撤销委托代理，而信托关系中，委托人或者受益人非依法定事由或信托文件规定的事由不能撤销信托。

信托制度起源于英国，是在英国“尤斯制”的基础上发展起来的，距今已有几个世纪了。但是，现代信托制度却是19世纪初传入美国后，得到快速发展壮大起来的。美国是目前信托制度最为健全、信托产品最为丰富、发展总量最大的国家。

我国的信托制度最早诞生于20世纪初，但在当时中国处于半殖民地半封建的情况下，信托业得以生存与发展的经济基础极其薄弱，信托业难以有所作为。

我国信托业真正发展是开始于改革开放，是改革开放的产物。1978 年，改革初期，百废待兴，许多地区和部门对建设资金产生了极大的需求，为适应全社会对融资方式和资金需求多样化的需要，1979 年 10 月我国第一家信托机构——中国国际信托投资公司经国务院批准诞生了。它的诞生标志着我国现代信托制度进入了新的纪元，也极大促进了我国信托行业的发展。

二、信托的种类

1. 资金信托业务

受托经营资金信托业务，即社会团体、企业、个人等委托人，将自己合法拥有的资金，委托给信托公司按照约定的目的和要求，进行管理、运用和处分，以达到保值增值的目的，获取更多的效益。可以单一信托和集合资金信托两种方式实施。在受托管理、运用财产时，可依照信托文件规定，采取出租、出售、贷款、投资、同业拆放等方式进行。

2. 动产、不动产信托业务

受托经营动产、不动产的信托业务，即委托人将自己的机电设备、车辆等运输设备及土地、房屋等建筑物，按约定目的和条件委托给信托公司进行管理、运用和处分。可采取出租、经营、出售等方式进行，依照委托人的意愿进行组合运用或处分。

3. 知识产权信托业务

受托经营知识产权的信托业务，即委托人将自己拥有的专利权、专有技术及有关科技成果等知识产权，委托给信托公司进行管理、运用和处分；信托公司采取转让、出售、融资开发等方式实现其价值。

4. 公益信托

出于公共利益的目的而设立的信托一般都称为公益信托。所谓公共利益目的，主要是指为了救济贫困、救助灾民、救残，以及发展教、科、文、体、艺事业、医疗卫生事业，发展环境保护事业、维护生态平衡，以及发展其他社会公益事业等。

三、信托关系

信托关系的构成要素主要有：信托行为、信托主体、信托客体。

1. 信托行为

信托行为是指当事人在相互信任的基础上，以设立信托为目的，并用书面形式确定的法律行为，体现形式主要有三种，即书面合同、个人遗嘱、法院的裁决书。具体包括：

(1) 信托约定（主要指信托合同及其附件），是信托行为的依据，即信托关系的成立必须有相关的信托关系文件作保证。信托行为的发生必须由委托人和受托人进行约定。

(2) 信托目的，是委托人通过信托行为所要达到的目的。信托目的由委托人提出并在信托契约中写明，受托人必须按照委托人提出的信托目的去管理、运用、处分信托财产。

(3) 信托的运作。在信托关系中，委托人提出信托请求，要求受托人代为管理或处理其财产，并将由此产生的利益转移给受益人；受托人接受委托人的委托，代为管理或处理信托财产，并以自己的名义按委托人所提出的要求将信托财产利益转移给受益人；受益人享受信托财产利益。

在此过程中，体现了以下几层关系：一是受托人是为受益人的利益管理或处理信托财产，而不是为自己或第三人；二是受托人必须恪尽职守，履行诚实、信用、谨慎，有效管理的义务，为受益人的最大利益管理、处分信托财产；三是受托人因管理、处分信托财产而支出的费用，由信托财产承担，但应在书面信托文件中列明或明确告知委托人；四是委托人依照信托文件的约定取得信托报酬；五是受托人应按照事先约定的信托财产的运作范围进行运作，受托人不承担由此发生的信托财产亏损。

2. 信托主体及其权利义务

信托主体包括委托人、受托人以及受益人。

委托人是信托关系的创设者，他是具有完全民事行为能力的自然人或依法成立的法人、其他组织。委托人的权利，主要是依据法律和信托文件监督信托财产的管理和经营情况，以维护自己的利益或受益人的利益，主要包括：

(1) 查阅、抄录或者复制与其信托财产有关的信托账目以及处理信托事务的其他文件。

(2) 了解其信托财产的管理、处分及收支情况，并有权要求受托人作出说明。

(3) 因设立信托时未能预见的特别事由，致使信托财产的管理方法不利于实现信托目的或者不符合受益人的利益时，委托人有权要求受托人调整该信托财产的管理方法。

（4）受托人违反信托目的处分信托财产或者因违背管理职责、处理信托事务不当致使信托财产受到损失的，委托人有权申请人民法院撤销该处分行为，并有权要求受托人恢复信托财产的原状或者予以赔偿。该信托财产的受让人，明知是违反信托目的而取得信托财产的，应当予以返还或者赔偿。

（5）终止信托合同关系，委托人发现受托人违反信托目的处分信托财产或者管理、处分信托财产有重大过失，委托人有权依照信托文件的规定解任受托人，或者申请人民法院解任受托人。

受托人承担着管理、处分信托财产的责任，应该是具有完全民事行为能力的自然人或法人。在我国，受托人特指经中国银监会批准成立的信托投资公司，属于非银行金融机构。受托人的权利有：

（1）获取报酬。受托人有权根据约定取得报酬。未约定的，不得请求给付报酬。

（2）受托人因处理信托事务所支出的费用、负担的债务，以信托财产承担。

（3）中途辞任。在设立信托后，受托人经委托人和受益人同意后可以辞任。

受托人必须恪尽职守，履行诚实、信用、谨慎、有效管理的义务。必须为受益人的最大利益，依照信托文件的规定管理好信托财产。

受益人是在信托中享有信托受益权的人，可以是自然人、法人或依法成立的其他组织，也可以是未出生的胎儿。公益信托的受益人则是社会公众。

受益人除享有信托利益外，还享有委托人的全部权利。

3．信托客体

信托客体，即信托财产，是委托人通过信托行为转移给受托人，并由受托人按照一定信托目的进行管理和处理的财产，包括金钱财产、动产、不动产和金钱债权等四种。从理论上说，受托人取得了信托财产的所有权，但并未取得信托财产的绝对权利，受托人对信托财产的处置要受信托目的的限制，这是信托财产在所有权上的特殊性，其特征主要有：

（1）信托财产的物上的代位性，任何信托财产在信托终了之前，无论其形态如何变换，仍属信托财产。

（2）信托财产的独立性，主要指与受托人所有的财产（固有财产）相互独立，不应混淆。当受托人发生债务危机或破产时，债权人不能主张对信托财产采取强制行为。受托人对不同的信托财产应单独设账，分别管理，防止利益互侵。此外，信托财产也独立于委托人和受益人的财产。

(3) 信托财产的约束性，指受托人在信托财产的运用、管理上受一定的限制，如不能违背委托人的目的等。

第六节 票据法律制度

一、票据的概念与功能

(一) 票据的概念

票据一词的含义有广义和狭义之分。广义的票据是指以证明或设定权利为目的而制成的各种书面凭据，如股票、债券、发票、提单、汇票、本票、支票等各种凭据。狭义的票据则是指出票人依据票据法签发的、由自己无条件支付或委托他人无条件支付一定金额给收款人或持票人的一种有价证券。我国票据法规定的票据是狭义的票据，具体包括汇票、本票和支票三种。出票人委托他人于将来一定日期付款，且目的在于往异地汇兑金钱，付款人是银行或商业单位的，名曰汇票；出票人委托自己的存款银行为付款人且见票即付的，称为支票；出票人本人为付款人的，叫做本票。

票据的法律特征主要有：(1) 票据是设权证券，即票据权利的发生，必须以票据的设立为前提。(2) 票据是无因证券，即票据是一种无须过问原因的证券。原因是指票据的权利和义务发生的原因。持票人于到期日或规定时间内凭票请求付款时，票据上记载的付款人应当“无条件支付”票面金额。(3) 票据是要式证券，即票据是一种要式不要因的有价证券，票据的作成必须具备法定形式，才能产生法律效力，其所记载的必要项目必须合乎规范。(4) 票据是文义证券，即指票据上的一切权利义务均以票据上记载的文字为依据，不受票据所载文字范围以外的事由的影响。(5) 票据的流通转让性，即票据的权利可以背书或交付而转让。并且，票据的转让不必通知债务人，票据的受让人获得票据的同时取得票据的全部权利。

以上所有的特征中，特别是票据的流通转让性、无因性和要式性，强调了保护持票人的权利，促进了票据的流通，也使票据成为国际贸易结算的主要工具。

(二) 票据的功能

从总体上看，票据在经济生活中的作用是代替货币进行结算支付和融通资金，方便贸易，促进经济发展。具体讲，票据有以下功能：

1. 支付功能

支付功能是票据的基本功能。在交易中以票据代替货币，不但可用于同城或异地贸易，在国际贸易中，更是普遍使用。这样，减少甚至杜绝了大量使用货币带来的不方便和不安全因素。由此，票据成为一种独立的支付工具。

2. 汇兑功能

异地贸易中如果用货币支付，需要携带、运送货币，这样不但费时费力，而且极不安全，一旦发生事故，损失将无法挽回。大额货币的运送，更是如此。相反，使用票据，只需携带一纸汇票，就避免了携带、运送现金的不方便和不安全，而且，在异地能够凭借汇票在付款人处兑取货币，或者向他人进行各种支付。显然，票据发挥着汇兑的作用。

3. 信用功能

信用功能是票据的核心功能。票据法上的信用，是指当事人凭借一定的资金信誉，以签发票据的形式，把将来可以取得的货币，作为现在的货币使用。买方可凭借自己的资金信誉或有关人的资金信誉，签发票据，约定期限，另行付款或由他人代为付款。在此场合，实现了人的资金信用票据化，票据即成为信用工具。

4. 流通功能

票据可以通过交付或背书完成转让，而且背书的次数不受限制。票据法规定，每一次背书的背书人均对票据权利的实现负有担保责任。因此，票据上背书的次数越多，对票据付款承担责任的债务人就越多，票据的信用也越强。票据的背书制度使票据在市场上具有广泛的可接受性，票据不仅作为一次性的支付手段来使用，而且作为流通工具，完善了自身的支付功能，扩大了市场的流通手段。

5. 融资功能

票据可以有偿转让，实现资金周转。持票人急需现金时，可持票向银行请求贴现，也可以背书方式将票据卖给他人，满足需要。

二、票据法的特征

票据法是调整票据关系与票据运作中产生的非票据关系的法律规范的总称。票据法以票据关系以及特定的在票据运作中产生的非票据关系为调整对象。

票据法有如下特征：

1. 票据法的强制性

由于票据具有较强的流通性，不仅涉及直接进行票据授受行为的特定当事人，而且涉及经票据流通间接取得票据而加入票据关系的不特定第三人，所以，票据关系的设定、变更或消灭，均以法律的规定为行为准则，票据的内容由法律直接规定，不允许当事人加以变更，除法律另有规定的以外，一般也不承认当事人约定的优先效力。首先，票据法规定了票据只有三种——汇票、本票和支票，除此之外，任何银行、单位和个人不得创设新的票据形式；其次，票据是严格的要式证券，票据行为也是严格的要式行为，违反法定方式的票据及票据行为一律无效。

2. 票据法的技术性

票据是作为金钱支付和运用手段而创造出来的，必须具有严密而精巧的技术解决方法。票据法中的许多规定，如关于票据形式的严格规定、关于票据行为无因性的规定、关于背书连续的规定、关于抗辩切断的规定以及付款责任的规定等等，都是为了保证票据使用的安全、确保票据的流通和付款，从方便、合理的角度出发，由立法者专门设计出来的，而不是基于一般的道德理念，或者遵循一般的法律原则而规定的。就这一点来说，票据法类似于交通法规，具有较强的技术性。

3. 票据法具有统一性

票据法是为商品经济和国际贸易服务的，随着商品经济和国际贸易的发展，不同地区、不同国家的票据法日趋统一。票据法的统一先是表现为一国地方法向国家法的统一，后则表现为国家法向国际法的统一。票据法是国际上统一程度最高的一种法律。这是票据法的一大特点。

三、票据权利

票据权利是指持票人凭票据对票据债务人享有的请求支付票据金额的民事权利，该权利主要包括两类，即付款请求权和追索权。

1. 付款请求权。票据法规定持票人最基本的权利是请求付款人按票据金额给付，付款请求权是票据的第一次权利，实践中人们常称此权利为主票据权利。付款人包括汇票的承兑人、本票的出票人、付款人、保付支票的付款人、参加承兑人、参加付款人等，其对持票人承担付款责任。

付款请求权的构成要件如下：第一，持票人持有处在有效期内的票据，其中汇票和本票的有效期自票据到期日起 2 年以内；见票即付的汇票和本票，自出票日起 2 年以内；支票自出票日起 6 个月以内。如果票据已经过了此期限，持票人的票据权利便丧失。第二，持票人须将原票据向付款人提示付款，如果不能提供票据原件的，不能请求付款，付款人也不得付款。第三，持票人只能请求付款人支付票据上确定的金额，付款人须一次性将债务履行完毕，因此，持票人也不得向付款人请求给付少于票据确定的金额。第四，持票人得到付款后，必须将票据移交给付款人，原票据上的权利可能由付款人承受，向其他债务人请求付款，从而使付款请求权呈持续状态。第五，付款人支付票据金额后，如果发现该票据有伪造、变造情况的，有权向持票人（接受付款人）请求返还所给付的金额。这是对票据权利不确切的处置。

2. 追索权。持票人行使付款请求权遭到拒绝承兑或拒绝付款时，或有其他法定事由请求付款未果时，向其前手请求支付票据金额的权利即为追索权。由于这个请求是在第一次请求未果后的再次请求，所以将其称为第二次请求权，是票据权利的再次行使。追索权的追索对象视票据种类的不同，可以包括出票人、背书人、保证人、承兑人和参加承兑人，这些人在票据中的地位是连带债务人，持票人可以不按照汇票债务人的先后顺序，对其中的任何一人、数人或者全体行使追索权；持票人对汇票债务人中的一人或者数人已经进行追索的，对其他汇票债务人仍可行使追索权。被追索人清偿债务后，与持票人享有相同权利。

第七节　外汇法律制度

一、外汇概述

外汇这一概念的含义有动态和静态之分。动态意义上的外汇，是指人们将一种货币兑换成另一种货币，清偿国际间债权债务的行为。在这一意义上，外汇的概念等同于国际结算。

静态意义上的外汇概念还进一步有广义和狭义之分。广义的静态外汇概念泛指一切以外国货币表示的资产。狭义的静态外汇概念是指以外币表示的、可用于进行国际之间结算的支付手段。

外汇基本分为两大类：(1) 自由外汇。即无须经过发行货币国家批准，即可以在国际市场上自由买卖，随时使用，又可以自由转换为其他国家货币的外汇。它在国际交往中能作为支付手段广泛地使用和流通，如美元、英镑、瑞士法郎、日元、德国马克等主要西方国家货币。(2) 记账外汇。即不经过管汇当局批准，不能自由转换为其他国家货币的外汇。记账外汇通常只能根据协定在两国间使用。一般只在双方银行账户上记载，既不能转让给第三国使用，也不能兑换成自由外汇。此外，按国际收支发生项目的不同，外汇可以分为经常项目外汇和资本项目外汇。根据外汇持有者的不同，外汇可以分为居民外汇和非居民外汇。

二、汇率和汇率制度

汇率，又称汇价、外汇牌价或外汇行市，即外汇买卖的价格。简单地说，它是两国货币之间的相对比价，或者说，是一国货币以另一国货币表示的价格。在外汇币场上，有两种不同的标价方法：直接标价法、间接标价法。

汇率制度是指各国普遍采用的确定本国货币与他国货币汇率的体系。汇率制度对汇率的确定、汇率的变动等方面都有具体规定，它对各国汇率的多少有重大影响。

汇率制度主要有两种，即固定汇率制和浮动汇率制。固定汇率制是货币当局以某些相对稳定的标准或尺度作为依据把本国货币对其他货币的汇率加以基本固定，波动幅度限制在平价上下很小的范围内。浮动汇率制是指两国货币之间的汇率不受平价的限制，而是由外汇市场的供求状况自发决定。

三、外汇管理

（一）外汇管理的概念

外汇管理，亦称为外汇管制，指一国政府利用各种法令、规定和措施，对外汇的收支、买卖、借贷、转移以及国际间结算、外汇汇率和外汇市场所实施的一种限制性的政策措施，以平衡国际收支、维持汇率，以及集中外汇资金以根据政策需要加以分配。

目前，我国外汇管理体制基本上属于部分外汇管制，即对经常项目的外汇交易不实行或基本不实行外汇管制，但对资本项目的外汇交易进行一定的限制。

（二）经常项目外汇

经常项目，通常是指一个国家或地区对外交往中经常发生的交易项目，包括贸易及服务、收益、经常转移，其中贸易及服务是最主要的内容。经常项目一般具有以下主要特征：一是交易行为通常发生在居民与非居民之间。居民主要是指在一个国家或地区连续居住1年以上者，否则为非居民。居民与非居民均包括个人和机构。二是交易行为在历史上经常、频繁发生，如国际贸易。随着国际经济交往日益密切，国际投资、借贷等以往不常发生的交易行为频繁发生，但不被称作经常项目。三是通常所有权发生转移。经常项目交易一般伴随有形或无形商品的流动，交易中商品的所有权通常发生转移。而资本项目交易中资本的所有权不变，发生转移的往往是资本的使用权，产生债权债务关系。

贸易收支又称货物贸易收支，是一国出口货物所得外汇收入和进口货物的外汇支出的总称。近年来，我国货物贸易收、付汇长期处于顺差状态，即收汇大于付汇。

服务收支又称服务贸易收支，是一国对外提供各类服务所得外汇收入和接受服务发生的外汇支出的总称，包括国际运输、旅游等项下外汇收支。近年来我国服务贸易收、付汇一直处于逆差状态，即付汇大于收汇。

收益包括职工报酬和投资收益两部分，其中职工报酬主要为工资、薪金和其他福利，投资收益主要是利息、红利等。近年来，我国收益项下顺差额不断扩大。

经常转移也称单方面转移，是资金或货物在国际间的单向转移，不产生归还或偿还问题。具体包括个人转移和政府转移，前者指个人之间的无偿赠与或赔偿等，后者是指政府之间的军事、经济援助、赔款、赠与等。近年来，我国经常转移项下顺差额也呈现持续扩大的态势。

经常项目可兑换，指对于属于经常项目下的各类交易，包括进出货物、支付运输费、保险费、劳务服务、出境旅游、投资利润、借债利息、股息、红利等，在向银行购汇或从外汇账户上支付时不受限制。我国于 1996 年年底宣布接受《国际货币基金组织协定》第 8 条规定，实现了人民币经常项目可兑换。根据该条款，经常项目可兑换一般应符合以下几个主要衡量标准：一是未经基金组织同意，不得对国际经常往来的支付和资金转移施加限制；二是避免施行歧视性货币措施或多种汇率制；三是如其他会员国提出申请，有义务购回其他会员国所持有的本国货币。

（三）资本项目外汇

1. 资本项目外汇的概念

资本项目外汇，指资本的输出、输入，所反映的是本国和外国之间以货币表示的债权债务的变动，换言之，就是一国为了某种经济目的在国际经济交易中发生的资本跨国界的收支项目。在国际收支统计中，资本项目亦称资本账户，包括各国间股票、债券、证券等的交易，以及一国政府、居民或企业在国外的存款。

分为长期资本（合同规定偿还期超过 1 年的资本或像公司股本一样未定偿还期资本）和短期资本（即期付款的资本和合同规定借款期为 1 年和 1 年以下的资本）。我国国际收支平衡表中的资本项目按期限划分为长期资本往来和短期资本往来。长期资本往来，指合同偿还期在 1 年或 1 年以上或未定偿还期的资本往来。主要有直接投资、证券投资、国际组织贷款、外国政府贷款、银行借款、地方部门借款、延期付款、延期收款、加工装配补偿贸易中应付客商作价设备款、租赁和对外贷款等。短期资本往来，指即期付款或合同规定的偿还期为 1 年以下的资本往来。主要有银行借款、地方部门借款、延期收款、延期付款等项。

2. 资本项目的外汇管理

外商投资企业投资各方以现汇方式投入的资本金，可以存入资本金账户，资本金账户支出仅限于有关用途的经常项目的支出及经外汇局批准的资本项目的支出。

外商投资企业可以根据业务需要，自主决定借入境内外外汇贷款。境外贷款合同签订 15 天内，企业持外汇贷款合同副本到外汇局办理外债登记手续，并领取逐笔登记的《外债登记证》。

借款单位调入境外借款时，凭《外债登记证》及外汇局合法的“开户通知书”到外汇指定银行开立外汇贷款专用账户。

外商投资企业下列范围的外汇未经外汇局批准不得结汇：(1) 境外法人或自然人作为投资汇入的外汇；(2) 外商投资企业中外双方以现汇投入的资本金；(3) 境外借款及发行外币债券、股票取得的外汇；(4) 其他资本项目的外汇收入。

外商投资企业资本项目下的下列用汇，持所列有效凭证向外汇局申请，凭外汇局核准件到开户银行办理支付或到外汇指定银行兑付。(1) 偿还外债本金，持《外债登记证》、借款合同及债权机构还本通知单；(2) 对外担保履约用汇，持担保合同、外汇局核发的《对外担保登记证》及境外机构支付通知；(3) 境外投资资金的汇出，持国家主管部门的批准文件和投资合同；(4) 外商投资企业的中方投资者经批准需以外汇投入的注册资金，持国家主管部门的批准文件和合同。

思考题

1. 我国金融法的基本原则有哪些？
2. 简述中央银行货币政策及其主要操作工具。

3. 简述证券法的基本原则。

4. 信托的构成要素有哪些？

5. 简述票据权利。

案例分析

某棉织厂于2005年11月投保了财产保险综合险，保险期限1年。同年12月，该厂与一家制衣厂签订了一万米涤纶棉布的购销合同。按照合同规定，制衣厂于2006年1月10日派人送来购货款，并进行货物验收，准备装车运走。当制衣厂的负责人将涤纶棉布验收并装车至6 100米时，天色已晚，为保证质量，该负责人决定第二天上午再验收并装车余下的货物，已验收并装上车的货物暂交棉织厂代为看管。不料，在当天夜里该棉织厂发生了火灾，涤纶棉属易燃物，库内存放的35 000米涤纶棉皆被烧毁，由于已验收的6 100米涤纶棉随车停放在仓库内，所以这些布匹也未能保存下来。

事故发生后，保险公司立即赶往现场进行勘查，确认了事故是由于线路短路造成的，决定对损失予以赔偿，但当了解到被保险人与制衣厂的购销合同时，对于库内车上存放的及库内的涤纶棉布的损失是否赔偿，如何赔偿，双方产生了争议。

试分析：保险公司对于库内车上存放的及库内的涤纶棉布的损失是否该赔偿？如何赔偿？

要点分析：

本案涉及保险利益问题。保险人只对与被保险人有经济利害关系的保险标的的损失提供赔偿。保险标的及其保险利益共同构成保险合同的客体，没有保险标的不能建立保险合同，而没有保险利益也不能建立保险合同。

首先看本案中车上的6 100米涤纶棉布。由于全部购货款已付，当这部分财产由购货方验收合格装上车后，即完成了财产所有权的转移，这部分财产不再归被保险人所有，当然也就不再属于保险标的。这部分财产在出险当晚由被保险人代管，说明这部分财产与被保险人之间还存在着利害关系，但这已不是保险利益了，其损失当然也就得不到赔偿。至于库中存放的属于购销合同中约定的那部分涤纶棉布（3 900米），只有当被保险人将其运出库并经对方验收合格装上车后，所有权才发生转移，在此之前仍归被保险人所有。可见，在出险之前，库中的所有涤纶棉布都仍属保险标的，对其损失，保险人应当承担赔偿责任。

推荐阅读书目

1. 吴志攀主编．金融法概论．北京：北京大学出版社，2000
2. 朱崇实主编．金融法教程．北京：法律出版社，2005
3. 于莹．票据法．北京：高等教育出版社，2008
4. 范健，王建文．证券法．北京：法律出版社，2007
5. 贾林青．保险法．北京：中国人民大学出版社，2006
6. 陈洁．证券法．北京：社会科学文献出版社，2006

第十章
房地产法律制度

• 本章学习目标 •

了解房地产法律制度的主要组成及内容；主要掌握房地产开发用地法律制度中的土地使用权出让法律制度、土地使用权划拨法律制度和土地使用权转让法律制度；掌握房地产交易法律制度；熟悉房地产开发法律制度。

□·引导案例·□

某市某职业中专地处市中心，占地八十多亩，由于市场竞争激烈加上管理不善，又新建校区，学校负债累累。某房地产开发公司找到该校领导，希望与其合作进行房地产开发，学校也想借此盘活土地资源。但是，该幅土地属于国家所有，要进行房地产开发必须经城市规划部门批准，并交付土地使用权出让金。于是双方协定，以建学校职工住房为由，由学校向市土地管理部门申请划拨用地，房屋建设好后，留一部分以成本价向学校职工出售，其余的则以商品房形式向社会销售，所得收益双方共同分配。

于是学校以建造职工住房为由向城市规划、土地等管理部门提出划拨土地申请，有关行政机关根据法律和政策，划拨了6亩土地用于建造职工宿舍。房地产开发公司在划拨的土地上建造了3栋共计一百八十多套房屋，其中只有五十多套以成本价向学校职工出售，剩下的房屋和临街门面均以商品房的价格向社会出售。

学校职工发现本为他们建造宿舍的土地被用于商品房开发，于是向市政府进行举报，市政府责成国土管理局等有关部门进行调查。经调查发现，绝大部分房屋以商品房价格向社会销售，房地产开发公司和学校获得了巨大利润。鉴于学校及房地产开发公司将国家划拨的土地用于商品房开发，有关部门依法对两单位和直接责任人进行了处罚。

请思考：学校、房地产开发公司应该怎样操作才合乎我国当前土地管理、房地产开发法律与制度规定，并两全其美？

第一节　房地产法律制度概述

一、房地产法律制度的概念

1. 房地产法律制度的含义

房地产法律制度是调整房地产开发、交易和房地产管理关系的法律规范的总称。房地产法律制度调整房地产业运行的全过程，即包括房地产开发、交易、消费、管理、服务的全过程。具体而言，房地产法调整土地利用管理关系、土地财产关系、土地利用规划关系、城市房屋管理关系、房屋财产关系等。本章主要集中介绍房地产开发用地法律制度、房地产开发制度和房地产交易法律制度。

2. 房地产法律制度的特征

与别的法律部门比较起来，房地产法律制度有如下特征：

(1) 房地产法调整不动产领域，其所调整的社会关系比较稳固。不动产是指土地和地上附着物，是不能移动或移动后会丧失其经济价值或经济用途的物，它是人们在生产和生活中一刻也不能离开的物质资料。不动产使用期限比较长，一般也不轻易改变用途。比如，我国有关房地产法律规定，商品房用地可长达70年，期满后还可以再续期。不动产的这个特性，可以长期地满足人们的需要。另外，不动产的转移并非实际物体发生位移，而是权利主体发生变动。房地产交易实际上是权利的交易。因此，房地产法是一个以权属为基础的法，只要权属还存在，就可以不断交易下去。

(2) 房地产法所调整的社会关系置于国家的严密控制之下。房地产社会关系可以分为两大类：一类是当事人之间平等的社会关系，另一类是管理和被管理的社会关系。房地产对国家、企事业单位和公民来说，都是一笔很重要的财富，它关系到经济的发展和社会的稳定，因此，国家对这一领域的行政干预十分显著。从土地的无偿划拨到有偿出让、转让，从土地的利用、规划到工程施工、管理，从商品房的开发到售后服务，从房地产产权产籍登记过户的管理到土地联营登记、房地产抵押登记等，几乎无处不体现国家有关职能部门行使监督和管理的权力。

(3) 房地产法律关系的确定一般都要采用书面形式。房地产法律关系的相对稳定性与长期性，客观上就要求它必须采用书面形式，即要求房地产法律关系的参加者，将其相互间的权利义务关系用文字记录下来，并由有关机关签证、批准，有的甚至还要经过公证部门公证，以确保这种法律关系的稳定性和严肃性。土地所有权证、房屋所有权证、土地使用权证、房屋他项权利证、房屋租赁许可证等，都通过书面形式表现出来。

(4) 房地产产权的设立、变更、转让和消灭以登记作为要件。动产产权的设立和转让以标的物的转移占有为原则，而不动产产权的设立、变更、转让和消灭，则以当事人在政府有关管理部门办理登记为原则，未经政府管理机关办理登记，不发生法律效力。

二、房地产法律制度的原则

房地产法律制度的原则，是社会主义市场经济体制下房地产法本质的集中体现，是房地产经济规律在法律上的反映。它是房地产法立法、执法、司法、守法全过程的指导思想和行动准则。

1. 坚持社会主义土地公有制的原则

社会主义土地公有制是我国土地制度的核心。在房地产开发领域坚持社会主义土地公有制，主要就是要坚持城市土地国有制，维护城市土地的国家所有权不受侵犯。依据法律规定，房地产开发用地，主要指城市国有土地，不包括集体所有土地，集体所有土地要依法征收为国有土地后，才允许进入房地产市场。坚持城市土地的国有制，主要是为了保证国家土地所有权经济利益的实现，直接通过土地所有权获得收入。另外，坚持城市土地的国有制，还要坚持国家垄断土地一级市场，由国家来出让土地，依国家的职能确保开源节流、合理配置土地资源，因为一级土地市场从来就不是充分竞争的市场，而是国家垄断的市场。

2. 坚持土地有偿使用的原则

土地资源就其自然形态本身来说，并不具有价值，但在商品经济条件下，土地经过开发利用，凝结了人类的活劳动和物化活动，土地不仅具有价值，而且受着商品价值规律的支配，使它变成一种有价值的自然资源。宪法规定的城市土地属于国家所有，这种所有权只有在经济上得到体现时，才能予以确保，国家放弃了国有土地上应得的经济收益，就等于放弃了对土地拥有的所有权。用经济手段管理土地，就是要变土地无偿使用为有偿使用，变土地无限期使用为有限期使用。

3. 符合城市规划的原则

城市规划是城市发展的纲领，也是房地产开发和城市各项建设的依据。城市规划的任务是：根据国家城市发展和建设方针、经济技术政策、国民经济和社会发展长远规划、区域规划，以及城市所在地区的自然条件、历史情况、现状特点和建设条件，布置城镇体系，合理地确定城市在规划期内经济和社会发展的目标，确定公用事业等各项建设，保证城市有秩序地协调发展。

4. 合理节约用地的原则

土地是十分宝贵的资源和资产。我国耕地人均数量少，总体质量水平低，后备资源也不富裕。保护耕地就是保护我们的生命线。必须认真贯彻“十分珍惜和合理利用每寸土地，切实保护耕地”的基本国策，必须采取治本之策，扭转在人口继续增加情况下耕地大量减少的失衡趋势。目前，从人口的绝对值来说，中国节约用地，应该比任何一个国家都更迫切，节约用地、合理利用耕地，显得愈来愈重要。

5. 坚持经济效益、社会效益和环境效益相统一的原则

经济效益就是在房地产投资领域讲求经济核算，强调投入产出的比例，为投资者带来可观的经济效益。经济效益是房地产开发赖以存在和发展的必要条件。

社会效益是指房地产开发对全社会所产生的良好效果和影响。房地产投资项目，并不仅仅限定于项目本身，而是与社区或整个社会有着千丝万缕的联系。一个项目如只注重自身，根本不考虑社会的乃至公众的利益，其项目不可能成功。

环境效益是指房地产开发过程中，必须注重环境的优化，使房地产项目与周围环境融为一体，达到房地产项目与周围环境协调的最佳状态。环境效益不单单包括自然环境，而且还包括社会环境。环境效益的最大目标是造福群众、造福社会、造福后代，改善城市形象。

经济效益、社会效益、环境效益三者是一个有机的整体。三者是矛盾的，但从最后的结果来看，三者又是统一的，管理者的最大任务就是寻求三者结合的最佳点。实践中，常常会出现开发商只重视经济效益而忽视社会效益和环境效益的情况，而在此时，政府的职责就是对这种行为进行合理的引导，以求得房地产开

发商取得经济效益的同时不损害社会效益和环境效益。

6. 维护当事人合法权益的原则

维护房地产权利人的合法权益不受侵犯，是房地产法的基本任务，也是房地产立法、执法的出发点和最终归宿。房地产权利人的合法权益是其进行房地产交易和正常生产、生活的前提和基础，同时，保护房地产权利人的合法权益也是维护正常的房地产市场秩序、促进社会主义市场经济发展的必要条件。

第二节 房地产开发用地法律制度

一、土地征收法律制度

（一）土地征收法律制度概述

1. 国家征收的概念

国家征收是指国家为了公共利益的需要而依法强制取得原属于集体或者私人的财产所有权或者其他权利的行为。征收的主体具有特定性，现今各国立法大多规定征收的主体只能是国家，通常是政府部门以行政命令的方式取得集体或者私人的财产；征收的实施具有强制性，征收由国家单方作出决定，无须征得被征收人的同意，被征收人必须服从；征收的目的具有公共性，不是为了公共利益的需要不得实施征收；同时，征收导致被征收人所有权或其他权利的丧失，对被征收人造成损害，因此，征收具有补偿性，应当对被征收者因征收所受到的损害进行合理补偿。

2. 国家征收的条件

（1）应当是出于公共利益的需要。国家征收必须是出于社会整体利益的考虑，例如国家安全、外交、市政基础设施、公共设施建设的需要，不得为商业目的进行征收。

（2）应当依据法律的规定。法律是指全国人民代表大会及全国人民代表大会常务委员会制定的规范性法律文件，不包括行政法规、地方性法规、行政规章及地方性规章等。依据法律的规定包括依据法律规定的权限和法律规定的程序。

（3）应当依法给予补偿。征收必须依照法律的规定对被征收人给予补偿。征收集体所有的土地，应当依法足额支付土地补偿费、安置补助费、地上附着物和青苗的补偿费等费用，安排被征地农民的社会保障费用，保障被征地农民的生活，维护被征地农民的合法权益；征收单位、个人的房屋及其他不动产，应当依法给予补偿，维护被征收人的合法权益；征收个人住宅的，还应当保障被征收人的居住条件。对于补偿费用，任何单位和个人不得贪污、挪用、私分、截留、拖欠。

3. 国家征收与国家征用的区别

国家征用与国家征收相比，存在以下不同：(1) 适用条件不同。国家征用与国家征收虽然同是出于公共利益的需要，但国家征用一般是在临时性、突发性等紧急状态下适用，如战争、抢险、救灾、防震等；而国家征收不一定是在紧急状态下适用，只要是出于公共利益需要依据法定条件与法定程序即可实施。(2) 法律后果不同。国家征用只是临时强制使用集体或私人财产，并不导致集体或私人财产所有权或其他权利的丧失，一旦紧急状态结束，被征用的财产应当原物返还给被征用人；而国家征收是将集体或私人财产收归国有，集体或私人因此丧失其财产所有权或其他权利。(3) 补偿不同。国家征用集体或私人财产只需向被征用人支付适用的使用费用，如造成毁损灭失的需对被征用人进行适当补偿；而国家征收则必须依据法定标准给予补偿。(4) 适用对象不同。国家征用的对象包括单位、个人的不动产和动产；而国家征收的对象只限于集体所有的土地和单位、个人的房屋及其他不动产。

4. 国家征收的类型

国家征收依据征收对象的不同可以分为征收集体所有的土地和征收单位、个人的房屋及其他不动产。前者是指国家因进行经济、文化、国防建设以及兴办社会公共事业的需要，强制性地将属于集体所有的土地收归国有，并对集体组织进行补偿的行为；后者是指在城市规划区内的国有土地上，因城市建设需要拆除房屋及其附属物，并由拆迁人对原房屋及其附属物的所有人或使用人进行补偿和安置的行为。

(二) 集体土地征收法律制度

集体土地征收是指国家因进行经济、文化、国防建设以及兴办社会公共事业的需要，强制性地将属于集体所有的土地收归国有，并对集体组织进行补偿的行为。由于我国地少人多，必须十分珍惜和合理使用土地资源，加强土地管理，切实保护耕地，严格控制农业用地转为非农业用地，应当由国家垄断城镇土地一级市场，只有国有土地方可有偿出让作为房地产开发用地，集体土地如需作为房地产开发用地应经征收转化为国有土地后方可。

1. 征收集体土地的工作程序

根据相关法律规定，征收集体土地一般按照下列工作程序办理：(1) 申请用地。建设单位持经批准的设计任务书或初步设计、年度基本建设计划及地方政府规定须提交的相应材料、证明和图件，向土地所在地的县级以上地方人民政府土地管理部门申请建设用地，同时填写“建设用地申请表”。(2) 受理申请并审查有关文件。县级以上人民政府土地行政管理部门负责建设用地的申请、审查、报批工作，对应受理的建设项目，在30日内拟订农用地转用方案、补充耕地方案、征地方案和供地方案，编制建设项目用地呈报说明书，经同级人民政府审核同意后报上一级土地管理部门审查。(3) 审批用地。有批准权的人民政府土地行政管理部门，收到上报土地审批文件，按规定征求有关部门意见后，实行土地管理部门内部会审制度审批土地。(4) 征地实施。经批准的建设用地，由被征收土地所在地的市、县人民政府组织实施。(5) 签发用地证书。有偿使用土地的，应签订土地使用合同；以划拨方式使用土地的，向用地单位签发《国有土地划拨决定书》和《建设用地批准书》；用地单位持土地使用合同或相关材料办理土地登记手续。(6) 征地批准后的实施管理和建立征收土地档案。建设用地批准后直至颁发土地使用权证书之前，应进行跟踪和管理，建立征收土地档案。

2. 征收集体土地的补偿范围和标准

国家建设征收土地由用地单位支付补偿费用。征收土地的补偿费用包括以下四项内容：

(1) 土地补偿费。土地补偿费是因国家征收土地而对土地所有人和使用人的土地投入和收益损失给予的补偿。补偿的对象包括土地所有权人和使用权人。征收耕地的土地补偿费，为该耕地被征收前3年平均产值的6～10倍，比原规定的3～6倍有所提高。征收其他土地的土地补偿费标准，由省、自治区、直辖市参照征收耕地的补偿费标准规定。

(2) 安置补助费。安置补助费是为了安置以土地为主要生产资料并取得生活来源的农业人口的生活所给予的补助费用。征收耕地的安置补助费，按照需要安置的农业人口数计算。需要安置的农业人口数，按照被征收的耕地数量除以征地前被征地单位平均每人占有耕地的数量计算。每一个需要安置的农业人口的安置补助费标准，为该耕地被征收前3年平均年产值的4～6倍，但是每公顷被征收耕地的安置补助费，最高不得超过被征收前3年平均年产值的15倍。因此，每公顷被征收耕地的安置补助费的最高标准由原来的被征收前3年平均年产值的10

倍提高到15倍。征收其他土地的安置补助费标准，由省、自治区、直辖市参照征收耕地的安置补助费标准规定。

依照规定支付土地补偿费和安置补助费，尚不能使需要安置的农民保持原有生活水平的，经省、自治区、直辖市人民政府批准，可以增加安置补助费。但是，土地补偿费和安置补助费的总和不得超过土地被征收前3年平均年产值的30倍。另外，国务院根据社会、经济发展水平，在特殊情况下，可以提高征收耕地的土地补偿费和安置补助费的标准。

（3）地上附着物和青苗的补偿费。地上附着物包括地上地下的各种建筑物、构筑物和其他附着物，如房屋、水井、管线、道路、林木等，这些地上附着物的拆迁、砍伐、重置等费用，用地单位应给予补偿。青苗是指正处于生长而未能收获的农作物，用地单位也应给予补偿。依照法律规定，地上附着物和青苗的补偿费标准由省、自治区、直辖市规定。

（4）被征地农民的社会保障费用。《物权法》第42条第2款规定：征收集体所有的土地，应当依法安排被征地农民的社会保障费用。《物权法》的这一规定可谓出于长远考虑。长期以来，我国农民的社会保障问题是困扰政府的一大难题，《物权法》规定征地须安排被征地农民的社会保障费用，有助于解决这一难题，但《物权法》对具体标准未作规定，有待日后相关规定予以落实。

（三）城市房屋拆迁法律制度

1. 城市房屋拆迁的概念

城市房屋拆迁是指在城市规划区内的国有土地上，因城市建设需要拆除房屋及其附属物，并由拆迁人对原房屋及其附属物的所有人或使用人进行补偿和安置的行为。城市房屋拆迁是一种土地集约化经营行为。其具体内容包括：房屋拆建，如危旧房改造；城市功能、用地布局和空间结构的调整；城市基础设施的建设、改造和环境治理。

2. 城市房屋拆迁的原则

（1）符合城市规划的原则

城市规划是指人民政府为了实现一定时期以内城市社会、经济发展目标，确定城市性质、规模和发展方向，合理利用城市土地，协调城市空间布局，对各项建设用地及各项基础设施的配置在时间上和空间上的综合部署和具体安排。城市规划是城市各项建设的法律依据。城市房屋拆迁是建设项目实施的前期准备，所以拆迁活动必须符合城市规划。

(2) 有利于城市旧区改造和生态环境改善的原则

城市旧区是城市在长期历史发展和演变过程中逐步形成的各项政治、经济、文化、社会活动的居民聚集区。城市在不断地更新、发展，城市旧区改造是城市建设不可或缺的一环，而城市房屋拆迁，又往往是城市旧区改造的重要手段。城市房屋拆迁应当有利于法律所规定的城市旧区改造的基本方针和原则。

生态环境是人类生存和发展的基本条件，是社会、经济发展的基础。改善生态环境，实行可持续发展，是我国现代化建设中必须始终坚持的一项基本原则。过去在拆迁活动中，拆迁人不重视生态环境保护，甚至破坏生态环境，如毁坏城市绿地、树林等，损害人们的生活居住环境。因此，城市房屋拆迁应当与生态环境改善相结合。

(3) 保护文物古迹的原则

保护文物古迹，不仅是科学研究工作的需要，而且对于继承历史文化遗产、弘扬民族文化具有重要意义。我国相关法律针对城市拆迁过程中拆毁古建筑、毁坏古文化遗址等现象，明确规定城市房屋拆迁必须贯彻和坚持保护文物古迹的原则。

3. 城市房屋拆迁的程序

任何单位和个人需要拆除房屋，必须持国家规定的批准文件、拆迁计划和拆迁方案，向县级以上人民政府房屋拆迁主管部门提出申请，经批准并发给房屋拆迁许可证后，方可拆迁。

城市房屋拆迁的基本程序如下：第一，申请。需要拆除房屋的建设单位和个人，应当持以下书面文件向县级以上人民政府房屋拆迁主管部门提出拆迁申请：建设项目立项批准文件，即国家规划行政主管部门批准的项目建设书或者计划任务书；建设用地规划许可证；国有土地使用权批准文件；拆迁人制定的拆迁计划和拆迁方案；办理存款业务的金融机构出具的拆迁补偿安置资金证明。第二，审批。房屋拆迁主管部门在收到拆迁人的拆迁申请和必要的证明文件后对拆迁申请进行审查，审查的内容包括：建设项目立项的批准文件和土地使用的批准文件是否合法；批准机关是否具有批准权限；拆迁计划和拆迁方案是否合理、可行；拆迁范围与批准的用地范围是否一致。拆迁许可证颁发后，有关拆迁范围内的房屋及其附属物的活动应当停止或冻结，户口迁入以及居民分户亦应停止办理，因出生、军人复、转、退、婚嫁等确需入户或者分户的，经县级以上地方人民政府批准后方可办理。第三，房屋拆迁行政公布。房屋拆迁主管部门在核发拆迁许可证后，应当及时向拆迁范围内的被拆迁人宣布拆迁决定，发布拆迁公告，或以其他形式发布拆迁决定。第四，签订拆迁协议。在房屋拆迁主管部门公布的拆迁期限内，拆迁人应当与被拆迁人就拆迁补偿和安置事宜进行协商并签订书面协议。签订补偿、安置协议后，可以向公证机关办理公证，并送房屋拆迁主管部门备案。第五，实施拆迁。①

法律、法规对拆迁使（领）馆房屋、军事设施、教堂、寺庙、文物古迹等另有规定的，依照有关法律、法规规定执行。

二、土地使用权出让法律制度

(一) 土地使用权出让的概念

土地使用权出让，是指国家将国有土地使用权在一定年限内出让给土地使用者，由土地使用者向国家支付土地使用权出让金的行为。土地使用权出让具有以下特征：

（1）土地使用权出让是一种民事法律行为。出让人为国家，即国有土地的所有权人，是民法上的特殊民事主体，受让人为自然人和法人。双方当事人法律地位平等，国家行使的并非行政权而是所有权，不是以政权代表身份出现而是以所有者代表身份出现。

（2）土地使用权出让是一种设权行为。土地使用权出让是土地所有者（即国家）为土地使用者设定他物权即土地使用权的行为。在法律性质上，土地使用权系从土地所有权分离而来，属于对世性他物权。

（3）土地使用权出让是一种有偿行为。土地使用者以出让方式取得土地使用权须以向国家（即土地所有者）支付土地使用权出让金为代价。

（4）土地使用权的出让附随特殊义务。其特殊义务表现在：建设用地使用权出让皆附有期限；土地使用权的设定，其权利义务内容皆由法律规定，当事人不得自行约定；权利客体的特定性，土地使用者不能以土地使用权来对抗矿藏的国家所有权以及埋藏物主人的所有权。

土地使用权出让与土地使用权转让不同，表现在：

（1）土地使用权出让属于土地一级市场。土地使用权转让是土地使用权出让

---

① 鉴于城市房屋拆迁过程中出现的问题，国务院法制办于 2010 年 1 月 29 日公布《国有土地上房屋征收与补偿条例》（征求意见稿），正式征求社会各界意见。该征求意见稿共 5 章 41 条，分别对适用范围、征收程序、征收补偿、关于非因公共利益的需要实施的拆迁等问题予以了明确规定。

后，受让方按照土地使用权出让合同约定的期限和条件对土地进行投资开发后，通过出售、赠与或交换等方式，将自己享有的未满期的土地使用权转让给受让人，受让人在转让人建设用地使用权有效年限内受让土地使用权的民事法律行为，属于土地二级市场。

（2）土地使用权出让是土地使用权从国家土地所有权分离而成为一项独立的民事权利，而土地使用权转让则是土地使用权成为独立的民事权利之后使用权人再依法将它转移给其他公民或法人的行为。前者是土地所有者行使土地所有权的结果，后者则是土地使用者对建设用地使用权进行法律上的处分的结果。

（3）土地使用权出让反映的是土地所有者与土地使用者之间的关系，土地使用权转让不仅反映土地所有者与土地使用者之间的关系，而且反映土地使用者与土地使用者之间的关系。

土地使用权出让与土地使用权出租也不同，表现在：

（1）土地使用权出让是土地一级市场的行为，而土地使用权出租则是土地二级市场的行为。

（2）土地使用权出让是处分行为，是土地使用权与土地所有权分离而成为独立的财产权利，出让一方永远只能是土地所有权人即国家；土地使用权出租则是负担行为，是在保留土地使用权的前提下将土地有偿交给承租人使用。

（3）土地使用权出让的结果是土地使用权从土地所有权中分离成为一种独立的他物权；土地使用权出租的结果是出租人将其权利租给承租人使用一定年限，出租人仍保有土地使用权，而承租方享有的只是一种债权，土地使用权出让合同中的权利义务并不随土地使用权出租而转移给土地使用权承租人。

（二）土地使用权出让的程序和方式

1. 土地使用权出让的程序

土地使用权出让的程序是指土地使用权出让应经过哪些阶段或步骤。根据有关法律规定，土地使用权出让的程序为：（1）拟定出让方案。市、县人民政府土地管理部门应会同城市规划和建设部门、房产管理部门等共同拟定出让方案，包括地块位置、面积、用途、年限、出让金底价及土地使用条件等，编制《土地使用权出让合同》（草约）和《土地使用条件》。如出让土地属于旧城改造土地，须拟订拆迁安置方案。若采用招标、拍卖出让，须起草相关的《公告》、《须知》等。（2）审批。出让方案拟订好后，土地管理部门应按照国务院下发的《关于出让国有土地使用权批准权限的通知》的规定报有审批权的人民政府批准。（3）组织实施。出让方案由有批准权的人民政府批准后，由市、县人民政府土地管理部门组织实施。因出让的方式不同（协议、招标、拍卖），组织实施的方式也不一样，因此，应按具体的出让方式组织实施。

2. 土地使用权出让的方式

(1) 协议出让

协议出让，是指土地使用权的有意受让人直接向土地所有者提出有偿使用土地的愿望，由土地所有者即出让方与有意受让人在没有第三人参与的条件下通过谈判、协商达成出让土地使用权一致意见的一种方式。

协议出让是没有引入竞争机制的一种土地使用权出让方式。其基本特点是在没有第三人参与竞争的条件下通过双方协商达到出让土地使用权的目的。它一般适用于市政工程、公益事业、非盈利单位或项目用地，以及因实施产业政策，政府需要给予扶持、优惠的项目用地。

协议出让的程序一般为：第一，申请。协议出让首先由土地使用权有意受让人根据生产经营需要或生活及办公条件需要，向土地所有者提出使用土地的申请，说明用地依据、面积、用途、出让金的来源及数额等。第二，协商。出让人根据有意受让人的申请，结合有关规定，与有意受让人就用地面积的大小、出让金的多少等具体问题进行谈判，直至最后取得一致意见。第三，签约。出让方与有意受让人把协商的结果即达成的一致意见，用书面形式确定下来（签订出让合同）。第四，登记。土地使用权有意受让人按照合同规定的出让金数额和支付方式交付完出让金以后，在土地管理部门办理土地使用权登记手续，并领取土地使用证。

(2) 招标出让

招标出让，是指在规定的期限内，由符合招标条件的单位或个人，以书面投标形式竞投某宗地块的土地使用权，由招标人择优确定土地使用者的出让方式。

招标出让引入了市场竞争机制，比较充分地体现了商品交换的原则。其基本特点有：第一，从发布招标通告开始，经投标阶段，直到开标，标底和标价都是保密的。即招标人不说明自己的标底，投标人各自不公开投标标价。第二，中标者不一定是投标标价的最高者，中标者是经过全面、综合评价后择优确定的。招标人在确定中标人时，不仅要考虑投标标价，也要参考投标规划设计方案、投标人的资质及业绩等。第三，投标人只有一次投标机会。若这一次机会没有把握住，就不可能中标。

招标出让这种方式，适用于开发性用地或有较高技术性要求的建设用地。一般情况下，招标出让的程序为：第一，招标。招标通常先由招标人通过各种新闻媒介形式或其他形式（如通知）发出招标通告，由有意受让人提出投标申请，然后由招标人根据确定的投标人资格要求对有意受让人进行资格审查，并向合格者发送招标文件。第二，投标。土地使用权有意受让人，收到或领取招标文件以后，按招标人规定的时间、地点，向招标人交纳投标保证金。投标保证金和民事合同中的定金相同，中标以后，可以抵作出让金，也可转为定金。第三，开标、评标和中标。在招标出让土地使用权时，招标人要会同有关部门并聘请有关专家组成评标委员会。开标、评标和决标工作由评标委员会主持。第四，签约。中标者接到中标证明通知书后，在规定的日期内持中标证明通知书与招标人签订出让合同。第五，登记。中标者交付合同规定的全部出让金后，到土地管理部门办理土地使用权登记手续，并领取土地使用证。

（3）拍卖出让

拍卖出让，是指土地使用权出让人在指定的时间、地点，利用公开场所，就所出让的土地使用权公开叫价竞投，按“价高者得”的原则，确定土地使用权受让人的一种方式。

拍卖出让与招标出让都是竞争性签约的方式，但拍卖出让的竞争性更激烈。其主要特点是：第一，拍卖出让公开进行。拍卖出让时，每个应买人公开竞争报价。这一点与招标出让有明显的区别，招标出让在开标以前标底和标价是保密的。第二，拍卖出让贯彻“价高者得”的原则。拍卖出让时，应买人相互竞投，最后出价最高者即在竞争中取胜，签约后成为土地使用者。这一点也与招标出让有别。在招标出让中，招标人还要评价投标人的其他条件，最后中标者，不一定是标价最高人。第三，在拍卖出让中，应买人有多次报价的机会，每个应买人都可以随时根据他人提出的报价，提出更高的报价，报价机会（次数）的多少由应买人自己决定。拍卖出让的这一特点也不同于招标出让。在招标出让中，投标人只有一次投标的机会。

拍卖出让这种方式，适用于商业用地或娱乐用地。拍卖出让的程序一般为：第一，刊登拍卖公告。土地使用权出让方在拍卖活动开始前数日，要通过新闻媒介传播或刊登拍卖公告。第二，交验有关证件，领取入场证。土地使用权有意受让人即竞投者，要在拍卖开始前规定的时间内到拍卖人指定的地点交验有关证件。第三，拍卖。在规定的地点和时间，由土地所有者代表或其委托人主持拍卖。第四，签约。经过激烈的竞投，应价最高者与土地使用权出让人签订土地使用权出让合同。第五，登记。土地使用权受让人交纳土地使用权出让金以后，到土地管理部门办理土地使用权登记手续，领取土地使用证。

(三) 土地使用权出让的宏观调控

社会主义经济体制改革的目标是建立和发展社会主义市场经济，在市场经济条件下，微观经济活动是以市场为导向、以市场自发调节为主的，目的是实现资源有效配置和优化组合，但市场并不是万能的，市场亦会失灵。为克服市场的弊端，客观上需要政府进行宏观管理和行政指导，制定维护交易安全的规则，巩固自由市场的基础。因此，就整个社会主义市场经济中的土地市场而言，土地一级市场即建设用地使用权的出让，要在城市总体规划的指导下进行，土地二级市场即建设用地使用权的转让，要在国家宏观调控下实行市场调节。国家对建设用地使用权出让市场管理较为严格，具体表现为以下几方面：

1. 建设用地使用权出让实行集中管理。建设用地使用权的出让，由县级以上人民政府代表国家依法行使出让权，以规划为前提，统一规划，统一征收，统一开发，统一管理，统一出让。城镇国有土地出让和使用，必须符合城镇规划的要求，城镇总体规划应能指导土地的开发，详细规划应能为出让土地提供足够的依据。

2. 土地使用权出让实行用地总量控制。县级以上的地方人民政府出让建设用地使用权用于房地产开发的，须根据省级以上人民政府下达的控制指标拟订年度出让建设用地使用权总面积方案，按照国务院规定，报国务院或者省级人民政府批准。总量控制包括两个层次：一是开发用地控制指标，由省级以上人民政府制定、下达；二是年度出让建设用地使用权总面积方案，由县级以上地方人民政府拟订，报国务院或者省级人民政府批准，在通常情况下，由省、自治区、直辖市人民政府批准。

3. 土地使用权出让贯彻保护耕地原则。保护耕地是关系国家前途、命运和子孙后代生存发展的重大问题，保护耕地就是保护我们的生命线。我国目前耕地大量减少而耕地后备资源贫乏，因此，要对耕地实行特殊保护制度，严格控制耕地转为建设用地。

4. 土地使用权出让实行价格管理。国家对土地使用权出让价格实行严格控制，市场对土地使用权出让价格的自发调节作用被限定在一定程度之内，这也是当今世界经济发展的明显趋向。在出让中应当合理评估土地使用权价格，从实践看，招标价格和拍卖价格比较合理。国家除运用价格手段外，还可以利用税收杠杆和利率杠杆对土地市场进行宏观调控，把经济杠杆调节转化为市场信号，引导市场主体。

三、土地使用权划拨法律制度

（一）土地使用权划拨的概念

土地使用权划拨，是指县级以上人民政府依法批准，在土地使用者缴纳补偿、安置等费用后将该幅土地交付其使用，或者将土地使用权无偿交付给土地使用者使用的行为。土地使用人通过划拨方式取得的土地使用权，即是划拨土地使用权。

与出让土地使用权相比，划拨土地使用权具有以下法律特征：

1. 划拨土地使用权的标的限于国有土地。

2. 划拨土地使用权的取得具有行政性。土地使用权的划拨实质是行政划拨，这种行政划拨行为是单向的，在行政划拨法律关系中，一方当事人是握有行政权力的国家行政主管机关，另一方当事人是用地申请人，双方当事人法律地位不平等，权利义务不对等。

3. 划拨土地使用权的取得具有无偿性。土地使用权划拨是一种无偿行为，土地使用者取得土地使用权无须支付对价，虽然建设用地使用者要缴纳补偿、安置等费用，但不必向国家支付地租性质的费用，补偿、安置等费用不是建设用地使用权的对价，而只是对原先的建设用地使用者的损失和重新安置的补偿。

4. 划拨土地使用权具有不定使用期限。划拨土地使用权没有使用期限的限制并不等于永续存在。土地所有人可以根据需要随时收回土地使用权。

5. 划拨土地的用途具有特定性。划拨土地一般只用于有关公共利益和国计民生的项目，对于纯商业目的的项目用地，一般不允许通过划拨方式无偿取得。

（二）土地使用权划拨的范围

土地使用权划拨的范围，是指国家对何种土地在何种条件下，可以采取土地使用权划拨的方式提供建设用地的土地使用权。土地使用权划拨因是政府行为、无偿行为，故需具备一定的条件方可进行。具体范围包括：

1. 国家机关用地。指国家职能机关用地，包括：（1）国家权力机关用地，指全国人民代表大会及其常务委员会用地以及地方各级人民代表大会及其常务委员会用地；（2）国家行政机关用地，指各级人民政府所属工作部门用地或职能部门用地；(3) 国家审判机关用地；(4) 国家检察机关用地。

2. 军事用地。指军事机关和军事设施用地，包括军用机场、港口、码头、营区、训练场、试验场、军用仓库、军用公路、铁路专用线等用地。

3. 城市基础设施用地。指城市供水、排水、污水处理、供电、通信、煤气、热力、道路、桥涵、市内公共交通、园林绿化、环境卫生以及消防、路标、路灯等设施用地。

4. 城市公益事业用地。指城市内各种学校、医院、体育场馆、图书馆、文化馆、幼儿园、托儿所、敬老院、戏剧院等文体、卫生、教育、福利事业用地。

5. 国家重点扶持的能源、交通、水利等基础设施用地。指中央投资、中央与地方共同投资和中央、地方共同引进外资以及其他投资者投资的，国家采取各种优惠政策重点扶持的煤炭、石油、天然气、电力等能源项目用地；铁路、港口、码头等交通项目用地；水库、防洪和防潮工程项目用地；农田灌溉工程项目用地，水力发电工程项目用地，江河治理工程项目用地以及城市、工业输水工程等水利项目用地。

(三) 土地使用权划拨的程序

1. 预审。用地申请前，在进行建设项目可行性研究论证时，应由土地行政主管部门对建设项目用地有关事项进行审查，提出建设项目用地预审报告；可行性研究报告报批时，必须附有土地行政主管部门出具的建设项目用地预审报告。

2. 申请。具体建设项目需要使用土地的，由建设单位持建设项目的有关批准文件，向市、县人民政府土地行政主管部门提出建设用地申请。建设单位应当根据建设项目的总体设计一次申请，办理建设用地审批手续；分期建设的项目，可以根据可行性研究报告确定的方案分期申请建设用地，分期办理建设用地有关审批手续。

3. 审查。建设单位的用地申请由市、县人民政府土地行政主管部门审查，拟订供地方案，报市、县人民政府批准；需要上级人民政府批准的，应当报上级人民政府批准。

4. 批准。由县级以上地方人民政府土地管理部门按规定权限报县级以上人民政府批准，供地方案经批准后，由市、县人民政府向建设单位颁发建设用地批准书。

5. 划拨。划拨使用国有土地的，由市、县人民政府土地行政主管部门向建设用地使用者核发建设用地划拨决定书，由用地所在地的县级以上地方人民政府土地管理部门根据批准用地文件所确定的用地面积和范围，到实地划拨建设用地。

6. 登记。用地申请批准后，建设单位应当依法向市、县人民政府土地行政主管部门申请土地登记，并由市、县人民政府颁发《国有土地使用证》。土地登记是划拨建设用地使用权的公示方法，《国有土地使用证》是取得划拨建设用地使用权的唯一证明。

完成以上程序后，建设用地使用者即取得了划拨建设用地使用权。

四、土地使用权转让法律制度

（一）土地使用权转让的概念

土地使用权转让，是指土地使用权人在其权利年限有效范围内，将其受让的土地使用权依法转移给他人的民事法律行为。具体而言，土地使用权转让是土地使用权出让后，受让方按照土地使用权出让合同约定的期限和条件对土地进行投资开发后，通过出售、赠与或交换等方式，将自己享有的未满期的土地使用权转让给受让人，受让人在转让人土地使用权有效年限内受让土地使用权的民事法律行为。

土地使用权转让是土地使用权在转让人与受让人之间的移转，是在土地使用者之间的横向流动，其产生是土地使用权人对土地使用权进行法律上处分的结果，转让方式多样，可以是有偿的，也可以是无偿的。土地使用权的转让人是原土地出让关系中的受让人，而且，可以转让的土地使用权是由土地使用权出让合同设立的。

（二）土地使用权转让的原则

土地使用权转让的原则是指法律规定的建设用地使用权转让所必须遵循的规则和准则，转让行为的当事人不得以协议加以变更。它对土地使用权转让不仅具有指导作用，而且具有规范效力，具有强制性和不可选择性，其目的在于使土地使用权转让依照国家的政策和法律得以顺利实现。依据有关法律规定，土地使用权转让应遵循以下几项原则：

1. 权利义务同时移转原则

权利义务同时移转原则又称“认地不认人”原则，是指土地使用权转让时，转让人与原土地使用权出让人所签订的出让合同以及登记文件中所载明的权利、义务随之移转给受让人，土地使用权发生多次移转亦是如此。土地使用权无论移转给谁，国家与土地使用者之间的权利义务关系不变，新的土地使用者必须履行原土地使用权出让合同和登记文件中所载明的权利义务。权利义务同时移转原则是国家加强土地监管的一个重要方面，使土地使用权出让合同所规定的义务始终附着于土地使用权上，防止因土地使用权转让而出现不合理使用土地的局面。

2. 产权一致原则

产权一致原则是指建设用地使用权与其地上建筑物所有权的权利人一致，建设用地使用权转让时，其地上建筑物、其他附着物所有权亦随之移转；地上建筑物、其他附着物所有权转让时，其使用范围内的建设用地使用权亦随之转移。产权一致原则的作用在于有利于法律关系的简化，避免法律关系错综复杂；同时取得土地使用权是取得地上建筑物所有权的前提。房地产开发的程序是先通过土地使用权出让，取得土地使用权，然后进行房地产开发，取得地上建筑物所有权。

3. 效益不可损原则

效益不可损原则是指土地使用权的转让或地上建筑物、其他附着物所有权的转让，不得损害土地及地上建筑物的经济效益，并须经过政府审批。

(三) 土地使用权转让的方式

1. 出售

土地使用权出售是指转让人以获取价金为目的将土地使用权转让给受让人，受让人支付价金并获取土地使用权的民事法律行为。土地使用权的出售实则是土地使用权的买卖，通过土地使用权买卖合同的形式实现。土地使用权买卖是建设用地使用权与价金的对等移转，与一般买卖是标的物所有权与价金对等移转略有不同。

2. 交换

土地使用权交换是两个土地使用权人之间就土地使用权进行互易的行为，本质上是一种权利互易。土地使用权交换，双方当事人互负对等义务，都负有向对方当事人移转土地使用权的义务，并都负有权利瑕疵担保义务。

3. 赠与

土地使用权赠与是指土地使用权人将其权利无偿地移转给他人的行为。赠与行为是一种无偿行为，出赠人负有移转土地使用权的义务而受赠人无支付对价的义务；土地使用权赠与须待土地使用权权属变更登记完成始生权利移转的法律效力。

4. 继承

土地使用权继承是指建设用地使用权人死亡后，依法符合继承条件的人，继承权利人土地使用权的行为。继承分法定继承和遗嘱继承两种方式。继承人继承土地使用权的同时也要承担附随义务。同时，广义的继承还包括企业合并、分立的情况，企业合并、分立亦发生土地使用权的移转。

5. 土地使用权入股

土地使用权入股，即以土地使用权作价出资。公司法规定股东可以以土地使用权作价出资，并应当依法办理土地使用权的移转手续。由此可见，土地使用权入股亦是土地使用权转让的方式之一，亦即土地使用权从股东手中转移至公司手中。土地使用权入股后，股东取得股权，公司则取得土地使用权。以提供土地使用权作为联营条件的，其土地使用权是否转让，应视联营的不同形式而定。

第三节　房地产开发法律制度

一、房地产开发概述

1. 房地产开发的概念

房地产开发一词的含义有广义和狭义之分。广义的房地产开发是指在土地上进行基础设施、房屋建设的行为；狭义的房地产开发是指在城市规划区内国有土地上进行的基础设施和房屋建设的行为。城市规划区内集体所有的土地，经依法征收转为国有土地后，方可有偿出让，进行房地产开发。基于上述原因，本书把房地产开发定义为在依法取得国有土地使用权的土地上进行基础设施和房屋建设的行为。

房地产开发的特点主要有：(1) 房地产开发是多部门协作活动。房地产开发包括基础设施开发和房屋开发，而要完成这些开发活动，需要规划、土地管理、设计、施工、市政、消防、环境、绿化、供电、供水、通信、银行等各有关部门相互协作，否则房地产开发活动就不能顺利进行。(2) 房地产开发投资大。房地产开发是以基础设施和房屋为开发对象的投资活动。由于基础设施开发涉及的范围比较大，包括地面设施建设和地下设施建设，因此，投资量比较大。(3) 房地产开发周期较长。房地产开发作为一种生产活动，它不像一般商品生产投资量少、涉及的面窄、生产场所比较小、生产环节比较集中，它需要经过许多环节、多项程序才能完成。一般小型开发项目，从立项到交付使用，最少需要1～2年时间；中型开发项目，需要3～4年时间；大型项目则需要更长的时间。

2. 房地产开发的类型

(1) 按房地产开发的目的不同，可分为以经营为目的的房地产开发和以自用为目的的房地产开发。以经营为目的的房地产开发是指房地产开发公司投资开发房地产，并通过房地产市场的转让，追求经营利润的开发活动。以自用为目的的房地产开发是指房地产开发者为了满足自己生产、经营或消费需要的房地产开发活动。

(2) 按房地产开发的内容不同，可以分为基础设施建设和房屋建设。基础设施建设是指给水、排水、污水处理设施建设；供电、通信设施建设；煤气或天然气、热力建设以及道路、桥涵、园林绿化、环境卫生等建设活动。房屋建设是指住宅建设，包括工业、商业、交通、仓库用房、文体科教用房等各类房屋建设。房屋建设是在基础设施建设的基础上所进行的一种再开发行为，有的开发项目是基础设施建设与房屋建设相继进行，合二为一。

(3) 按房地产开发的范围不同，可以分为新城区的开发和旧城区的拆迁改造。新城区开发主要指城市的新建或扩张，目的是为城市的各项建设事业顺利进行提供基础条件。旧城区的拆迁改造是指对旧城区的基础设施、建筑物重新布局、改造或建设，目的是发挥城市的整体功能，以适应现代化城市生产和生活的需要。

此外，按开发规模大小不同，还可以分为单项开发、小区开发和成片开发。

二、房地产开发的规划管理法律制度

(一) 城市土地利用的规划管理

城市土地利用的规划根据内容的不同可分为三个层次：

1. 城市土地利用总体规划

城市土地利用总体规划是指对城市土地利用实行宏观的、指导性的长期规划，它是根据当地土地资源的特点和社会经济发展目标以及生产力水平，来确定城市土地利用的方向、目标和结构分区以及骨干项目和基础设施工程的用地范围。城市土地利用总体规划又是一种带有区域性的总体规划，它对城市用地的布局、结构、范围及土地利用的重大原则都作了明确的规定。因此，它对城市各部门土地利用专项规划和分区规划有宏观指导和控制作用，特别是对各部门用地的比例结构和布局具有约束作用。

城市土地利用总体规划的要求是：结构合理，布局得当，生态系统良好。城市用地规划要合理，就是要把有限的土地资源合理地配置，形成最优的城市用地结构和布局，构成一个经济效果最优、生态系统良好、适用各类用地特点的最优土地利用模式。

城市土地利用总体规划的具体内容包括：(1) 对市和县辖行政区范围的城镇体系、交通体系、基础设施、生态环境、风景旅游资源开发进行合理布置的综合安排；(2) 确定规划区内城市人口及用地规模，划定城市规划区范围；(3) 确定城市用地发展方向和布局结构，确定市、区中心位置；(4) 确定城市对外交通系统的结构和布局，编制城市交通运输和道路系统规划，确定城市道路等级和干道系统、主要广场、停车场及主要交叉路口形式；(5) 确定城市供排水、防洪、供电、通信、环保、环卫等基础设施的发展目标和总体布局，并综合协调；(6) 根据城市防灾要求，作出人防建设、防震防灾规划；(7) 各级历史文化名城的专门保护规划；(8) 确定旧城改造、用地调整的原则、方法和步骤，提出控制旧城人口密度的要求和措施；(9) 对规划区的自然保护地带、风景名胜、文物古迹、传统街区，划定保护和控制范围，提出保护措施；(10) 编制近期建设规划，确定近期建设目标、内容和实施部署；(11) 其他各项专业规划。

2. 城市土地利用功能分区规划

分区规划就是把城市按其不同功能要求，划分成若干个功能区，并使各个功能区合理地有机结合在一起或互相联系。按其性质和功能划分，大致可分为七类：生活居住用地、工业用地、仓库用地、公用事业设施用地、卫生防护用地、对外交通运输用地、特殊用地。功能分区规划的主要内容为：(1) 原则上确定分区内十地使用性质、居住人口分布、建筑用地的容量控制指标；(2) 确定市、区级公共设施的分布及其用地范围；(3) 确定城市主、次干道的红线位置、断面、控制点坐标和标高，以及主要交叉口、广场、停车场的位置和控制范围；(4) 确定工程干管的位置、走向、管径、服务范围以及主要工程设施的位置和用地范围等。

3. 城市土地利用详细规划

详细规划是总体规划和分区规划的具体化，是范围较小的街区规划。它又分为控制性详细规划和修建性详细规划。详细规划的任务是在近期拟建设的地段上进行具体的规划布局，以确定各项建筑物、道路、绿地和工程设施的安排，为各项单项设计提供依据。

详细规划的具体内容包括：(1) 建筑利用的种类和程度，包括层数、密度、容积率、体积率；(2) 建筑形式、建筑物和基地与邻地境界的关系、建筑可占地和不可占地部分、建筑物的位置；(3) 建筑用地的规模，有关住宅占地的正面宽度与进深的最小值；(4) 有关的附属设施用地，如游乐场、文化娱乐用地、停车场和车库用地等；(5) 根据城区规划，确定有关居住用建筑中最大的居住户数；(6) 根据城市规划提供符合特殊需要的用地；(7) 交通用地、步行空间、停车用地和与交通用地直接有关的用地；(8) 公共设施用地（煤气、上下水）及管道用地；(9) 废弃场、下水处理用地和储藏用地。

城市土地的总体规划、分区规划和详细规划一旦经有权机关批准，就成为法律文件，任何单位和个人都必须遵守。

(二) 开发项目选址的规划管理

加强对开发建设项目选址的规划管理具有十分重要的意义，因为开发项目的建设与计划、规划分不开，必须使二者有机地结合，防止在建设过程中计划与规划脱节。建设项目的选址意见书需要提供建设项目的基本情况（如项目的名称、性质、规模等）和建设项目的选址依据，主要包括经批准的项目建议书、规划部门意见、环境影响报告等。

建设项目选址规划管理的基本内容是：(1) 城市规划区内的建设工程的选址和布局必须符合城市规划，必须有城市规划主管部门批准的意见书；(2) 建设项目选址意见书应当提供建设项目的基本情况，包括项目的名称、性质、建设规模、能源需求量、交通运输状况等；建设项目选址的基本依据，包括经批准的项目建议书、规划部门意见、环境影响报告，等等；建设项目选址、用地范围和具体规划要求；(3) 建设项目选址意见书的审批和发放实行分级管理、层层报批或备案，不能放任不管；(4) 选址意见书没有签发或签发部门不是法定的规划行政主管部门，则设计任务书不能审批或没有法律效力，建设项目无以立项，甚至还要接受处罚。

(三) 建设用地规划审批管理

建设用地规划审批管理，主要是指政府规划行政主管部门划定规划红线、发给建设用地规划许可证的过程，是取得开发建设用地的关键性一环，也是检验用地是否符合规划和落实规划的最后阶段。

建设用地的规划审批管理具体包括如下内容：（1）在城市规划区内进行建设需要申请土地的，必须要持有国家批准的建设项目的有关文件，向城市规划行政主管部门申请定点（不需要选址意见书的建设项目除外）；（2）城市规划行政主管部门在收到申请之后，应当到选址地点进行现场的调查和踏勘，并征求环境保护、消防安全、文物保护、土地管理、供水、供电等有关部门的意见；（3）城市规划行政主管部门经过初审后，认为符合要求的，向建设单位提供建设用地地址与范围的规划红线图，提出规划设计条件和要求，核定用地面积，并向建设单位核发建设用地规划许可证；（4）建设单位在获得建设用地规划许可证后，方可向县级以上地方人民政府土地管理部门申请用地或正式办理土地使用证，经县级以上人民政府审查批准后，由土地管理部门划拨和出让土地；（5）未取得建设用地规划许可证而取得建设用地批准文件、占用土地的，批准文件无效，占用的土地由县级以上地方人民政府责令退回。

（四）建设工程规划管理

建设工程规划管理主要是指房地产开发中各项建设工程项目的安排和布局，主要包括两个方面：一是建设工程规划许可制度，二是对房屋开发建设工程的规划检查、验收制度。在城市规划区，不论是大型项目，还是小型项目，不论是永久性建筑，还是临时性建筑，均必须接受城市规划主管部门的统一规划管理。

建设工程规划管理的主要内容包括：（1）建设单位和个人进行工程建设应当持有关批准文件（如经审批的项目建设书、土地使用证、建设用地规划许可证书等）到城市规划行政主管部门申请建设；（2）城市规划部门在接到申请后，要对工程进行审查，根据建设工程地段详细规划的要求，提供规划设计要点通知书；（3）建设单位根据规划设计要点通知书进行具体工程设计，并将设计方案提交城市规划主管部门核查；（4）城市规划行政主管部门通过核查，提出规划修改意见，核发设计方案通知书；（5）建设单位根据设计方案通知书，委托设计单位进行施工图设计，再报城市规划行政主管部门审查；（6）城市规划行政主管部门审查合格后，核发建设工程规划许可证；（7）建设单位和个人在取得建设工程规划许可证后，方可申请办理开工手续；（8）对房屋开发建设工程的规划检查和验收是城市规划行政主管部门在核发建设工程规划许可证之后对建设工程所进行的后续监督、管理活动。城市规划行政主管部门有权对建设工程是否符合规划要求进行检查，开发、建设单位有义务如实提供资料和情况配合检查。未取得建设工程规划许可证或违反工程规划许可证的规定进行建设，严重影响城市规划的，县级以上地方人民政府城市规划主管部门有权责令停止建设，限期拆除或没收违法建筑物、构筑物或者其他设施；对影响规划，但可以改正或补救的，可以责令限期改正，并处以罚款，以此来保证城市规划的贯彻和实施。

（五）城市新区开发和旧城区改造规划管理

城市的建设和发展，应当优先安排基础设施以及公共服务设施的建设，妥善处理新区开发与旧区改建的关系，统筹兼顾进城务工人员生活和周边农村经济社会发展、村民生产与生活的需要。城乡规划确定的铁路、公路、港口、机场、道路、绿地、输配电设施及输电线路走廊、通信设施、广播电视设施、管道设施、河道、水库、水源地、自然保护区、防汛通道、消防通道、核电站、垃圾填埋场及焚烧厂、污水处理厂和公共服务设施的用地以及其他需要依法保护的用地，禁止擅自改变用途。城市新区的开发和建设，应当合理确定建设规模和时序，充分利用现有市政基础设施和公共服务设施，严格保护自然资源和生态环境，体现地方特色。在城市总体规划、镇总体规划确定的建设用地范围以外，不得设立各类开发区和城市新区。

旧城区的改建，应当保护历史文化遗产和传统风貌，合理确定拆迁和建设规模，有计划地对危房集中、基础设施落后等地段进行改建。新的城乡规划法强调，无论是城市新区的开发还是旧城区改造，均应遵循与经济社会发展水平相适应、量力而行的原则，避免“大拆大建”，并且还应尊重群众的意愿。①

三、房地产开发企业法律制度

（一）房地产开发企业的概念

房地产开发企业，是指以营利为目的从事房地产开发和经营的组织。房地产开发企业具有如下特征：

1. 房地产开发企业是具有法人资格的经济组织。房地产开发企业必须依法成立，有自己的名称、组织机构和经营场所，有独立的资金并对外独立承担责任。

---

① 参见符启林：《房地产法》，4版，185～189页，北京，法律出版社，2009。

2. 房地产开发企业是以营利为目的的经济组织。房地产开发企业是营利性法人。房地产开发企业的经营目的是获得经济利益，即为了使企业自身的财产增加并获得利润；房地产开发企业的经营具有连续性，即经营不间断，而不是一次性营利行为。

3. 房地产开发企业的业务活动范围主要是对房地产进行开发与经营。房地产开发企业必须在其业务范围内进行活动，超范围经营的行为无效。

4. 房地产开发企业实行行业归口管理。房地产开发企业由国家各地建设主管部门实行行业归口管理，并在城建规划指导下进行房地产开发与经营活动。

(二) 房地产开发企业的设立

1. 房地产开发企业设立的条件

设立房地产开发企业应当具备以下条件：(1) 有自己的名称和组织机构。房地产开发企业作为法人，必须有符合公司法人登记的名称。按照公司法的有关规定，法人只能使用一个名称，在登记主管机关辖区内不得与已登记注册的同行业企业名称相同或者近似。企业名称所包含的内容和文字必须符合国家规定。(2) 有固定的经营场所。固定的经营场所是指企业的住所，即企业主要办事机构所在地。房地产开发企业，必须有适应房地产开发经营需要的固定的办公用房。(3) 有符合法律规定的注册资本。由于房地产开发具有投资量大、资金占用期长的特点，国家对房地产开发企业的注册资金的要求比一般流通企业要严格。同时，房地产开发企业的开发实力很大程度上取决于企业自有流动资金的数量，因此在规定房地产开发企业注册资本的同时，还必须规定其自有流动资金的比例。(4) 有足够的专业技术人员。房地产开发企业除具有资金密集的特点外，还具有技术密集的特点，因此必须要有相当水平的经济管理人员和 4 名以上持有专业证书的房地产、建筑工程专业的专职技术人员，2 名以上持有专业证书的专职会计人员。

2. 房地产开发企业设立的程序

具备房地产开发企业设立条件者，应当向工商行政管理部门申请设立登记。工商行政管理部门对符合法定设立条件的应当予以登记，发给营业执照；对不符合法定条件的，不予登记。

根据相关法律规定，房地产开发企业在领取营业执照后的 1 个月内，应当到登记机关所在地的建设行政主管部门备案。备案必须提交以下文件：(1) 企业的营业执照复印件；（2）企业章程；（3）企业的验资证明；（4）企业法定代表人及总经理的任职文件及个人资料；（5）经济、技术专业人员资格证书、任职文件及聘用合同；（6）主管部门规定的其他文件。

建设行政主管部门对手续完备的企业颁发《房地产开发企业资质等级证书》；对不符合设立条件的，提请工商行政管理部门处理。

（三）房地产开发企业的资质管理

1．房地产开发企业资质管理的主要内容

（1）房地产开发专营公司应当按照规定申请核定资质等级，未取得房地产开发资质等级证书（以下简称资质证书）的企业，不得从事房地产开发经营业务。兼营公司经营房地产开发业务也要经省级以上建设行政部门批准，但不定资质等级。项目开发公司也不定资质等级，由项目所在地建设行政主管部门根据其项目规模审定其资金、人员条件，并核发一次性资质证书。

（2）房地产开发专营公司按资质条件划分为一、二、三、四级共四个等级。各等级公司的资质标准均有严格的条件规定。

（3）房地产开发专营公司的资质等级实行分级审批。一级房地产开发公司由省、自治区、直辖市建设行政主管部门初审，报国务院建设行政主管部门审批；二级资质及以下资质的审批办法由省、自治区、直辖市人民政府建设行政主管部门制定。

（4）房地产开发专营公司的资质每年核定一次。对于不符合原定资质标准的企业，由原资质审批部门予以降级或注销房地产开发企业资质等级证书。

2．房地产开发企业的资质标准

目前我国房地产开发公司分为四个等级，其标准分别为：

（1）资质一级企业：注册资金不低于2 000万元；有职称的建筑、土木工程、财务管理、建筑或房地产经济类的专业管理人员不少于40人，其中具有中级以上职称的管理人员不得少于20人，持有资格证书的专职会计人员不少于4人；工程技术、财务、统计等业务负责人具有相应专业中级以上职称；从事房地产开发经营5年以上；近3年房屋建筑面积累计竣工30万平方米以上，或者累计完成与此相当的房地产开发投资额；连续5年建筑工程质量合格率达100%；上一年房屋建筑施工面积在15万平方米以上，或者完成与此相当的房地产开发投资额；具有完善的质量保证体系，商品住宅销售中实行了《住宅质量保证书》和《住宅使用说明书》制度；未发生过重大工程质量事故。

（2）资质二级企业：注册资金不低于2 000万元；有职称的建筑、土木工程、财务管理、建筑或房地产经济类的专业管理人员不得少于20人，其中具有中级以上职称的管理人员不得少于10人，持有资格证书的专职会计人员不少于3人；工程技术、财务、统计等业务负责人具有相应专业中级以上职称；从事房地产开发经营3年以上；近3年房屋建筑面积累计竣工15万平方米以上，或者累计完成与此相当的房地产开发投资额；连续3年建筑工程质量合格率达100%；上一年房屋建筑施工面积10万平方米以上，或者完成与此相当的房地产开发投资额；具有完善的质量保证体系，商品住宅销售中实行了《住宅质量保证书》和《住宅使用说明书》制度；未发生过重大工程质量事故。

（3）资质三级企业：注册资金不低于800万元；有职称的建筑、土木工程、财务管理、建筑或房地产经济类的专业管理人员不得少于10人，其中具有中级以上职称的管理人员不得少于5人，持有资格证书的专职会计人员不少于2人；工程技术、财务负责人具有相应专业中级以上职称，统计等其他业务负责人具有相应专业初级以上职称；从事房地产开发经营2年以上；房屋建筑面积累计竣工5万平方米以上，或者累计完成与此相当的房地产开发投资额；连续2年建筑工程质量合格率达100%；具有完善的质量保证体系，商品住宅销售中实行了《住宅质量保证书》和《住宅使用说明书》制度；未发生过重大工程质量事故。

（4）资质四级企业：注册资金不低于100万元；有职称的建筑、土木工程、财务、房地产经济类的专业管理人员不得少于5人，持有资格证书的专职会计人员不少于2人；工程技术负责人具有相应专业中级以上职称，财务负责人具有相应专业初级以上职称，配有专业统计人员；从事房地产开发经营1年以上；已竣工的建筑工程质量合格率达100%；商品住宅销售中实行了《住宅质量保证书》和《住宅使用说明书》制度；未发生过重大工程质量事故。

3. 各资质等级的房地产开发企业的业务范围

房地产开发公司成立后，必须按照批准的资质等级在规定的业务范围内承担相应的开发任务，不得超级承揽。

（1）一级资质的房地产开发企业承担房地产项目的建设规模不受限制，建设技术复杂程度不受限制，可以在全国范围承揽房地产开发项目。

（2）二级资质及二级资质以下的房地产开发企业可以承担建筑面积在25万平方米以下的开发建设项目，承担业务的具体范围由省、自治区、直辖市人民政府建设行政主管部门确定。[①]

第四节 房地产交易法律制度

一、房地产交易概述

1. 房地产交易的概念

房地产交易是指以房地产为商品而进行的转让、租赁、抵押等各种经营活动的总称。与普通商品交易相比，房地产交易有下列鲜明特性：

（1）标的物位置固定性。房地产交易无论是交易中或交易后，房地产均不发生空间移动，交易双方运用所有权证书和使用权证书及合同进行交易。

（2）房地产交易标的额大、专业性强。房地产价格昂贵、持久耐用，消费者在交易时往往持谨慎态度，而房地产价格却不仅取决于取得土地使用权和建造房屋的成本，还受区位因素、供求状况、支付能力、社会因素等诸多因素影响，使房地产估价既极具重要性又具有很强的专业性。

（3）房地产市场在整体上是供给稀缺的市场。土地是不可再生资源，房产受土地稀缺性的限制，其供给弹性较小。房地产市场的这一特征决定了房地产交易前景广阔。为保障房地产交易健康发展，在宏观上要运用法律加强调控，使房地产市场规范化、有序运行，防止国家收益的流失，在微观上要适当放开。

（4）房地产交易中土地使用权出让行为所设定的权利义务具有承接性。在房地产交易中，以出让方式取得的土地使用权无论采取怎样的方式交易均必须继承原出让合同确定的权利义务关系，原则上出让合同对每一次房地产交易均具有约束作用，若作重大变更，必须取得原出让方及规划主管部门的同意。这一特性，使政府可以通过对出让合同权利义务的设定达到控制房地产用途等宏观调控目的。

2. 房地产交易的原则

（1）及时登记原则。房地产转让与抵押必须依法办理法定登记手续，房屋的租赁必须向房产管理部门登记备案。

（2）房地一体原则。房地产转让、抵押时，房屋所有权和土地使用权必须同

---

① 参见符启林：《房地产法》，4版，196～197页，北京，法律出版社，2009。

时转让、抵押。

(3) 房地产交易价格由国家实施管理原则。具体内容包括：国家定期公布基准地价、标定地价和房屋重置价格作为房地产基础价格；国家实行房地产价格评估制度，实行房地产成交价格申报制度。

(4) 土地出让合同设定的权利、义务随土地使用权同时转移原则。无论土地使用权转移到谁的手中，国家作为土地所有者均可直接与其发生关系，从而保证土地使用权在多次转移之后仍能按合同规定即城市规划的要求开发利用与经营，从而保障并加速土地合理开发利用。

二、房地产销售法律制度

1. 商品房预售管理

(1) 商品房预售实行许可制度。房地产开发经营企业进行商品房预售，应当向市、县房地产管理部门办理预售登记，取得《商品房预售许可证》。未取得者，不得进行商品房预售活动。

房地产开发经营企业申请办理《商品房预售许可证》应当提交下列证件及资料：商品房预售申请许可表；开发企业的营业执照和资质证书；土地使用权证、建设工程规划许可证、施工许可证；投入开发建设的资金已达工程建设总投资的比例符合规定条件的证明；工程施工合同及关于施工进度的说明；商品房预售方案，预售方案应当说明预售商品房的位置、面积、竣工交付日期等内容，并应当附预售商品房分层平面图。

(2) 商品房预售合同实行登记备案制度。商品房预售时，预售人应与承购人签订商品房预售合同。预售人应当在签约之日起30日内持商品房预售合同向县级以上人民政府房地产管理部门和土地管理部门办理登记备案手续。

(3) 商品房预售所得款项的专款专用制度。商品房预售所得款项，必须用于有关的工程建设，不得挪作他用。该制度旨在确保工程建设所需的资金，保护商品房预购人的正当权益。

2. 商品房现售管理

商品房现售是指房地产开发企业将竣工验收合格的商品房出售给买受人，并由买受人支付房价款的行为。

商品房现售，应当符合以下条件：(1) 现售商品房的房地产开发企业应当具有企业法人营业执照和房地产开发企业资质证书。(2) 已取得土地使用权证书或者使用土地的批准文件。(3) 持有建设工程规划许可证和施工许可证。(4) 已通过竣工验收。竣工验收是指工程主体竣工验收。(5) 拆迁安置已经落实。这主要是指拆迁安置行为符合相关法律法规的规定，被拆迁人已经得到合理的补偿安置。(6) 供水、供电、供热、燃气、通信等配套基础设施具备交付使用条件，其他配套基础设施和公共设施亦具备交付使用条件或者已确定施工进度和交付日期。(7) 物业管理方案已经落实。物业管理方案主要包括物业管理的区域范围、物业管理企业的选聘、物业管理协议的签订、物业管理公约的订立、物业管理收费标准和费用的分担、物业管理服务的主要内容等。

3. 商品房买卖合同的主要内容

商品房买卖合同应当明确以下主要内容：当事人名称或者姓名和住所，商品房基本状况，商品房的销售方式，商品房价款的确定方式及总价款、付款方式、付款时间，交付使用条件及日期，装饰、设备标准承诺，供水、供电、供热、燃气、通信、道路、绿化等配套基础设施和公共设施的交付承诺和有关权益、责任、公共配套建筑的产权归属，面积差异的处理方式，办理产权登记的有关事宜，解决争议的方法，违约责任，双方约定的其他事项。

在购买商品房时，房屋买卖双方需要签订一份正式的买卖合同，之后最好到公证处办理合同公证。买房过程中这一基本的环节对交易双方各自的权利与义务起到监督、保护的作用。商品房买卖合同成立的条件主要有以下几点：(1) 出卖方必须具有房屋所有权或土地使用权。非房屋所有人和土地使用人不得出卖他人的房地产，否则，其签订的合同无效。(2) 双方当事人必须具有完全民事行为能力。(3) 双方当事人的意思表示必须真实可信。(4) 合同的内容必须合法。房地产买卖合同不得违反法律或者社会公共利益，如果自然人通过划拨取得国有土地使用权，其房屋转让必须办理土地使用权出让手续，或者将其中的土地收益按规定上缴国家，否则不得买卖。(5) 房地产买卖合同的形式必须符合有关法律的规定。房地产买卖合同应该采用书面形式并且应该按照法律规定办理房屋所有权转移登记和土地使用权变更登记并公证。

三、房地产转让法律制度

(一) 房地产转让的概念

房地产转让是指房地产权利人通过买卖、赠与或其他合法方式将其房地产转移给他人的行为。这一定义包含以下几方面含义：

1. 房地产转让的主体是房地产权利人。房地产权利人主要是指房屋所有人和土地使用权人，因为房地产转让作为权利处分的一种民事法律行为，只有权利人才有资格按照自己的意愿从事这种行为。

2. 房地产转让的法律后果是房屋所有权和土地使用权的转让。这是房地产转让区别于房地产租赁的显著特征。房地产转让是转让方与受让方之间进行的一种财产所有权及土地使用权转让行为；而房地产租赁只是房屋使用权转让行为，既不改变房屋的所有权，也不转让土地使用权。

3. 房地产转让的实现方式有买卖、赠与或者其他合法方式。这里所说的"其他合法方式"，主要包括下列行为：以房地产作价入股、与他人成立企业法人，房地产权属发生变更的；一方提供土地使用权，另一方或者多方提供资金，合资、合作开发经营房地产，而使房地产权属发生变更的；因企业被收购、兼并或合并，房地产权属随之转移的；以房地产抵债的；法律、法规规定的其他情形。

4. 房地产转让的种类有：已经建成的房地产的转让和尚未建成的符合房地产转让条件的在建房屋的转让。

（二）房地产转让的条件

房地产转让有多种形式，现以房地产买卖行为为例，分析其法律行为的有效条件，其要求大部分亦适用于房地产赠与、交换等其他转让行为。

1. 主体具有合法资格

（1）自然人主体。自然人作为房地产买卖行为的主体时，必须具备民事权利能力及完全民事行为能力；无民事行为能力人与限制民事行为能力人不得从事房地产买卖行为，应由其法定代理人代为进行。

（2）非自然人主体。企业、事业单位、机关团体作为权利主体进行房地产买卖的，必须具有法人资格，否则行为无效。另外，还必须注意下列特殊规定：第一，公有房屋买卖中，国有房屋出卖人应是国家授权依法行使经营和管制权力的单位，同时须经国有资产管理部门批准同意；集体所有的房屋出卖人必须是集体组织即产权人；第二，私房买卖中，机关团体、部队、企事业单位因特殊需要而购买私房的，必须经县以上人民政府的批准；第三，商品房买卖中，开发公司须持有有关批准手续及营业执照；商品房预售主体还须符合其他法定条件。

2. 客体符合法律要求

不受限制的房地产，均可自由转让。下列房地产禁止买卖：（1）以出让方式取得的土地使用权不符合法定条件的，其房地产不得买卖；（2）以划拨方式取得土地使用权的，转让房地产时须报有批准权的人民政府审批，否则不得转让；（3）司法机关和行政机关依法裁定、决定查封或者以其他形式限制房地产权利的房地产不得转让；（4）依法收回土地使用权的房地产不得转让；（5）共有房地产未经其他共有人书面同意的，不得转让；（6）权属有争议的房地产不得转让；（7）未经依法登记领取权属证书的房地产不得转让；（8）除依人民法院判决外，在城市改造规划实施范围内，在国家建设征用土地范围内的城市房屋，禁止转让，但禁止期限不得超过1年；（9）寺庙、道观房地产产权一般归宗教团体所有，不得转让。

下列房地产属于受到买卖限制的房地产：（1）机关、团体、部队、企事业单位不得购买或变相购买城市私有房屋，如因特殊需要必须购买，须经县以上人民政府批准。（2）已享受国家或企事业单位补贴廉价购买或者建造的城市私有房屋，需要出卖时只准卖给原补贴单位或房管机关。（3）房地产开发商开发经营的商品房，属于内销商品房的只准许卖给境内组织或个人；属于外销商品房的，持其《外销商品房销售许可证》或外销批文，应当卖给境外的组织或个人。（4）房屋所有人出卖已租出的城市私有房屋，须在合理期限之前通知承租人，在同等条件下，承租人有优先购买权。出租人未按此规定出卖房屋，承租人可以请求人民法院宣告该房屋买卖行为无效。此即“买卖不破租赁原则”的体现。（5）城市私房共有人出卖共有房屋的，在同等条件下，共有人有优先购买权。（6）公有旧房出售时，原住户有优先购买权；职工购买旧房居住或经营一定时期后（5年），允许其出售，但原出售单位有优先购买权。

3. 形式要件

房地产的转让必须订立书面合同，并须由当事人到房地产管理部门办理权属登记手续，领取房地产权属证书之后，其行为方才有效。

4. 意思表示要件

房地产买卖必须在自愿平等、等价有偿的基础上进行，这样才能使双方当事人的利益得到保护；因此，双方的意思表示必须真实。

另外，房地产转让不得违反政策、法律和社会公德。

四、房地产租赁法律制度

（一）房屋租赁的概念

房屋租赁是指房屋所有人作为出租人将其房屋出租给承租人使用，由承租人向出租人支付租金的行为。

作为房地产交易的两种主要方式，房地产买卖与房屋租赁有相同之处，如转让人或出租人都是合法的产权人。其主要区别是：房地产转让以符合法定投资额为条件，房屋租赁以房屋的合法存在为条件；房地产买卖是房地产所有权转移的行为，而房屋租赁是房屋使用权转移的行为；房屋买卖法律关系中，买受人取得房屋所有权后，有权处分该房屋，而在房屋租赁法律关系中，承租人只享有房屋的使用权、收益权，不享有处分权；房屋买卖必须办理房屋所有权转移手续，房屋租赁不需要办理权属转移手续。

（二）房屋租赁的条件

根据房屋租赁有关的法律、法规和规章的规定，结合各省、市房屋租赁管理的具体办法，房屋租赁的条件可概括为：（1）有从事房屋租赁的法定资格。房屋租赁属于房地产经营的一种方式，因此出租人应办理《房屋租赁证》，取得合法的经营资格。（2）出租房屋所占的土地是以出让方式取得的。这是我国法律对房屋租赁所作的一般性规定。关于在以行政划拨形式取得的土地上所建房屋的出租问题，我国现行立法也是允许的，但作了特别规定，即“以营利为目的，房屋所有人将以划拨方式取得土地使用权的国有土地上建成的房屋出租的，应当将租金中所含土地收益上缴国家”。这里所说的“土地收益”是指级差地租。因为这种级差地租是因国家投资进行城市基础建设、交通建设等形成的，房屋所有权人对此没有任何投资，因而这部分收益应当上缴国家。（3）有合法的房屋所有权证书。（4）房屋能正常使用，符合安全条件。

（三）房屋租赁合同

1. 房屋租赁合同的概念

房屋租赁合同是出租人与承租人签订的在一定期限内把房屋交给承租人使用，承租人向出租人交付一定租金的协议。

房屋租赁合同作为财产租赁合同的一种，具有与其他财产租赁合同相同的法律特征，即具有双务性、有偿性、期限性以及租赁物的占有权、使用权在租赁期内的转移性等法律特征。房屋租赁合同与一般财产租赁合同的不同之处，在于房屋租赁合同应明确租赁的用途，合同签订后应在房产管理部门登记备案。

2. 房屋租赁合同的主要条款

房屋租赁合同的主要条款是指拟定房屋租赁合同所不可缺少的条款，是当事人履行合同和承担法律责任的依据。根据有关法律规定，房屋租赁合同的主要条款包括以下几个方面：

（1）租赁期限。租赁期限是指承租人使用出租人房屋的期限。租赁期限内承租人有合法使用权，任何人不得侵害。期限届满，承租人有义务返还所承租的房屋。如需继续租用原租赁的房屋，应当在租赁期满前，征得出租人的同意，并重新签订租赁合同。出租人在租赁合同期满前需要收回房屋的，应当事先征得承租人同意，并赔偿承租人的损失。

（2）租赁用途。租赁用途是指承租人租赁房屋是从事经营活动，还是居住。

（3）租赁价格。即房屋租金，是指房屋承租人为取得一定期限内房屋的使用权而付给房屋所有人的一定数额的报酬。

（4）修缮责任。租赁期间，房屋的修缮责任，一般由出租人负责。双方当事人也可以在合同中另行约定。这是因为，房屋的所有权归出租人所有，出租人应对自己拥有的房屋承担修缮责任；出租人在提供出租房屋给承租人使用时，有义务保证出租房屋处于良好状态，但由于房屋由承租人占有、使用，为了便于修缮，合同中也可约定由承租人负责房屋正常的维修和养护，由出租人支付费用或从租金中扣除。

（5）当事人的权利、义务。出租人的权利、义务有：出租人有权按照房屋租赁合同的约定向承租人收取房租；出租人有权对承租人使用房屋的情况进行监督；租赁期限届满，出租人有权收回房屋；出租人有解除合同权，有权依法解除合同；出租人有交付房屋义务；出租人应当依照租赁合同约定的期限将房屋交付承租人；不能按期交付的，应当支付违约金；给承租人造成损失的，应当承担赔偿责任；出租人有修缮房屋义务。

承租人的权利、义务有：承租人依照租赁合同的约定，对租用的房屋享有占有、使用、收益的权利；承租人对租赁的房屋享有优先购买权；承租人代出租人修缮房屋的，有权请求出租人支付修缮费用；因承租人过错造成房屋损坏的，由承租人负责修复或者赔偿；承租人必须按期缴纳租金，如有违约行为，应当支付违约金；房屋租赁合同期限届满，承租人应及时返还承租的房屋，否则，应承担违约责任。

除上述条款外，租赁合同还应包括当事人的姓名或名称及住所、出租房屋的坐落面积、转租的约定、变更和解除合同的条件以及违约责任等。

思考题

1. 房地产法律制度的特征和原则是什么？
2. 集体土地征收的原则和程序各有哪些？
3. 国有土地使用权出让的方式有哪几种？
4. 什么是国有土地使用权划拨？划拨的程序有哪些？
5. 国有土地使用权转让的方式有哪几种？国有土地使用权转让的生效要件由哪些构成？
6. 房地产开发的规划管理制度有哪些内容？
7. 房地产开发企业的资质等级有哪些？开发规模受到资质等级的制约吗？
8. 房地产转让与房地产租赁有何不同？

案例分析

东明化工厂为扩大生产规模，拟投资850万元建一个分厂，遂向某有权机关申请用地30亩（愿以出让方式取得土地使用权），经批准使用城市规划区内属于莲花村集体所有的土地（非耕地）30亩。为保证按时使用土地，东明化工厂与莲花村签订了土地使用权出让合同。该合同规定由莲花村向工厂出让土地30亩，由工厂向莲花村支付土地使用权出让金450万元。土地用途为工业用地，土地使用权出让年限为50年。有关合同的其他内容，均参照国家出让土地使用权的标准合同写明。请根据以上案例分析该工厂取得土地使用权的合法方式应是什么？

要点分析：

本案中，该土地使用权出让合同无效。因为，按照我国有关法律规定，城市规划区内集体所有的土地，必须先依法征为国有，其土地使用权才能出让。土地使用权的出让方只能是代表政府的土地管理局。本案中由莲花村直接向化工厂出让土地使用权是违法的，违法的合同应确认为无效合同。

该工厂取得土地使用权的合法方式应该是：有权机关依法定权限批准征用莲花村的土地，将集体土地变为国有土地，然后再将土地使用权出让给化工厂，由政府土地管理局代表政府与化工厂签订土地使用权出让合同，化工厂依合同向政府缴纳土地使用权出让金，并依法登记，领取土地使用权证书后，取得土地使用权。

推荐阅读书目

1. 符启林．房地产法．4 版．北京：法律出版社，2009

2. 黄河．房地产法．北京：中国政法大学出版社，2008

3. 唐茂华．房地产法律与制度．北京：电子工业出版社，2009

4. 符启林．房地产法实例点评．北京：法律出版社，2005

5. 王锡财．房地产法实例说．长沙：湖南人民出版社，2005

6. 黄武双，朱平．房屋交易法律原理与案例精点．上海：上海交通大学出版社，2006

7. 李大伟，江学平．房地产法典型案例．北京：中国人民大学出版社，2003

第十一章

对外贸易法律制度

• 本章学习目标 •

了解对外贸易的概念和种类、对外贸易的基本原则、对外贸易的管理者、对外贸易经营者的概念及权利和义务；掌握货物进出口和技术进出口的法律制度，国际服务贸易的法律制度，反倾销、反补贴和保障措施等救济措施。

□·引导案例·□

2004 年，加拿大连续对我国发起了以下 3 起反补贴案件调查。2004 年 4 月 13 日开始，加拿大边境服务署（CBSA）对原产于中国的烧烤架发起了反补贴立案调查，这是我国遭受的第一起反补贴调查案件；2004 年 11 月 19 日，加拿大边境服务署作出反补贴最终裁决，决定终止本次反补贴调查，并退还已征收的临时关税，我国在国外对我国产品发起的首起反补贴调查中取得了胜利。2004 年 4 月 28 日，加拿大边境服务署对原产于中国的碳钢和不锈钢紧固件进行反补贴立案调查，2004 年 12 月 9 日，加拿大边境服务署作出最终裁决，补贴额为 1.25（人民币）元 / 公斤；2005 年 1 月 7 日，加拿大国际贸易法庭（CITT）对涉案产品作出了存在损害的肯定性裁决。自此，碳钢和不锈钢紧固件案开启了国外对中国出口产品征收反补贴税的历史。2004 年 10 月，加拿大边境服务署对原产于我国的复合地板进行反补贴立案调查。2005 年 3 月 10 日，美国国会议员提出一项新议案，要求修订美国现行的反补贴法，对市场经济和非市场经济一视同仁，对中国等国家补贴出口的做法进行反击。该项议案是由美国参、众两院，共和党、民主党两党议员共同提出的，议案的名称为《2005 年停止海外补贴议案》(SOS)。

请思考：什么是反补贴措施？反补贴措施包括哪些内容？

第一节　对外贸易法律概况

一、对外贸易的概念

对外贸易是指一个国家或地区与世界上其他国家与地区之间所进行的商品和服务交换活动。从世界范围看，各国对外贸易的总和构成国际贸易，形成货物、技术以及服务的跨国流动。国际贸易与对外贸易作为两个不同的概念，分属于不同的范畴，相互之间并不能随意替代。对外贸易立足于一国范围，国际贸易是从国家间双边或多边关系的角度出发。

二、对外贸易的种类

依据不同的标准，对外贸易可以被划分为不同的类别。

1. 依对外贸易对象的性质，可以将对外贸易分为三种形式：(1) 货物贸易，也称有形商品贸易，即以看得见、摸得着的商品为对象的对外贸易活动。(2) 技术贸易，指以专利技术、技术诀窍、商标的许可使用或者转让为内容的贸易活动。其贸易形式主要有许可证贸易、咨询服务、合作生产等。(3) 服务贸易，是以国际间的服务的提供与消费为内容的贸易形式。

2. 依对外贸易对象的移动方向，可以将对外贸易分为三种形式：(1) 进口贸易，指将外国的商品或者服务输入本国市场的贸易。(2) 出口贸易，指将本国的商品或者服务输出，在外国市场销售的贸易。(3) 过境贸易，指甲国的商品经过本国境内运往乙国的贸易。

3. 依对外贸易的清偿工具，可将对外贸易分为两种形式：(1) 自由结汇贸易，指以某种可以自由兑换的货币作为清偿工具的对外贸易方式。(2) 易货贸易，指以货物为贸易对象，贸易双方不用现汇作为清偿工具，而是以一种或多种商品按一定的计价方法进行等值的进出基本平衡的商品交易方式。

此外，依据对外贸易发生的地理或政治区域不同，可以将对外贸易划分为边境贸易、区域性贸易；依据贸易方式不同，将对外贸易划分为商业方式、互惠方式、加工贸易、合作方式、租赁信贷等。

三、对外贸易法的基本原则

对外贸易法确认的基本原则是国家发展对外贸易的基本准则，在促进对外贸易的发展和维护对外贸易秩序方面具有重要的指导意义和普遍规范作用。根据我国《对外贸易法》的规定，我国对外贸易法的基本原则主要有：

1. 统一对外贸易基本制度的原则

实行统一的对外贸易基本制度，是依法维护公平、自由的对外贸易秩序的重要基础，也是加强国家对对外贸易管理的重要保障。它对国家宏观调控目标的实现具有直接意义。

2. 充分发挥地方积极性的原则

鼓励发展对外贸易，必须发挥地方积极性，保障对外贸易经营者的经营自主权。中央和地方政府在对外贸易中必须明确彼此职责，合理分权；中央必须正视地方利益，保护地方利益。

3. 平等互利原则

在对外贸易活动中实行平等互利的原则，有利于促进我国与其他国家和地区的经济和技术交流。平等互利是我国开展对外交流中长期坚持的一项基本原则。

4. 互惠原则

根据互惠原则给予外贸对方当事人最惠国待遇或国民待遇，是世贸组织规则的一个重要方面。只有不断取消对外贸易中的不同形式的歧视和壁垒，才能最终实现贸易自由化的目标。

5. 对等的原则

在对外贸易中，根据实际情况，可以采取相应报复性措施，以维护我国的企业利益和国家利益。对等原则是平等原则在对外贸易中的引申和发展，是发展对外贸易必须坚持的原则之一。

第二节　中国对外贸易制度

一、我国对外贸易制度概述

在我国，调整对外贸易法律关系的基本法律，是于 1994 年 5 月 12 日经第八届全国人大常委会第七次会议审议通过的《中华人民共和国对外贸易法》（以下简称《对外贸易法》)，该法于1994年7月1日起施行。2004年4月6日十届全国人大常委会八次会议对《对外贸易法》进行了修订，于2004年7月1日施行。《对外贸易法》作为我国对外贸易管理制度的基本法律，将国家的对外贸易政策以法律的形式固定下来，对整个国民经济的稳定、健康、协调发展起到了极为重要的作用。近年来，以《对外贸易法》和我国“入世”议定书为依据，国务院先后制定了《货物进出口管理条例》、《技术进出口管理条例》、《反倾销条例》、《反补贴条例》、《保障措施条例》等一批行政法规；国务院有关部门也制定了一批配套的行政规章，并按照国务院的统一布置，对原有的两千三百多件有关涉外经济活动的规章进行了清理，修订、废止了一批与世贸组织规则不一致的规章。目前，我国对外贸易法律制度日趋完善。

二、对外贸易的管理者

我国对外贸易的管理机构是商务部。2003年3月10日，根据十届全国人大一次会议通过的国务院机构改革方案，国务院不再保留国家经贸委和外经贸部，将国家经贸委的监督价格、市场和国内贸易管理、对外经济协调及重要工业品、原材料进出口计划组织实施等职能，国家计委的农产品进出口计划组织实施等职能，以及外经贸部的主管对外贸易、外国投资及国外经济技术合作的职能等整合起来，组建了新的商务部。商务部的主要职责是：

1. 拟订国内外贸易和国际经济合作的发展战略、方针、政策，起草国内外贸易、国际经济合作和外商投资的法律法规，制定实施细则、规章；研究提出我国经济贸易法规之间及其与国际多边、双边经贸条约、协定之间的衔接意见。

2. 研究制定进出口商品管理办法和进出口商品目录，组织实施进出口配额计划，确定配额、发放许可证；拟订和执行进出口商品配额招标政策。

3. 拟订并执行对外技术贸易、国家进出口管制以及鼓励技术和成套设备出口的政策；推进进出口贸易标准化体系建设；依法监督技术引进、设备进口、国家限制出口的技术和引进技术的出口与再出口工作，依法颁发与防治扩散相关的出口许可证。

4. 研究提出并执行多边、双边经贸合作政策；负责多边、双边经贸对外谈判，协调对外谈判意见，签署有关文件并监督执行；建立多边、双边政府间经济和贸易联系机制并组织相关工作；处理国别（地区）经贸关系中的重要事务，管理同未建交国家的经贸活动；根据授权，代表我国政府处理与世界贸易组织的关系，承担我国在世界贸易组织框架下的多边、双边谈判和贸易政策审议、争端解决、通报咨询等工作。

5. 指导我国驻世界贸易组织代表团、常驻联合国及有关国际组织经贸代表机构的工作和我国驻外经济商务机构的有关工作；联系国际多边经贸组织驻中国机构和外国驻中国官方商务机构。

6. 负责组织反倾销、反补贴、保障措施及其他与进出口公平贸易相关的工作，建立进出口公平贸易预警机制，组织产业损害调查；指导协调国外对我国出口商品的反倾销、反补贴、保障措施的应诉及相关工作。

7. 宏观指导全国外商投资工作；分析研究全国外商投资情况，定期向国务院报送有关动态和建议，拟订外商投资政策，拟订和贯彻实施改革方案，参与拟订利用外资的中长期发展规划；依法核准国家规定的限额以上、限制投资和涉及配额、许可证管理的外商投资企业的设立及变更事项；依法核准大型外商投资项目的合同、章程及法律特别规定的重大变更事项；监督外商投资企业执行有关法律法规、规章及合同、章程的情况；指导和管理全国招商引资、投资促进及外商投资企业的审批和进出口工作，综合协调和指导国家级经济技术开发区的有关具体工作。

8. 负责全国对外经济合作工作；拟订并执行对外经济合作政策，指导和监督对外承包工程、劳务合作、设计咨询等业务的管理；拟订境外投资的管理办法和具体政策，依法核准国内企业对外投资开办企业（金融企业除外）并实施监督管理。

9. 负责我国对外援助工作；拟订并执行对外援助政策和方案，签署并执行有关协议；编制并执行对外援助计划，监督检查援外项目执行情况，管理援外资金、援外优惠贷款、援外专项基金等我国政府援外资金；推进援外方式改革。

10. 拟订并执行对我国香港、澳门特别行政区和台湾地区的经贸政策、贸易中长期规划；与香港、澳门特别行政区有关经贸主管机构和台湾地区授权的民间组织进行经贸谈判并签署有关文件；负责内地与香港、澳门特别行政区商贸联络机制工作；组织实施对台直接通商工作，处理多边、双边经贸领域的涉台问题。

11. 负责我国驻世界贸易组织代表团、驻外经济商务机构以及有关国际组织代表机构的队伍建设、人员选派和管理；指导进出口商会和有关协会、学会的工作。

三、对外贸易经营者

(一) 对外贸易经营者的概念

对外贸易经营者是指依法办理工商登记或者其他执业手续，依照《对外贸易法》和其他有关法律、行政法规的规定从事对外贸易经营活动的法人、其他组织或者个人。

对外贸易经营者具有如下特征：(1) 对外贸易经营者既可以是自然人，也可以是法人或者其他组织。在对外贸易中，能够成为对外贸易经营者的法人只能是企业法人以及部分事业单位法人，机关法人和社会团体法人不能成为对外贸易经营者。这里的其他组织即非法人组织，是指那些不具有法人资格但从事营利性活动的组织，如个人独资企业。(2) 对外贸易经营者必须依法取得对外贸易经营资格。按照现行规定，对外贸易经营者只要经依法登记即可以从事货物进出口和技术进出口，无须再强调对外贸易主管部门的许可或其他主管部门的批准。但国务院商务主管部门会同国务院有关部门可以授予对外贸易经营者在特定贸易领域从事国营贸易的专营权或者特许权。

(二) 对外贸易经营者的权利和义务

通过法律的形式明确对外贸易经营者的权利和义务，对于发挥对外贸易经营者在对外贸易交往过程中的积极性与主动性，保护对外贸易经营者的合法权益起到了不可低估的作用。

1. 对外贸易经营者的权利

(1) 对外经营自主权。对外贸易经营者是独立的对外贸易经营主体，依法自主经营、自负盈亏。

(2) 用汇权。对外贸易经营者在对外贸易经营活动中享有使用外汇的权利，即对外贸易经营者从事对外贸易经营活动需要使用外汇时，有权依照中国人民银行发布的《结汇、售汇及付汇管理规定》及其他有关规定到外汇指定银行办理用汇手续。

(3) 反倾销、反补贴、保障措施的请求权。当进口产品数量增加，国内相同产品或者与其直接竞争的产品的生产者受到严重损害或者严重损害的威胁；产品以低于正常价值的方式进口，或者进口的产品直接或间接地接受出口国给予的任何形式的补贴，并由此对国内已建立的相关产业造成实质损害或者产生实质损害的威胁或者对国内建立相关产业造成实质阻碍时，有关的外贸经营者可以向国务院规定的部门或者机构提出请求消除或者减轻上述损害或者损害的威胁或者阻碍。

(4) 外贸代理权。对外贸易经营者可以在国内接受没有对外贸易经营权的组织或者个人的委托，按照委托合同的约定代其办理对外贸易业务。

(5) 平等取得进出口单证的权利。对外贸易经营者享有依法平等地取得配额、许可证和原产地证明等进出口单证的权利。

(6) 依法平等地享受进出口信贷、出口退税等对外贸易方面的优惠待遇的权利。

(7) 依法成立和参加商会的权利。对外贸易经营者可以依法成立进出口商会，参加进出口商会，接受进出口商会对业务的协调、指导和咨询服务。

2. 对外贸易经营者的义务

(1) 依法经营。对外贸易经营者必须依照法律、法规的规定，在其经营范围内经营对外贸易业务和办理各项进出口手续；对外贸易经营者必须公平竞争，不得伪造、变造或者买卖进出口原产地证明或者进出口许可证，不得侵害我国法律保护的知识产权，不得以不正当的手段排挤竞争对手，不得骗取国家的出口退税等。

(2) 结汇。对外贸易经营者在对外贸易经营活动中，应当依照中国人民银行发布的《结汇、售汇及付汇管理规定》及其他有关规定到外汇指定银行办理结汇手续。

(3) 提供有关资料。对外贸易经营者应当按照国务院对外经济贸易主管部门的规定，向有关部门提交与其对外贸易经营活动有关的文件及资料。

(4) 其他义务。对外贸易经营者在对外贸易经营活动中应信守合同，保证商品质量，完善售后服务。

(三) 对外贸易经营者的许可程序

从事货物进出口或者技术进出口的对外贸易经营者，应当向国务院对外贸易主管部门或者其他委托的机构办理备案登记；但是，法律、行政法规和国务院对外贸易主管部门规定不需要备案登记的除外。备案登记的具体办法由国务院对外贸易主管部门规定。对外贸易经营者未按照规定办理备案登记的，海关不予办理进出口货物的报关验放手续。从事国际服务贸易，应当遵守《对外贸易法》和其他有关法律、行政法规的规定。从事对外工程承包或者对外劳务合作的单位，应当具备相应的资质或者资格。具体的办法由国务院规定。

国家可以对部分货物的进出口实行国营贸易管理。实行国营贸易管理货物的进出口业务职能由经授权的企业经营；但是，国家允许部分数量的国营贸易管理货物的进出口业务由非授权企业经营的除外。实行国营贸易管理的货物和经授权经营企业的目录，由国务院对外贸易主管部门会同国务院其他有关部门确定、调整并公布。违反上述规定，擅自进出口实行国营贸易管理的货物，海关不予放行。

对外贸易经营者可以接受他人的委托，在经营范围内代为办理对外贸易业务。

四、货物进出口与技术进出口管理制度

(一) 货物和技术自由进出口原则

自由贸易是指一国政府在对外贸易中采取不加行政干涉，允许商品在国内外市场上自由竞争，对本国出口商品不给予特权和优惠，对国外的进口产品不加任何歧视的一种自由竞争政策。与之相对的是贸易保护，即一国政府通过关税和非关税措施，如进出口数量限制、奖励出口、限制进口、外汇管理等各种手段限制外国商品的进入，扩大本国商品的出口，借以扶持本国的产业和本国的市场。

世界各国均标榜“自由贸易”，但实际上并不存在绝对的自由贸易。自由贸易与贸易保护是相互依存、相互转化的。一般来说，在经济繁荣稳定时期，自由贸易政策是主流；而在经济发展停滞、市场不景气时期，贸易保护政策则成为主流。但是，国家限制或禁止少数商品的进出口也是《关贸总协定》和世界贸易组织所允许的，很多政府规定了某些限制进出口的领域和商品。例如，美国的“出口管制的规定”，对纺织品进口进行数量限制；欧盟对我国五大类出口商品进行数量限制，等等。

(二) 货物进出口管理

目前，我国对货物进出口实行统一管理制度，准许货物的自由进出口，并依法维护公平、有序的货物进出口贸易。我国现行的货物进出口管理制度主要包括以下内容：

1. 货物进口管理

按照有关规定，属于禁止进口的货物，不得进口。属于限制进口的货物，限制进口。限制进口的货物的目录由国务院外经贸主管部门会同国务院有关部门制定、调整并公布。对于国家规定有数量限制的限制进口货物，实行配额管理，配

额可以按照对所有申请统一办理的方式分配，进口经营者凭进口配额管理部门发放的配额证明，向海关办理报关验放手续；对其他限制进口货物，则实行许可证管理，进口经营者应当向进口许可证管理部门提出申请，凭进口许可证管理部门发放的进口许可证，向海关办理报关验放手续。实行关税配额管理的进口货物，按照配额内税率缴纳关税；属于关税配额外进口的货物，按照配额外税率缴纳关税。进口属于自由进口的货物虽然不受限制，但基于监测货物进口情况的需要，国务院外经贸主管部门和国务院有关经济管理部门可以按照国务院规定的职责划分，对部分属于自由进口的货物实行自动进口许可管理。对于实行自动进口许可管理的货物，进口经营者应当在办理海关报关手续前，向国务院外经贸主管部门或者国务院有关经济管理部门提交自动进口许可申请，对该类货物，上述部门均应当给予许可，进口经营者凭自动进口许可证明，向海关办理报关验放手续。

2. 货物出口管理

按照有关规定，属于禁止出口的货物，不得出口。属于限制出口的货物，限制出口。国家规定有数量限制的限制出口货物，实行配额管理；其他限制出口货物，实行许可证管理。实行配额管理的限制出口货物，由国务院外经贸主管部门和国务院有关经济管理部门按照国务院规定的职责划分进行管理，配额可以通过直接分配的方式分配，也可以通过招标等方式分配。出口经营者凭出口配额管理部门发放的配额证明，向海关办理报关验放手续。配额持有者未使用完其持有的年度配额的，应当在当年 10 月 31 日前将未使用的配额交还出口配额管理部门；未按期交还并且在当年年底前未使用完的，出口配额管理部门可以在下一年度对其扣减相应的配额。实行许可证管理的限制出口货物，出口经营者应当向出口许可证管理部门提出申请，凭出口许可证管理部门发放的出口许可证，向海关办理报关验放手续。

（三）技术进出口管理

技术进出口是指从我国境外向我国境内，或者从我国境内向我国境外，通过贸易、投资或者经济技术合作的方式转移技术的行为，包括专利权转让、专利申请权转让、专利实施许可、技术秘密转让、技术服务和其他方式的技术转移。我国对技术进出口实行统一的管理制度，依法维护公平、自由的技术进出口秩序。目前，我国关于技术进出口管理的制度主要包括技术进口管理和技术出口管理两个方面。技术进口必须符合国家的产业政策、科技政策和社会发展政策，必须有利于促进我国科技进步和对外经济技术合作的发展，有利于维护我国经济技术权益。国家准许技术的自由进口，但是，法律、行政法规另有规定的除外。

1. 技术进口管理

国家鼓励先进、适用的技术进口。属于禁止进口的技术，不得进口。属于限制进口的技术，实行许可证管理；未经许可，不得进口。国务院外经贸主管部门会同国务院有关部门，制定、调整并公布禁止或者限制进口的技术的目录。进口属于限制进口的技术，应当向国务院外经贸主管部门提交技术进口申请并附有关文件。技术进口项目需经有关部门批准的，由国务院外经贸主管部门发给技术进口许可意向书，进口经营者取得技术进口许可意向书后，才可以对外签订技术进口合同。进口经营者签订技术进口合同后，应当向国务院外经贸主管部门提交技术进口合同副本及有关文件，申请技术进口许可证。国务院外经贸主管部门对技术进口合同的真实性进行审查，对技术进口作出许可或者不许可的决定。技术进口合同自技术进口许可证颁发之日起生效。

对于属于自由进口的技术，国家实行合同登记管理。进口属于自由进口的技术，合同自依法成立时生效，不以登记为合同生效的条件。申请人凭技术进口许可证或者技术进口合同登记证，办理外汇、银行、税务、海关等相关手续。经许可或者登记的技术进口合同，合同的主要内容发生变更的，应当重新办理许可或者登记手续。经许可或者登记的技术进口合同终止的，应当及时向国务院外经贸主管部门备案。对于设立外商投资企业，外方以技术作为投资的，该技术的进口，应当按照外商投资企业设立审批的程序进行审查或者办理登记。

2. 技术出口管理

国家鼓励成熟的产业化技术出口。属于禁止出口的技术，不得出口。属于限制出口的技术，实行许可证管理；未经许可，不得出口。国务院外经贸主管部门会同国务院有关部门，制定、调整并公布禁止或者限制出口的技术的目录。出口属于限制出口的技术，应当向国务院外经贸主管部门提出申请。国务院外经贸主管部门收到技术出口申请后，应当会同国务院科技管理部门对申请出口的技术进行审查，并作出批准或者不批准的决定。限制出口的技术需经有关部门进行保密审查的，按照国家有关规定执行。技术出口申请经批准的，由国务院外经贸主管部门发给技术出口许可意向书，申请人取得技术出口许可意向书后，方可对外进行实质性谈判，签订技术出口合同。申请人签订技术出口合同后，应当向国务院外经贸主管部门提交下列文件，申请技术出口许可证：（1）技术出口许可意向书；（2）技术出口合同副本；（3）技术资料出口清单；（4）签约双方法律地位的证明文件。国务院外经贸主管部门对技术出口合同的真实性进行审查，对技术出口作出许可或者不许可的决定。技术出口经许可的，技术出口合同自技术出口许可证颁发之日起生效。

对于属于自由出口的技术，国家实行合同登记管理。出口属于自由出口的技术，合同自依法成立时生效，不以登记为合同生效要件。出口属于自由出口的技术，应当向国务院外经贸主管部门办理登记，并提交下列文件：(1) 技术出口合同申请登记申请书；(2) 技术出口合同副本；(3) 签约双方法律地位的证明文件。国务院外经贸主管部门应当自收到规定文件之日起3个工作日内，对技术出口合同进行登记，颁发技术出口合同登记证。申请人凭技术出口许可证或者技术出口合同登记证办理外汇、银行、税务、海关的等相关手续。经许可或者登记的技术出口合同，合同的主要内容发生变更的，应当重新办理许可或者登记手续。经许可或者登记的技术出口合同终止的，应当及时向国务院外经贸主管部门备案。

五、国际服务贸易管理制度

(一) 国际服务贸易的概念

根据世贸组织《服务贸易总协定》，国际服务贸易是指服务提供者从一国境内，通过商业现场或自然人现场向消费者提供服务，并获取外汇收入的过程，具体包括跨境交付、境外消费、商业存在、自然人流动等形式，其内容十分广泛。

与货物进出口贸易不同，国际服务贸易具有以下特征：

1. 国际服务贸易属于无形贸易，其所提供的服务，无论是金融、交通、广告，还是律师、会计等，都是一种无形交易。

2. 国际服务贸易的对象主要是智力劳动，不是具体商品，例如专利、版权、法律、会计等知识。

3. 国际服务贸易具有生产、销售与消费的同时性、非储存性和非转移性等特征，没有泾渭分明的生产、流通、消费环节。

4. 国际服务贸易的统计数字无法在国家海关的进出口统计表上显示出来，一般显示于各国的国际收支平衡表中。

5. 国际服务贸易与国际货物贸易的监管方式大不相同。对于货物贸易而言，各国通常以进出口关税、进出口许可证、配额等非关税措施作为保护贸易或贸易自由化的手段；而服务贸易不通过海关，用以上手段无法进行监管，一般只能通过国内相关立法，从服务提供者的主体资格限制、股权限制、经营范围限制、税收歧视或补贴歧视等方面加强监督和管理。

(二) 我国对国际服务贸易的管理

中国在国际服务贸易方面根据所缔结或者参加的国际条约、协定中所作的承诺，给予其他缔约方、参加方市场准入和国民待遇。国务院对外贸易主管部门和国务院其他有关部门，依照《对外贸易法》和其他有关法律、行政法规的规定，对国际服务贸易进行管理。国家基于下列原因，可以限制或者禁止有关的国际服务贸易：(1) 为维护国家安全、社会公共利益或者公共道德，需要限制或者禁止的；(2) 为保护人的健康或者安全，保护动物、植物的生命或者健康，保护环境，需要限制或者禁止的；(3) 为建立或者加快建立国内特定服务产业，需要限制的；(4) 为保障国家外汇收支平衡，需要限制的；(5) 依照法律、行政法规的规定，其他需要限制或者禁止的；(6) 根据我国缔结或者参加的国际条约、协定的规定，其他需要限制或者禁止的。

国家对于与军事有关的国际服务贸易，以及与裂变、聚变物质或者衍生此类物质的物质有关的国际服务贸易，可以采取任何必要的措施，维护国家安全。在战时或者为维护国际和平与安全，国家在国际服务贸易方面可以采取任何必要的措施。

六、与对外贸易有关的知识产权保护

国家依照有关知识产权的法律、行政法规，保护与对外贸易有关的知识产权。进口货物侵犯知识产权，并危害对外贸易秩序的，国务院对外贸易主管部门可以采取在一定期限内禁止侵权人生产、销售的有关货物进口等措施。

知识产权权利人有阻止被许可人对许可合同中的知识产权的有效性提出质疑、进行强制性一揽子许可、在许可合同中规定排他性返授条件等行为之一，并危害对外贸易公平竞争秩序的，国务院对外贸易主管部门可以采取必要的措施消除危害。

其他国家或者地区在知识产权保护方面未给予中华人民共和国的法人、其他组织或者个人国民待遇，或者不能对来源于中华人民共和国的货物、技术或者服务提供充分有效的知识产权保护的，国务院对外贸易主管部门可以依照《对外贸易法》和其他有关法律、行政法规的规定，并根据中华人民共和国缔结或者参加的国际条约、协定，对与该国或者该地区的贸易采取必要措施。

第三节　中国对外贸易救济措施

一、反倾销法律制度

（一）倾销与反倾销

反倾销是指在进口产品以低于其正常价值的方式进入一国市场，并对该国已经建立的国内产业造成实质损害或者产生实质损害威胁，或者对该国建立国内产业造成实质阻碍的情况下，该国采取的应对措施，包括临时措施、价格承诺和征收反倾销税。这里所谓的倾销，在我国是指在正常贸易过程中进口产品以低于其正常价值的出口价格进入中华人民共和国市场。倾销的目的在于迫使竞争对手退出市场，打垮竞争对手，从而实现对外经济扩张。倾销不仅对进口国经济造成不良影响，而且对出口国和第三国也有一定的影响，但对进口国经济的影响最为直接，会严重损害进口国同类产品的生产和销售。因此，为抵制倾销对本国经济造成的不良影响，目前许多国家都制定了自己的反倾销法。

按照我国《反倾销条例》的规定，对倾销的调查和确定，由商务部负责。《反倾销产业损害调查规定》进一步明确，商务部负责反倾销产业损害的调查；对涉及农产品的反倾销产业损害的调查，则由商务部会同农业部进行。确定进口产品的正常价值和出口价格是进行反倾销调查、认定倾销是否成立的关键。由于各国确定正常价值的方法各不相同，因而经常发生争议。

1. 进口产品的正常价值的确定

在我国，确定进口产品的正常价值，应当区别不同情况，按照下列方法确定：

（1）进口产品的同类产品，在出口国（地区）国内市场的正常贸易过程中有可比价格的，以该可比价格为正常价值。

（2）进口产品的同类产品，在出口国（地区）国内市场的正常贸易过程中没有销售的，或者该同类产品的价格、数量不能据以公平比较的，以该同类产品出口到一个适当第三国（地区）的可比价格，或者以该同类产品在原产国（地区）的生产成本加合理费用、利润为正常价值。

进口产品直接来自于原产国（地区）的，按照上述第1种方法确定正常价值；但是，在产品仅通过出口国（地区）转运、产品在出口国（地区）无生产或者在出口国（地区）中不存在可比价格的情形下，可以以该同类产品在原产国（地区）的价格为正常价值。

2. 进口产品的出口价格的确定

进口产品的出口价格的确定在我国主要有两种方法：(1) 进口产品有实际支付或者应当支付的价格的，以该价格为出口价格；(2) 进口产品没有出口价格或者其价格不可靠的，以该进口产品首次转售给独立购买人的价格推定为出口价格；但是，该进口产品未转售给独立购买人或者未按进口时的状态转售的，可以以商务部根据合理基础推定的价格为出口价格。

是否对进口国已经建立的国内产业造成实质损害或者产生实质损害威胁，或者对该国建立国内产业造成实质阻碍，是确定反倾销是否成立、能否征收反倾销税的实质条件。就我国而言，国内产业是指中华人民共和国国内同类产品的全部生产者，或者其总量占国内同类产品全部总产量的主要部分的生产者；但是，国内生产者与出口经营者或者进口经营者有关联的，或者其本身为倾销进口产品的进口经营者的，可以排除在国内产业之外。损害是指倾销对已经建立的国内产业造成实质损害或者产生实质损害威胁，或者对建立国内产业造成实质阻碍。实质损害是指对国内产业已经造成的、不可忽略的损害。实质损害威胁是指对国内产业尚未造成实质损害，但有证据表明如果不采取措施将导致国内产业实质损害发生的明显可预见的和迫近的情形。实质阻碍是指对国内产业未造成实质的损害或者实质损害威胁，但严重阻碍了国内产业的建立。在特殊情形下，国内一个区域市场中的生产者，在该市场中销售其全部或者几乎全部的同类产品，并且该市场中同类产品的需求主要不是由国内其他地方的生产者供给的，可以视为一个单独产业。同类产品是指与倾销的进口产品相同的产品；没有相同产品的，以与倾销的进口产品的特性最相似的产品为同类产品。

(二) 反倾销调查程序

1. 申请

国内产业或者代表国内产业的自然人、法人或者有关组织（以下统称为申请人），可以依照《反倾销条例》的规定向商务部提出反倾销调查的书面申请。需要注意的是，申请书同时应当附具下列证据：(1) 申请调查的进口产品存在倾销；(2) 对国内产业的损害；(3) 倾销与损害之间存在因果关系。

2. 立案调查

商务部应当自收到申请人提交的申请书及有关证据之日起 60 天内，对申请是否由国内产业或者代表国内产业提出、申请书的内容及所附具的证据等进行审查，决定立案调查或者不立案调查。

立案调查的决定，由商务部予以公布，并通知申请人、已知的出口经营者和进口经营者、出口国（地区）政府以及其他有利害关系的组织、个人（以下统称为利害关系方）。反倾销案件的产业损害调查期通常为立案调查开始前 3 年至 5 年。

反倾销调查，应当自立案调查决定公告之日起 12 个月内结束；特殊情况下可以延长，但延长期不得超过 6 个月。有下列情形之一的，反倾销调查应当终止，并由商务部予以公告：（1）申请人撤销申请的；（2）没有足够证据证明存在倾销、损害或者二者之间没有因果关系的；（3）倾销幅度低于 2%的；（4）倾销进口产品实际或者潜在的进口量或者损害属于可忽略不计的；（5）认为不适宜继续进行反倾销调查的。

来自一个或者部分国家（地区）的被调查产品有上述第（2）、（3）、（4）项所列情形之一的，针对所涉产品的反倾销调查应当终止。

3. 初裁和终裁决定

商务部根据调查结果，分别就倾销、损害作出初裁决定，并就二者之间的因果关系是否成立作出初裁决定，并予以公告。初裁决定确定倾销、损害及二者之间的因果关系成立的，应当对倾销及倾销幅度、损害及损害程度继续进行调查，并根据调查结果作出终裁决定，予以公告。在作出终裁决定前，应当由商务部将终裁决定所依据的基本事实通知所有已知的利害关系方。

（三）反倾销措施的种类

按照《反倾销条例》的规定，反倾销措施包括临时反倾销措施、价格承诺以及反倾销税三种形式。

1. 临时反倾销措施。临时反倾销措施主要有两种：一是征收临时反倾销税；二是要求提供现金保证金、保函或者其他形式的担保。临时反倾销税税额或者提供的现金保证金、保函或者其他形式的担保金额，应当不超过初裁决定确定的倾销幅度。临时反倾销措施实施的期限，自临时反倾销措施决定公告规定实施之日起，不超过 4 个月；在特殊情形下，可以延长至 9 个月。自反倾销立案调查决定公告之日起 60 天内，不得采取临时反倾销措施。

2. 价格承诺。倾销进口产品的出口经营者在反倾销调查期间，可以向商务部作出改变价格或者停止以倾销价格出口的价格承诺。商务部也可以向出口经营者提出价格承诺的建议，但不得强迫出口经营者作出价格承诺。商务部认为出口经营者作出的价格承诺能够接受的，可以决定中止或者终止反倾销调查，不采取临时反倾销措施或者征收反倾销税。中止或者终止反倾销调查的决定由商务部予以公告。不接受价格承诺的，商务部应当向有关出口经营者说明理由。出口经营者违反其价格承诺的，商务部可以立即决定恢复反倾销调查；根据可以获得的最佳信息，可以决定采取临时反倾销措施，并可以对实施临时反倾销措施前90天内进口的产品追溯征收反倾销税，但违反价格承诺前进口的产品除外。

3. 反倾销税。反倾销税的纳税人为倾销进口产品的进口经营者。反倾销税应当根据不同出口经营者的倾销幅度，分别确定。对未包括在审查范围内的出口经营者的倾销进口产品，需要征收反倾销税的，应当按照合理的方式确定对其适用的反倾销税。反倾销税税额不得超过终裁决定确定的倾销幅度。下列两种情形并存的，可以对实施临时反倾销措施之日前的90天内进口的产品追溯征收反倾销税，但立案调查前进口的产品除外：（1）倾销进口产品有对国内产业造成损害的倾销历史，或者该产品的进口经营者知道或者应当知道出口经营者实施倾销并且倾销对国内产业将造成损害的；（2）倾销进口产品在短期内大量进口，并且可能会严重破坏即将实施的反倾销税的补救效果的。

（四）反倾销税和价格承诺的期限与复审

反倾销税的征收期限和价格承诺的履行期限不得超过5年；但是，经复审确定终止征收反倾销税有可能导致倾销和损害的继续或者再度发生的，反倾销税的征收期限可以适当延长。反倾销税生效后，商务部可以在有正当理由的情况下，决定对继续征收反倾销税的必要性进行复审；也可以在经过一段合理时间，应利害关系方的请求并对利害关系方提供的相应证据进行审查后，决定对继续征收反倾销税的必要性进行复审。

价格承诺生效后，商务部可以在有正当理由的情况下，决定对继续履行价格承诺的必要性进行复审；也可以在经过一段合理时间，应利害关系方的请求并对利害关系方提供的相应证据进行审查后，决定对继续价格承诺的必要性进行复审。

根据复审结果，商务部依照《反倾销条例》的规定提出保留、修改或者取消反倾销税的建议，国务院关税税则委员会根据其建议作出决定，由商务部予以公告；或者由商务部依照《反倾销条例》的规定作出保留、修改或者取消价格承诺的决定并予以公告。

复审期限自决定复审开始之日起，不超过12个月。在复审期间，复审程序不妨碍反倾销措施的实施。

二、反补贴法律制度

（一）补贴与反补贴

补贴是指出口国（地区）政府或者其他任何公共机构（以下统称为出口国（地区）政府）提供的并为接受者带来利益的财政资助以及任何形式的收入或者价格支持，其目的在于提高出口商品在国际市场上的竞争力。补贴分为直接补贴和间接补贴，前者是由出口国（地区）政府给本国出口商以现金补贴，借以弥补出口商品的经济损失或确保其能获得较高利润；后者则是由出口国（地区）政府给本国出口商提供财政上的优惠或技术上的资助等，如进行减、免、退税或者提供出口担保、低息贷款。

反补贴是一成员方对另一成员方对某一出口产品给予财政或者公共性的经济补贴而采取的限制进口的措施，包括临时措施、价格承诺和征收反补贴税。按照我国《反补贴条例》的规定，进口产品存在补贴，并对已经建立的国内产业造成实质损害或者产生实质损害威胁，或者对建立国内产业造成实质阻碍的，商务部可以进行调查，采取反补贴措施。

补贴必须具有专向性，这是认定补贴成立的一个关键条件。具有下列情形之一的补贴，具有专向性：由出口国（地区）政府明确确定的某些企业、产业获得的补贴；由出口国（地区）法律、法规明确规定的某些企业、产业获得的补贴；指定特定区域内的企业、产业获得的补贴；以出口实绩为条件获得的补贴，包括《反补贴条例》所附出口补贴清单列举的各项补贴；以使用本国（地区）产品替代进口产品为条件获得的补贴。在确定补贴的专向性时，还应当考虑接受补贴企业的数量和企业接受补贴的数额、比例、时间以及给予补贴的方式等因素。

（二）反补贴调查程序

1. 申请

国内产业或者代表国内产业的自然人、法人或者有关组织（以下统称为申请人），可以依照《反补贴条例》的规定向商务部提出反补贴调查的书面申请。申请书应当包括下列内容：（1）申请人的名称、地址及有关情况；（2）对申请调查的进口产品的完整说明；（3）对国内同类产品生产的数量和价值的说明；（4）申请调查进口产品的数量和价格对国内产业的影响；（5）申请人认为需要说明的其他内容。

申请书应当同时附具下列证据：申请调查的进口产品存在补贴；对国内产业的损害；补贴与损害之间存在因果关系。

2. 立案调查

商务部应当自收到申请人提交的申请书及有关证据之日起60天内，对申请是否由国内产业或者代表国内产业提出、申请书内容及所附具的证据等进行审查，决定立案调查或者不立案调查。在特殊情形下，可以适当延长审查期限。在决定立案调查前，应当就有关补贴事项向产品可能被调查的国家（地区）政府发出进行磋商的邀请。

在表示支持申请或者反对申请的国内产业中，支持者的产量占支持者和反对者的总产量的50%以上的，应当认定申请是由国内产业或者代表国内产业提出，可以启动反补贴调查；但是，表示支持申请的国内生产者的产量不足国内同类产品总产量的25%的，不得启动反补贴调查。在特殊情形下，商务部没有收到反补贴调查的书面申请，但有充分证据认为存在补贴和损害以及二者之间有因果关系的，可以决定立案调查。

立案调查的决定，由商务部予以公告，并通知申请人、已知的出口经营者、进口经营者以及其他有利害关系的组织、个人（以下统称为利害关系方）和出口国（地区）政府。立案调查的决定一经公告，商务部应当将申请书文本提供给已知的出口经营者和出口国（地区）政府。

商务部可以采取问卷、抽样、听证会、现场核查等方式向利害关系方了解情况，进行调查，但应当为有关利害关系方、利害关系国（地区）政府提供陈述意见和论据的机会。必要时，商务部可以派出工作人员赴有关国家（地区）进行调查；但是，有关国家（地区）提出异议的除外。

3. 初裁和终裁决定

商务部根据调查结果，分别就补贴、损害作出初裁决定，并就二者之间的因果关系是否成立作出初裁决定，予以公告。初裁决定确定补贴、损害以及二者之间的因果关系成立的，商务部应当对补贴及补贴金额、损害及损害程度继续进行调查，并根据调查结果作出终裁决定，予以公告。在作出终裁决定前，应当由商务部将终裁决定所依据的基本事实通知所有已知的利害关系方、利害关系国（地区）政府。

（三）反补贴措施的种类

按照《反补贴条例》的规定，反补贴措施包括临时反补贴措施、价格承诺和反补贴税三种形式。

1. 临时反补贴措施。初裁确定补贴成立，并由此对国内产业造成损害的，可以采取临时反补贴措施。临时反补贴措施采取以现金保证金或者保函作为担保的征收临时反补贴税的形式。临时反补贴措施实施的期限，自临时反补贴措施决定公告规定实施之日起，不超过 4 个月。反补贴立案调查决定公告之日起 60 天内，不得采取临时反补贴措施。

2. 价格承诺。在反补贴调查期间，出口国（地区）政府提出取消、限制补贴或者其他有关措施的承诺，或者出口经营者提出修改价格的承诺的，商务部应当予以充分考虑。商务部也可以向出口经营者或者出口国（地区）政府提出有关价格承诺的建议，但不得强迫出口经营者作出承诺。出口经营者、出口国（地区）政府作出承诺能够接受的，可以决定中止或者终止反补贴调查，不采取临时反补贴措施或者征收反补贴税。中止或者终止反补贴调查的决定由商务部予以公告。不接受承诺的，商务部应当向有关出口经营者说明理由。对于违反承诺的，商务部可以立即决定恢复反补贴调查；根据可获得的最佳信息，可以决定采取临时反补贴措施，并可以对实施临时反补贴措施前 90 天内进口的产品追溯征收反补贴税，但违反承诺前进口的产品除外。

3. 反补贴税。在为完成磋商的努力没有取得效果的情况下，终裁决定确定补贴成立，并由此对国内产业造成损害的，可以征收反补贴税。反补贴税的纳税人为补贴进口产品的进口经营者。反补贴税应当根据不同出口经营者的补贴金额分别确定。对实际上未被调查的出口经营者的补贴进口产品，需要征收反补贴税的，应当迅速审查，按照合理的方式确定对其适用的反补贴税。反补贴税税额不得超过终裁决定确定的补贴金额。终裁决定确定存在实质损害，并在此以前已经采取临时反补贴措施的，反补贴税可以对已经实施临时反补贴税措施的期间追溯征收。终裁决定确定存在实质损害威胁，在先前不采取临时反补贴措施将会导致后来作出实质损害裁定的情况下已经采取临时反补贴措施的，反补贴税可以对已经实施临时反补贴措施的期间追溯征收。终裁决定确定的反补贴税高于现金保证金或者保函所担保的金额的，差额部分不予收取；低于现金保证金或者保函所担保的金额的，差额部分应当予以退还。下列三种情形并存的，必要时可以对实施临时反补贴措施之日前 90 天内进口的产品追溯征收反补贴税：（1）补贴进口产品在较短的时间内大量增加；（2）此种增加对国内产业造成难以补救的损害；（3）此种产品得益于补贴。

(四) 反补贴税和价格承诺的期限与复审

反补贴税的征收期限和价格承诺的履行期限不超过5年；但是，经复审确定终止征收反补贴税有可能导致补贴和损害的继续或者再度发生的，反补贴税的征收期限可以适当延长。

反补贴税生效后，商务部可以在有正当理由的情况下，决定对继续征收反补贴税的必要性进行复审；也可以在经过一段合理期间，应利害关系方的请求并对利害关系方提供的相应证据进行审查后，决定对继续征收反补贴税的必要性进行复审。价格承诺生效后，商务部可以在有正当理由的情况下，决定对继续征收反补贴税的必要性进行复审；也可以在经过一段合理时间，应利害关系方的请求并对利害关系方提供的相应证据进行审查后，决定对继续履行价格承诺的必要性进行复审。根据复审结果，由商务部根据《反补贴条例》的规定提出保留、修改或者取消反补贴税的建议，国务院关税税则委员会根据商务部的建议作出决定，由商务部予以公告；或者由商务部作出保留、修改或者取消价格承诺的决定并予以公告。复审程序参照反补贴调查的有关规定执行。复审期限自决定复审开始之日起，不超过12个月。在复审期间，复审程序不妨碍反补贴措施的实施。

三、保障措施法律制度

(一) 保障措施的概念

保障措施又称为保障条款，是国际贸易协定中常见的一种条款，其目的在于使缔约方在特殊情况下免除其承诺的义务或协定所规定的行为规则，从而对履行协定所造成的严重损害进行补救，或者避免可能产生的损害后果。

保障措施有自由贸易的“安全阀”之称，因此受到各国的普遍重视。我国《保障措施条例》规定，进口产品数量增加，并对生产同类产品或者直接竞争产品的国内产业造成严重损害或者严重损害威胁的，可以在调查后采取保障措施。进口产品数量增加是指进口产品数量与国内生产相比绝对增加或者相对增加；国内产业是指中华人民共和国国内同类产品或者直接竞争产品的全部生产者，或者其总产量占国内同类产品或者直接竞争产品全部总产量的主要部分的生产者。按照我国《保障措施条例》的规定，对进口产品数量的调查和确定，由商务部负责。

在确定进口产品数量增加对国内产业造成的损害时，应当审查下列相关因素：(1) 进口产品的绝对和相对增长率与增长量；(2) 增加的进口产品在国内市场中所占的份额；（3）进口产品对国内产业的影响，包括对国内产业在产量、销售水平、市场份额、生产率、设备利用率、利润与亏损、就业等方面的影响；（4）造成国内产业损害的其他因素。对严重损害威胁的确定，应当依据事实，不能仅依据指控、推测或者极小的可能性。需要注意的是，在确定进口产品数量增加对国内产业造成的损害时，不得将进口增加以外的因素对国内产业造成的损害归因于进口增加。

（二）立案调查程序

1. 申请

与国内产业有关的自然人、法人或者其他组织（以下统称为申请人），可以依照《保障措施条例》的规定，向商务部提出采取保障措施的书面申请。

2. 立案调查

商务部应当及时对申请人的申请进行审查，决定立案调查或者不立案调查。没有收到采取保障措施的书面申请，但有充分证据认为国内产业因进口产品数量增加而受到损害的，商务部可以决定立案调查。立案调查的决定，由商务部予以公告，并将立案调查的决定及时通知世贸组织保障措施委员会。对损害的调查和确定，由商务部负责；其中，涉及农产品的保障措施国内产业损害调查，由商务部会同农业部进行。

在调查期间，商务部应当及时公布对案情的详细分析和审查相关的因素等，并根据客观的事实和证据，确定进口产品数量增加与国内产业的损害之间是否存在因果关系。调查可以采取调查问卷的方式，也可以采用听证会或者其他方式，但应当为进口经营者、出口经营者和其他利害关系方提供陈述意见和论据的机会。

对于调查中获得的有关资料，资料提供方认为需要保密的，商务部可以按保密资料处理，同时要求资料提供方提供一份非保密的资料概要。按保密资料处理的资料，未经资料提供方同意，不得泄露。

进口产品数量增加、损害的调查结果及其理由的说明，由商务部予以公告，并将调查结果及有关情况及时通知世贸组织保障措施委员会。

3. 初裁和终裁决定

根据调查结果，由商务部作出初裁决定，并予以公告。初裁决定确定进口产品数量增加和损害成立并且二者之间有因果关系的，应当继续进行调查，根据调查结果作出终裁决定，然后予以公告。

(三) 保障措施的种类

按照《保障措施条例》的规定，保障措施分为临时保障措施和保障措施两类。

1. 临时保障措施。有明确证据表明进口产品数量增加，在不采取临时保障措施将对国内产业造成难以补救的损害的紧急情况下，商务部可以作出初裁决定，并采取临时保障措施。临时保障措施采取提高关税的形式。在采取临时保障措施前，商务部应当将有关情况通知世贸组织保障措施委员会。临时保障措施的实施期限，自临时保障措施决定公告规定实施之日起，不超过 200 天。

2. 保障措施。终裁决定确定进口产品数量增加，并由此对国内产业造成损害的，可以采取保障措施。保障措施可以采取提高关税、数量限制等形式。保障措施采取提高关税形式的，由商务部提出建议，国务院关税税则委员会根据该建议作出决定，由商务部予以公告；采取数量限制形式的，由商务部作出决定并予以公告。海关自公告规定实施之日起执行。商务部应当将采取保障措施的决定及有关情况及时通知世贸组织保障措施委员会。

采取数量限制措施的，限制后的进口量不得低于最近 3 个有代表性年度的平均进口量；但是，有正当理由表明为防止或者补救严重损害而有必要采取不同水平的数量限制措施的除外。采取数量限制措施，需要在有关出口国（地区）或者原产国（地区）之间进行数量分配的，商务部可以与有关出口国（地区）或者原产国（地区）就数量的分配进行磋商。

保障措施应当针对正在进口的产品实施，不区分产品来源国（地区）。采取保障措施应当限于防止、补救严重损害并便利调整国内产业必要的范围内。在采取保障措施前，商务部应当为与有关产品的出口经营者有实质利益的国家（地区）政府提供磋商的充分机会。

终裁决定确定不采取保障措施的，已征收的临时关税应当予以退还。

(四) 保障措施的期限与复审

保障措施的实施期限不超过 4 年。符合下列条件的，保障措施的实施期限可以适当延长：按照《保障措施条例》规定的程序确定保障措施对于防止或者补救严重损害仍然有必要；有证据表明相关国内产业正在进行调整；已经履行有关对外通知、磋商的义务；延长后的措施不严于延长前的措施。一项保障措施的实施期限及其延长期限，最长不超过 8 年。保障措施实施期限超过 1 年的，应当在实施期间内按固定时间间隔逐步放宽。保障措施实施期限超过 3 年的，商务部应当在实施期间内对该项措施进行中期复审。复审的内容包括保障措施对国内产业的影响、国内产业的调整情况等。保障措施属于提高关税的，商务部应当根据复审结果，依照《保障措施条例》的规定，提出保留、取消或者加快放宽提高关税措施的建议，国务院关税税则委员会根据商务部的建议作出决定，由商务部予以公告；保障措施属于数量限制或者其他形式的，商务部应当根据复审结果，作出保留、取消或者加快放宽数量限制措施的决定并予以公告。

思考题

1. 什么是对外贸易法？对外贸易经营者的权利、义务有哪些？
2. 我国货物和技术进出口管理的主要内容是什么？
3. 我国法律规定的反倾销措施有哪些？
4. 如何理解补贴的专向性？
5. 临时保障措施和保障措施有何区别？

案例分析

2004 年 2 月 17 日（美国当地时间），美国国际贸易委员会建议对原产于中国等 6 个国家的冷冻和罐装暖水虾征收高额反倾销税。消息传出，在我国水产业，特别是虾产业中引起了强烈震动，使我国虾产品出口严重受阻。2004 年 4 月，我国虾产品主要产区——广东对美国出口虾产品仅为 1 010 吨，降幅达 85.9%。2004 年，我国向美国出口海产虾 6.61 万吨，同比下降 18.84%；金额为 3.386 亿美元，同比下降 23.78%。而 2004 年美国虾产品进口量在 50 万吨的水平，其中我国虾产品占有率为 13.2%。自 2004 年下半年开始，我国几乎失去了美国虾产品市场。这是我国加入世贸组织后，在国际贸易中遭受的第一起有关水产品的反倾销调查。

2004 年 7 月 6 日，美国商务部发布公告，对原产于中国和越南的冷冻和罐装暖水虾作出反倾销初裁决定：除中国湛江国联水产品有限公司外，中国暖水虾生产商和出口商的倾销幅度为 7.67%～112.81%；越南暖水虾生产商和出口商的倾销幅度为 12.11%～93.13%。

2005 年 1 月 26 日，美国商务部发布公告，修改此前作出的对原产于中国、巴西、厄瓜多尔、印度、泰国和越南的冷冻和罐装暖水虾的反倾销终裁结果并发布反倾销征税令。美国商务部在修订后的裁决中没有将罐装暖水虾包含在征税范围内。其中，我国应诉企业中获得单独税率的企业为39家，占总数的73.58%，比初裁时增加了18家；未获得单独税率的企业为14家，占总数的26.41%。获得单独税率的企业平均税率为53.68%，平均税率与初裁相比变化不大。湛江国联水产品有限公司的单独税率被重新确定为0.067 6%。我国52家应诉企业中，广东25家、浙江18家、山东2家、海南2家、上海2家、河南1家、香港1家、辽宁1家。应诉企业占我国对虾出口企业总数的51%。也就是说，有49%的企业没有应诉，而较长期地放弃了美国虾产品市场。

在被调查的6个国家中，印度和泰国这两个养虾大国很可能将被终止调查。巴西和厄瓜多尔的绝大多数企业仍然可以向美国出口冷冻虾。越南有4家企业可以向美国出口对虾。中国仅有1家企业可以向美国出口对虾。美国对中国和越南基本关闭了对虾市场的大门。中国是本次案件所受影响最严重的国家。

试分析：中国加入世贸组织后，应如何应对反倾销案？

要点分析：

尊重市场规律是我们应对反倾销案的最有力的武器。政府有关部门、很多省市往往热衷于人为地确定优势产业带、优势产品群，形成一哄而上，又一哄而下的局面，结果事与愿违。优势产业的形成不是人为决定的，而是市场决定的。人为决定的事情，多数会被市场无情地改变和修正。政策导向应该集中在科技含量高、附加值高、核心竞争力高的产品上、产业上、资金投入上。科学发展观要求政策导向更加关注环境保护、水资源的充分利用、产品生产过程中有害物质的严格控制、相关产业可持续发展。

市场规律要求政府必须与企业脱钩，政府必须与政府办的各种名义的协会脱钩，企业的事情企业办、行业的事情行业办、政府的事情政府办，各司其职。

推荐阅读书目

1. 沈四宝，王秉乾主编．中国对外贸易法．北京：法律出版社，2006

2. ［日］金泽良雄．经济法概论．满达人译．兰州：甘肃人民出版社，1985

3. 李昌麒主编．经济法学．北京：中国政法大学出版社，2002

第十二章
环境与资源保护法律制度

• 本章学习目标 •

了解环境与资源及其相关的一些知识，进而理解和掌握环境与资源保护法的基本知识和基本理论，包括环境与资源保护法的概念、特征、目的、作用、适用范围等内容；了解环境与资源的法律关系、基本原则、环境与资源保护法律体系以及环境与资源法律责任等。

□•引导案例•□

2009 年 6 月 23 日凌晨，山东省淄博市临淄区环保分局接到群众举报，反映一些化工废料突然流入了太公湖，并在很短的时间内造成大片水生植物干枯和大量鱼类死亡。经调查，民警发现化工废料是从太公湖的上游流下来的，在湖的上游六七公里处的地方，发现了车辙和排污的痕迹，并确定化工废料是粗苯精制中产生的强酸性化工废料。在强大的舆论压力下，7 月 8 日，犯罪嫌疑人薛某带着两名司机投案自首。据薛某交代，他受货主王某雇用，从江苏一家化工厂拉来一车化工废料，共 35 吨，于 6 月 23 日凌晨两点左右，偷偷地排入了太公湖上游。

请思考：(1) 该案应由谁承担责任？应承担何种责任？

(2) 该案违反了环境保护法的何种原则？

第一节　环境保护法

一、环境概述

(一) 环境的概念

环境科学中的环境是指以人类为中心的外部世界，即人类赖以生存和发展的各种天然的和人工改造过的自然因素的综合体，因而也被称为人类环境。《人类环境宣言》（1972 年联合国人类环境会议在斯德哥尔摩通过）最早使用了“人类环境”概念。该《宣言》指出：“人类既是他的环境的创造物，又是他的环境的塑造者，环境给予人以维持生存的东西，并给他提供了在智力、道德和精神等方面获得发展的机会……人类环境的两个方面，即天然和人为的两个方面，对于人类的幸福和对于人类享受基本人权，甚至生存权利本身是必不可少的。”

各国立法关于环境的定义不尽相同，但基本上都以环境科学关于环境的定义为基础，在质的规定方面，法律上的环境定义与环境科学上的环境定义是基本一致的，因为环境科学是环境立法的自然科学基础。所以法律中的环境就是人类活动可能影响的环境或环境要素。1989 年 12 月我国通过的《中华人民共和国环境保护法》（以下简称《环境保护法》）第 2 条规定：“本法所称环境，是指影响人类生存和发展的各种天然的和经过人工改造的自然因素的总体，包括大气、水、海洋、土地、矿藏、森林、草原、野生生物、自然遗迹、人文遗迹、自然保护区、风景名胜区、城市和乡村等。”

（二）环境问题

1. 环境问题的概念

环境问题，是指因自然原因或人类活动而引起的环境资源破坏和环境质量变化，以及由此给人类的生存和发展带来不利影响的现象。环境问题可以划分为两类：第一类环境问题，或叫做原生环境问题，是指因自然原因引起的环境破坏和环境污染，如沙尘暴、泥石流、地震、洪水等；因人为原因引起的环境破坏和环境污染，称为第二类环境问题或次生环境问题。在当今社会，两类环境问题往往交织在一起。比如，由于在草原过度放牧，植被被破坏，我国北方沙尘暴发生的次数不断增多。环境法最初所针对的环境问题主要是第二类环境问题，后来逐步扩大到第一类环境问题，但第一类环境问题在环境法中仍处于次要地位。

2. 环境问题的产生和发展

环境破坏问题古已有之，只是没有现代社会程度之深、范围之广。贝尔纳指出：“人类破坏其赖以生存的自然环境的历史可能同人类文明史一样古老。”在原始捕猎阶段，人类对环境的依赖性很大，由于生产力水平低下，对环境的干预和影响很弱。当人类进入农牧业社会之后，人类对环境的干预和改造能力增强，天然植被遭到破坏，导致水土流失、土地沙漠化、盐渍化等。古埃及文明、苏美尔文明、玛雅文明的消亡，主要是由于养育人类的环境遭到了破坏。

18世纪60年代蒸汽机的发明，标志着人类社会进入到工业革命阶段。随着蒸汽机、发电机等的发明和推广，资本主义经济的形成和发展，生产力水平迅速提高，人类征服自然、改造自然的能力突飞猛进。但正如恩格斯在《自然辩证法》中所说的："我们不要过于陶醉于我们对自然的胜利。对于每一次这样的胜利，自然界都报复了我们。"人类对自然界排放废弃物，造成了严重的城市和工业区的环境污染。在20世纪30～60年代，发生了马斯河谷事件、多诺拉烟雾事件、伦敦烟雾事件、水俣病事件、四日市哮喘事件、米糠油事件、骨痛病事件、洛杉矶光化学烟雾事件等严重的公害事件。

二、环境法概述

（一）环境法的概念

环境法是一个新兴的法律部门，世界各国对环境法尚无一个公认的统一定义。我国环境法学界对环境法的定义也有各种不同的表述。一般来说，环境法是调整人们在开发、利用、保护和改善环境以及防治污染和其他公害的过程中所产生的各种社会关系的法律规范的总称。其目的是实现人类与自然的和谐，保障经济社会的可持续发展。

环境法的特征具有以下几个方面：

1. 科学技术性

环境法直接而且具体地反映着生态学基本规律和社会经济发展规律的要求。环境法的基本原则、许多管理制度和一系列法律规范都来源于环境科学的研究成果，环境法的实施也需要大量的科学技术知识和手段的配合。环境立法经常涉及大量的技术名词和术语，除了给这些名词和术语赋予相应的法律定义，同时也应将环境技术规范作为环境法律规范的附件，使其具有法律效力。所以，环境法是法律规范和法律化的科学技术规范的有机统一，是社会性与科学性高度统一的法律规范，是法律作为调整社会关系的工具与运用生态规律调控环境的有机结合。

2. 公益性

从环境法产生的背景看，环境法的保护对象是人类赖以生存和发展的环境，环境法的目的是保护和改善生活环境与生态环境，防治污染和其他公害，合理开发、利用自然资源，保障人体健康，促进经济社会的可持续发展。因此环境法具有反映全体人民意志、利益和要求的公益性或社会性，其目的是为整个人类及其子孙后代造福。

3. 综合性

环境法中涉及相关的保护对象非常广泛，而且保护方法具有多样性，这些特点决定了环境法是一个综合性的法律部门。第一，环境法律规范是不同法律部门的法律规范的有机结合。具体地讲，环境法以宪法为指导思想和立法依据，以专门环境法律、单行法规为主干，包括民法、刑法、行政法、经济法、劳动法、科技法、诉讼法、国际法等的相关内容，并以环境标准作为其配套部分。因而，环境法的表现形式是多层次、多领域的。第二，环境法规定的环境责任方式多种多样，互为补充，包括行政的、民事的、刑事的等多种制裁方法、制裁方式。可以单独使用，也可以并行使用。在司法实践过程中，则需要司法部门、环境保护部门、技术监测部门和有关经济部门互相配合才能保证环境责任的切实履行。

4. 一定的国际共同性

人类生存的地球环境是一个整体。地球上任何一块陆地或海域的变化，都将影响它邻近以至整个地球的环境。现代的环境问题已不是局部地区的问题，有的已经超越国界成为全球性问题。环境污染是没有国界限制的，有些自然资源的开发、利用也不是一国所能完成的，如国际河流和湖泊等。候鸟的迁徙、鱼类的回游也不受国界的限制，地球上的所有物种是人类共有的生物基因库。因此，目标相同的保护环境资源的国际组织、国际公约和各国的环境法律，在保护环境资源方面必然具有共同性。

（二）环境法律关系

1. 环境法律关系的概念

环境法律关系是指环境法所调整的社会关系，也就是由环境法律规范所确认和调整的，以环境法主体之间的权利、义务为内容的社会关系。它包括以下几层意思：

（1）环境法律关系是一种社会关系。这种社会关系是指人与人之间的关系，它是一种现实存在的关系。

（2）环境法律关系是由环境资源法律规范所确认和调整的社会关系。法律关系以法律规范的存在为前提，没有法律规范，就不可能产生相应的法律关系。环境法律关系也是如此，某一环境资源保护关系只有当受到环境资源法律规范的调整时，才成为一种法律关系。

（3）环境法律关系是具有权利义务内容的社会关系。法律关系以权利义务为内容，充分体现了法的强制性特征，也把法律关系同伦理关系等其他社会关系区分开来。在环境保护领域，权利义务的内容有内在的规定性，即以保护环境为核心予以设定。

2. 环境法律关系的构成

(1) 主体

环境法律关系的主体，是指依法享有权利和承担义务的环境关系的参加者。在不同的环境保护法律关系中，各主体的地位、身份、权利义务是不同的。从有关的法律规定看，目前环境法律关系的主体包括国家、国家机关、企事业单位、社会团体、公民，等等。

(2) 内容

环境法律关系的内容是指法律关系的主体依法享有的权利和承担的义务。环境法律关系中的权利和义务，都是与开发利用、保护环境密切联系的，都以保护和改善环境、防治污染和其他公害、维持生态平衡为内容。环境法律关系中的权利，是指环境法主体在法律规定的范围内，为实现一定的环境资源保护利益，可以进行某种行为或者要求义务主体履行某种行为的可能性。环境法律关系中的义务，是指环境法律关系主体依照环境法的规定，必须进行某种行为或者不进行某种行为，以满足权利主体的要求，保护环境和维护合法环境权益。

(3) 客体

环境法律关系的客体是指环境法律关系主体的权利与义务所指向的对象。一般包括两种：一是物。在环境法律关系中，物是指表现为自然物的各种环境要素，包括矿藏、大气、水、森林、野生动物、野生植物、海洋、草原、自然保护区、风景名胜等各种环境因素，以及不同范围的环境综合体、单个的天然环境体和人工体。二是行为。客体中的行为是指环境资源法主体对环境有影响的各种行为，包括作为和不作为两种形式。如排污行为、修建大型水利工程的行为，都是环境法律关系的客体。

(三) 环境法的目的

环境法的目的，是指国家在制定、认可或修改环境资源法时希望达到的目标或预期要实现的结果。立法目的决定立法的指导思想和法律的调整对象。了解环境法的目的，有利于正确理解立法意图，正确理解和执行法律；研究环境法的目的，能为制定、修改环境法提供理论依据。

根据《宪法》和《环境保护法》的规定，我国环境法的目的主要有：保护和改善生活环境与生态环境；防治环境污染和防止生态破坏；合理开发、利用环境资源；保障人体健康；促进经济社会的可持续发展；保证代内、代际公平，实现人与自然和谐共处。

(四) 环境法的基本原则

环境法的基本原则，是指环境法在创制和施行中必须遵循的具有拘束力的基础性和根本性准则。环境法的基本原则既是环境法基本理念在环境法上的具体体现，又是环境法的本质、技术原理与国家环境政策在环境法上的具体反映。因此，环境法的基本原则具有如下两大特征：第一，它的内容必须在环境立法中有所体现，是对国家环境保护基本方针、政策的描述，并且贯穿于整个环境立法之中；第二，它的效力必须全面贯彻于环境法律规范的始终，并可以弥补环境立法之局限。

环境法的基本原则既可以直接明文确立于立法之中（如我国《环境保护法》对协调发展原则的规定)，又可以间接地通过一个或几个具体法律条文分别表现（如我国《环境保护法》对预防原则的规定)。比较各国的环境立法，对环境法基本原则规定得比较明确的一般是环境基本法或者环境法典之总则部分。而环境与资源保护单行法的立法一般都不对基本原则作明文宣示，而是通过对具体环境法律制度的规定，比较隐晦地表现出基本原则的指导性以及对基本原则的从属性。

综观各国环境法所确立的基本原则，主要包括高度保护原则、谨慎预防原则（或环境关怀原则)、危险防御原则、跨国界的环境保护原则、污染者负担原则或原因者主义原则（或共同负担原则和集体负担原则)、环境利益与责任衡平原则、禁止现存环境受更恶劣破坏原则、最佳实用技术原则、协同合作原则、公众参与原则等。

我国学者将我国环境法的基本原则归纳为以下几类：预防原则、协调发展原则、受益者负担原则、公众参与原则、协同合作原则等五项。[①]

1. 预防原则

环境法上的预防原则，是指对开发和利用环境行为所产生的环境质量下降或者环境破坏等后果应当事前采取预测、分析和防范措施，以避免、消除由此可能带来的环境损害。

预防原则包含两层含义：一是运用已有的知识和经验，对开发和利用环境行为带来的可能的环境危害事前采取措施以避免危害的产生；二是在科学不确定的

① 参见汪劲：《环境法学》，113～120页，北京，北京大学出版社，2006。

条件下，基于现实的科学知识去评价环境风险，即对开发和利用环境行为可能带来的尚未明确或者无法具体确定的环境危害进行事前预测、分析和评价，促使开发决策避免这种可能造成的环境危害及其风险的出现。

预防原则具体包括：其一，合理规划、有计划地开发、利用环境和自然资源。其二，运用环境标准控制和减少生产经营活动向环境排放污染物。其三，对开发环境和资源的活动实行环境影响评价。其四，增强风险防范意识，谨慎地对待具有科学不确定性的开发利用活动。

2. 协调发展原则

协调发展原则，指环境保护与经济、社会发展相协调的原则，具体指环境保护与经济建设和社会发展统筹规划、同步实施、协调发展，实现经济效益、社会效益和环境效益的统一。在一些教科书中，协调发展原则也被表述为环境利益衡平原则、可持续发展原则、环境与决策一体化原则、环境的可持续利用原则等。

协调发展原则具体包括：第一，将环境保护纳入经济、社会发展计划与决策之中。第二，建立循环经济型社会。第三，建立绿色 GDP 的国民经济核算体系。目前，我国正在研究将绿色 GDP 的方法运用于整个国民经济核算之中。

3. 受益者负担原则

在自由的市场经济条件下，环境的无形价值经常被人们忽视，由于难以区分和界定环境（如大气质量）的所有权，因此不可能存在体现环境价值的市场，进而使市场这只“看不见的手”在环境利益上失灵。因环境的开放性导致工业企业将大量污染物排入环境中，使环境质量下降，从而影响到社会每一个个体的生活。为了处理环境污染问题，传统的做法是由国家出资治理污染、由全体公民和社会来承担治理污染的费用，形成了“企业赚钱污染环境，政府出资治理环境”的极不公平的现象。

为此，经济学家认为，要转变这种不公平的现象，就必须采取措施使这种治理环境的费用（外部费用）由生产者或消费者来承担，也即使外部费用内部化：企业应当为排污损害环境而付出一定的费用用以治理环境，这就是受益者负担原则。

受益者负担原则的具体适用表现在如下几个方面：第一，实行排污收费或者征收污染税制度。第二，实行废弃物品再生利用和回收制度。第三，实行开发利用自然资源补偿费或税制度。第四，建立环境保护的共同负担制度。

对于环境污染防治和自然环境保护的费用，除了由上述受益者负担外，国家和地方政府也有义务承担一定比例的环境保护费用，这在环境法理论上称为“共同负担制度”。

4. 公众参与原则

环境法上的公众参与原则，是指公众有权通过一定的程序或途径参与一切与公众环境权益相关的开发决策等活动之中，并有权受到相应的法律保护和救济，以防止决策的盲目性，使得该项决策符合广大公众的切身利益和需要。

公众参与原则的具体适用主要体现在如下几个方面：第一，在环境影响评价和其他涉及公众利益的许可程序中建立公众参与制度。第二，建立决策信息公开与披露制度。第三，鼓励各类非政府的环境组织代表公众参与环境决策。第四，建立公众参与的司法保障制度。

5. 协同合作原则

协同合作原则，是指以可持续发展为目标，在国家内部各部门之间、国际社会各国家（地区）之间重新审视既得利益与环境利益的冲突，实行广泛的技术、资金和情报交流与援助，联合处理环境问题。

协同合作原则具体包括如下内容：其一，国家内部政府各部门之间的协同合作。其二，管理者与被管理者及公众之间的协同合作。其三，国家之间的协同合作。

三、环境法体系

环境法体系是指由国家制定的各种环境资源法律规范和其他法律渊源按照一定的原则、功能、层次所组成的相互联系、相互配合、相互制约、协调一致的统一整体，它是国家法律体系的第二层次的部门法体系。

我国的环境法体系是以宪法关于环境保护的规定为基础，由环境保护基本法、保护自然资源和环境、防止污染和破坏环境的一系列单行法规和具有规范性的环境标准等组成的完整的体系。根据我国现行环境保护立法，环境法体系由以下各部分组成：宪法关于环境资源保护的规定；环境资源保护基本法；环境资源保护单行法规；环境管理行政法规；环境标准；其他部门法中的环境资源保护法律规范。另外，我国缔结的与环境资源有关的国际条约，也是我国环境资源法的组成部分。而且，其法律效力优于法律，即国际条约同国内法律有不同规定的，适用国际条约的规定。

1. 环境保护基本法

这里所说的“基本法”，是指国家制定的包含某方面综合性政策、目标的整体性、综合性法律。环境资源保护基本法是对环境资源保护的重大问题加以全面综合调整的立法，一般对环境资源保护的目的、范围、方针政策、基本原则、重要措施、管理制度、组织机构、法律责任等作出原则性规定。这种立法常常成为一个国家的其他单行环境资源法规的立法依据。

我国现行的环境保护基本法是1989年颁布的《环境保护法》。1989年《环境保护法》对环境保护的所有重大问题作了全面的原则性规定，包括：环境法的任务、环境保护的对象、环境保护的基本原则和制度、保护自然环境的基本要求和开发利用环境资源者的法律义务、防治环境污染的基本要求和相应的义务、中央和地方环境管理机构对环境监督管理的权限和任务以及违反环境保护法的法律责任等。

到目前为止，《环境保护法》已施行二十多年，而此间伴随我国经济、社会等情况的变化，我国已制定完善了环境资源保护单行法，许多在《环境保护法》实施前后颁布的环境资源保护单行法规都进行了修改。这样，作为基本法的《环境保护法》已表现出明显的不适应性和滞后性，故应该尽快修改《环境保护法》。

2. 环境资源保护单行法

环境资源保护单行法是指针对环境污染的防治和特定环境资源的保护而由国家立法机关制定的单项法律、法规。

一般说来，工业发达国家的环境资源法是从污染控制法发展而来的。在环境资源保护单行法中，污染防治法的数量最多。我国已经颁布的重要污染防治法规主要有：1987年通过，1995年8月第一次修订、2000年4月第二次修订的《中华人民共和国大气污染防治法》（以下简称《大气污染防治法》）；1984年5月通过，1996年5月第一次修订、2008年2月第二次修订的《中华人民共和国水污染防治法》（以下简称《水污染防治法》）；1996年10月颁布的《中华人民共和国环境噪声污染防治法》（以下简称《环境噪声污染防治法》）；1995年10月颁布，2004年12月修订的《中华人民共和国固体废物污染环境防治法》（以下简称《固体废物污染环境防治法》）；2003年6月颁布的《中华人民共和国放射性污染防治法》（以下简称《放射性污染防治法》）。

3. 环境管理行政法规

环境管理行政法规，主要是关于环境管理机构的设置、职权、行政管理程序和行政处罚程序等方面的规定。它们多数具有行政法规范的性质。我国现行环境管理行政法规主要包括以下几类：关于环境标准、环境监测管理的行政法规，如

1983年颁布的《环境标准管理办法》和《全国环境监测管理条例》等；关于建设项目和经济区的环境行政管理法规，如《建设项目环境保护管理条例》（1998年）、《对外经济开放地区环境管理暂行规定》（1986年）等；关于企业的环境行政管理法规，如《工业企业环境保护考核制度实施办法》、《关于加强乡镇、街道企业环境管理的规定》等；关于环境管理机构的设置、职权及行政处罚程序的规定，如国务院《关于环境保护工作的决定》（1984年）、国务院《关于进一步加强环境保护工作的决定》（1990年）等。

4. 其他部门法中有关环境保护的规定

构成一国法的体系的各部门法是互相联系、互相补充的。民法、刑法、经济法、劳动法、行政法中，包含有不少关于环境保护的法律规范，这些法律规范也是环境法律体系的组成部分。

随着可持续发展思想日渐深入人心和生态法律原则的普遍渗透，传统法部门逐渐在相应方面和环节作出与生态保护相协调的规定。法律的生态化正在成为当代法律发展的重要趋势，传统法律部门中生态化的法律规范将会越来越多。

四、环境资源法的基本制度

环境资源法的基本制度，是指由调整特定环境资源社会关系的一系列环境法律规范所组成的相对完整的规范体系。环境资源法的基本制度是国家环境资源制度在法律上的体现，是环境资源制度的法律化形式，一切享用生态环境和开发利用自然资源的组织和个人都必须严格遵守。

环境保护基本法律制度主要包括：环境规划制度、环境标准制度、环境监测制度、环境影响评价制度、“三同时”制度、经济调控制度、排污申报登记制度、现场检查制度、征收排污费制度、限期治理制度、环境保护许可证制度、环境污染与破坏事故报告与处理制度、奖励综合利用制度，等等。随着环境保护实践的深入，一些环境管理制度正在逐渐经由立法形成法律制度，比如环境保护目标责任制、城市环境综合整治定量考核制度、污染物排放总量控制制度、环境标志制度，等等。

（一）环境规划制度

环境规划制度是指国家根据各地区的环境条件、自然资源状况和社会经济发展的要求，对自然资源的开发利用、城市及村镇建设、工农业生产布局、基础设施建设等，在一定时期内所作的总体安排，以便达到其预定的环境目标。从环境法的立法来看，目前我国的环境规划制度包括土地利用规划制度、自然资源规划制度、环境保护规划制度、城市规划制度、村镇规划制度等。

(二) 环境影响评价制度

环境影响评价制度是指对规划和建设项目实施后可能造成的环境影响进行分析和评估，提出预防或者减轻不良环境影响的对策和措施，进行跟踪监测的方法与制度。这一概念包括三层含义：首先，环境影响评价的客体是规划和建设项目，这是我国环境影响评价法的一个创新；其次，环境影响评价是对规划和建设项目实施后可能产生的环境影响进行分析、预测和评估，提出预防或者减轻不良环境影响的对策和措施，因而它属于预测性的评价；再次，环境影响评价制度与一般预测性的评价不同，它是环境法上的一项重要的法律制度。

2002年我国颁布《环境影响评价法》，该法专设第二章“规划的环境影响评价”，对规划的环境影响评价的对象、范围、组织者和评价者、程序等均作了规定，关于建设项目的环境影响评价，则根据其对环境造成的不良影响程度进行分类管理，在管理内容和程序上较为完善。

环境影响评价制度的宗旨是实施可持续发展战略，防止因规划和建设项目实施对环境造成的不良影响，促进经济、社会和环境的协调发展。该制度是实施“预防为主”的环境法的基本原则，避免“先污染、后治理，先破坏、后恢复”的有效武器，被认为是预期性环境政策的支柱。

(三) 许可证制度

许可证制度是指国家有关环境、资源主管部门依据环境法的有关规定，对提出申请的单位和个人颁发许可证、资格证书或者执照等文件，允许其从事某项对生态环境有不良影响的活动的法律制度。许可证制度广泛应用于环境保护、污染防止以及自然资源保护等领域。

根据我国现行环境法律的有关规定，许可证的种类主要有：建设用地规划许可证、建设工程规划许可证、取水许可证、林木采伐许可证、采矿许可证、煤炭生产许可证、捕捞许可证、特许猎捕证、驯养繁殖许可证、取水许可证、排污许可证、废弃物倾倒许可证、化学危险物品生产许可证、危险废物经营许可证、放射性工作许可证、环境影响评价资格证书，等等。例如，我国《森林法》第32条规定：“采伐林木必须申请采伐许可证，按许可证的规定进行采伐”。第37条规定：“从林区运出木材，必须持有林业主管部门发给的运输证件”。

目前，许可证制度的一个新的发展动向是许可证交易制度或者“买卖许可证”制度，在污染防治领域主要表现为“排污权交易”制度。所谓“排污权交易”制度，是指在实施排污许可证管理及排放总量控制的前提下，鼓励企业通过技术进步和污染治理节约污染排放指标，这种指标作为“有价资源”，可以“储存”起来以备自身扩大发展之需，也可以在企业之间进行商业交换。那些无力或忽视使用减少排污手段、导致手中没有排放指标的企业，可以按照商业价格，向市场或其他企业购买污染排放指标。

“排污权交易”制度在我国尚处于试点阶段，在政策、法规和操作手段、方法方面还有许多工作要做，有待进行深入的探索和完善。但可以预见，排污权交易这一以市场为基础的污染控制措施在中国将有着广阔的前途。

(四) 经济调控制度

环境法中的经济调控制度，是指国家运用经济杠杆刺激或者抑制生产活动或消费活动，以支持生态保护行为、抑制生态破坏行为的法律制度。经济调控制度所运用的经济杠杆包括财政援助、税收、收费、信贷、担保、押金、基金等手段和措施。其中，各国广为使用的是税费制度，它包括环境资源税和环境资源费两大类。这些经济手段或措施对生态环境保护有明显的刺激作用，也有学者将其称为经济刺激制度。其目的是促使环境的开发利用者合理利用环境和资源，减少排污和有效治理污染，节约利用、综合利用自然资源，并为环境保护工作筹集资金。① 一些国际文件对这一制度作了规定。例如，1992 年在里约热内卢召开的联合国环境与发展大会通过的《21 世纪议程》要求各国制定鼓励非持续消费模式的国家政策和战略，鼓励提高能源和资源的使用效率，建议“政府应同工业部门合作，加强努力，以经济有效和环境无害化方式使用能源和资源”，并指出，各国“在利用适当经济手段来影响消费者的行为方面，已开始取得一些进展。这些手段包括环境费和环境税、退还押金或退款制度等等。应当根据国家的具体情况推动这个进程”。《中国 21 世纪议程——中国 21 世纪人口、环境与发展白皮书》也指出，要“有效利用经济手段和市场机制”，其目标是“将环境成本纳入各项经济分析和决策过程，改变过去无偿使用环境并将环境成本转嫁给社会的做法”，并“有效地利用经济手段和其他面向市场的方法来促进可持续发展”。

(五) 排污申报登记制度

排污申报登记制度，是指排放污染物的企事业单位，必须按照有关规定就排放

① 参见金瑞林主编：《环境与资源保护法学》，149～152 页，北京，北京大学出版社，2006。

污染物的具体状况向所在地环境保护行政主管部门进行申报、登记和注册的制度。排污申报登记的目的是使环境保护行政主管部门全面掌握辖区内的排污状况，为拟订环境保护规划、采取防治措施、进行环境监测以及征收排污费提供可靠的资料。

我国有关排污申报登记的规定最早见于 1982 年由国务院颁布的《征收排污费暂行办法》之中，其主要目的在于以此作为排污收费的依据。后来在相继制定的有关水、大气、环境噪声、固体废物的污染防治法等法律、法规中对此又作了明确的规定。

（六）限期治理制度

限期治理，是指对长期超标排放污染物造成环境严重污染的排污者，以及对设立在特殊保护区域内超标排污的已有设施，经地方人民政府决定和环境保护主管部门监督，设定一定期限由排污者在该期限内完成治理任务，使污染物排放达到治理目标的一种强制性措施。

（七）污染事故报告及处理制度

污染事故报告及处理制度，是指因发生事故或者其他突发性事件，造成或者可能造成污染事故的单位，必须立即采取措施，及时通报附近可能受到污染危害的单位和居民，并向当地环境保护行政主管部门和有关部门报告，接受调查处理的法律制度。

由于环境污染事故具有突发性、危害大、影响地域广和社会影响大等特点，为了防止污染事故对国家和人民造成更大的损失，所以我国环境污染防治法规定了这项制度。为了规范排污单位的污染事故报告和处理制度，国家环保总局于 1987 年 9 月 10 日发布了《报告环境污染与破坏事故的暂行办法》，对事故的类别、等级、报告事故的时间、程序以及环境保护行政主管部门的职责作了具体规定。

第二节　自然资源法

一、自然资源概述

（一）自然资源的概念

自然资源是指具有社会有效性和相对稀缺性的自然物质或自然环境的总称。联合国出版的文献中对自然资源的含义解释为：“人在其自然环境中发现的各种成分，只要它能以任何方式为人提供福利的都属于自然资源。从广义来说，自然资源包括全球范围内的一切要素，它既包括过去进化阶段中无生命的物理成分，如矿物，又包括地球演化过程中的产物，如植物、动物、景观要素、地形、水、空气、土壤和化石资源等。”自然资源是一个相对概念，随着社会生产力水平的提高和科学技术的进步，先前尚不知其用途的自然物质逐渐被人类发现和利用，自然资源的种类日益增多，自然资源的概念也不断深化和发展。①

依照不同的标准，自然资源有不同的分类。在国土开发利用中，自然资源包括土地资源、气候资源、水资源、生物资源、矿产资源、海洋资源、能源资源、旅游资源等。自然资源按其现实可利用性，可分为现实资源和潜在资源；按其属性可分为土地资源、水资源、生物资源、矿产资源等；按其用途可分为生产资源、风景资源、科研资源等；按附存条件可以把自然资源分为地下资源和地表资源；按是否可再生可以把自然资源分为可再生资源、不可再生资源和恒定资源。可再生资源分为生物资源和非生物资源，是指用了一次之后，可以更新或再生，再被利用，如水、土地、动植物等。不可再生资源是经历若干年地质年代而形成，在人类可预期的时限内无法再生，并随人类开发强度的增大不断枯竭的资源，如矿产资源。恒定资源是在大自然界大量存在，无论如何使用，其总量也不会减少且无污染或少污染的资源，如太阳能、风能、潮汐能等。②

（二）自然资源问题及自然资源的保护

我国自然资源虽然很丰富，但人均占有量少，开发利用效率低，浪费大，导致严重的生态环境恶化和自然资源危机，特别是我国目前正处于经济快速发展时期，自然资源的消耗速度会不断加快，所带来的自然资源危机和生态环境问题会更加严峻。③ 许多地区的环境问题，如森林草原植被被破坏、乱占耕地、盲目开采、水土流失、土地沙化和盐碱化、水源缺乏、大气污染、水污染、土壤污染、生物资源过量消耗、地下水位严重下降等情况，至今不仅没有得到有效控制，局部地区还有继续恶化的趋势。我国的国民生产总值是美国的 1/15、日本的 1/6，人均国民生产总值仅为发达国家的 1/50～1/60，而我国的环境污染在某些方面已经接近甚至超过发达国家 20 世纪五六十年代污染最严重的水平。④ 这与我国采

① 参见刘成武：《自然资源概论》，28 页，北京，科学出版社，1999。

② 参见肖兴国、肖乾刚：《自然资源法》，15～17 页，北京，法律出版社，1999。

③ 参见蔡守秋主编：《环境资源法学教程》，436 页，武汉，武汉大学出版社，2000。

④ 参见何希吾、姚建华等：《中国资源态势与开发方略》，549 页，武汉，湖北科学技术出版社，1997。

取先污染后治理的粗放经营方式是分不开的，是以大量消耗资源和牺牲环境利益为代价的，这样的发展是不可持续的。资源的不合理开发利用、资源的浪费以及所带来的环境问题，就成为自然资源保护所要解决的主要问题。目前，我国在一些重要的自然资源可持续利用和保护方面正面临着严峻的挑战，这种挑战表现在两个方面：一是我国的人均资源占有量相对较小，1989 年人均淡水、森林和草地资源分别只占世界平均水平的 28.1%、32.3%、14.3%，而资源数量和生态质量仍在继续下降或恶化；二是随着人口的大量增长和经济发展对需求的过分依赖，自然资源的日益短缺将成为我国社会经济持续、快速、健康发展的制约因素，尤其是北方地区的水资源短缺与全国性的耕地资源不足和退化问题。

自然资源保护是指国家和社会为确保自然资源的合理开发和可持续利用而采取的各种行动的总称。[①] 其主要任务就是确保自然资源的合理开发利用，防止自然资源的破坏和浪费，其主要的手段，有经济的、行政的、法律的，也有技术的和宣传教育的。目前自然资源的保护通常采取综合勘探、综合开发、综合利用、回收再用和开发可替代资源以及对可更新资源实行营造养殖、适度开发的方法。

二、自然资源法概述

（一）自然资源法的概念

实质上的自然资源法，是调整人们在开发、利用、管理和养护自然资源的过程中所产生的保护自然资源生态效益的各种社会关系的法律规范的总称。[②] 其目的是规范人们开发利用自然资源的行为，防止人类对自然资源的过度开发，改善与增强人类赖以生存和发展的自然基础，协调人类与自然的关系，保障经济、社会的可持续发展。它调整的社会关系主要包括资源权属关系、资源流转关系、资源管理关系和涉及自然资源的其他经济关系。

形式上的自然资源法是指土地法、水法、矿业法、林业法、草原法、渔业法、野生生物保护法、自然保护区法、水土保持法等自然资源保护法律规范的表现形式。

自然资源法具有以下特征：

1. 保护范围的广泛性

自然资源保护法适用于自然资源保护的全过程。自然资源问题，从它的产

---

① 参见金瑞林主编：《环境与资源保护法学》，295 页，北京，北京大学出版社，2000。

② 参见上书，296 页。

生、发展的整个过程来看，主要是一个经济问题。自然资源保护法正是规范人类在生态经济活动中的各种具体劳动行为，目的是使人类的经济再生产和自然的再生产协调进行，实现持续发展。如果法律所调整的劳动过程只是单纯地向自然界索取的某一个环节，自然资源保护将是片面的。自然资源立法保护的实质价值也会相应地削弱。

2. 价值取向的特殊性

自然资源法的目的是维护自然资源的生态效益。传统的自然资源立法主要是两个角度去考虑：一是财产关系角度，以民法或行政法去确定自然资源所有权；二是经济利益的角度，着重如何保证充分利用自然资源的经济价值，即使是对资源的保护。随着自然资源的破坏对生态环境的影响越来越大，自然资源的立法越来越注重将自然资源保护与生态环境保护统一起来，我国的自然资源保护立法既包括合理利用自然资源，防止资源耗竭，也包括对生态环境的保护，而且，对后者的重视越来越突出。①

3. 调整对象的适法性

自然资源保护法调整的是人和人之间的关系，即社会关系，而非调整人和自然资源之间的关系。自然资源不能作为法律关系的主体。法律可以协调人与自然的关系，但只能调整人与人之间的关系。自然资源作为生态系统的重要组成部分，法律只能通过规范人的行为来实现对它的保护。那种认为自然资源也能成为自然资源保护法主体的观点是错误的。

4. 法律规范的总和性

自然资源保护法是一系列特定范围的法律规范的总称。自然资源保护法是有关自然资源保护的一系列法律、法规的有机联系的整体。不仅包括国内法规，还包括我国缔结或参加的国际条约；不仅包括宪法、法律中的法律规范，还包括地方立法。数量多、系统化，是从属于环境法体系的子法律体系。

(二) 自然资源法的调整对象

自然资源法的调整对象和自然资源的定义是紧密结合在一起的。自然资源法所调整的就是在开发、利用、管理和养护自然资源的过程中所产生的保护自然资源生态效益的各种社会关系。具体包括：开发自然资源过程中保护自然资源生态效益的社会关系；利用自然资源过程中保护自然资源生态效益的社会关系；管理

---

① 参见张梓太、吴卫星：《环境与资源法学》，230页，北京，科学出版社，2002。

自然资源过程中保护自然资源生态效益的社会关系；养护自然资源过程中保护自然资源生态效益的社会关系。

（三）自然资源法的基本原则

遵循有关基本原则的法律理论，把握自然资源保护立法的本质精神，并结合自然资源的现状，自然资源保护法的基本原则主要有：

1. 保护第一原则

保护第一原则要求我们正确处理经济发展与保护自然资源的关系。从人类生存和发展的战略需要出发，我们既要注意资源消耗、经济发展给人类带来的物质利益与享受，更要考虑到资源枯竭将对经济发展和人类生存造成的决定性后果。保护第一原则强调自然资源总量上的动态平衡。首先，要保护珍贵的稀有野生动植物资源及其生态环境，因为这类珍贵的稀有资源不仅具有潜在的经济价值和科学研究价值，而且这类资源生成于特定的生态环境，是自然界长期演化的产物。其次，对已经开发利用或待开发利用的自然资源采取保护措施，即在开发利用的同时要考虑保护，在保护条件下进行合理的开发利用。如对于我国的耕地资源、森林资源等必须严格保护，总量只能增加，不能减少。再次，强调保护第一，意味着有些资源在现有条件下不能开发或暂不开发或只能有限度地开发，而有些已经开发过度或被严重破坏的资源，必须立即采取非常措施制止开发，以保护该资源免于灭绝。保护自然资源也并不是消极的保护，要与培育、改造结合起来，保护那些已有的良好资源条件，逐步提高生产力，而对那些低产不利的自然条件要逐步培育、改造，达到提高生产力的目的。

2. 合理开发利用原则

合理开发利用自然资源是自然资源自身属性和特征的客观要求，也是人类长期对自然资源开发利用的正反两个方面的经验总结。合理开发利用自然资源应以经济效益和生态效益协调统一为目标，应当按照不同的资源类型、区域和特点，统一规划，合理配置，高效利用，综合利用。合理开发利用原则特别强调加快两个根本性转变。这就要求建立和完善资源产权制度，明晰产权，强化资源管理，防止国有资源的流失；逐步理顺资源的价格体系，切实改变“资源无价、原材料低价、产品高价”的价格扭曲现象；完善资源有偿使用制度，建立健全资源更新的经济补偿机制；大力发展资源产业，鼓励和扶持资源再生产活动，缓解资源供需矛盾；加强对资源核算的研究和实践工作，建立资源核算制度，逐步将其纳入国民经济核算体系。合理开发利用原则最后强调立足于自然资源基本自给，充分利用国内外资源。

3. 开源与节约原则

开源与节约是自然资源开发利用中相互依存的两个方面，开源是节约的前提，节约是开源的继续。两者的有机结合构成了缓解我国自然资源供需矛盾的基本途径。所谓开源，就是增加、扩大资源的开发。所谓节约，可有两个含义：一是指“节省”，与浪费相对立，我们必须放弃过度消费主义的偏见，树立节约观，从更广泛的领域规范消费行为；二是指“集约”，与粗放相对立。面对我国异常严峻的自然资源形势，我们必须选择建立一个低度消耗资源的节约型国民经济体系，以促进资源的节约，杜绝资源的浪费，降低资源的消耗，提高资源的利用率、生产率和单位资源的人口承载力，以缓和资源的供需矛盾。

4. 自然资源产权化与有偿使用原则

自然资源的产权化就是实现包括自然人、法人、其他经济组织和特定条件下的国家等在内的市场主体与各类自然资源之间联结关系的确定化、结构化和合理化。自然资源的有偿使用，就是要以健全的产权制度和政府管理体制为前提，建立合理的资源价格和有关的税费体系，这对于保护和合理利用自然资源是带有根本性的措施。

5. 可持续发展原则

把可持续发展确立为指导思想和基本原则是当前我国自然资源立法的客观要求。首先，可持续发展原则强调公平性。即通过对有限自然资源的公平分配，消除发达国家对落后国家、发达地区对落后地区、当代人对后代人的盘剥和掠夺，以求实现代内公平（当代人之间的公平）、代际公平（当代人与未来各代人之间的公平）以及资源分配与利用的公平，给世世代代以公平的发展权。其次，可持续发展原则强调可持续性。即在“满足需要”的同时，必须有“限制”的因素，主要限制因素就是人类赖以生存的物质基础，即自然资源与环境。再次，可持续发展原则强调共同性。即由于世界各国的历史、文化和发展水平的差异，可持续发展的具体目标、政策和实施步骤可能是不同的，但是，可持续发展作为全球发展的总目标，所体现的公平性和可持续性，则是共同的，并且为实现这一目标，必须采取全球共同的联合行动，最终促进人类之间及人类与自然之间的和谐共存，共同进化。在这一思想原则的指导下，走可持续发展之路是中国资源配置的唯一正确选择。

三、自然资源保护法的体系

（一）自然资源保护法的体系

自然资源保护法是一个综合性的概念，它由多种保护自然资源的法律、法规所组成。自然资源保护法的体系是从属于环境资源法体系的子法律体系，其构成主要包括如下几个方面：

1. 宪法性法律规范，即宪法中有关自然资源保护和合理利用的规定。

2. 环境基本法中有关自然资源保护的规定，即《环境保护法》中有关保护和改善自然环境的规定。

3. 自然资源保护单行法律，如《水土保持法》、《森林法》、《草原法》、《矿产资源法》、《渔业法》、《野生动物保护法》、《防沙治沙法》等法律、法规中的有关规定。

4. 污染防治法中关于自然资源保护的规定。《水污染防治法》、《大气污染防治法》中都有少数关于自然资源保护的规定。另外，《中国人民解放军环境保护条例》、国务院《关于加强乡镇、街道企业环境管理的规定》也有关于自然保护的规定。

5. 国务院及其部门制定的有关自然资源保护的行政法规、规章以及各种自然资源保护单行法的实施条例、细则和办法。如《野生植物保护条例》、《自然保护区条例》、《风景名胜区管理暂行条例》、《水产资源繁殖保护条例》、《渔业法实施细则》以及《矿产资源法实施细则》，等等。

6. 自然资源保护地方法规、规章。

7. 其他部门法中有关自然资源保护及合理利用的规定。例如，《民法通则》、《刑法》以及《农业法》中关于禁止毁林开荒、烧山开荒、围湖造田以及开垦国家禁止开垦的陡坡地的规定等。

8. 我国缔结或者参加的有关保护自然资源的国际条约中的有关规定。如《联合国海洋法公约》、《保护臭氧层维也纳公约》及其议定书、《气候变化框架公约》、《生物多样性公约》和《联合国湿地公约》等，它们都属于我国自然资源保护法体系的组成部分。

（二）自然资源保护基本法律制度

自然资源基本法律制度主要包括：自然资源权属制度、自然资源规划制度、自然资源调查制度、自然资源许可证制度、自然资源禁限制度、自然资源有偿使用制度、自然资源利用的补偿制度、自然资源综合利用制度，等等。这种划分是相对的，比如，规划制度、许可证制度实际上既是环境保护基本法律制度，也是自然资源保护基本法律制度，只不过两者的侧重点不同而已。

1. 自然资源权属制度

自然资源权属制度是指自然资源的所有权、使用权等财产权制度，主要是由关于自然资源归谁所有、使用以及由此产生的法律后果由谁承担的一系列法律规范构成的体系。它是我国环境法基本制度的重要组成部分。

自然资源所有权、使用权等财产权制度，是物权法的重要组成部分，并对物权法的发展产生重大影响。主要表现在以下几个方面：第一，关于自然资源价值理论。自然资源与固定资产价值不同，它除了具有劳动价值和稀缺价值之外，还具有生态价值，而自然资源的生态价值在自然资源产品价值中没有得到体现，自然资源资产的价值补偿难以实现，因而出现自然资源被无偿使用所导致的“公地的悲剧”。第二，环境要素作为商品进入流通领域，并可在市场上自由交易、转让，如排污权买卖。第三，自然资源的物权受到一定的限制。例如，企业对环境资源的使用权的行使受到某些限制。第四，自然资源法的物权观强调环境资源的利用，正在形成以利用为中心的新的物权观。由于自然资源的稀缺性以及人们利用资源能力的增强，对资源的利用越来越精细，因而，形成以物的利用为中心的观念，强调对物的充分有效利用，把激励功能转向用益物权人身上，赋予用益物权更强的排他力，设置更加有助于物之利用的用益物权，降低物权变动成本，使资源能够更有效地被利用。

2. 自然资源恢复制度和有偿使用制度

(1) 自然资源恢复制度

自然资源恢复制度，是指环境资源法为保护自然资源而设立的，要求行为人对其所造成的自然资源破坏，必须采取恢复措施的法律制度。自然资源恢复制度与一般的民事责任制度有着明显的区别。一般民事责任制度的目的，在于填补受害人的损失，其主要方式是以金钱给付为内容的民事赔偿。但是，由于自然资源不仅具有经济价值，而且还具有生态价值和社会价值，很多情况下，其生态价值往往大大高于其经济价值。因此，对自然资源的损害不能以简单的金钱赔偿予以弥补，必须采取其他方法或措施。如《水土保持法》第25条规定：“水土流失地区的集体所有的土地承包给个人使用的，应当将治理水土流失的责任列入承包合同。”这是关于自然资源治理措施的规定。

另外，我国有关土地资源、水资源、森林资源等法律中普遍设立了自然资源恢复制度。

（2）自然资源有偿使用制度

自然资源有偿使用制度，是指自然资源使用人或生态受益人在合法利用自然资源过程中，对自然资源所有权人或对生态保护付出代价者支付相应费用的法律制度。这一概念包括两层含义：一是自然资源作为资源性资产，具有经济价值和生态价值，使用权人向其所有权人支付一定的费用，这是所有权人实现其经济利益的方式；二是对生态环境保护作出努力并付出代价者理应得到相应的经济补偿，而生态受益人也不能免费利用改善了的生态环境，应当对其进行补偿。据悉，早在1999年财政部和国家林业局就向国务院递交了《关于报请审批〈森林生态效益补偿基金筹集和使用管理办法〉的请示》，该项办法（送审稿）的说明中指出，应当建立“有偿使用、全民受益、政府统筹、社会投入”的生态补偿机制，这有利于从根本上改变森林生态效益“多数人受益，少数人负担”的状况，逐步确立“谁受益，谁负担”的生态补偿机制。

3. 自然资源禁限制度

自然资源禁限制度，是指环境资源法根据自然资源的特点和保护自然资源的需要，对其进行利用的方式、对象、时间、范围、工具等作出禁止和限制规定的制度。自然资源禁限制度主要有以下两种分类：（1）依自然资源禁限的内容来划分，可以区分为：资源用途的禁限、利用工具的禁限、利用方式的禁限、利用时间的禁限、利用区域的禁限、利用对象的禁限等。（2）依自然资源的种类来划分，可以区分为：地事禁限、水事禁限、矿事禁限、渔事禁限、林事禁限、草原利用禁限等。

思考题

1. 环境保护法的目的有哪些？

2. 我国的环境法律体系由哪些部分构成？它们在整个体系中起到什么样的作用？

3. 环境法基本原则及其特点、意义。

4. 试分析预防原则、协调发展原则、受益者负担原则、公众参与原则以及协同合作原则的概念、内容及其具体的适用。

5. 自然资源保护的基本原则有哪些?

案例分析

A电力公司拟架设一条220KV的输电线路以将周边地区的电能输送到城市内。有两种方案可供选择：第一方案是通过架设铁塔的方式将输电线架空，这种方案成本较低、容易操作，但输电线铁塔的架设不仅会直接影响沿线优美的自然景观，而且输电线产生的电磁辐射还可能会影响沿线科研单位电子仪器的正常使用，以及可能对沿线居住的数万居民的身体健康造成损害。第二方案是采取铺设管道的方法，将该输电线路通过地下埋设的管道予以隐蔽，此方案虽可以完全避免第一方案各种可能危害的发生，但建设成本比第一方案高出3/4。

试分析：(1) 在第一方案所造成危害的可能性尚未有充分证据论证的条件下，环境决策以采用哪一种方案为优?

(2) 如果A电力公司选择第一方案导致数万居民的身体健康发生损害，应由谁承担责任?

要点分析：

(1) 根据风险预防原则，环境决策应选择第二种方案。因为无论从成本—效益分析，还是从环境风险的不确定性分析，第一种方案可能会影响沿线优美的自然景观，而且输电线产生的电磁辐射还可能会影响沿线科研单位电子仪器的正常使用，以及可能对沿线居住的数万居民的身体健康造成损害。损害一旦造成，其成本会更高。

(2) 如果A电力公司选择第一方案导致数万居民的身体健康发生损害，根据《环境保护法》的规定，由A电力公司承担赔偿责任。

推荐阅读书目

1. 吕忠梅主编．超越与保守——可持续发展视野下的环境法创新．北京：法律出版社，2003

2. 蔡守秋主编．环境资源法学．北京：人民法院出版社，中国人民公安大学出版社，2003

3. 汪劲．环境法律的理念与价值追求——环境立法目的论．北京：法律出版

社，2000

4. 汪劲．环境法学．北京：北京大学出版社，2006
5. 金瑞林主编．环境与资源保护法学．北京：北京大学出版社，2006
6. 曹明德，黄锡生主编．环境资源法．北京：中信出版社，2004
7. 钱水苗主编．环境资源法．杭州：浙江大学出版社，2007
8. 蓝楠等主编．环境法律案例．太原：山西教育出版社，2004

第十三章 劳动与社会保障法律制度

• 本章学习目标 •

了解劳动法与社会保障法的基本含义；掌握劳动法与社会保障法的调整范围、构成体系；熟悉劳动合同法和劳动基准法、社会保险法的内容。

□・引导案例・□

深圳市某外商投资企业与员工李某在签订劳动合同的同时，另签订了一份《有关购买社会保险意向书》，约定李某同意企业不为其办理养老、医疗等社会保险。后因李某工作多年后被企业无故辞退而引发劳动争议。李某向深圳市劳动争议仲裁委员会申请仲裁，要求该企业支付解除劳动合同的经济补偿金和补交养老、医疗等社会保险费。劳动争议仲裁委员会裁决支持李某关于支付解除劳动合同的经济补偿金的请求，却驳回了关于补交社会保险费的请求，理由是李某在《有关购买社会保险意向书》中，同意企业不为其办理养老、医疗等社会保险。李某不服仲裁裁决，向人民法院起诉，请求企业为其补交社会保险费。

请问：法院会支持李某的诉讼请求吗？为什么？

第一节　劳动法

一、劳动法概述

（一）劳动法的概念

劳动法一词在我国有广义和狭义两种理解。狭义的劳动法是指由国家最高权力机关颁布的关于调整劳动关系以及与劳动关系有密切联系的其他关系的、全国性的、综合性的法律，即1994年7月5日由第八届全国人民代表大会常务委员会第八次会议通过，于1995年1月1日起实施的《中华人民共和国劳动法》(以下简称《劳动法》)。广义的劳动法是指调整劳动关系以及与劳动关系有密切联系的其他关系的法律规范的总称。其中，除了包括狭义的劳动法以外，还包括各种规范性文件中有关调整劳动关系以及与劳动关系有密切联系的其他关系的法律规范。这些规范性文件包括：国家宪法中有关劳动内容的规定；全国人大及其常委会通过的劳动法律和其他有关劳动问题的法律，如2007年通过的《劳动合同法》、《就业促进法》、《劳动争议调解仲裁法》等法律；国务院制定和批准发布的劳动行政法规；国务院各部委制定颁布的有关劳动规章以及地方性劳动法规等。国际劳工组织制定并经我国批准的国际劳动公约也是我国劳动法的组成部分。

劳动法学中所称的劳动法，一般是指广义上的劳动法。

(二) 劳动法的调整对象

劳动法的调整对象是指劳动法的作用范围。我国劳动法的调整对象是劳动关系以及与劳动关系密切联系的其他关系。在这两类社会关系中，劳动关系是劳动法调整的主要对象。

1. *劳动关系*

劳动关系是人们在劳动过程中彼此形成的一种社会关系。在劳动过程中，人们不仅与自然界发生关系，而且人们彼此之间也必然发生一定的社会关系，劳动只有在一定的社会关系中才能进行，人们在劳动过程中的这种相互联系使劳动具有社会性质。劳动关系相当复杂，它包括劳动者在劳动过程中相互之间的劳动关系、劳动者与用人单位之间的关系。劳动法不调整劳动者在劳动过程中相互之间的劳动关系，只调整劳动者与用人单位的关系。

我国劳动法调整的劳动关系具有以下特征：第一，劳动关系双方当事人，一方为劳动者，另一方为提供生产资料的用人单位。劳动法调整的劳动关系必定是劳动力所有者（劳动者）与劳动力使用者（用人单位）之间，在劳动过程发生的一方提供劳动力，另一方提供劳动报酬的社会关系。第二，劳动关系的一方劳动者要成为另一方用人单位的成员，接受用人单位的管理和指挥，遵守用人单位的各项规章制度。第三，劳动关系是人身关系属性和财产关系属性相结合的社会关系。第四，劳动关系是兼有平等性质和隶属性质的社会关系。

劳动法调整劳动关系的范围包括：在中华人民共和国境内的企业、个体经济组织、民办非企业单位等组织与劳动者建立的劳动关系，国家机关、事业单位、社会团体中，除公务员和参照公务员法管理的工作人员以外的劳动关系。

2. 与劳动关系密切联系的其他社会关系

与劳动关系密切联系的其他社会关系本身并不是劳动关系，但是与劳动关系有着密切联系，有的是发生劳动关系的前提，有的是劳动关系的直接后果，有的是附着劳动关系而附带产生的关系。

(1) 劳动行政关系

劳动行政关系，即劳动行政主管部门为履行行政职能而与劳动者、用人单位以及其他劳动关系相关人发生的社会关系。如劳动行政主管部门因管理和执行劳动法监督检查等职能，而与用人单位或劳动者发生的关系。

(2) 社会保险关系

社会保险关系，即社会保险机构与用人单位或劳动者因执行社会保险所发生的关系。目前社会保险制度正逐步从“职业保险”向“全民保险”的方向发展，因此，社会保险关系与劳动关系的联系逐渐减弱。

(3) 劳动服务关系

劳动服务关系，即劳动服务主体与用人单位和劳动者之间由于为劳动关系运行提供社会服务而发生的社会关系。如劳动力市场服务机构为劳动者提供职业介绍、职业培训以及为用人单位提供招聘或劳动人事代理等服务发生的关系。

(4) 劳动团体关系

劳动团体关系，即劳动者团体（工会）与用人单位团体之间，劳动者团体（工会）与其成员之间或用人单位之间，用人单位团体与其成员之间，由于协调劳动关系和维护劳动关系而发生的社会关系。

(5) 劳动争议处理关系

劳动争议处理关系，即劳动争议处理机构与劳动争议参加人之间因调解、仲裁劳动争议而发生的社会关系。

(三) 劳动法的基本原则

劳动法的基本原则是制定劳动法律制度的指导思想，它贯穿、体现在劳动制度和法律规范之中。我们在理解和执行劳动法律制度和法律规范时，都要以劳动法的基本原则作为指导，在没有具体的劳动制度和法律规范可资依据或遇到法律漏洞和法律矛盾时，可直接以劳动法的基本原则作为执行的依据。劳动法究竟应确立几项基本原则，在劳动法学界存在不同的观点。我们认为，我国劳动法的基本原则有以下两项：

1. 保护劳动者合法权益原则

我国宪法对公民作为劳动者所应享有的基本权利作了许多原则性规定，内容相当广泛，它是制定《劳动法》的基础和依据。《劳动法》作为调整劳动关系的重要法律充分体现宪法原则，并使之具体化，突出对劳动者各项基本权益的保护。劳动者的这些权利在我国《劳动法》中具体表现为：劳动权、劳动报酬权、休息权、劳动保护权、职业培训权、社会保险权和福利权、提请劳动争议处理权以及法律规定的其他权利。劳动者的合法权益应受到平等保护和倾斜保护。

所谓平等保护，即所有劳动者的合法权益都平等地受到劳动法的保护。平等权是我国公民的基本权利，意即公民在法律面前人人平等，任何公民都平等地享有宪法和法律规定的各项权利，也都平等地履行宪法和法律规定的各项任务。[①]平等权要求“法律必须同等对待同等的人”[②]，“相同的人或相同的情形必须得到相同的或至少是相似的待遇，只要这些人和这些情形按照普遍的正义标准在事实上是相同的或相似的”[③]，不因性别、职业、家庭出身、受教育程度状况和居住期限等差别而受到区别对待。因此，劳动者不因民族、种族、性别、职业、职务、宗教信仰不同而受到歧视。该要求在就业促进法领域体现为平等就业；在劳动基准法领域体现为待遇均等；在劳动保护领域体现为劳动条件平等。

所谓倾斜保护，即劳动关系双方当事人都要保护，但总体上向保护劳动者倾斜。倾斜保护并不与平等保护相冲突，反而能通过劳动法的矫正功能实现劳资双方实质上的相对平等。其理由是：在劳动关系双方当事人之间，用人单位拥有较强的经济实力，在市场活动中处于有利地位；而劳动者以分散的个体出现，在市场活动中处于相对弱者的地位。并且，劳动力的形成具有长期性而储存具有短期性，劳动者为避免劳动力的闲置浪费急于将劳动力转让为用人单位使用，由此决定了劳动者在劳动力交易中相对用人单位处于劣势地位，在劳动力供过于求的情况下更是如此。在具有人身性和隶属性的劳动关系中，用人单位所支配和使用的劳动力，是劳动者生命力的主要内容，承载着劳动者的生存权，劳动力的消耗过

---

① 参见肖泽晟：《宪法学——关于人权保障与权力控制的学说》，215页，北京，科学出版社，2003。

② ［美］波斯纳：《正义—司法的经济学》，苏力译，75页，北京，中国政法大学出版社，2002。

③ ［美］E. 博登海默：《法理学—法律哲学与法律方法》，邓正来译，修订版，309页，北京，中国政法大学出版社，2004。

程实质上就是劳动者生命的实现过程，在此过程中对劳动力的任何损害都直接危及劳动者的生存。因此，在法律上需要强调对劳动者的倾斜保护。[①] 倾斜保护作为劳动法制度的构建基础，彰显了劳动法的价值取向，为人们理解和适用劳动法律规范提供了价值指引。[②]

2. 劳动力资源合理配置原则

在经济社会发展过程中，劳动力资源是关键的决定性因素。因此，劳动力资源合理配置是至关重要的。对于劳动力资源，不仅要在宏观上根据产业结构使社会劳动力在全社会范围内各个用人单位之间进行合理配置，而且在微观上应根据用人单位的劳动力需求在内部对劳动者的劳动岗位、劳动时间、劳动任务进行合理配置。在市场经济中，劳动力资源通过劳动力市场供求双方的选择，在价值规律和竞争机制的作用下能够得到高效率配置，但不能自发地实现公平和保护弱者，这需要国家运用法律、政策进行引导和调节，以保障社会公平和保护弱者。因此，劳动法其实也是劳动力资源配置法，以实现劳动力资源的高效率配置和公平配置为价值目标。要实现这一目标必须确立以市场配置机制为主、以行政配置机制为辅的劳动力资源配置机制。即建立劳动力市场价格体系，实现劳动力自由流动，形成公开、公平、公正的竞争就业机制。国家和各级政府应促进和保障劳动者就业，加强劳动力市场机构和服务体系建设，建立促进劳动力市场机制健康运行的宏观环境。

（四）劳动法的体系

劳动法的体系是指将现行的劳动法律规范按照一定标准分类组合而形成有机联系的统一整体。劳动法的体系可以分为外部结构体系和内部结构体系。

1. 劳动法的外部结构体系

劳动法的外部结构体系是指按照劳动法律规范文件由何种国家机关制定和有何不同的法律效力加以分类而形成的体系，也称劳动法渊源。

（1）宪法

我国宪法为劳动法确立各项基本原则和制定各项法律制度提供了依据。现行宪法有关劳动法的条文达 26 条，可以说是在宪法中就有关部门法规定最多的法律部门之一。这些规定，既是劳动立法的最高法律依据，又是劳动法律规范的一

① 参见王全兴：《劳动法》，3 版，45 页，北京，法律出版社，2008。

② 参见林嘉主编：《劳动法和社会保障法》，29 页，北京，中国人民大学出版社，2009。

种表现形式。

（2）法律

法律是指全国人大及其常务委员会制定的规范性文件。我国目前的劳动法律有《劳动法》、《工会法》、《安全生产法》、《职业病防治法》、《矿山安全法》、《促进就业法》、《劳动合同法》等法律。在其他法律中有关劳动的法律规范也是劳动法的渊源，如《刑法》、《公司法》、《残疾人保障法》以及《妇女权益保障法》中有关劳动的法律规范。

（3）劳动行政法规

国务院制定和发布的有关劳动行政管理活动的规范性文件。如《女职工劳动保护规定》、国务院《关于职工工作时间的规定》、《劳动保障监察条例》等。

（4）劳动规章

国务院所属各部委根据法律和法规在本部门的权限内制定的劳动规范性文件。其中，劳动行政部门单独制定或会同有关部门制定的专项劳动规章是劳动法的各种形式中数量最多的一种。如原劳动和社会保障部（现为人力资源和社会保障部）颁布了《就业服务与就业管理规定》、《集体合同规定》等规章。

（5）地方性劳动法规和经济特区法规

地方性劳动法规是省、自治区、直辖市人大及其常务委员会制定的关于劳动方面的规范性文件。经济特区法规是经全国人大常委会特别授予立法权的经济特区人大及其常委会在授权范围内制定的关于劳动方面的规范性文件。

（6）地方性劳动规章

即省、自治区、直辖市以及省、自治区人民政府所在地的市和经国务院批准的较大的市和计划单列市的人民政府制定的有关劳动方面的规范性文件。

（7）工会制定的劳动规范性文件

工会是重要的社团组织，工会组织制定的某些条例和办法虽然不是国家机关直接制定发布的法规，但经国家认可后也可以起法规的作用。如中华全国总工会制定的《工会参与劳动争议处理试行办法》、《中国工会章程》等，也是劳动法的一种形式。

（8）国际劳工公约

国际劳工公约是国际劳工组织会员国之间缔结的有关劳工问题的协议。其中经会员国批准的公约即在该国具有法律效力。我国作为国际劳工组织的成员国，先后批准了二十多项公约，这些批准的国际公约主要是通过国内立法转化的方式实现其国内法效力。

2. 劳动法的内部结构体系

劳动法的内部结构体系是指按照劳动法律规范调整的内容不同加以分类而形成的体系。

(1) 劳动就业法

它主要是以调整和规范劳动关系的建立为内容的法律规范总和。包括：就业促进法、职业培训制度、就业服务制度、就业管理制度。

(2) 劳动关系协调法

它是以协调劳动关系为基本内容的法律规范总和。包括：劳动合同法、集体合同法、用人单位内部劳动规则、职工民主管理制度。

(3) 劳动基准法

它是以规定劳动标准为内容的法律规范总和。包括：工作时间和休息休假制度、工资制度、劳动安全卫生保护制度。

(4) 劳动保障法

它是以规范劳动关系当事人的权益实现和救济为内容的法律规范总和。包括：劳动监督检查制度、劳动争议处理法、社会保障中与劳动者密切相关的社会保险制度。

二、劳动合同法

(一) 劳动合同的概念

劳动合同也称劳动契约，是指劳动者与用人单位之间为确立劳动关系，依法协商达成的双方权利、义务的协议。

劳动合同具有以下特征：

1. 劳动合同主体具有特定性和从属性

主体一方必须是特定的劳动者，另一方必须是特定的用人单位。特定的劳动者是指具有劳动权利能力和劳动行为能力的自然人；特定的用人单位，即使用劳动力的企业、个体经济组织、民办非企业单位、国家机关、事业单位、社会团体等。两个单位之间签订的有关劳务输入的协议不是劳动合同。

在劳动合同订立阶段，劳动者和用工单位之间法律地位平等，可以自由协商；但在劳动合同履行阶段，劳动者就有义务服从用人单位的指挥和命令，双方在履行合同的过程中具有从属关系。即当事人在法律上的地位是平等的，但存在着职业的从属关系。当然，用人单位只能依法行使管理权，不得侵犯劳动者的合法权益。

2. 劳动合同内容具有法定性

劳动合同的内容包括工作内容、劳动保护、劳动报酬、劳动纪律、违约责任等条款，在这些内容中体现的不仅是当事人双方的合意，更多的是其法定性。这种法定性表现在劳动合同的内容只能在法律标准限度内确定，双方当事人都不能突破法定标准所许可的限度，如工作时间不得违反国家关于工作时间的规定，劳动报酬不得低于当地最低工资标准，劳动保护不得低于国家规定的劳动保护标准等。

3. 劳动合同的目的在于劳动过程的实现，而不是劳动成果的给付

劳动合同的目的在于确立劳动关系，使劳动过程得以实现。劳动者从事劳动只对劳动过程负责，而不对劳动过程之外的劳动结果负责。因此，劳动者只要完成了劳动过程就应当取得劳动合同约定的劳动报酬，而不论其生产出来的产品是否能在市场上变为货币。

4. 劳动合同的标的是劳动者的劳动行为

以劳动行为作为劳动合同的标的，要求劳动者向用人单位提供劳动的行为具有持续性而非一次性，即劳动者持续不断地日复一日、周复一周、月复一月地提供劳动才能达到合同目的。

5. 劳动合同具有诺成、有偿、双务合同的特性

（1）诺成合同。订立劳动合同只要双方当事人的意思表示一致，合同就算成立，而不需要在劳动者提供劳务以后或者用人单位支付报酬以后合同才算成立，所以它不是实践性合同。

（2）双务合同。一方当事人劳动者有提供劳务的义务，另一方用人单位有支付报酬的义务，双方都承担义务，相应地也都享有权利，所以劳动合同不是单务合同。

（3）有偿合同。一方当事人履行义务以对方履行义务为条件，所以劳动合同是有偿合同。

（二）劳动合同的分类

劳动合同按照期限可分为：有固定期限的劳动合同，无固定期限的劳动合同，以完成一定工作为期限的劳动合同。

1. 有固定期限的劳动合同

亦称“定期劳动合同”，是指当事人双方确定了具体、明确的合同起始日期

和终止日期的劳动合同。有固定期限的劳动合同的具体期限可由用人单位和劳动者根据工作需要和各自的实际情况协商一致确定。定期劳动合同适用范围广、应变能力强，既能保持劳动关系相对稳定，又能促使劳动力合理流动。

2. 无固定期限的劳动合同

亦称“不定期劳动合同”，是指当事人双方不约定终止日期的劳动合同。订立无固定期限的劳动合同，除法律、法规有规定外，双方当事人应当约定变更、解除、终止合同的条件。只要未出现可以解除、终止劳动合同的条件，劳动者就可以长期在一个单位工作。这种合同适用于工作保密性强、技术复杂、生产需要长期保持人员稳定的工作岗位。无固定期限的劳动合同，对于稳定职工队伍，减少因频繁更换关键岗位工作人员而造成的损失、促使职工钻研业务技术、提高职工队伍水平、促进经济发展都具有重要意义。因此，有下列情形之一的，劳动者提出或者同意续订、订立劳动合同的，除劳动者提出订立固定期限劳动合同外，应当订立无固定期限劳动合同：劳动者在该用人单位连续工作满 10 年的；用人单位初次实行劳动合同制度或者国有企业改制重新订立劳动合同时劳动者在该用人单位连续工作满 10 年且距法定退休年龄不足 10 年的；连续订立两次固定期限劳动合同，且劳动者没有患病或非因工负伤、不能胜任工作等情形，续订劳动合同的。用人单位自用工之日起满 1 年不与劳动者订立书面劳动合同的，视为用人单位与劳动者已订立无固定期限劳动合同。

3. 以完成一定工作为期限的劳动合同

它是指双方当事人以完后某项工作或工程作为合同终止日期的劳动合同。这种劳动合同实际上是属于特殊的定期劳动合同，只不过表现形式不同。定期劳动合同具体规定合同有效的起止日期，以时间的长短作界定；而以完成一定工作为期限的劳动合同则是以某项工作或工程开始与结束作界定，其特点是既不是没有期限也不是有确定的具体时间期限，而是以合同中规定的工作任务的完成作为合同期满的时间。

(三) 劳动合同与相关概念的区别

1. 劳动合同与劳务合同的区别

在民法和经济法的合同分类中，劳务合同是一种以劳务为标的的合同类型，包括承揽合同、基本建设承包合同、运输合同、保管合同、技术服务合同、委托合同、信托合同、居间合同等。由于劳务活动也属于劳动，接受劳务方应向提供劳务方支付报酬，因而劳务合同与劳动合同相似。但二者有许多区别，主要是：

（1）合同的主体不同。劳动合同当事人一方必须是单位，另一方是劳动者；劳务合同当事人双方可以同时或分别是单位或公民。

（2）合同双方当事人关系不同。劳动合同中作为当事人一方的劳动者必须加入另一方，成为用人单位的一员，双方具有领导与被领导的关系，反映的是一种持续性的生产要素结合关系；劳务合同中主体一方劳务提供者无须加入另一方成为其成员，双方无领导与被领导的关系，主体之间法律地位是相对独立的。因此，劳务合同反映的是一次性的商品交换关系。

（3）劳动支配权和劳动风险责任承担不同。用人单位享有劳动支配权，劳动者在用人单位的组织指挥下从事劳动，由用人单位承担劳动过程的风险。劳务合同主体一方劳务提供者自行安排劳动，自己承担劳动风险。

（4）报酬性质和支付方式不同。劳动合同中的劳动报酬是生活消费品的一种分配形式，遵循按劳分配原则，由用人单位向劳动者进行持续的、定期的支持。劳务合同中的劳务报酬依据劳务市场价格，即成本（费用）加合法利润，其支付方式为一次性支付或分期支付。

（5）法律关系性质及合同所属法律部门不同。劳动合同主体双方形成劳动法律关系，劳动合同属劳动法范畴，劳动合同关系由劳动法调整；劳务合同主体双方形成民事法律关系，劳务合同属民法范畴，劳务合同关系由民法调整。

2. 劳动合同与就业协议的区别

（1）就业协议由应届毕业生与用人单位、学校三方之间订立（学校作为鉴证方），它是确认就业意向和劳动需求的凭证，签订于学生毕业之前；劳动合同是劳动者与用人单位订立的明确双方权利义务的协议，签订于学生毕业之后。

（2）就业协议依据的是原国家教委 1997 年颁布的《普通高等学校毕业生就业工作暂行规定》，属于部门规章；劳动合同依据的是《劳动法》、《劳动合同法》，属于国家基本法律。部门规章的法律效力低于国家劳动基本法律。

（3）就业协议的内容主要涉及毕业生、用人单位、学校三方在学生就业过程中的权利义务，如同意接收、负责派遣等，可以在备注中就服务期、违约金等涉及劳动关系存续期间的权利义务进行约定，这些内容需要在日后订立的劳动合同中予以认可；劳动合同主要涉及劳动报酬、劳动保护、工作内容、劳动纪律、社会保险、违约责任等方面的规定。

（4）就业协议的效力始于签订之日，终止于学生到工作岗位报到之时；就业协议的作用仅限于对学生就业过程的约定，一旦毕业生到用人单位报到，就业协议的使命就完成了。就业协议不能代替劳动合同，不是确定劳动关系的凭证。

（四）劳动合同的效力

1. 劳动合同的成立和生效

劳动合同的成立与生效是既有联系又有区别的两个法律概念。当事人双方就劳动合同内容协商一致，劳动合同即告成立。但是劳动合同的成立并不意味着劳动合同一定生效。所谓劳动合同的生效，是指劳动合同具有法律效力。劳动合同依法订立即具有法律约束力，当事人必须履行劳动合同规定的义务，主要是针对劳动合同与开始用工同时生效的情形。但实际生活中常有这样两种情形：

（1）先订立书面劳动合同后用工，劳动合同附条件或附期限。在此种情形下，劳动合同只是成立而未实际生效，须等到所附条件成就或所附期限届至才生效。具体而言，用人单位与劳动者在用工前订立劳动合同的，劳动关系自用工之日起建立。因此，劳动合同成立并不一定产生劳动关系，劳动关系的形成以劳动者提供劳动为标志，而不是以用人单位与劳动者签订劳动合同为标志。

（2）先用工后订立书面劳动合同，劳动关系一旦建立，就应当产生劳动合同，书面劳动合同生效是明确已建立的劳动关系中劳动者和用人单位双方的权利义务和存续期限。鉴于实践中我国劳动合同签订率一直较低，为强化保护劳动者权益，劳动合同法明确规定了劳动合同的书面要求、用人单位及时与劳动者订立书面劳动合同的义务，以及未与劳动者签订书面合同应负的法律责任。即劳动关系一经建立，应该签订书面劳动合同；已建立劳动关系，未同时订立书面劳动合同的，应当自用工之日起1个月内订立书面劳动合同；用人单位自用工之日起超过1个月但不满1年未与劳动者订立书面劳动合同的，应当向劳动者每月支付2倍的工资；用人单位自用工之日起满1年不与劳动者订立书面劳动合同的，视为用人单位与劳动者已订立无固定期限劳动合同。

2. 劳动合同的无效

劳动合同的无效是指劳动合同由于缺乏有效要件而全部或部分不具有法律效力。

下列劳动合同无效或部分无效：以欺诈、胁迫手段或者乘人之危，使对方在违背真实意思的情形下订立或者变更劳动合同的；用人单位免除自己的法定责任、排除劳动者权利的；违反法律、行政法规强制性规定的。

劳动合同无效可以由当事人自行认定并作为当即解除劳动合同的原因。但另一方对劳动合同的无效或部分无效有争议的，应由劳动争议仲裁机构或法院确认。

劳动合同经法定机关依法确认为无效，其法律后果一般是，自订立时起就没有法律约束力。对此应理解为，自订立时起无效劳动合同就不能作为确定当事人权利和义务的依据，而不应理解为像无效民事合同那样自订立起就不对当事人产生权利和义务。劳动合同被确认无效，劳动者已付出劳动的，用人单位应当向劳动者支付劳动报酬。劳动报酬的数额，参照本单位相同或者相近岗位劳动者的劳动报酬确定。用人单位对劳动合同无效有过错，如果给劳动者造成损害，应当承担赔偿责任。用人单位因使用童工导致劳动合同无效，还产生对童工安置、治疗和赔偿的责任，以及承担行政处罚甚至刑事处罚的责任。

（五）劳动合同的内容

我国劳动合同的内容可以分为必备条款和约定条款。

1. 必备条款

指劳动法对劳动合同内容的一般要求，即劳动合同一般应当具备的条款。如用人单位的名称、住所和法定代表人或者主要负责人；劳动者的姓名、住址和居民身份证或者其他有效身份证件的号码；劳动合同期限；劳动报酬等等。

没有必备条款，提供劳动合同文本的用人单位如果给劳动者造成损害的，应当承担赔偿责任。

2. 约定条款

指法律对于劳动合同内容的提示性规定，当事人可以选择适用。

（1）试用期条款

试用期是指包括在劳动合同期限内的，劳动关系还处于非正式状态，用人单位对劳动者是否合格进行考核，劳动者对用人单位是否适合自己的要求进行了解的期限。劳动合同法对于试用期进行了设置试用期期限、限定试用次数、试用期工资的确定原则、试用期解除条件和程序、违反约定试用期的责任等方面的规定。

（2）保密条款和禁止同业竞争条款

保密条款是指约定劳动者对用人单位的商业秘密及与知识产权相关的保密事项负保密义务的合同条款，它包括对保密的内容、范围、期限、措施的约定。禁止同业竞争条款是指约定禁止劳动者参与或者从事与用人单位相竞争的行业，以保守用人单位商业秘密的合同条款。它包括对禁止同业竞争的期限、范围和补偿等的约定。

开发和维持商业秘密是企业具有竞争力的前提之一，劳动者基于劳动关系的特点，容易获悉商业秘密，用人单位往往在劳动合同中约定保密条款，并通过约定违约金来担保协议的实现。为防止劳动者离职后，利用自身技能为与原单位有竞争关系的用人单位服务，或自己经营与原单位有竞争关系的业务，用人单位与劳动者签订离职后竞业限制协议，但这种约定又侵害了劳动者的工作权。因此，既要保护用人单位的商业秘密，又要保护劳动者的工作权，防止用人单位滥用权利。《劳动合同法》规定了有关保密条款和竞业限制条款，如竞业限制的人员限于用人单位的高级管理人员、高级技术人员和其他负有保密义务的人员；劳动者违反竞业限制约定的，应当按照约定向用人单位支付违约金，等等。

（3）第二职业条款

即关于劳动者是否从事第二职业以及如何从事第二职业的合同条款。

劳动合同法没有禁止兼职，但是规定了用人单位对兼职劳动者因兼职而影响到本职工作的完成时有解除劳动合同的权利，还规定了用人单位招用与其他用人单位尚未解除或者终止劳动合同的劳动者，给其他用人单位造成损失时应当承担连带赔偿责任，以限制其滥用权利。

（4）违约金和赔偿金条款

违约金和赔偿金条款是指约定不履行劳动合同而应支付违约金或赔偿金的合同条款。它包括对违约金或赔偿金的支付条件、项目、范围、数额等内容的约定。并非所有的劳动者都适用违约金，用人单位可以约定由劳动者承担违约金的情形只限于以下两种：

1）劳动者违反服务期约定的。

首先，用人单位为劳动者提供专项培训费用，对其进行专业技术培训的，可以与该劳动者订立协议，约定服务期。用人单位可以与劳动者约定服务期的培训，主要是两种：一是提供专项培训费用，二是对劳动者进行专业技术培训。若用人单位对劳动者只是进行了一般性的培训，是不能与劳动者约定服务期的。

其次，用人单位与劳动者约定违反服务期的违约金数额“不得超过用人单位提供的培训费用”。违约时，劳动者所支付的违约金“不得超过服务期尚未履行部分所应分摊的培训费用”。

2）劳动者违反竞业限制的。

劳动者违反竞业限制约定的，应当按照约定向用人单位支付违约金。

(六) 劳动合同的履行和变更

1. 劳动合同的履行

劳动合同的履行是指劳动合同双方当事人按照合同的约定全面履行各自的义务。履行劳动合同应符合以下要求：

(1) 实际履行，即用人单位和劳动者必须按照劳动合同约定的时间、期限、地点、方式，按质、按量全部履行自己承担的义务。

(2) 亲自履行，即用人单位和劳动者都必须以自己的行为履行劳动合同约定的义务，不得由他人代理。

(3) 协作履行，即用人单位和劳动者不仅应当严格按合同的约定履行义务，而且双方在履行劳动合同过程中应当互相给予对方必要的协助。

2. 劳动合同的变更

劳动合同的变更是指劳动合同依法订立后，在劳动合同尚未履行或者尚未履行完毕之前，经用人单位和劳动者双方当事人的协商同意，对劳动合同内容作部分修改、补充或者删减的法律行为。

用人单位与劳动者协商一致可以变更劳动合同约定的内容，变更劳动合同应当采用书面形式，经双方签字或盖章生效。

(七) 劳动合同的解除和终止

劳动合同的解除是指当事人双方提前终止劳动合同的法律效力，解除双方的权利义务关系。它是在劳动合同订立后、尚未全部履行以前，由于某种原因导致劳动合同一方或双方当事人提前消灭劳动关系的法律行为。

1. 双方协议解除劳动合同，是指双方当事人通过协商同意将合同解除的行为。

2. 用人单位单方解除劳动合同，包括以下三种情形：

(1) 过失性解雇（即时辞退），即在劳动者有过错情况下，用人单位无须向对方预告就可随时通知解除劳动合同。

(2) 非过失性解雇（预告辞退），即在劳动者无过错的情况下，由于主、客观情况变化而导致劳动合同无法履行，用人单位须提前 30 日以书面形式通知劳动者本人才可解除劳动合同。

(3) 经济性裁员，即用人单位一次辞退部分劳动者，以此作为改善生产经营状况的一种手段。它是预告辞退和无过错辞退的一种特殊形式。

3. 劳动者单方解除劳动合同，包括以下两种情形：

（1）预告辞职（提前通知），即劳动者无须征得用人单位的同意，只需提前通知对方即可解除劳动合同。提前通知的目的是保障用人单位可以提早补充其所需的劳动力，以保证生产、工作的正常进行。

（2）即时辞职（随时通知），即劳动者无须向用人单位预告就可随时辞职。即时辞职只限于在用人单位有过错的情况下，劳动者才可适用。

4. 劳动合同的终止。劳动合同的终止，指劳动合同因一定法律事实而结束其法律约束力。广义的劳动合同终止，包括劳动合同因解除而提前结束法律约束力；狭义的劳动合同终止，不包括劳动合同解除。

劳动合同终止的原因主要有：劳动合同期限届满；劳动者开始依法享受基本养老保险待遇的；劳动者死亡，或者被人民法院宣告死亡或者宣告失踪的；用人单位被依法宣告破产的；用人单位被吊销营业执照、责令关闭、撤销或者用人单位决定提前解散的，等等。

5. 解除或者终止劳动合同的经济补偿。解除或者终止劳动合同的经济补偿，指因解除、终止劳动合同而由用人单位给予劳动者一次性的经济补偿金。

经济补偿金不适用于过失性解雇。经济补偿金不同于失业救济金，用人单位不能因劳动者领取失业救济金而拒付或克扣经济补偿金，失业保险机构也不得因劳动者领取经济补偿金而停发或减发失业救济金。

6. 解除或者终止劳动合同后的附随义务。附随义务是指在法律无明文规定、当事人之间亦无明确约定的情况下，为了确保合同目的的实现并维护对方当事人的利益，遵循诚信原则，依据合同的性质、目的和交易习惯所承担的作为或不作为的义务。

（1）用人单位的附随义务

用人单位应当自解除或者终止劳动合同之日起 15 日内，为劳动者办理档案和社会保险转移手续，并出具解除或者终止劳动合同的证明。

（2）劳动者的附随义务

劳动者应当根据诚信原则将工作中涉及用人单位利益的事项与用人单位进行交接，不得恶意拖延，侵害用人单位的商业秘密。

（八）非典型劳动合同

1. 劳务派遣的概念

劳务派遣指派遣单位（用人单位）与劳动者签订劳动合同后，由派遣单位与要派单位（用工单位）通过签订劳务派遣协议，将劳动者派遣到第三方（用工单位）参加职工劳动，用工单位对劳动者行使职业劳动的指挥权与管理权。

劳务派遣具有以下特征：

（1）劳动者的雇佣和使用相分离。在劳务派遣关系中，派遣机构作为派遣劳工的雇主，是劳动合同的相对人，与劳动者建立劳动关系；实际使用劳动者的却是用工单位，劳动者服从实际用工单位的指挥监督，进行劳动。而在一般劳动关系中，用人单位直接雇佣和使用劳动者，并向劳动者支付报酬。

（2）劳务派遣中有三个主体。在劳务派遣中由于雇佣与使用劳动者的主体分离，因此存在三个主体：劳务派遣单位、劳动者、实际用工单位。而在一般劳动关系中，只有两个主体。

（3）劳务派遣中存在一组合同。其中一个是劳务派遣单位与被派遣劳动者之间的劳动合同，另一个是劳务派遣单位与用工单位之间的劳务派遣协议。

2. 劳务派遣的类型

（1）按照受派劳动者与派遣单位的关系，可分为雇佣型派遣和登录型派遣。雇佣型派遣是指受派劳动者在一般情况下为派遣单位劳动，在临时需要时，被派遣到要派单位工作。雇佣型派遣的受派劳动者一般是高端或技术型劳动者。雇佣型派遣中，受派劳动者与要派企业的关系具有临时性，而与派遣机构的劳动关系往往不具有临时性。登录型派遣是指受派劳动者只是和派遣单位签订劳动合同，很少或者不为派遣单位工作，主要是为要派单位提供劳动。登录型派遣的受派劳动者一般是技术素质不高的劳动者。登录型派遣中，受派劳动者与两个层次雇主的劳动关系都具有临时性，即与派遣机构和要派企业的劳动关系同时终止。

（2）按照受派劳动者在要派单位的劳动时间，可分为全日制工派遣和非全日制工派遣。

（3）按照受派劳动所在地是否在国内，劳务派遣可分为国内派遣和国外派遣。

劳务派遣一般在临时性、辅导性或者替代性的工作岗位上实施。

3. 劳务派遣三方的权利义务

（1）劳务派遣单位的义务

劳务派遣单位应与劳动者订立劳动合同，合同除具备劳动合同必须具备的条款外，还应当载明被派遣劳动者的用工单位、期限、工作岗位等情况；劳务派遣单位与劳动者订立的定期劳动合同的期限应不少于2年，按月支付劳动报酬，在劳动者无工作期间，派遣单位应当按所在地政府规定的最低工资标准按月支付报酬，不得克扣用工单位依据派遣协议支付给劳动者的劳动报酬。派遣单位应与要派单位订立劳务派遣协议，协议应当约定派遣岗位、人员数量、派遣期限、劳动报酬、社会保险的数额与支付方式以及违反协议的责任；派遣单位应当将劳务派遣协议的内容告知被派遣劳动者。

(2) 用工单位（要派单位）的义务

用工单位不得将连续用工期限分割，订立数个短期劳务派遣协议；不得将被派遣劳动者再派遣到其他用人单位；应执行国家劳动标准，提供相应的劳动条件和劳动保护；告知劳动者工作要求和劳动报酬；支付加班费、绩效奖金，提供与工作岗位相关的福利；对在岗被派遣劳动者进行工作岗位所必需的培训；连续用工的，实行正常的工资调整机制。

(3) 劳动者的权利

被派遣劳动者享有与用工单位的劳动者同工同酬的权利，用工单位无同类岗位的，参照用工单位所在地相同或相近岗位劳动者的劳动报酬确定；享有在劳务派遣单位或用工单位参加或组织工会的权利；有权依法解除劳动合同。

(九) 非全日制用工

非全日制用工指以小时计酬为主，劳动者在同一用人单位一般平均每日工作时间不超过 4 小时，每周工作时间累计不超过 24 小时的用工形式。非全日制用工可以建立多重劳动关系，可以弥补全日制用工的不足，满足社会和劳动力市场灵活用工的需要。

劳动合同法对非全日制用工的相关规定有：非全日制劳动者与用人单位确立劳动关系可以采用口头协议；任何一方可随时通知对方终止用工关系，且不支付经济补偿金；不得约定试用期；非全日制用工以小时计酬为主，不得低于用人单位所在地政府规定的最低小时工资标准，劳动报酬结算周期最长不超过 15 日。

三、集体合同法

(一) 集体合同的概念

集体合同，又称团体协约、劳动协约、集体协议，是集体协商双方代表根据法律、法规的规定就劳动报酬、工作时间、休息休假、劳动安全卫生、保险福利等事项在平等协商一致的基础上签订书面协议。

集体合同与劳动合同有以下的区别：

(1) 主体不同。劳动合同当事人为单个劳动者和用人单位；集体合同当事人为劳动者团体（即工会）和用人单位或其团体，故又称团体协议。

(2) 目的不同。订立劳动合同的主要目的是确立劳动关系；订立集体合同的主要目的是为确立劳动关系设定具体标准，即在其效力范围内规范劳动关系。

(3) 原则不同。订立集体合同必须遵循合法、平等、合作的原则；订立劳动合同应遵循合法、公平、平等自愿、协商一致、诚实信用的原则。

(4) 内容不同。劳动合同以单个劳动者的权利和义务为内容，一般包括劳动关系的各个方面；集体合同以集体劳动关系中全体劳动者的权利和义务为内容，可能涉及劳动关系的各个方面，也可能只涉及劳动关系的某个方面（如工资合同等）。

(5) 效力不同。劳动合同对单个的用人单位和劳动者有法律效力；集体合同对签订合同的单个用人单位或用人单位团体所代表的全体用人单位，以及工会所代表的全体劳动者都有法律效力，并且集体合同的效力高于劳动合同的效力。

(二) 集体合同的意义

集体合同制度之所以盛行于各国，并且在劳动法体系中处于与劳动合同制度并重甚至比劳动合同制度更为重要的地位，是因为在保护劳动者利益和协调劳动关系方面，集体合同具有劳动法规和劳动合同所无法取代的功能。

1. 集体合同可以弥补劳动立法的不足

(1) 劳动法所规定的关于劳动者利益的标准属于最低标准。按此标准对劳动者进行保护只是法律所要求的最低水平，而立法意图并不是希望对劳动者利益的保护只停留在最低水平上，但对劳动者能否获得高于法定最低标准的利益，劳动立法却力不能及。通过集体合同，可以对劳动者利益作出高于法定最低标准的约定，从而使劳动者利益保护的水平能够实际高于法定最低标准。

(2) 劳动法规关于劳动者利益和劳动关系协调规则的规定，有许多是粗线条、原则性的规定，并且相对于现实生活中丰富复杂的劳动关系而言，难免有所疏漏。通过集体合同，可以在一定范围内就劳动者利益和劳动关系协调的共性问题作出约定，从而更具体地规范劳动关系，对劳动立法不完备之处起弥补作用。

2. 集体合同可以弥补劳动合同的不足

(1) 在签订劳动合同时，因单个劳动者是相对弱者而不足以同用人单位抗衡，难免违心地接受用人单位提出的不合理条款；而由工会代表全体劳动者签订集体合同，就可改善单个劳动者在劳动关系中的地位，利于双方平等协商，避免劳动者被迫接受不合理条款。

(2) 劳动者之间因各自实力不同而在与用人单位的相对关系中，实际地位有差别，仅以劳动合同来确定劳动者的权利义务，就难免有的劳动者受到歧视，即不能平等地享有权利和承担义务（如同工不同酬等），通过集体合同就可以确保一定范围内全体劳动者的权利和义务实现平等。

(3) 劳动关系的内容包括工时、定额、工资、保险、福利、安全等多个方面，若都由劳动合同具体规定，每个劳动合同的篇幅必将冗长，这不利于劳动关系的及时确定，也会增加确立劳动关系的成本。集体合同对劳动关系的主要内容作出具体规定后，劳动合同只需就单个劳动者的特殊情况作出约定即可。这样就可简化劳动合同内容，减少劳动合同签订和鉴证的工作量，降低确立劳动关系的成本。①

(三) 集体合同签订的程序

程序具体为：集体协商→双方签字→报送审查→公布。

(四) 集体合同的内容

1. 标准性条款

即规定劳动标准的条款，包括劳动报酬、工作时间、休息休假、劳动安全卫生、保险福利等。

2. 目的性条款

即规定在合同期限内应达到的具体目标和实现该目标的主要措施的条款。

3. 程序性条款

即规定集体合同自身运行的程序规则的条款。包括集体合同的订立、履行、变更、解除、终止、续订以及违反集体合同的责任承担和集体合同争议的处理等。

四、工作时间法

(一) 工作时间的概念

工作时间，又称劳动时间，指法律规定的劳动者在一昼夜或一周内从事生产或工作的时间。它包括每日工作的小时数和每周工作的天数和小时数。

工作时间具有以下特征：

1. 它是法定的工作时间，不得超过法律规定的最长限度。

---

① 参见王全兴：《劳动法》，3版，208页，北京，法律出版社，2008。

2. 它是履行劳动义务和计发劳动报酬的时间。

3. 它是实际工作时间与从事有关活动时间的总和。

（二）工作时间的种类

1. 标准工作日：指法律规定的在一般情况下统一实行的标准长度工作日，适用于我国境内的国家机关、社会团体、企事业单位的职工。

2. 缩短工作日：指法律规定的少于标准工作日时数的工作日，即少于 8 小时的工作日。

3. 延长工作日：指超过标准工作日长度的工作日。

4. 不定时工作日：指针对因生产特点、工作特殊需要或职责范围的关系，无法按标准工作时间衡量或需要机动作业的职工所采取的一种工时。

5. 综合计算工作日：指针对因工作性质特殊，需连续作业或受季节及自然条件限制的企业的部分职工，采用的以周、月、季等为周期综合计算工作时间的一种工时制度。

6. 非全日制工作时间：指劳动者每日、每周少于标准工作时数的工作时间。

（三）延长工作时间的限制

1. 延长工作时间的概念

指劳动者的工作时间超过法律规定的工作时间长度，包括加班和加点两种形式。加班是指劳动者按照用人单位的要求，在法定节日或公休假日从事生产或工作。加点是指劳动者按照用人单位的要求，在正常工作日以外继续从事生产或工作。

2. 延长工作时间的条件

（1）发生自然灾害、事故或因其他原因，威胁劳动者生命健康和财富安全，需要紧急处理的。

（2）生产设备、交通运输线路、公共设施发生故障，影响生产和公共利益，必须及时抢修的。

（3）为完成国防紧急任务，或者完成上级在国家计划外安排的其他紧急生产任务，以及商业、供销企业在旺季完成收购、运输、加工农副产品的紧急任务的。

（4）在法定节日和公休假日内工作不能间断，必须连续生产、运输或营业的。

（5）必须利用法定节日或公休假日的停产期间进行设备检修、保养的。

(6) 法律、行政法规规定的其他情形。

3. 限制延长工作时间的措施

(1) 对延长时间的限制，每日不超过1～3小时，每月不超过36小时。

(2) 对延长工作时间人员的限制，怀孕7个月以上的女职工、哺乳未满1周岁的婴儿期间、未成年工不得安排从事夜班和过长时间劳动。

4. 对延长工作时间的补偿待遇

(1) 延长工作时间的，支付不低于工资的150%的工资报酬。

(2) 休息日安排劳动者工作又不补休的，支付不低于工资的200%的工资报酬。

(3) 法定休假日安排工作的，支付不低于工资的300%的工资报酬。

5. 违反工时规定的法律责任

(1) 劳动行政部门给予警告，责令改正。

(2) 予以罚款，按每名劳动者延长工作时间1小时罚款100元以下的标准处罚。

五、工资法

(一) 工资的概念

工资，指用人单位按照法律的规定和劳动合同约定的标准，根据劳动者提供劳动的数量和质量支付的货币报酬，含基本工资、奖金、津贴、补贴、特殊情况下的工资等。工资是劳动报酬的重要组成部分，是劳动者的基本生活来源，对劳动者本人的生计、家庭的生活以及生活的质量有重要影响。因此。用人单位虽然享有工资自主分配权，但国家对工资自主分配进行适当的限制，设定了最低工资标准。工资立法体现了国家对工资分配的规则，同时，国家也鼓励企业通过集体协商来确定工资。

(二) 工资立法的基本原则

工资立法的基本原则主要有：按劳分配原则；同工同酬原则；在经济发展的基础上逐步提高工资水平的原则；用人单位自主分配原则及工资总量宏观调控原则。

(三) 最低工资制度

最低工资指用人单位对单位时间劳动必须按法定最低标准支付的工资。

最低工资由法律允许的若干种劳动报酬项目组成，但是下列项目不能成为最低工资的组成部分：(1) 延长工作时间工资；(2) 中班、夜班、高温、低温、井下、有毒有害等特殊工作环境、条件下的津贴；(3) 法律、法规和国家规定的劳动者福利待遇。

(四) 工资保障制度

1. 工资保障的概念

广义的工资保障是指确保工资水平的稳定和提高的所有制度。狭义的工资保障是指劳动法调整的工资支付保障、禁止任意扣发工资和工资监督制度。

工资应当以法定货币支付，不得以实物及有价证券替代货币支付；用人单位应将工资支付给劳动者本人，但用人单位可委托银行代发工资；用人单位在支付工资时应向劳动者提供一份其个人的工资清单；工资应按月及时支付；工资应依法足额支付。

2. 工资保障措施

劳动法规定禁止克扣或无故拖欠劳动者工资。劳动法律、法规对克扣或无故拖欠工资的情况进行了限定，允许扣除工资的情况主要有：

(1) 用人单位在下列情况下可代扣工资：代扣代缴个人所得税；代扣代缴应由劳动者个人负担的各项社会保险费用；法院判决、裁定中要求代扣的抚养费、赡养费。

(2) 由于劳动者本人原因给用人单位造成经济损失而应当支付的赔偿金，可从劳动者本人的工资中扣除，但每月扣除的部分不超过月工资的 20%。若扣除后剩余工资部分低于当地的月最低工资标准，则按最低工资标准支付。

(3) 劳动者在劳动教养期间，停发原工资，发给生活费。

(4) 劳动者违反劳动纪律，受到留用察看处分的，留用察看期间停发工资，发给生活费；受到撤职处分的，必要时可以同时降低其一级或二级工资。

(5) 违反劳动安全卫生法规，可处以月标准工资 5%～20%的罚款，并在1～6个月内不得参加评奖。

(6) 法律、法规规定可以从劳动者工资中扣除费用的其他情形。

3. 特殊情况下的工资支付规则

特殊情况下的工资支付是指按照法律规定或合同的约定，在非正常的工作情况下或暂时离开工作岗位的情况下支付给劳动者的工资。

我国特殊情况下的工资支付主要有以下几种：

(1) 劳动者依法参加社会活动期间的工资支付。劳动者在法定工作时间内参加社会活动，应视同提供了正常劳动，用人单位应支付劳动者工资。

(2) 劳动者休假期间的工资支付。劳动者依法享受年休假、探亲假、婚假、丧假期间，用人单位应按劳动合同规定的标准支付工资。

(3) 停工期间的工资支付。非因劳动者原因造成单位停工、停产在一个工资支付周期内的，用人单位应按劳动合同规定的标准支付劳动者工资。超过一个工资支付周期的，如劳动者提供了正常劳动，则支付给劳动者的劳动报酬不得低于当地的最低工资标准；若劳动者没有提供正常劳动，应按国家有关规定办理。

(4) 用人单位依法破产时的工资支付。用人单位依法破产时，劳动者有权获得其工资。在破产清算中用人单位应按《企业破产法》规定的清偿顺序，首先支付欠付的本单位劳动者的工资。

六、劳动保护法

(一) 劳动保护法的概念

劳动保护法是指国家为了保护劳动者在劳动过程中的安全和健康而制定的法律规范的总和。其特征主要表现为：

1. 保护对象具有首要性。劳动权作为基本人权，具有保障生存的作用。然而，劳动者劳动权实现的首要前提在于用人单位能够提供安全、健康的工作环境，保障劳动者的人身安全。

2. 内容大都具有技术性。劳动保护法的重要内容在于通过技术规程确保工作场所安全。

3. 法律规范具有强行性。劳动保护不仅仅牵涉到劳动者个体的健康，还涉及社会秩序安全，因此，劳动保护立法所确立的法律规范具有强制性，多是强制性规范和禁止性规范，用人单位必须严格遵守，不得随意修改、变更。

4. 适用范围具有广泛性。劳动保护法不仅适用于劳动法意义上的劳动者和用人单位，而且适用于劳动法意义之外的社会劳动的参与者，他们同样享有获得劳动保护的权利。

(二) 劳动安全卫生技术规程

劳动安全卫生技术规程是指国家为了保护劳动者在劳动过程中的安全和健康而制定的各种法律规范的总称，包括劳动安全技术规程、劳动卫生规程、劳动安全卫生管理制度等。

1. 劳动安全技术规程

(1) 工厂安全技术规程，对建筑物和通道的安全要求、工作场所的安全要求、机器设备的安全要求、电气设备的安全要求、锅炉和气瓶的安全要求都有相应的规定。

(2) 建筑安装工程安全技术规程，对施工现场的安全要求、脚手架的安全要求、土石方工程和拆除工程的安全要求、防护用品的安全要求都有相应的规定。

(3) 矿山安全技术规程，对矿山建设的安全要求、矿山开采的安全要求都有相应的规定。

2. 劳动卫生规程

指国家为保护职工在生产和工作过程中的身体健康，防止、消除职业病和职业中毒而规定的关于各种卫生设施标准的规章制度。包括防止粉尘危害的规定、防止有毒有害物质危害的规定、防止噪声和强光刺激的规定、防暑降温、防冻取暖和防湿的规定、通气和照明的规定、生产辅助设施和个人防护用品的规定等。

3. 劳动安全卫生管理制度

指国家和用人单位为了保障劳动者在劳动过程中的安全和健康所采取的各种管理措施的总称。其目的是提高企业的安全生产的管理水平，预防和减少由于人的管理或操作等不当行为导致生产安全事故的发生。它包括安全生产责任制、安全技术措施计划制度、安全生产教育制度、安全卫生检查制度、劳动安全卫生监察制度、伤亡事故、职业病统计报告和处理制度。

(三) 女职工和未成年工的特殊保护

对女职工和未成年工的特殊保护是相对于成年男性劳动者的一般保护而言的，其特殊性主要体现在：一是保护对象的特殊性，即女职工和未成年工；二是保护措施的特殊性，即保护的标准更高、更严。

女职工特殊保护的主要内容包括：在劳动就业方面保障妇女就业权，实行男女同工同酬；在劳动生产过程中禁止女职工从事繁重体力劳动及有毒有害工作；在女职工的特殊生理期间（经期、孕期、产期、哺乳期）给予特殊保护；有关女职工特殊保护设施和保健措施的规定。

以上四个方面构成我国对女职工特殊保护的内容。根据有关法律规定，女职工在劳动权益受到侵害时，有权向所在单位的主管部门或者当地劳动部门提出申诉。

未成年工特殊保护的主要内容包括：限制就业年龄；限制工作时间的延长；限制工作种类；对未成年工进行定期健康检查，具体时间是安排工作岗位之前、工作满 1 年、年满 18 周岁且距前一次体检时间已超过半年；对未成年工的使用和特殊保护实行登记制度。

第二节　社会保障法

一、社会保障与社会保障法概述

（一）社会保障的概念

社会保障是指国家为保障社会安全和经济发展而依法建立的，在社会成员生、老、病、死、伤、残、丧失劳动能力或因自然灾害等原因而发生生活困难时，通过国民收入再分配提供物质帮助，以保障公民基本生活需要的制度。

社会保障的特点主要有：

（1）社会保障的责任主体是国家和社会。即有责任向全体公民提供社会保障的主体有两个层次：一是国家作为全社会的管理者、全民利益的代表者和国民收入的分配者，有责任组织社会力量为公民维持一定生活水平或质量提供保障；二是企事业单位等社会组织作为社会劳动力资源的使用者和社会经济活动的获利者，有责任出让部分利益，通过政府和非政府公共机构为公民维持一定生活水平或质量提供保障。

（2）社会保障的对象是该社会的全体成员。社会保障不分部门、行业、所有制性质、有无职业、城市或乡村，对全体社会成员而言，只要生活陷于贫困，都应普遍地、无例外地获得维持基本生活的物质保障。

（3）社会保障的目的在于保障社会成员的基本生活需求，从而为实现社会稳定和经济发展创造条件。基本生活需求是社会保障的水平线，当社会保障水平低于其社会成员的基本生活水平时即失去了"保障"的意义；当社会保障水平过分高于其社会成员的基本生活需求时，即超越了社会保障制度自身的范围。

（4）社会保障的依据是国家的法律、法规。国家通过立法规定了社会保障范围、内容，人们的基本生活状况符合法律规定的条件就享有获得社会保障的权利，提供社会保障是国家和社会的法定责任。

（5）社会保障的方式是通过国民收入分配提供物质帮助。即政府和非政府公共机构将通过征税、收费、募捐等方式筹集的资金，用于向生活困难的社会成员提供货币、实物、劳务等形式的帮助。

（二）社会保障法的概念

社会保障法自19世纪上半叶发源于工业化最早的英国。而在中国，社会保障法是在20世纪80年代后期才被提及。关于社会保障法的概念，学界有不同的定义。我们认为，社会保障法是调整国家和社会对社会成员在年老、疾病或丧失劳动能力的情况下，给予物质帮助，以保障公民基本生活需要而形成的社会保障关系的法律规范的总和。既包括以基本法律形式出现的社会保障法，也包括其他法律、法规中有关社会保障的规范，还包括具有法律效力的关于社会保障问题的规章、决定、指示等规范性文件，以及最高人民法院有关社会保障的司法解释。

（三）社会保障法与劳动法的关系

社会保障法与劳动法是两个相邻近的独立的法律部门，两者之间不具包容性，它们既有联系，也有区别。

1. 二者的联系

（1）从法的产生看，两者都是资本主义发展的产物，是随着工业革命的出现、资本主义生产关系的发展而出现的两个独立法律部门，都是国家干预的结果。其中社会保障法是在劳动法的基础上发展起来，而后逐渐与之分立而形成的独立法律部门。

（2）就法律属性而言，两者都属于社会法，以社会利益为本位，都关注社会的弱者。①

（3）两者在调整各自关系时存在着交叉。社会保险法的适用范围，目前主要涉及有工资收入的劳动者，同时也是劳动法所调整的范围，社会保障法和劳动法对这部分内容的调整存在重合和交叉。两者的调整对象虽有极少数部分是重叠交叉的，但主要部分是不同的，不同性质的社会关系不能归属一个法律部门。②

2. 二者的区别

（1）调整对象不同。劳动法主要调整劳动者和用人单位之间的劳动关系；社会保障法调整国家、用人单位、社会成员、社会保障机构因社会保险、社会救济、社会福利、优抚安置等发生的关系。

（2）主体不同。劳动法的主体是用人单位和与之建立劳动关系或劳动合同关系的劳动者（公务员、事业单位工作人员、军人等不适用）；社会保障法的主体包括国家、用人单位、全体社会成员、社会保障机构。

（3）目的不同。劳动法的目的主要是协调、稳定劳动关系，保障劳动者的合

---

① 参见林嘉：《论社会保障法的社会法本质》，载《法学家》，2002（1）。

② 参见史探经主编：《社会保障法研究》，38页，北京，法律出版社，2000。

法权益；社会保障法的目的主要是保障全体社会成员在遭受各种意外和风险时的基本生活需要，促进社会安定。

(四) 我国社会保障法的体系

社会保障法的体系，是指一个国家的全部社会保障法律规范按照一定标准分类组合所形成的，具有一定纵向结构和横向结构的有机整体。其纵向结构，是由不同效力等级的各种社会保障法规按照效力等级的高低顺序所组成的“宝塔式”的结构，即宪法、社会保障基本法、专项社会保障法律及以下各层次社会保障法规的组合。其横向结构，是由全部社会保障法律规范按照一定标准所划分的若干项社会保障法律制度所构成。

我国采用多法并立平行的模式，以社会保障法的内容性质为标准，其横向结构可以划分为以下几部分：

(1) 社会保障实体法，主要包括社会保险法、社会救助法、社会福利法、社会优抚法等，而社会保险法为社会保障法体系中的核心部分。

(2) 社会保障基金管理法，主要包括社会保障基金的来源、社会保障基金筹资方式、社会保障基金的运营、管理、监督等制度。

(3) 社会保障组织法，主要包括社会保障的组织管理机构、职能、权限、工作方式等规定。

(4) 社会保障程序法，主要包括有关社会保障争议、事故处理程序的规定。

(五) 社会保障法的基本原则

1. 权利保障原则

社会保障是人权保障，享受社会保障是公民的一项应有权利，是国家对公民的基本义务。社会保障的基本目标，就是保障人的生存条件和生存权利，这是社会存在和发展的重要前提。我国一直重视人权、保障人权，这也是我国社会保障立法的起点和归宿。

社会保障法是权利保障法。权利和义务是相对应的、相辅相成的，公民享受权利和履行义务是一致的。这并非放之四海皆准的原则，对不同的人应适用不同的规则。在社会保障法中更强调权利的保障，当某个社会成员是不能自力更生的社会弱者时，尽管他没有（先天不具备劳动能力）向社会尽义务，社会对他仍要进行救助，予以保障。社会保障的各项目中，社会救济、社会福利、优抚安置等三项，并不是公民必须缴费后才能享受权利；在社会保险中，工伤保险、生育保险都不需劳动者缴费。可见，将权利保障原则作为社会保障法的基本原则较之于权利义务对等原则[1]更为妥帖，它有利于对公民权利的保障给予应有的关注和重视，也符合社会保障立法的本意和初衷。

2. 普遍性和区别性相结合原则

普遍性的含义，就是社会保障的实施范围应包括所有社会成员，强调一切社会成员均享有获得社会保障的共同权利，从而制定对全体社会成员普遍适用的相同的保障标准。区别性的含义，即针对不同类型的社会成员制定不同的法律、法规和标准。[2] 以普遍性原则为出发点，所有社会成员在丧失劳动能力时，都有权平等地从国家和社会获得生存和生活的必要资料，使全体社会成员平等地享有社会保障权利；以区别性原则为补充，考虑到我国处于社会主义初级阶段，社会经济发展不平衡，城乡之间的社会经济、文化差别，东、西部社会经济发展水平的差距，这些差别、差距在短期内难以消除，因此应采用区别性原则，按城乡之间、各经济区域之间、各地区之间的不同经济水平和生活水平，确定不同类型成员的保障水平和标准。

3. 一体化和社会化相统一的原则

一体化原则，即有关社会保障的实施范围和对象、实施方法、给付标准、管理机制等基本内容，应该由国家立法统一规定，在全国建立起统一的社会保障制度。同时在全国设置统一的社会保障管理机构，并确定统一的组织原则、机构层次和内部结构，从而对社会保障事业集中统一管理，以避免多头领导、机构重叠、管理混乱、效率低下的局面。社会化原则，即保障的社会化，体现在两个方面：一是社会保障资金来源的社会化；二是社会保障管理的社会化。将社会保障的一体化和社会化结合起来，充分体现在立法中，既保证社会保障力量的社会化、社会保障对象的普及化，也保证社会保障立法、管理、给付标准的统一化，这是市场经济统一性、平等性的基本要求，也是实施社会保障的根本宗旨。

4. 保障水平与生产力相适应原则

社会保障的目的在于保障全体社会成员的基本生活需要，这是因为社会保障的水准必须以经济发展水平为基础和条件，即经济发展水平决定着社会保障的水平，社会保障水平又对经济发展产生重要影响。在制定社会保障法律、法规时，

---

① 由覃有土、樊启荣编著的《社会保障法》中概括为权利义务对等原则，主张公民在享受社会保障权利的同时，必须履行法定的社会保障义务。这实际上把部分公民在部分社会保险项目（养老、医疗、失业）中应承担的义务扩大，将之概括为社会保障法的基本原则。

② 参见覃有土、樊启荣编著：《社会保障法》，99页，北京，法律出版社，1997。

应根据经济发展水平确定适度的社会保障水平，使社会保障水平与经济发展相互协调、相互促进，这是社会保障法的重要原则之一。

二、社会保险法

我国社会保障法的体系包括社会保险法、社会救助法、社会福利法、社会优抚法等。而社会保险法是社会保障法体系中的核心部分。

(一) 社会保险的概念

社会保险，是指国家通过立法建立社会保险基金，使劳动者在丧失劳动能力或失业时获得必要的物质帮助的制度。社会保险包括养老保险、失业保险、工伤保险、医疗保险和生育保险。

社会保险具有以下几个特点：

1. 强制性。社会保险由国家立法加以确认[①]，并强制实施。社会保险的强制性，决定了不同用人单位和职工是否愿意必须参加社会保险，决定了保险的项目、收费标准、待遇水平等内容不由投保人和被保险人自主选择。对于拒不依法缴纳或延迟缴纳保险金的用人单位，劳动行政部门可以责令其限期缴纳；逾期不缴的，可以加收滞纳金。

2. 社会性。社会保险的社会性主要表现在三个方面：（1）保险范围的社会性。享受社会保险的对象包括社会的不同层次、不同行业、不同所有制形式和不同身份的各种劳动者。（2）保险目的的社会性。建立并实施社会保险制度，既促进社会稳定和进步，也促进社会的经济发展。（3）保险组织和管理的社会性。社会保险由国家通过立法加以确认和规定，并由国家设立专门的社会保险机构统一进行管理，在保险基金的筹集、发放、调剂等方面，由专门的社会保险机构依照国家规定的标准统一进行管理。

3. 互济性。社会保险的互济性，表现在保险基金实行社会统筹，并依据调剂的原则集中和使用资金，用未遭遇风险的投保人的保险费补偿遭遇风险者的损失，以解决不同情况下的劳动者的特定的基本生活需要。年老、失业、疾病、伤残等人员在社会上分布不均，各地区和各单位承受的压力情况各不相同，社会保险能将保险基金平衡调剂，将个别劳动者在特定情况下的损失和负担，在缴纳保险费的多数主体间进行分摊，达到分散风险的目的，使劳动者通过互济共助获得

---

① 我国《劳动法》第 72 条规定：“用人单位和劳动者必须依法参加社会保险，缴纳社会保险费。”

物质帮助。

4. 补偿性。劳动者通过劳动创造的价值或财富，除了一部分作为劳动报酬返回给劳动者之外，另一部分作为社会的各项扣除，纳入政府收入的范畴。在社会保障基金的来源中，国家负担的部分就是来源于劳动者在分配工资时被扣除的部分。国家通过社会保险的形式将这部分再返还给劳动者，其实质是对劳动者过去劳动贡献的一种补偿。此外，劳动者在向社会提供劳动能力并以此获取劳动报酬的期间，按照国家规定的标准将报酬的一定比例，作为社会保险基金缴纳，待年老、患病、工伤、失业、生育和丧失劳动能力时，又依照国家规定标准领回，这也是社会保险补偿性的具体体现。

（二）社会保险与商业保险的区别

商业保险是专业保险公司经营的包括财产保险和人身保险在内的保险。社会保险与商业保险都具有社会性和互济性，但两者有本质区别：

1. 性质不同。社会保险的对象主要是以工资收入为生活来源的劳动者，凡与用人单位建立劳动关系的劳动者必须参加社会保险，因此社会保险具有强制性、保障性和非营利性的特点；而商业保险是由国家批准的专业保险公司经营的一种金融活动，其对象是全体公民，实行自愿保险，因而具有自愿性、营利性和金融性的特点。

2. 保险费用的缴纳方式不同。社会保险费用由劳动者、用人单位和政府三方共同负担，作为劳动者只要缴纳了规定的保险费，就可享受各种社会保险待遇；而商业保险的保险费是根据投保人和保险公司签订的保险合同内容，完全由投保人缴纳，保险公司与被保险人的关系是一种等价有偿的关系，即多投多保、少投少保、不投不保。

3. 保险的作用不同。社会保险的作用主要在于保障劳动者在遭受劳动风险时，从国家和社会获得必要的物质帮助，以维持其基本生活，从而解决劳动者的后顾之忧，维护社会的稳定；而商业保险的作用主要在于以一定的经济补偿减轻被保险人在遭遇风险事故时的损失，这种补偿不一定能够保障被保险人的基本生活，当保险事故出现时，保险公司只是根据保险合同的规定进行结算，是一种纯粹的商业行为，不像社会保险一样具有保障性和福利性的特点。

4. 适用法律和管理体制不同。社会保险是基于劳动者和用人单位建立的劳动关系而产生的，属于社会保障法的范畴，社会保险由专门的社会保障机构管理；而商业保险是一项商业经营活动，是基于投保人与保险公司的保险合同而产生，属于民商法的范畴，商业保险由保险公司经营，保险公司作为企业法人独立核算、自负盈亏。

(三) 养老保险

1. 养老保险的概念

养老保险又称老年保险，是在劳动者年老退休后，由国家和社会向其提供稳定可靠的经济来源以维持其基本生活的一项社会保险制度。养老保险作为普遍适用的一种社会保险，适用于参加社会保险的所有退休劳动者。养老保险作为社会保险的一类项目，除了具备社会保险的一般特征外，还具有以下特征①：由国家立法强制实行，企业、单位和个人都必须参加；养老保险的基本对象是劳动者，即从事一定的社会劳动并取得劳动报酬的人。养老保险费用由国家、集体、个人三方共同负担，不是全由政府负担。享受养老保险待遇的权利、义务在时间上是分离的。劳动者从开始参加工作时就要缴纳保险费，直至达到法定不再负有缴费义务时为止。在他们达到法定年龄才可以领取养老保险金。养老保险有法定的享受条件和待遇标准，以养老保险基金为物质基础，以国家为最后责任人，因此具有持续性、稳定性和可预见性。养老保险实行基金化和社会化服务管理。

2. 养老保险待遇

我国养老保险待遇有离休、退休两种形式。养老保险待遇包括退休费、生活补贴费、医疗费等项目。

在正常情况下男职工年满 60 周岁、女职工年满 50 周岁，连续工龄满 10 年的，就具备了退休条件。从事井下、高空、高温、特别繁重体力劳动或者其他有害身体健康的工作，男职工年满 55 周岁、女职工年满 45 周岁，连续工龄满 10 年的，可以享受提前退休待遇。另外，男职工年满 50 周岁、女职工年满 45 周岁，连续工龄满 10 年，经有关部门证实完全丧失劳动能力的，也可以退休。干部的退休年龄为男年满 60 周岁、女年满 55 周岁。退休费的数额，按工龄或工作年限不同规定相应的比率，中华人民共和国成立后参加工作满 35 年以上的，按本人基本工资的 90％发给；工作满 30 年不满 35 年的，按本人基本工资的 85％发给；工作满 25 年不满 30 年的，按本人基本工资的 80％发给；工作满 20 年不

① 参见郭成伟、王广彬：《公平良善之法律规制——中国社会保障法制探究》，100 页，北京，中国法制出版社，2003。

满25年的，按本人基本工资的70%发给；工作不满20年，按本人基本工资的60%发给。

根据国务院有关规定，1949年10月1日前参加革命工作享受供给制待遇的干部和在国民党统治区从事地下工作或参加民主党派的人员，以及1948年年底以前在解放区工作享受政府薪金待遇的干部，男年满60周岁、女年满55周岁，可以离职休养。

（四）失业保险

1. 失业保险的概念

失业保险是指国家通过建立失业保险基金，使因失业而暂时中断生活来源的劳动者在法定期间内从社会获得物质帮助的一种社会保障制度。

与其他社会保险相比，失业保险具有以下特点：（1）失业保险只对处于劳动年龄期间，有劳动能力但无劳动岗位的人提供保险金；而其他社会保险项目都是以丧失或暂时丧失劳动能力为前提的，是对因丧失劳动能力而失去劳动机会的人提供的经济保障。（2）失业保险的目的除了向失业人员提供基本生活需要外，更重要的目的是促进就业。（3）享受失业保险待遇有一定期限，它只是对在市场竞争中暂不能劳动的情况下的失业人员维系这一部分劳动力简单再生产的基本需要，不像养老保险和工伤保险那样，劳动者可以长期享受，失业保险只在法定期限内享受，超过法定期限，即使劳动者仍在失业，也不可再享受，这时便转入社会救济。

2. 失业保险待遇

不是任何失业者都能够取得享受失业保险待遇的权利，为了获得这种权利，必须具备一定的资格和条件：失业者必须处于法定劳动年龄；失业者必须是非自愿失业者；失业前必须有就业和缴费的记录[①]；失业后已按规定办理失业登记并有求职要求。

3. 失业保险待遇的内容及标准

失业人员自办理失业登记之日起，按规定数额和期限，按月领取失业救济金。失业保险待遇包括：失业人员的基本生活支出、医疗补助、丧葬补助、抚恤金和就业培训及职业介绍费用。按照低于当地最低工资标准和高于当地最低生活

---

① 针对我国高校毕业生就业形势严峻的态势，2009年1月国务院办公厅发布《关于加强普通高等学校毕业生就业工作的通知》，该通知强调，对登记失业的高校毕业生，各地要将他们纳入当地失业人员扶持政策体系。

保障线的水平，失业救济金按如下标准支付：失业前缴纳保险费满 1 年不足 5 年的，领取失业救济金的期限最长为 12 个月；缴纳保险费满 5 年不足 10 年的，领取失业救济金的期限最长为 18 个月；累计缴纳保险费满 10 年以上的，领取失业救济金的期限最长为 24 个月。重新就业后再失业的，缴费时间重新计算。领取失业救济金的期限可以与前次失业应领取而未领取的期限合并计算，最长不超过 24 个月。

失业人员在领取失业保险金期间有下列情形之一的，停止领取失业保险基金，并同时停止享受其他失业保险待遇：重新就业的人员；应征服兵役的人员；移居境外的人员；享受基本养老保险待遇的人员；被判刑收监执行或者被劳动教养的人员；无正当理由，拒不接受当地人民政府指定的部门或者机构介绍的工作的人员；有法律、行政法规规定的其他情形的人员。

(五) 工伤保险

1. 工伤保险的概念

工伤保险是指劳动者因在生产经营活动中所发生的，或者在规定的特殊情况下遭受的意外伤害、职业病以及因这两种情况造成的死亡，在暂时或永久丧失劳动能力时，劳动者或者其遗属能够从国家或社会获得一定的物质补偿，以保证其基本生活需要。[①]

2. 工伤认定的要件

(1) 时间要件。即工伤一般只限于工作时间之内所发生的急性伤害。这里的“工作时间”应当是职工处在雇主（及其代理人）的权威（或管辖）及其影响之下从事职业活动的全部时间。其外延包括：一是法定工作时间，即每日不超过 8 小时，每周不超过 40 小时；实行不定时工作制的用人单位依法确定的工作时间。二是雇主在不违反法律规定的前提下，确定或安排职工从事工作的时间。它包括符合法律规定的加班时间；因生产特点、工作特殊需要或职责范围实行不定时工作制的用人单位的职工（如企业中从事高级管理、推销、货运、装卸、长途运输驾驶、押运、出租车驾驶、非生产性值班以及特殊工作形式的个体工作岗位的职工）的工作时间[②]；职工参加自然灾害、事故或者其他威胁劳动者生命健康和财产安全情况的紧急处理期间，生产设备、交通运输线路、公共设施故障抢修期

---

① 参见覃有土、樊启荣编著：《社会保障法》，234 页，北京，法律出版社，1997。

② 参见《〈国务院关于职工工作时间的规定〉问题的解答》（劳部发［1995］187 号）。

间。[1] 三是雇主非法延长的工作时间。在此情形下，雇主不但须承担违反劳动标准的法律责任，如果发生事故造成伤害的，还须对受害者履行各项赔偿义务。

(2) 空间要件。即工伤认定的“工作场所”范畴，它是界定职工所受伤害具有职业伤害性质的空间要件。这时的“工作场所”应当是职工从事职业活动的实际区域，即职工处在雇主（及其代理人）的权威（或管辖）及其影响之下从事职业活动的全部区域，它包括：一是日常的固定工作区域和不确定工作区域。日常的固定工作区域，指用人单位生产经营区域及其全部附属地（如厂区、矿区、建筑工地、仓库、店铺、食堂、浴室等），以及日常户外流动作业职工的固定工作区域（如邮递员、铁路巡道工、公交车司售人员等日常工作路线范围）；日常的不确定工作区域，指日常户外流动作业职工的非固定工作区域（如供水、供电、供气、通信管线维修等工作区域）。二是受雇主指派到日常工作区域以外从事分内业务或者从事其他工作的区域。三是因生产特点、工作特殊需要或职责范围而经常变动的工作区域。例如，供销、货运、押运人员、船员、出租车公司驾驶员、新闻记者、勘探勘测人员、钻井队工人、抢险救灾人员等的工作区域。四是上下班的途中。包括职工日常的上下班路途，因特殊原因（如交通阻塞、临时禁行等）的折途路线；对于工作区域不固定的职工，指其在居所与第一工作地点及最后工作地点之间往返的路途；职工请病、事假、结束诊疗和个人事务处理后前往工作地点的最短路途。

(3) 因果关系要件。因果关系是工伤认定的核心要件。伤害与职业活动之间是否具有因果联系，构成了工伤认定的因果关系要件。只有当职工处于雇主的权威（或管辖）下从事活动时，所发生的伤害与职业活动才有因果关系，才能认定为工伤。

3. 工伤范围的法律规定

应当认定为工伤的情形包括：第一，在工作时间和工作场所内，因工作原因受到事故伤害的；第二，工作时间前后和在工作场所内，从事与工作有关的预备性或者收尾性工作受到伤害的；第三，在工作时间和工作场所内，因履行工作职责受到暴力等意外伤害的；第四，患职业病的；第五，因工外出期间，由于工作原因受到伤害或者发生事故下落不明的；第六，在上下班途中，受到机动车事故伤害的；第七，法律、行政法规规定应当认定为工伤的其他情形。

---

① 参见《劳动法》第42条。

视同工伤的情形包括：第一，在工作时间和工作岗位，突发疾病死亡或者在48小时之内经抢救无效死亡的；第二，在抢险救灾等维护国家利益、公共利益活动中受到伤害的；第三，职工原在军队服役，因战、因公负伤致残，已取得革命伤残军人证，到用人单位后旧伤复发的。

不得认定为工伤或视同工伤的情形包括：第一，因犯罪或者违反治安管理规定伤亡的；第二，醉酒导致伤亡的；第三，自残或者自杀的；

4. 工伤认定的程序

工伤认定的程序包括工伤认定的管辖、申请、受理、审核、决定和争议的处理。

第一，管辖。在我国工伤认定遵从属地管辖的原则。工伤认定管辖范围的设定与工伤保险基金的统筹层次（属地管理范围）相一致，其目的在于保持工伤认定与待遇给付、基金管理等工伤保险管理各个环节的衔接和统一。工伤认定的管辖机关是工伤保险统筹地区的劳动行政部门。

第二，申请和受理。发生工伤事故伤害或者被诊断为职业病后，用人单位应当在30日内向统筹地区劳动行政部门提出工伤认定申请。用人单位不按规定提出工伤认定申请的，工伤职工或者其直系亲属、工会组织可以在事故伤害发生或诊断为职业病后1年内，提出工伤认定申请。

提出工伤认定申请应当提交《工伤认定申请表》、与用人单位存在劳动关系的证明材料、医疗诊断证明或者职业病诊断证明。职工或者其直系亲属认为是工伤，用人单位不认为是工伤的，由该用人单位承担举证责任。根据工伤认定申请的材料要求，需要补正的，劳动保障行政部门予以一次性书面告知。申请材料完整的，劳动保障行政部门作出受理或者不予受理工伤认定申请的决定，并书面通知申请人。

第三，审核、决定和争议的处理。劳动保障行政部门受理工伤认定申请后，可以对证据进行调查核实，用人单位和职工等有关部门和个人应予以配合。劳动保障行政部门自受理工伤认定申请之日起60日内作出工伤认定决定。职工或者其直系亲属、用人单位对工伤认定不服的，可以依法申请行政复议；对复议决定不服的，可以依法提起行政诉讼。

5. 工伤保险待遇的确定

工残待遇包括一次性伤残补助金、伤残津贴、生活护理费。工亡待遇包括一次性工亡补助金、丧葬补助金、供养亲属抚恤金。

(六) 医疗保险

1. 医疗保险的概念

医疗保险，又称病伤保险、健康保险、疾病保险[①]，有广义和狭义之分。广义的医疗保险包括生育保险、死亡保险；狭义的医疗保险仅指劳动者及其供养亲属患病或非因工负伤后在生活和医疗方面获得物质帮助的一种社会保险制度。这里所述医疗保险为狭义。

2. 医疗保险的范围

我国的医疗保险范围主要有三种模式：(1) 城镇正式就业人员参加医疗保险是强制性的，职工基本医疗保险费用由用人单位和职工共同缴纳。(2) 城镇非从业居民参加医疗保险是自愿性质，城镇居民基本医疗保险以家庭缴费为主，政府给予适当补助。(3) 农村居民实行新型农村合作医疗制度，农民个人自愿缴费、集体扶持和政府资助相结合。

3. 医疗保险的内容

(1) 医疗期待遇

职工享受医疗保险待遇，除完全丧失劳动能力者外，只限于规定的医疗期内。医疗期的长度根据职工本人连续工龄和本单位工龄分档次确定，最短不少于3个月，最长一般不超过24个月；难以治愈的疾病，经医疗机构提出、本人申请、劳动行政部门批准后，可适当延长医疗期，但延长期限最多为6个月。[②]

(2) 疾病津贴

又称病假工资。职工患病或非因工负伤，停止工作满1个月以上的，停发工资，由用人单位按其工龄长短给付相当于本人工资一定比例的疾病津贴，不得低于当地最低工资标准的80%。

(3) 医疗待遇

职工一般可在与社会保险经办机构签订医疗保险合同的定点医院选择就医。其保险待遇项目主要包括：规定范围内的药品费用，规定范围内的检查费用和治疗费用，规定标准的住院费用。其中，职工个人账户用于支付小额医疗费用，社

---

① 我国近年来习惯用“医疗保险”一词，但也有人认为，如将疾病保险称为医疗保险，一则难以使其与工伤保险和生育保险区分开来，因为三者都需要医疗服务；二则会使医疗保险不能涵盖疾病保险的内容，很多疾病除了医疗服务之外，还需要必要的生活费用的经济援助。所以用疾病保险或健康保险较合适。参见郭成伟、王广彬：《公平良善之法律规则——中国社会保障法制探究》，174页，北京，中国法制出版社，2003。

② 参见1994年劳动部《企业职工患病或非因工负伤医疗期的规定》。

会统筹基金用于支付大额医疗费用。此外，职工供养亲属患病医疗时，一般仅就某些项目（如药费、手术费等）的医疗费用给予一定比例的医疗补助。

（七）生育保险

1. 生育保险的概念

生育保险是国家针对妇女生育行为、生育特点，通过国家强制手段征集生育基金，为怀孕和分娩的职业妇女及时提供经济帮助，保障参保母子基本生活和健康，确保社会人口再生产和妇女、儿童权益的一项社会保障制度。

2. 生育保险的对象

从我国有关立法来看，生育保险的对象为：（1）已婚妇女。有的地区规定其配偶也可分享到一定的待遇。如规定妇女劳动者在生育后，给予配偶一定的假期，假期工资照发。（2）符合国家计划生育的规定。不符合法定年龄的妇女劳动者生育、计划生育外妇女劳动者生育，都不能享受生育保险待遇。

3. 生育保险基金的来源及管理

生育保险基金由用人单位全部负担，职工个人无须缴纳。所有企业或参加生育保险的用人单位，不论是否有女职工或不论女职工人数多少，都应按其工资总额的一定比例向社会保险经办机构缴纳生育保险费。该比例由当地人民政府根据计划生育人数和生育津贴、生育医疗费等各项费用确定，并可根据费用支出情况适时调整，但最高不得超过工资总额的1%。企业缴纳的生育保险费作为期间费用处理，列入企业管理费用。

我国生育保险基金按属地原则组织，实行社会统筹。由劳动部门所属的社会保险经办机构负责收缴、支付和管理。生育保险基金应存入社会保险经办机构在银行开设的生育保险基金专户。银行按居民个人储蓄同期存款利率计息，所得利息转入生育保险基金。生育保险基金的筹集和使用，实行财务预、决算制度，由社会保险经办机构作出年度报告，并接受同级财政、审计部门监督。

4. 生育保险待遇

（1）医疗服务。医疗服务是对妇女劳动者提供的妊娠、分娩和产后的医疗照顾以及必需的住院治疗。我国生育医疗服务包括的项目及费用有：孕期检查费、接生费、手术费、住院费和药费，因生育引起疾病的医疗费，以及采取避孕措施控制生育的费用，这些费用由生育保险基金支付。超过规定的医疗服务费和药费由职工个人负担。女职工生育出院后非因生育引起的疾病的治疗，产假期满后的休息治疗，则按照医疗保险待遇有关规定办理。

（2）产假。产假又称带薪假期，是职业妇女怀孕、分娩和产后的一定时间内所享有的假期。其宗旨是使生育妇女恢复身体健康，精心照料和抚育婴儿，以保障劳动力和人口再生产的顺利进行。我国现行立法规定，女职工产假 90 天，其中产前休假 15 天，难产的，增加产假 15 天，多胞胎生育的，每多生育一个婴儿，增加产假 15 天。

（3）生育津贴。生育津贴是对妇女劳动者因生育子女所造成的收入损失提供的现金补偿，又称产假工资。我国现行立法规定，在法定产假期间，停发工资，按月从生育保险基金中支付生育津贴，其标准为用人单位上年度职工月平均工资。

目前，我国社会保险法正在制定中，社会保险制度正在进行全面改革和试点，社会保险覆盖面将越来越广，社会保险制度将越来越完善。

思考题

1. 如何理解劳动法的概念和调整对象？
2. 如何理解劳动法的基本原则？
3. 试述劳动法的体系。
4. 如何理解社会保障的特征？
5. 试述社会保障法的体系。
6. 如何理解社会保障法的基本原则？
7. 我国社会保险法的分类有哪些？
8. 工伤认定的条件有哪些？

案例分析

某机械设备厂因生产需要，欲招聘一名有机床设计工作经验，且具备机床电气原理和机床维修知识的机械设计师。王某得知此事后，来到该厂应聘，自称完全符合该厂所提出的招聘条件，不但具有 8 年从事机床设计工作的经验，而且精通各种机床的电气原理和维修知识。厂方看了王某提供的应聘材料后，与其签订了为期 3 年的劳动合同，约定王某的工作岗位为机械设计师。1 个月后，厂方在工作中发现，王某不但不能胜任机床设计工作，而且连进行该项工作的基本常识都不懂。于是，厂方便怀疑王某应聘时的自荐材料有假。经过调查得知：王某的自荐材料纯属虚构，他高中毕业后，一直在一家国有企业当机床维修工人，前几年因盗窃被判有期徒刑2年，刑满释放后，在社会上闲荡。厂方在获悉了王某的真实情况后，决定与其解除劳动合同。

试分析：厂方在获悉了王某的真实情况后决定与其解除劳动合同，有无法律依据?

要点分析：

本案中的王某并不具备机床设计工作经验，不了解机床电气原理和机床维修知识，更不是机械设计师，他隐瞒自己的真实经历，虚构自荐材料，使招聘单位陷于错误认识而作出录用他的错误决定，其行为构成欺诈，根据《劳动法》第18条、《劳动合同法》第26条的规定，他与某机械设备厂签订的劳动合同应属无效。

但是，本案中的机械设备厂未主张与王某所签订的劳动合同无效，而是依据《劳动法》第25条的规定与在试用期间被证明不符合录用条件的王某解除劳动合同。此处理方式并无不可，但两相比较应该说这不是最佳方案。当然，《劳动合同法》实施以后，某机械设备厂还可依据该法第39条第5项的规定，基于应聘欺诈导致劳动合同无效而解除劳动关系。但问题是，法律规定的这种解决方式以劳动合同无效为前提。既然双方的劳动合同已被确认无效，双方的劳动合同关系就不存在了，对不存在的劳动合同无所谓解除。

推荐阅读书目

1. 王全兴．劳动法．3版．北京：法律出版社，2008
2. 林嘉主编．劳动法和社会保障法．北京：中国人民大学出版社，2009
3. 黎建飞．劳动与社会保障法教程．北京：中国人民大学出版社，2007
4. 叶静漪主编．劳动合同法十二讲．北京：中国法制出版社，2007
5. 郑尚元．劳动合同法的制度与理念．北京：中国政法大学出版社，2008

第十四章 消费者权益保护法

• 本章学习目标 •

掌握从经济法的实质公平角度分析经济生活中弱势群体——消费者需要特别保护的原因；掌握如何通过权利的倾斜性制度设计实现对消费者的保护。

□ • 引导案例 • □

某市的A商场发出“坚决不卖假货”的倡议，并向社会公开承诺当年3月实行“商品计量，少一罚十；商品质量，假一罚十”。某甲发现该商场的标注称“100％真皮”的某品牌皮包和皮带貌似有人造革成分，向营业员询问是否为100％真皮，未得到明确答复，于是某甲购入皮带一条，并送有关部门检测。检测结果表明，该皮带含有50％的人造革成分。一个月后某甲再次到A商场购买上述品牌的皮包一个，并要求营业员在开具的发票上标明购买日期、商品型号以及“100％真皮”的承诺。随后某甲要求A商场按照“假一罚十”的承诺赔偿遭拒。

请思考：本案中某甲是否为消费者？若为消费者，哪些权利受到损害？某甲能否要求商场按皮带和皮包价格的10倍赔偿损失？适用何法？

第一节 消费者保护法概述

一、消费者问题的产生

人人皆为消费者。虽自有交易便有消费者，但消费者法律的出现和对该类主体的保护需求，却产生在社会经济发展到一定程度之后。随着技术的进步、生产经营手段的日趋专业化和社会化，形成了消费者与经营者阶层的分离。这种分离带来的直接后果是商品信息分布的不对称。对商品比较了解的生产者、经营者自己并不使用商品，而消费使用这些商品的消费者，不可能克服人类认识能力的局限性，对商品的信息知之甚少，甚至一无所知，只能依靠一般常识和经营者提供的信息作出购买决定。经营者追求的始终是利益的最大化，只有在传递信息获得的利益大于其信息传递成本的时候，才有动力将信息传递给消费者。

传统合同理论中双方当事人的平等地位缺乏实质性保障，消费者处于经济上的弱势地位。一方面，因为商品的复杂化，现代科技的高速发展，商品的技术含量越来越高，消费者对于商品更难以了解，也就缺乏讨价还价、参与合同内容形成的信息基础，无法通过独立判断选购商品。另一方面，现代竞争愈演愈烈，经营者之间的不正当竞争行为也会损害消费者利益。传统民法抽象把握“人”的权利能力①，追求形式正义，已经不能满足现实的需要，无法给予消费者足够的保护。只有承认消费者与经营者的不平等地位，从实质公平与正义的角度，在法律保护上对于消费者给以适当的倾斜，才能使其与经营者之间的地位达到均衡。具体而言，通过立法，赋予消费者以特殊权利，同时对经营者设定特定的义务。

二、消费者运动

自19世纪末20世纪初西方资本主义进入垄断阶段，消费者问题的日益突出直接导致了消费者运动的开始与蓬勃发展。1891年世界上第一个消费者组织在美国纽约成立。1898年美国成立了世界上第一个全国性的消费者组织——“全国消费者同盟”(Consumer Federation of American)。1962年3月15日，美国总统肯尼迪向美国国会提出关于保护消费者利益的特别国情咨文，主张消费者具有四项基本权利，即有权获得安全保障、有权获得正确资料、有权自由选择、有权提出消费意见。尼克松任美国总统后，又于1969年提出消费者的第五项权利——索赔权。

随着各国消费者运动的发展，对消费者保护的国际合作与交流也随之迅速发展，1960年在美国、英国、澳大利亚、荷兰和比利时五个国家的消费者组织的发起下，国际消费者组织联盟“IOCU”在荷兰海牙宣告成立，该组织以促进国

① 参见［日］星野英一：《私法中的人》，王闯译，载梁慧星主编：《民商法论丛》，第8卷，185～186页，北京，法律出版社，1997。

际合作保护消费者为宗旨，总部设在海牙，原则上每 2 年召开一次世界消费者大会。1983 年国际消费者组织联盟将每年的 3 月 15 日定为“消费者权益日”。

我国的消费者运动起步较晚。1983 年 5 月河北省新乐县成立了我国第一个消费者组织。中国消费者协会于 1984 年 12 月 26 日在北京成立，并于 1987 年被国际消费者组织接纳为正式会员。

三、消费者保护立法概况

世界上最早的消费者保护立法是美国 1890 年颁布的《保护贸易和商业不受非法限制和垄断损害法》，即《谢尔曼法》(Sherman Act)，该法是现代经济法产生的标志。从严格意义上讲，这是一部竞争法律规范，旨在限制市场垄断行为，但是对垄断行为的制止也是对消费者权益的保护。此后在欧洲大陆，德国、奥地利、法国通过立法形式给予消费者权益不同于一般民事权益的保护，如德国 1894 年《分期付款法》、1896 年《反不正当竞争法》，这些法律改变了传统民法中一贯遵循的基于当事人地位平等原则而在交易中一视同仁的做法，注重交易一方即消费者的利益，通过限制交易另一方即经营者权利的形式而对消费者权益给予间接保护。20 世纪以来对消费者权益进行法律保护已经成为世界上许多国家的共识。美国 1968 年颁布了《消费信贷保护法》，日本 1968 年颁布并实施了《消费者保护基本法》[①]，英国 1987 年通过《消费者权益保护法》[②]，法国 1983 年通过《消费者保护法》。[③] 德国虽然没有专门的消费者权益保护法，但是在《德国民法典》中涵盖了从合同法角度保护消费者的法律规范。[④] 1973 年欧洲理事会通过了《消费者保护宪章》，提出了欧洲国家保护消费者的基本要求。2005 年欧洲议会与欧洲理事会还通过《不正当商业行为指令》，进一步从加强经营者的信息提供义务的角度要求成员国提供高水平的消费者保护。在国际层面，1985 年 4 月第 39 届联合国大会通过了《保护消费者准则》的第 248 号决议，要求各国政府采取必要措施保护消费者的权利。

我国自改革开放以后开始消费者保护立法，并且是始于地方立法。1987 年 9 月福建省制定了《福建省保护消费者合法权益条例》，这是我国第一部相关的省级地方法规。1993 年 10 月 31 日第八届全国人民代表大会常务委员会第四次会议通过了《中华人民共和国消费者权益保护法》(以下简称《消费者权益保护法》)，

---

① 参见许思奇：《日本消费者保护政策与立法》，载《日本研究》，1995 (3)。

②③ 参见宋华：《西欧国家的消费者权益保护及其启示》，载《经济科学》，1994 (6)。

④ 参见肖怡：《〈德国民法典〉中的消费者保护制度》，载《德国研究》，2004 (4)。

于1994年1月1日起施行。该法是我国消费者权益保护的基本法，包括总则、消费者的权利、经营者的义务、国家对消费者合法权益的保护、消费者组织、争议的解决、法律责任、附则等8章，共55条。此外在《食品安全法》、《药品管理法》、《产品质量法》、《计量法》、《标准化法》、《价格法》、《反不正当竞争法》、《商标法》、《广告法》等法律、法规中也有保护消费者权益的内容。

第二节 消费者及其权利

一、消费者的概念

消费者作为一种最为普遍的市场主体，已越来越引起社会各界的重视。现实中所出现的许多消费纠纷难题，多与消费者的界定有关。《德国民法典》第13条将消费者定义为"非以工商业活动和独立的职业活动为目的而缔结法律行为的自然人"。国际标准化组织（ISO）认为，消费者是以个人消费为目的而购买或使用商品和服务的人类社会成员。

我国《消费者权益保护法》没有直接定义消费者概念，但是在第2条规定，消费者为生活消费需要购买、使用商品或接受服务，其权益受该法保护。由此可见，本法所谓的消费者的界定，需要从以下三个方面综合考虑：

1. 购买、使用商品或接受服务的主体必须为个体社会成员，即法律上的自然人。对个人消费加以特殊保护是各国立法和国际条约的通行做法。消费者运动的兴起和发展始终围绕着为弱者争取权利这一主题。

2. 必须是为了满足生活需要而消费。经济学中的消费分为生产消费和生活消费，前者以营利为目的，后者以生存和生活为目的。消费者保护法中的消费只限于满足个人和家庭生活需要的消费。对于这一点，我国《消费者权益保护法》有所扩展，该法第54条规定，农民购买、使用直接用于农业生产的生产资料，参照本法执行。根据该例外规定，农民在购买、使用生产资料时，与普通消费者一样，享有《消费者权益保护法》规定的消费者所享有的各项权利。

3. 消费的客体——个人购买、使用的商品和服务是由经营者提供的。值得注意的是，这里的"服务"是具有商品属性的服务。只有在购买、使用的产品和接受的服务属于消费品的情况下，其购买、使用、接受者才可认定为消费者。除了用途上的生活消费属性外，消费客体，即消费品以商品属性作为其基本属性，不具有商品属性的产品和服务，就不能认定为消费品。实践中，从有无商品属性上界定消费品与非消费品，应当明确以下几点：(1) 有偿与无偿。有偿是消费品具有商品属性的基本标志，凡无偿取得的产品和服务，都不具有商品属性，其取得者就不是消费者。现实中常见消费者取得的产品或服务貌似无偿品，实际上是有偿品的现象。例如，经营者在销售产品或服务时的附赠品，以及在销售产品时附随的售后服务，虽然在形式上未另行收费，实质上仍包含在所购买的产品或服务的价格之中，应当属于有偿品。(2) 商品与福利。现实中有些消费品兼有商品属性和福利属性，例如医疗保险消费品、经济适用房（或称福利房）、公营教育服务等，虽然有别于商业性医疗消费品、商品房、私营教育服务，但仍然是有偿品而非无偿品，应当作为消费品。①

对于消费者的认定，司法实践中争论最大的是"王海"现象。② 对于"王海"是否是消费者的问题，亦即为了适用《消费者权益保护法》所规定的双倍索赔而知假买假者是否属于消费者的问题所发生的分歧，实质上就是关于认定消费者的构成要件中应否含有消费动机的分歧。如果认为消费动机是消费者的构成要件之一，"王海"就不属于消费者，反之就属于消费者。根据《消费者权益保护法》的具体规定和立法目的以及世界各国的经验，消费动机不应成为消费者的构成要件。③

---

① 例如，2000 年 6 月，湖南省人大常委会法规工作委员会针对澧县人大常委会的请示报告所作的正式答复中指出，医疗卫生服务属于非生产性的有偿服务，医疗消费属于接受服务的生活消费，应由《消费者权益保护法》调整，《湖南省消费者权益保护条例》是实施该法的地方性法规，当然适用于因医疗服务造成的就诊人人身损害赔偿。又如，《浙江省实施〈中华人民共和国消费者权益保护法〉办法》(2000 年 10 月) 规定，患者也是消费者。

② 有不少学者对此持否定意见，认为"知假买假"者实质上是对消费者权利的滥用。参见张严方：《消费者保护法研究》，131～132 页，北京，法律出版社，2003；吕忠梅、陈虹：《经济法原论》，382～385 页，北京，法律出版社，2007。

③ 在购买消费品时，购买者对销售者无告知购买动机（消费动机或其他动机）的义务，销售者也无权要求购买者告知购买动机。这说明法律没有将购买动机纳入规范的对象，而只是规范购买行为。《消费者权益保护法》之所以规定对经营者欺诈消费者适用双倍赔款，其目的在于形成经营者在知道购买者是消费者时也不敢凭借其信息优势欺诈消费者的秩序。因此，只要符合经营者将购买者视为消费者的常规（或者说经营者知道或应当知道购买者是消费者），存在经营者将购买者视为消费者而予以欺诈的事实，法律上就应当将购买者认定为消费者，而不论其有无消费动机。如果将消费动机作为消费者的构成要件，那就与常规不符，实际上是对消费者的苛求而对经营者欺诈的放纵。而且，"知假买假"进而双倍索赔，是一种对经营者有威慑力的社会监督行为，将"知假买假"者作为消费者，有利于加强对经营者的社会监督和增强消费者权益保护法对经营者的威慑力，有利于减少和消除经营者欺诈消费者的现象。特别是在当前，由于对市场的行政监督和社会监督不力，以致假冒伪劣产品泛滥、商业欺诈成风的情况下，将"知假买假"者作为消费者，其积极的社会效果更为明显。

二、消费者权利的内容

消费者权利与消费者运动相伴而生，其种类及范围不断扩充。20世纪60年代美国总统肯尼迪的“四权论”在当时很快得到各国的广泛认同并加以发展。国际消费者组织在此后提出了消费者的八项权利，即生存权、选择权、安全权、知情权、求偿权、获助权、受教育权和（获得有益于健康环境的）环保权。

我国《消费者权益保护法》广泛吸收各国及国际消费者保护的立法经验，明确规定了消费者享有以下9项权利：安全保障权、知情权、自由选择权、公平交易权、求偿权、结社权、知识获取权、受尊重权和监督权。①

1. 安全保障权

消费者在购买、使用商品和接受服务时，享有人身、财产安全不受损害的权利。实践生活中的毒酒事件，劣质药品和化妆品事件，电器、压力容器、玩具、鞭炮焰火、机动车等因漏电、燃烧、爆炸、失灵等原因致人损害案件，都是侵害消费者安全权的典型事例。

2. 知情权

消费者享有知悉其购买、使用的商品或者接受的服务的真实情况的权利。消费者有权了解：（1）商品或服务的基本情况，包括名称、商标、产地、生产者、生产日期、服务内容等；（2）商品或服务的技术状况，即用途、性能、规格、等级、主要成分、有效期限、检验合格证明、使用方法说明书；（3）商品或服务的销售状况，即价格、售后服务、购物凭证等。

3. 自由选择权

消费者享有自主选择商品或者服务的权利。包括两方面含义：一是对商品的品种、服务方式及提供者应有充分选择的余地；二是对于选择商品、服务及其提供者应有自由决定的权利而不受强制。实际生活中，损害消费者自由选择权的现象主要是商品搭售和强买强卖等。

4. 公平交易权

消费者在购买商品或者接受服务时，有权获得质量保障、价格合理、计量准确等公平交易条件，有权拒绝经营者的强制交易。（1）关于商品和服务的质量，

① 一些地方性法规还规定了消费者的建议权以及消费者个人信息的保护，如《上海市消费者权益保护条例》。

消费者有权要求其符合国家规定的标准或者与生产经营者约定的标准，不致因质量低劣而妨碍消费。如果经营者提供的商品或者服务不符合规定的质量要求，消费者有权要求修理、更换、退货、降价等。（2）关于商品和服务的价格，消费者有权要求生产经营者执行国家的价格政策、法规或按质论价，商品价格或服务费用合理，不因乱涨价或乱收费而受到经济利益损失。（3）关于商品和服务的计量，消费者有权要求生产经营者计量准确、足量，不致因短尺少两而遭受经济利益损害。对于工厂包装的产品，消费者有权要求其注明净重量或容量，并与实际相符；交易时计量的商品，消费者有权查明测量仪器是否准确，对不足分量者有权要求退货或退回多收的价款。

5. 受尊重权

消费者在购买、使用商品或接受服务时，享有其个人尊严、民族风俗习惯得到尊重的权利。人格尊严是人格权的体现，包括姓名权、名誉权、荣誉权、肖像权等。消费者受尊重权是法律赋予消费者的法定权利，经营者不得以任何方式予以剥夺。例如商家不能在店内悬挂类似“有权搜查顾客携带包袋”的告示，其本身就是对消费者权益的侵害。

6. 依法求偿权

消费者在购买、使用商品或者接受服务受到人身、财产损害时，有要求经营者依法予以赔偿的权利。消费者行使求偿权的方法，可以是向责任者直接提出损失赔偿请求，也可以是向管理机关、仲裁机关、司法机关提出损失赔偿请求。

7. 依法结社权

消费者享有依法成立维护自身合法权益的社会团体的权利。成立消费者团体是消费者实行自我保护的一种积极有效的手段。目前已经组建的中国消费者协会、各地消费者协会或消费者委员会在维护消费者权益方面扮演了重要角色。

8. 知识获取权

消费者有权获得有关消费和消费者权益保护方面的知识。消费者对商品的必要了解和对自身利益保护知识的获悉是其正确行使消费者其他权利的基础和前提。

9. 监督权

消费者享有对商品和服务以及保护消费者权益工作进行监督的权利。行使监督权的消费者既可以是购买商品、接受服务的个人，也可以是没有交易行为的人。监督的对象包括生产者、经营者、消费者组织的工作人员和执法人员。监督的形式可以是检举、控告、批评、建议。

第三节　经营者及其义务

一、经营者的概念

我国《消费者权益保护法》没有对经营者作出明确定义，只是在第 3 条规定，“经营者为消费者提供其生产、销售的商品或者提供服务，应当遵守本法”。这里的经营者不同于一般意义上的经营者概念，需要从以下几个方面理解：

1. 在消费者权益保护法中，经营者是与消费者相对应的主体，不是指所有从事生产经营活动的人，而仅指那些向消费者提供商品或服务的法人、经济组织或者个人。具体而言，经营者包括生产商、制造商、销售商、服务商。销售商又包括零售商、批发商、代理商等，服务商则由于现代社会服务业的发达，又可分为许多类别。

2. 没有经营者主体资格的人也是消费者权益保护法意义上的经营者。进入市场的合法经营者包括两类：一类是办理了合法手续，依法登记注册、领取营业执照，具有在核准登记的经营范围内从事经营活动资格的法人、经济组织或个人；另一类则是无须登记注册但同样从事合法经营的人，如农民将自己的农产品拿到市场出售。非法的经营者包括：应当登记注册而未登记、无照从事经营活动者或者持他人执照从事经营者；成立非法经济组织从事经营活动者；超越经营范围从事经营活动者，等等。不论经营者是否合法，只要向消费者提供了商品或服务，即与消费者发生了市场交易关系，就是消费者权益保护法上的经营者。

3. 以营利为目的不是经营者的必要条件。依照常理，经营者从事生产经营活动应该是为了从经济活动中获得经济利益，以尽可能小的劳动及物质消耗，获得尽可能大的经济利益。但是消费者权益保护法意义上的经营者并非必须以营利为目的，例如某些公益性企业（如医院），其设立并不是以营利为目的，但是通过市场中介将其产品提供给消费者，也是消费者权益保护法所称的经营者。

二、经营者义务的内容

消费者的权利一定意义上是通过经营者的义务来实现的。在消费关系中，经营者的义务与消费者的权利是基本相对应的。在经营者与消费者的关系中，经营者的义务主要有两大类：一类是基于法律、法规直接规定而产生的法定义务；另一类是基于合同产生的约定义务。消费者权益保护法所规定的义务属于前者，即法定义务。作为合同当事人，经营者与消费者可以就商品或服务的有关事项进行约定，该约定只要不违背法律、法规的强制性规定，合同当事人就应当履行。一般而言，经营者不得通过约定减轻或者免除其应承担的法定义务，但是经营者与消费者可以约定由经营者承担高于法定义务标准的义务。例如某店为促销，明确宣称“假一赔十”，若果真存在假冒伪劣商品，则消费者有权以此为据要求十倍价款的赔偿。

具体而言，经营者应履行以下义务：

1. 接受消费者监督的义务。与消费者的监督权相对应，经营者应当听取消费者对其提出的关于商品或者服务的意见，接受消费者的监督。该义务包括对于消费者的意见及时答复，对于消费者的合理建议及时采纳，对于消费者的投诉要指定专人及时处理。

2. 保证商品和服务安全的义务。经营者应当保证其提供的商品或者服务符合保障人身、财产安全的要求。对可能危及人身、财产安全的商品和服务，应当作出真实说明和明确警示，并且表明正确使用商品或接受服务的方法以及防止危害发生的方法。经营者发现其提供的商品或服务存在严重缺陷，即使正确使用或接受服务仍然可能对人身、财产造成危害的，应立即向政府有关部门报告和告知消费者，并采取相应的防范措施。

这里的保证商品和服务安全的义务还包括保障消费者在经营场所安全的义务。① 经营者在其经营或提供服务的场所的全部营业时间内承担保障消费者的人身、财产安全的责任。如果其经营、服务的活动范围扩展到营业场所以外，其承担责任的空间范围还应相应扩大。

3. 提供商品和服务真实信息的义务。该义务与消费者的知情权相对应。具体而言，经营者应尽到三方面的义务：（1）经营者应当向消费者提供有关商品或服务的真实信息，不得作引人误解的虚假宣传。（2）对于消费者就其提供的商品或服务的质量和使用方法等问题的询问，只要不涉及经营者的商业秘密，都应当作出真实、明确的答复，以帮助消费者作出合理的选择。（3）对商品明码标价，

---

① 参见张新宝、唐青林：《经营者对服务场所的安全保障义务》，载《法学研究》，2003（3）。

做到价签价目齐全、标价内容真实明确、字迹清晰、货签对位、标示醒目，并且价格一旦变动应当及时调整价签。①

4. 标明经营者真实名称和标记的义务。名称和标记是经营者人格特定化的重要标志，也是消费者判断商品或服务来源以及品质的重要依据。经营者应当标明其真实的名称和标记，以使消费者能准确识别并作出正确的选择。租赁他人柜台或者场地的经营者尤其应遵守该项义务，这不仅是满足消费者知情权的途径，更是消费者行使监督权、索赔权，维护合法权益的前提要求。

5. 出具购物凭证或服务单据的义务。购物凭证或服务单据通常表现为发票、收据、购物单、购物小票、保修卡、车船票、门票等形式，是经营者在履行合同义务之后向消费者出具的证明合同履行状况的书面凭证，也是消费者据以享受相关权利以及在合法权益受损害时请求救济的重要依据。经营者提供商品或服务，应当按照国家有关规定或商业惯例主动向消费者出具购货凭证或服务单据。消费者索要购货凭证或服务单据的，经营者必须出具。

6. 保证商品或服务质量的义务。商品及服务的质量直接体现商品及服务的使用价值，也直接关系消费者的财产、人身安全及其他合法权益。经营者应当保证在正常使用商品或者接受服务的情况下，其提供的商品或服务应当具有的质量、性能、用途和有效期限，但消费者在购买或接受该服务前已经知道其存在瑕疵的除外。经营者以广告、产品说明、实物样品或者其他方式表明商品或者服务的质量状况的，应当保证其提供的商品或服务的实际质量与表明的质量状况相符。

7. 售后服务义务，即履行“三包”和其他责任的义务。所谓“三包”，是指包修、包退、包换。“三包”义务有法定和约定两种，违反该义务的，应承担相应责任。(1) 法定“三包”义务。根据 1995 年 8 月国家经贸委、国家技术监督局、国家工商管理局和财政部发布《部分商品修理更换退货责任规定》，我国目前实行法定“三包”的商品是指《实施三包的部分商品目录》中所列的商品。为保护消费者权益，对这些商品实行谁经销谁负责“三包”的原则，经营者之间不得以合同方式免除“三包”责任和义务，经营者也不得通过约定作出低于法定“三包”责任的变更。目前该目录中的商品数量正在增加，已经实施“三包”的商品主要包括：自行车、电视机、家用录影机、摄像机、收音

① 参见 2000 年 10 月 31 日国家计委《关于商品和服务实行明码标价的规定》。

机、电子琴、家用电冰箱、洗衣机、电风扇、微波炉、吸尘器、家用空调器、吸排油烟机、燃气热水器、缝纫机、钟表、摩托车、固定电话、移动电话、微型计算机、家用视听设备。《部分商品修理更换退货责任规定》同时还规定了"三包"适用的除外情况：消费者因使用、维护、保管不当造成损坏的；非承担"三包"修理者拆动造成损坏的；无"三包"凭证及有效发票的；"三包"凭证型号与维修产品型号不符或者涂改的；因不可抗力造成损坏的。属于这些情况之一者，不实行"三包"，但可实行收费修理。（2）约定"三包"义务。在不违背法定"三包"义务的原则下，经营者和消费者可以通过合同约定严于法定"三包"义务的义务或其他售后服务义务。当事人一方不履行合同义务或者履行合同义务不符合约定条件的，另一方有权要求履行或采取补救措施，并有权要求赔偿损失。

8. 不得从事不公平、不合理交易的义务。为保障消费者的公平交易权，经营者不得以格式合同、通知、声明、店堂告示等方式作出对于消费者不公平、不合理的规定或减轻、免除其损害消费者合法权益应当承担的民事责任，否则，上述规定或内容无效。

9. 不得侵犯消费者人格权的义务。为保证消费者在购买商品、接受服务过程中其人格尊严和人身自由受到尊重，经营者不得以任何理由加以侵犯。经营者不得对消费者进行侮辱、诽谤，不得搜查消费者的身体及携带的物品，不得侵犯消费者的人身自由。

第四节　消费者权益争议的解决与法律责任

一、消费者权益争议的解决

（一）争议的解决途径

消费者和经营者发生消费者权益争议的，可以通过下列途径解决：

1. 与经营者协商和解

消费者和经营者因商品或服务发生争议时，双方可在平等自愿基础上，就所争议的问题沟通协商，并达成和解，从而平息争议。这是解决消费者权益争议最常见、最便捷的方式。

2. 请求消费者协会调解

消费者协会是依法成立的对商品和服务进行社会监督的保护消费者合法权益

的社会团体。消费者与经营者发生争议后可以向消费者协会投诉，由消费者协会依法组织调解，解决争议。对于属于其职能范围的争议，消费者协会不得拒绝调解，但是调解必须在双方自愿的基础上进行。经过调解所达成的协议不具有强制执行的效力，一方或双方反悔的，则应当通过其他途径解决。

3. 向有关行政部门申诉

消费者权益争议涉及领域很广，在争议发生后，消费者可根据具体情况，向有关行政部门，如工商行政管理部门、技术监督部门、物价部门、卫生行政部门等，及时反映情况，提出申诉，寻求行政救济。

4. 根据与经营者达成的仲裁协议提请仲裁机构仲裁

在消费者权益争议发生之前或之后，可由消费者与经营者双方达成书面仲裁协议，向有关仲裁机构申请仲裁，由接受申请的仲裁机构作出具有法律效力的裁决。

5. 向人民法院提起诉讼

消费者权益受到损害后，可直接向有管辖权的人民法院起诉，由人民法院对案件进行审理并作出判决。

(二) 确认损害赔偿责任主体的几项特别规定

1. 销售者的先行给付义务。消费者在购买、使用商品时，其合法权益受到损害的，可以向销售者要求赔偿。销售者赔偿后，属于生产者的责任或属于向销售者提供商品的其他销售者的责任的，销售者有权向生产者或其他销售者追偿。

2. 生产者与销售者的连带责任。消费者或其他受害人因商品缺陷造成人身、财产损害的，可以向销售者要求赔偿，也可以向生产者要求赔偿。属于生产者责任的，销售者赔偿后有权向生产者追偿。属于销售者责任的，生产者赔偿后，有权向销售者追偿。

3. 消费者在接受服务时，其合法权益受到损害的，可以向服务者要求赔偿。

4. 展览会举办者、柜台出租者的特殊责任。消费者在展览会、租赁柜台购买商品或者接受服务，其合法权益受到损害的，可以向销售者或服务者要求赔偿。展览会结束或柜台租赁期满后，也可以向展览会的举办者、柜台的出租者要求赔偿。展览会的举办者、柜台的出租者赔偿后，有权向销售者或服务者追偿。

5. 变更后的企业仍应承担赔偿责任。消费者在购买、使用商品或接受服务时，其合法权益受到损害，原企业分立、合并的，可以向变更后承受其权利义务的企业要求赔偿。

6. 营业执照持有人与租借人的赔偿责任。出租、出借营业执照或租用、借用他人营业执照本身是违反工商行政法规的行为。使用他人营业执照的违法经营者提供商品或服务，损害消费者合法权益的，消费者可以向其要求赔偿，也可以向营业执照的持有人要求赔偿。

7. 从事虚假广告行为的经营者和广告经营者的责任。消费者因虚假广告而购买、使用商品或接受服务，其合法权益受到损害的，可以向经营者要求赔偿。广告的经营者发布虚假广告的，消费者可以要求行政主管部门予以惩处。广告的经营者不能提供经营者的真实姓名、地址的，应当承担赔偿责任。

二、法律责任

消费者权益保护法中的责任是经营者责任，这是由消费者权益保护法的性质决定的。在具体案件中，消费者也可能承担一定的法律责任，但这种责任的追究是以其他法律为依据的。消费者权益保护法中的法律责任仅指经营者损害消费者合法权益所应承担的民事、行政以及刑事责任。

（一）民事责任

从责任的发生基础来看，损害消费者权益的民事责任主要涉及违约责任、侵权责任以及欺诈行为的惩罚性赔偿责任。

违约责任是指经营者不履行其与消费者订立的合同或在履行合同过程中不符合约定而应当承担的责任。侵权责任是指经营者违反法律规定的义务，非法侵害消费者的人身权或财产权，依法应当承担的责任。二者的区别主要在于归责原则的不同。违约责任的归责原则主要是无过错原则，而侵权责任的归责原则既有过错责任原则又有无过错责任原则，还包括推定过错原则和公平原则。在责任形式上二者也有很大差异。侵权责任主要以损害赔偿为主，包括财产损害赔偿、人身损害赔偿和精神损害赔偿。违约责任的形式主要有继续履行合同、采取补救措施、赔偿损失、支付违约金、支付定金以及解除合同等。当违约责任和侵权责任出现竞合时，消费者可以依据《消费者权益保护法》、《民法通则》以及其他合同法相关法律法规进行选择，要求经营者承担其中一种责任形式，以维护自己的合法权益。

在赔偿责任中，我国的《消费者权益保护法》第 49 条还借鉴了英、美国家的惩罚性损害赔偿制度[①]，规定经营者提供商品或服务有欺诈行为的，应当按照消费者要求增加赔偿其受到的损失，增加赔偿的金额为消费者购买商品的价格或接受服务的费用的一倍。这是我国第一个适用惩罚性赔偿的立法例。

（二）行政责任

根据《消费者权益保护法》的规定，经营者违反该法可能承担的行政责任包括：责令改正、警告、没收违法所得、罚款、责令停业整顿、吊销营业执照。经营者对行政处罚决定不服的，可以自收到处罚决定之日起15日内向上一级机关申请复议；对复议决定不服的，可以自收到复议决定书之日起15日内向人民法院提起诉讼；也可以直接向人民法院提起诉讼。

（三）刑事责任

1. 经营者的刑事责任。经营者提供商品或者服务，造成消费者或者其他受害人人身伤害或死亡，构成犯罪的，应依法追究刑事责任。以暴力、威胁等方法阻碍有关行政机关工作人员依法执行职务的，依法追究刑事责任。经营者拒绝、阻碍有关行政机关工作人员依法执行职务，未使用暴力、威胁方法的，由公安机关依照《中华人民共和国治安管理处罚法》的规定处罚。

2. 国家机关工作人员的刑事责任。国家机关工作人员有玩忽职守或者包庇经营者侵害消费者合法权益的行为的，由其所在单位或者上级机关给予行政处分；情节严重，构成犯罪的，依法追究刑事责任。

思考题

1. 消费者权益保护法产生的原因是什么？
2. 消费者权利与一般人的权利有何不同？
3. 消费者权益纠纷中责任主体认定的特殊原则是什么？
4. 试述消费者权益保护法中的责任。

案例分析

王某到某溜冰场学习溜冰。半小时左右，溜冰场内突然停电，漆黑一片。王

① 参见王利明：《惩罚性赔偿研究》，516页，北京，中国政法大学出版社，2000。

某准备滑行到场边，抓住扶手，等灯亮时再溜冰。谁知他滑到入口处，没有扶手，他顿时抓了一个空，摔倒在地受伤昏迷，经治疗创伤愈合，但王某花去医药费699.84元，交通费百余元。王某要求溜冰场经营者赔偿损失，但溜冰场负责人认为停电是不可抗力，溜冰场不应赔偿。于是王某向消费者协会投诉。

试分析：溜冰场经营者是否应该赔偿王某的损失？

要点分析：

在《消费者权益保护法》中，生命健康权有它的特定内涵，它是指消费者在购买、使用商品和接受服务时，享有身体各器官及其机能不受破坏和生命不受危害的权利。本案中，溜冰场经营者未能在停电时及时供给照明，致使王某摔伤，并为此支付了医疗费和交通费。溜冰场经营者以停电是不可抗力为自己开脱责任，然而根据《合同法》第117条第2款规定，“本法所称不可抗力，是指不能预见、不能避免并不能克服的客观情况”。其中，不能预见，应以现有的技术水平为依据，并且必须以普通人的预见能力而不是当事人的预见能力为标准。可见，本案中溜冰场上突然停电，应是经营者可以预见且以现有技术条件能够控制的事件，故其以不可抗力为由主张免责于法无据。溜冰场的经营者必须为自己未能给消费者提供保证其人身安全的娱乐环境而造成的损害后果承担责任，赔偿王某因溜冰场突然停电摔伤而支出的医疗费、交通费。

推荐阅读书目

1. 李昌麒，许明月编著．消费者保护法．北京：法律出版社，2006
2. 孙虹主编．消费者保护法．北京：清华大学出版社，2008
3. 吴景明．消费者权益保护法．北京：中国政法大学出版社，2002
4. 马原主编．消费者权益保护法分解适用集成．北京：人民法院出版社，2004
5. 应飞虎．信息、权利与交易安全．北京：北京大学出版社，2008
6. 金福海．消费者法论．北京：北京大学出版社，2005
7. 张严方．消费者保护法研究．北京：法律出版社，2003

第十五章
经济纠纷解决法律制度

• 本章学习目标 •

了解经济纠纷解决的方式，区分行政诉讼与民事诉讼在解决经济纷争时不同的适用范围，以及仲裁与民事诉讼作为解决经济纠纷两种主要方式在具体适用上的不同；掌握行政诉讼、仲裁、民事诉讼最基本的程序操作，以便有效地维护当事人依法享有的各项权利。

□ • 引导案例 • □

甲市某水产公司与乙市某汽车运输公司在乙市签订运送鲜活鱼合同。汽车运输公司所属三车队在从乙市向甲市运输中，行至丙市附近发生车祸，车、货俱损。水产公司因此向汽车运输公司索赔，并要求支付违约金。而汽车运输公司以车祸责任不在己方为由拒绝赔偿。

请思考：该案中出现纠纷后，涉案当事人可以采取哪些方式来解决？如果某水产公司向人民法院起诉，哪些法院对本案具有管辖权？本案中的当事人地位如何确定？

在社会主义市场经济中，由于经济关系的复杂性和主、客观方面的原因，经济活动主体之间不可避免地会发生各种经济利益冲突，特别是随着经济的不断发展，经济纠纷牵涉面迅速扩展开来，如工业产权纠纷、房地产纠纷、证券、票据纠纷、期货纠纷以及涉外的经济纠纷等。

根据我国《合同法》、《物权法》及其他法律文件的规定，结合我国多年来的实践经验，解决经济纠纷的主要方式有：协商（和解）、调解、仲裁、民事诉讼。其中仲裁和民事诉讼是两种具有显著特点并起主要作用的方式。基于前面章节的介绍可知，大量经济纠纷涉及经济管理和经济监督，具有行政性。因此，经济纠纷的解决需要行政手段和法律手段的结合，与此相适应的法律制度包括《行政诉讼法》等行政法律、法规和《仲裁法》、《民事诉讼法》等。

第一节　行政诉讼法

一、行政诉讼与行政诉讼法

（一）行政诉讼的概念

行政诉讼是指作为行政相对人的公民、法人或其他组织认为有关行政主体的具体行政行为侵犯其合法权益，依法向人民法院起诉，而由人民法院审理并作出裁判的活动。它是解决行政纠纷的一种诉讼活动。在国家制度的层面上，行政诉讼与民事诉讼、刑事诉讼一样，同属司法中的诉讼制度，是一项不可缺少的事后法律监督制度，也是一种行政法律救济制度。除行政诉讼外，行政救济还包括“申诉”、“行政复议”、“国家赔偿”等。

行政诉讼与民事诉讼在原则、制度、程序等诸多方面具有共性，但二者亦有显著区别：

第一，诉讼的作用不同。民事诉讼的作用在于保护当事人双方的合法权益，维护正常的民事经济秩序，保护国家、集体和个人的合法权益。行政诉讼通过解决行政处理决定纠纷，监督、制约国家行政机关及其工作人员依法行使职权，保护公民和组织的合法权益；同时又通过对行政案件的审理，维护国家行政机关依法行政的合法行为，更好地维护行政管理秩序。

第二，由谁充当被告不同。民事诉讼中，民事主体只要自己的民事权益遭到侵犯或与他人发生争议，就可以以原告的身份提起诉讼。而行政诉讼中，只能以作出行政行为的行政主体作为被告，因为具体行政行为总是由行政主体的单方面意思表示作出的，不考虑相对方是否同意。

第三，举证责任不同。民事诉讼双方当事人对自己提出的主张，都有责任提供证据。而行政诉讼中，由作为被告的行政机关主要负举证责任，它要向法院提供的证据包括：作出某一行政处理的事实和根据、对方有过错、自己无过错并且法律有明文规定，被告人不能直接向原告收集证据。但对行政机关的不作为、要求损害赔偿，原告要负举证责任。

第四，是否适用调解原则不同。法院调解是我国民事诉讼法的一个基本原则。当事人双方都有依法处分自己的民事权利和诉讼权利的权能。而行政诉讼中，则不能适用调解原则，国家行政机关作为国家行政管理者是代表国家依法行使国家赋予的权力，它只有依法行政的义务，没有自由扩大、缩小或放弃职权的权利。法院对依法行政的合法行为，要判决予以维持；对非法行政的违法行为，要判决予以撤销，绝不能由法院通过调解方式，让当事人双方以协商妥协的方式来解决，但损害赔偿可协商解决。

(二) 行政诉讼法的概念

行政诉讼法是指调整行政诉讼活动的法律规范的总称。它以行政诉讼关系为调整对象，是一个重要的诉讼法律部门。我国行政诉讼法包括《行政诉讼法》和其他有关行政诉讼的法律规范。1989 年 4 月 4 日第七届全国人民代表大会第二次会议通过，并于 1990 年 10 月 1 日正式实施的《行政诉讼法》，标志着我国行政诉讼制度的创建，这是一项崭新的“民告官”制度，也是我国民主法治建设史上的里程碑。但随着国家行政法制的发展，法学界和实务界提出了修改该法的诸多建议和意见，如增加公益行政诉讼、进一步扩大行政诉讼的受案范围、改革审理程序等。

二、行政诉讼的受案范围

行政诉讼的受案范围，是指人民法院受理行政诉讼案件的范围。它决定着司法机关对行政行为行为的监督范围，决定着受到行政行为侵害的公民、法人和其他组织诉权的范围，也决定着行政终局裁决权的范围。

根据《行政诉讼法》的相关规定，人民法院受理公民、法人和其他组织对下列具体行政行为不服提起的诉讼：第一，对拘留、罚款、吊销许可证和执照、责令停产停业、没收财物等行政处罚不服的；第二，对限制人身自由或者对财产的查封、扣押、冻结等行政强制措施不服的；第三，认为行政机关侵犯法律规定的经营自主权的；第四，认为符合法定条件申请行政机关颁发许可证和执照，行政机关拒绝颁发或者不予答复的；第五，申请行政机关履行保护人身权、财产权的法定职责，行政机关拒绝履行或者不予答复的；第六，认为行政机关没有依法发给抚恤金的；第七，认为行政机关违法要求履行义务的；第八，认为行政机关侵犯其他人身权、财产权的。除前述规定外，人民法院受理法律、法规规定可以提起诉讼的其他行政案件。

《行政诉讼法》还规定：人民法院不受理公民、法人或者其他组织对下列事项提起的诉讼：(1) 国防、外交等国家行为；(2) 行政法规、规章或者行政机关制定、发布的具有普遍约束力的决定、命令；(3) 行政机关对行政机关工作人员的奖惩、任免等决定；(4) 法律规定由行政机关最终裁决的具体行政行为。

此外最高人民法院制定的《关于执行〈中华人民共和国行政诉讼法〉若干问题的解释》第 1 条第 2 款对不属于人民法院行政诉讼受案范围的事项作出了具体排除规定：第一，《行政诉讼法》第 12 条规定的行为；第二，公安、国家安全等机关依照《刑事诉讼法》的明确授权实施的行为；第三，调解行为以及法律规定的仲裁行为；第四，不具有强制力的行政指导行为；第五，驳回当事人对行政行为提起申诉的重复处理行为；第六，对公民、法人和其他组织权利义务不产生实际影响的行为。

三、行政诉讼的管辖

行政诉讼的管辖，是指人民法院之间关于受理第一审行政案件的职权分工。根据《行政诉讼法》的规定，行政诉讼的管辖主要包括级别管辖和地域管辖两类。

1. 级别管辖，是指上下级人民法院之间受理一审行政案件的权限分工。基层人民法院管辖一般的一审行政案件；中级人民法院管辖海关处理案件、对国务院各部门所作的具体行政行为提起诉讼的案件及本辖区内重大、复杂的一审行政案件；高级人民法院管辖本辖区内重大、复杂的一审行政案件；最高人民法院管辖全国范围内重大、复杂的一审行政案件。

2. 地域管辖，是指同级但不同地区的人民法院之间受理一审行政案件的权限分工。在地域管辖上，行政案件由最初作出具体行政行为的行政机关所在地的人民法院管辖。但是，经过行政复议的案件，复议机关改变原具体行政行为的，也可由复议机关所在地人民法院管辖，即最初作出具体行政行为的行政机关所在地的人民法院和复议机关所在地的人民法院都有管辖权。另外，对限制人身自由的行政强制措施不服提起诉讼的，被告所在地和原告所在地的人民法院都有管辖权。此处的“原告所在地”包括原告的户籍所在地、经常居住地和被限制人身自由地。《行政诉讼法》还规定，两个以上人民法院都有管辖权的案件，原告可以选择其中一个人民法院提起诉讼。原告向两个以上有管辖权的人民法院提起诉讼的，由最先收到起诉状的人民法院管辖。同时，《行政诉讼法》还规定，因不动产提起的行政诉讼，由不动产所在地人民法院管辖。可见，因房屋拆迁、征用土地等不动产而提起的诉讼，由不动产所在地人民法院专属管辖，主要是为了便于人民法院对不动产进行调查、勘验，以便人民法院正确、及时地审理案件以及之后对判决的执行。

此外，根据某些特殊情况，人民法院对行政案件，还可以实行移送管辖、指定管辖、管辖权转移等，但基于这些内容在后面的关于民事诉讼制度的内容中有介绍，原理是一致的，在此不赘述。

四、行政诉讼中的原告、被告

行政诉讼的原告，是指认为行政主体及其工作人员的具体行政行为侵犯其合法权益，而向人民法院提起诉讼的公民、法人和其他组织。《行政诉讼法》规定，享有原告主体资格的法定条件包括：必须是公民、法人和其他组织，即原告被定位于行政相对人；必须是认为具体行政行为侵犯其合法权益的行政相对人；必须是向人民法院提起行政诉讼的行政相对人。《关于执行〈中华人民共和国行政诉讼法〉若干问题的解释》中还扩展了行政诉讼原告的范围，即具体行政行为有下列情形之一的，公民、法人或其他组织可依法提起行政诉讼：(1) 被诉的具体行政行为涉及其相邻权或公平竞争权的；(2) 与被诉的行政复议决定有法律上的利害关系或在复议程序中被追加为第三人的；(3) 要求主管行政机关依法追究加害人法律责任的；(4) 与撤销或变更具体行政行为有法律上利害关系的。

行政诉讼的被告，是指实施的具体行政行为被作为原告的公民、法人、其他组织指控侵犯其行政法上的合法权益，而由人民法院通知应诉的行政主体。《行政诉讼法》第25条规定了确定行政诉讼被告的五种不同情形：(1) 原告直接向人民法院提起诉讼的，作出具体行政行为的行政机关是被告；(2) 经复议的案件，复议机关决定维持原具体行政行为的，作出原具体行政行为的行政机关是被告；复议机关改变原具体行政行为的，复议机关是被告；(3) 由法律、法规授权的组织所作的具体行政行为，该组织是被告；(4) 由行政机关委托的组织所作的具体行政行为，委托的行政机关是被告；(5) 行政机关被撤销的，继续行使其职权的行政机关作为被告。

五、行政诉讼的程序

根据《行政诉讼法》的规定，我国行政诉讼的程序包括一审程序、二审程序、再审程序和执行程序。一审程序又包括起诉和受理、审理和判决四个相互衔接、依次转移的阶段。由于行政诉讼具体程序的规定与民事诉讼有诸多相同或类似之处，故下面只就行政诉讼的第一审程序作简单介绍。

1. 起诉与受理

起诉是指相对人认为具体行政行为侵犯了自己的合法权益，依法向人民法院提起诉讼请求，要求人民法院行使国家审判权予以保护和救济的诉讼行为。受理是指人民法院接到诉讼请求后，经审查认为符合法定起诉条件，决定予以立案审理的行为。起诉与受理的结合，是行政诉讼程序开始的标志。

起诉的法定条件是：(1) 原告是认为具体行政行为侵犯其合法权益的行政相对人；(2) 有明确的被告，即明确指出作出侵犯其合法权益的具体行政行为的行政机关是哪个；(3) 有具体的诉讼请求和事实根据；(4) 属于人民法院受案范围和受诉人民法院管辖。起诉应当向人民法院递交起诉状，即以书面形式提起诉讼，并按被告人数提出副本。书写起诉状确有困难的，也可采取口头形式，即由原告口头起诉，法院记入笔录。起诉还要受到时间的限制，即诉讼时效。根据《行政诉讼法》的规定，对于经过复议的案件，应自收到复议决定之日起15日内向人民法院提起诉讼，法律另有规定的除外；对于直接起诉的案件，应在知道作出具体行政行为之日起3个月内提出，法律另有规定的除外；因不可抗力或者其他特殊情况耽误法定期限的，在障碍消除后的10日内，可以申请延长期限，由人民法院决定。

人民法院接到起诉状后，经审查，应当在7日内立案受理或者裁定不予受理。原告对裁定不服的，可以提起上诉。

2. 审理和判决

审理前的准备包括依法组成合议庭、阅卷、查证及通知被告应诉等。其中，通知被告应诉是一项重要的准备工作。根据《行政诉讼法》的规定，人民法院在立案之日起5日内将诉状副本发送被告；被告应于收到起诉状副本之日起10日内向人民法院提交作出具体行政行为的有关材料，并提出答辩状。认真做好应诉工作既是作为被告的行政机关应尽的诉讼义务，也是决定其能否胜诉的必要条件，并且被认为是行政活动的延伸和继续。

人民法院审理一审行政案件应采用开庭审理的方式，即在人民法院审判人员的主持下，在诉讼参加人和其他参与人的参加下，依法定程序对被诉的具体行政行为进行审查并作出裁判。开庭审理又细分为审理开始、法庭调查、法庭辩论、合议庭评议和判决裁定等阶段。

根据《行政诉讼法》的规定，人民法院对一审案件，经审理后，根据不同情况，分别作出如下判决：

(1) 维持判决，即具体行政行为证据确凿，适用法律、法规正确，符合法定程序的，判决维持。

(2) 撤销判决，即具体行政行为的主要证据不足或者适用法律、法规错误，或者违反法定程序，或者超越职权，或者滥用职权的，判决撤销或者部分撤销，并可以判决被告重新作出具体行政行为。

(3) 履行判决，即被告不履行或者拖延履行法定职责的，判决在一定期限内履行。

(4) 变更判决，即行政处罚显失公正的，可以判决变更。

第二节　仲裁法

一、仲裁概述

(一) 仲裁的概念

仲裁，也叫“公断”，是指当事人发生经济纠纷后，自愿申请由仲裁机构居中调停并作出裁决或公断。经济仲裁，是对国内经济仲裁和涉外仲裁的一种概括性说法，它是指仲裁机构应当事人的申请，对其经济争议，依照一定的规则和法律作出裁决的一种方式。仲裁不同于诉讼，它具有民间性质，是一种非诉讼解决纠纷的方式。

仲裁方式不同于其他解决纠纷的方式，它有自身的特点：

1. 仲裁虽也听取双方意见，但不以双方的意志为转移，仲裁机构有权依法作出裁决。

2. 仲裁与调解虽然都有第三者参加，但第三者的作用却不同。调解人无权对当事人的意志实行强制，自愿原则是调解中首先要遵循的原则；而仲裁者则不以当事人的意志为转移，可依法直接作出裁决，从而体现出强制性。

虽然仲裁和诉讼在原则、制度、程序等方面有许多共性，但二者也有明显区别：第一，人民法院是国家审判机关，行使的是审判权；仲裁机关具有民间组织性质，行使的是仲裁权。第二，人民法院实行审判公开制；而仲裁机关在仲裁时则不公开。第三，法官在判决、裁定时必须严格依照法律的规定；仲裁中则可以更多地考虑商业惯例。第四，仲裁程序较审判程序更灵活、更简单。第五，仲裁机关作出的已生效的裁决书和调解书，如果一方当事人不履行，仲裁机关无权强制执行，而只能由另一方当事人向有管辖权的人民法院申请强制执行。

（二）仲裁的种类

按照仲裁所要解决的争议的性质可将仲裁划分为以下几种：

1. 国内经济仲裁，也称国内商事仲裁，是指国内经济主体之间的贸易争议，主要是合同争议，由国内仲裁机构仲裁解决；

2. 海事仲裁，指海运过程中发生的海损、海上船舶碰撞、海难救助报酬、海上保险、海上货物运输合同等争议，由海事仲裁机构仲裁解决；

3. 国际商事仲裁，指国际贸易或国际经济合作中发生的争议，根据当事人之间达成的协议，由某国涉外仲裁机构仲裁解决；

4. 劳动仲裁，指企业、事业单位与职工之间，因劳动条件、劳动报酬、劳动保护、劳动合同等发生的劳动争议，由劳动争议仲裁委员会仲裁解决；

5. 国际仲裁，指国家之间发生争端时，当事国把争议提交自己选择的仲裁人处理，相互约定接受其仲裁，这是和平解决国际争端的一种方式。

我国《仲裁法》所谓的仲裁仅指商事仲裁。

（三）仲裁的优越性

仲裁起源于罗马，当时主要用于仲裁国内商业纠纷。随着跨国商业贸易的兴起，国际间贸易纠纷增多，又逐渐发展成涉外仲裁。现在，西方国家有比较系统的仲裁规则和比较完备的仲裁机构，著名的有英国伦敦仲裁院、美国仲裁协会、瑞典斯德哥尔摩仲裁院、日本商事仲裁协会。这些机构一般采用非政府的民间仲裁组织形式，根据自己制定的较为健全的仲裁规则处理当事人之间的经济争议。20 世纪中叶以来，为适应国际贸易发展的需要，产生了国际性的仲裁公约。1958 年 6 月 10 日，联合国通过了《承认与执行外国仲裁裁决公约》，1976 年 4 月 28 日联合国国际贸易法委员会通过了《联合国国际贸易法委员会仲裁规则》。可见，经济仲裁在国际经济往来中得到广泛应用，并发挥着越来越重要的作用。

在我国，新中国成立后逐步建立起独立自主的仲裁组织，完善了经济仲裁制度。1954 年，首先在中国国际贸易促进委员会内设立了对外经济贸易仲裁委员会和海事仲裁委员会，分别受理对外经济贸易争议案件和海事争议案件，建立了涉外经济仲裁制度。此后，为适应国内经济发展，先后颁布了经济合同、建筑工程承包和技术合同仲裁条例，建立了各自的仲裁制度。1979年，我国建立了由有关行政部门作为仲裁者的两级仲裁制度。在这种制度中，两级仲裁后，当事人不服仍可向法院起诉，加上诉讼的两级终审，一个案件有可能经4次处理才能终结，这自然加重了当事人的负担和诉讼成本，并且不能及时解决纠纷。80年代初期，我国按国家工商行政管理局建制，正式建立了四级统一的经济合同仲裁机构，规定一方当事人可自愿选择仲裁或诉讼，但是这些仲裁带有极浓厚的行政色彩，带有明显的行政强制性，不具有民间性质。为保证公正、及时地仲裁经济纠纷，保护当事人的合法权益，保障社会主义市场经济健康发展，第八届全国人大常委会第九次会议于1994年8月31日通过了《中华人民共和国仲裁法》（以下简称《仲裁法》)，自1995年9月1日起施行。至此，仲裁机构与行政机关彻底分离，实行“或裁或审、一裁终局”制度，开始建立起与国际接轨的现代仲裁制度，使经济仲裁更好地服务于社会主义市场经济。

二、国内经济仲裁的程序

(一) 仲裁原则

根据《仲裁法》的规定，仲裁中除了必须遵守以事实为根据、以法律为准绳、当事人在适用法律上一律平等原则以及回避、公正、及时等解决经济纠纷的一些共同原则外，还必须遵守以下原则：

1. 仲裁自愿原则

指对于经济纠纷是否采用仲裁方式解决，完全由双方当事人自愿协商决定。无仲裁协议者，仲裁委员会不予受理；有仲裁协议的，法院不予受理。仲裁委员会由当事人协议选定。

2. 仲裁依法独立进行原则

仲裁依法独立进行，不受行政机关、社会团体和个人的干涉。仲裁委员会独立于行政机关，与行政机关没有隶属关系，仲裁委员会之间也没有隶属关系。

3. 一裁终局原则

仲裁裁决作出后，即发生法律效力，当事人不得就同一纠纷再协议申请仲裁或向人民法院起诉。仲裁裁决被人民法院依法撤销或不予执行的，当事人才可以就该纠纷根据双方重新达成的仲裁协议申请仲裁，或向人民法院起诉。

(二) 仲裁机构

我国的仲裁机构是仲裁委员会和仲裁协会。仲裁委员会是依法设立的有权受理经济纠纷案件、依法行使仲裁权的组织机构。根据《仲裁法》的规定，仲裁委员会由省一级人民政府组织有关部门和商会统一组建，可以设立在省一级人民政府所在地，也可以根据需要设立在其他设区的市，不得按行政区划层层设立，县级行政区域不设。

成立仲裁委员会的条件是：有自己的名称、住所和章程；有必要的财产；有该委员会的组成人员；有聘任的仲裁员。仲裁员由仲裁委员会从公道、正派且符合下列条件之一的人员中聘任：从事仲裁工作满 8 年的；从事律师工作满 8 年的；曾任审判员满 8 年的；从事法学研究、教学工作并且有高级职称的；具有法律知识、从事经济贸易等专业工作并具有高级职称的；具有法律知识或具有同等专业水平的。

仲裁委员会由主任 1 人、副主任 2～4 人和委员 7～11 人组成，均由法律、经济贸易专家和有实际工作经验的人担任，其中法律和经济贸易专家不得少于 2/3。

仲裁委员会的设立，应进行程序性登记，以取得法律认可的仲裁资格。登记机关是省、自治区、直辖市的司法行政部门。未经设立登记的仲裁委员会，其仲裁裁决不具有法律效力。

中国仲裁协会是仲裁委员会的自律性组织，仲裁委员会是中国仲裁协会的会员。中国仲裁协会是社会团体法人，其职责是建立自我约束、自我发展的自律性运行机制，根据章程对仲裁委员会及其组成人员、仲裁员的违纪行为进行监督。

（三）仲裁协议

1. 仲裁协议的概念

仲裁协议是指双方当事人共同自愿将其纠纷提交仲裁委员会仲裁的书面协议，它是仲裁的基础和前提。《仲裁法》第 4 条、第 5 条规定："当事人采用仲裁方式解决纠纷，应当双方自愿，达成仲裁协议。没有仲裁协议，一方申请仲裁的，仲裁委员会不予受理。""当事人达成仲裁协议，一方向人民法院起诉的，人民法院不予受理，但仲裁协议无效的除外。"同时《仲裁法》第 26 条规定："当事人达成仲裁协议，一方向人民法院起诉未声明有仲裁协议，人民法院受理后，另一方在首次开庭前提交仲裁协议的，人民法院应当驳回起诉，但仲裁协议无效的除外；另一方在首次开庭前未对人民法院受理该案提出异议的，视为放弃仲裁协议，人民法院应当继续审理。"

2. 仲裁协议的形式与内容

《仲裁法》第 16 条规定，"仲裁协议包括合同中订立的仲裁条款和以其他书面方式在纠纷发生前或者纠纷发生后达成的请求仲裁的协议”。可见，仲裁协议应以书面形式作出，口头仲裁协议无效。根据该条规定，书面仲裁协议有两种：一是合同中订立的仲裁条款，二是在纠纷发生前或发生后达成的请求仲裁的书面协议。实践中，仲裁条款被广泛采用，当事人在纠纷发生前或发生后达成单独仲裁协议的较少。相对于合同的其他条款或整个合同而言，两种书面仲裁协议都是独立存在的。合同的变更、解除、终止或无效，都不影响仲裁协议的效力。

根据《仲裁法》第 16 条的规定，仲裁协议应当具有以下内容：请求仲裁的意思表示；仲裁事项；选定的仲裁委员会。

3. 仲裁协议的有效条件

有效的仲裁协议应具备以下条件：第一，仲裁协议订立人必须是完全民事行为能力人。第二，双方自愿申请仲裁。第三，仲裁事项不超出法律规定的仲裁范围。法定的仲裁范围包括合同纠纷和其他财产权益纠纷，若是婚姻、收养、监护、抚养、继承纠纷和依法应当由行政机关处理的行政争议以及知识产权纠纷不能约定提交仲裁，劳动争议和农业集体组织内部的农业承包合同纠纷，也不能约定提交仲裁。第四，仲裁协议须为书面形式。

4. 仲裁协议的无效

仲裁协议无效的原因有：一是约定的仲裁事项超出法律规定的仲裁范围；二是无民事行为能力人或限制民事行为能力人订立的仲裁协议；三是一方采取胁迫手段，迫使对方订立仲裁协议的；四是以口头形式订立的仲裁协议；五是仲裁协议对仲裁事项或仲裁委员会没有约定或约定不明确的，当事人可以补充协议，达不成补充协议的，仲裁协议无效。

当事人对仲裁协议的效力有异议的，可以请求仲裁委员会作出决定或请求人民法院作出裁定。一方请求仲裁委员会作出决定，另一方请求人民法院作出裁定的，由人民法院裁定。当事人对仲裁协议的效力有异议的，应当在仲裁庭首次开庭前提出。

（四）仲裁程序

仲裁程序是仲裁委员会仲裁经济纠纷案件所适用的程序。仲裁程序由《仲裁法》和根据《仲裁法》制定的仲裁规则确定，仲裁委员会和当事人应按仲裁程序进行仲裁活动。

1. 申请和受理

申请是指当事人依照法律和仲裁协议将争议提请仲裁委员会仲裁。申请仲裁应符合下列条件：一是有仲裁协议，二是有具体的仲裁请求和事实理由，三是属于仲裁委员会的受理范围。这3个条件必须同时具备，缺一不可。当事人申请仲裁应当向仲裁委员会提交仲裁协议、仲裁申请书及副本。

受理是指仲裁委员会依法接受当事人的申请，对经济纠纷进行审理。仲裁委员会收到仲裁申请书之日起5日内，认为符合条件的，应当受理，并通知当事人；认为不符合受理条件的，应当书面通知当事人不予受理，并说明理由。仲裁委员会受理仲裁申请后，应当在规定期限内将仲裁规则和仲裁员名册送达双方当事人，并将仲裁申请书副本送达被申请人。被申请人应在规定时期内提交答辩书，未提交答辩书不影响仲裁程序的进行。

2. 仲裁庭的组成

仲裁庭是行使仲裁权对具体案件进行仲裁的临时性组织。它有两种形式：一是独任庭，即由一名仲裁员组成的仲裁庭；二是合议庭，即由3名仲裁员组成并设首席仲裁员的仲裁庭。仲裁庭的形式由当事人约定，仲裁员由当事人选定。当事人没有在规定期限内约定仲裁庭的形式或未选定仲裁员的，由仲裁委员会主任指定。

3. 开庭和裁决

开庭是指仲裁庭在仲裁当事人及其代理人的参加下，依法对纠纷进行审理和裁决的活动。仲裁一般应开庭进行，但当事人协议不开庭的，仲裁庭可以根据仲裁申请书、答辩书和其他有关材料作出裁决。仲裁一般不公开进行，但当事人协议公开的，可以公开进行，涉及国家秘密的除外。

仲裁委员会应在规定期限内将开庭日期通知双方当事人。当事人若有正当理由，可在规定期限内请求延期开庭，但是否延期由仲裁庭决定。开庭时，当事人应对自己的主张提供证据，证据应当庭出示，并进行质证。对案件的专门性问题，可由鉴定部门鉴定。开庭过程中，当事人有权进行言词辩论，反驳对方的主张及理由，辩论终结时，在首席仲裁员或独任仲裁员征询当事人的最后意见后，仲裁庭应进行评议，对案件进行裁决。

裁决是仲裁庭经审理依法对经济纠纷案件作出的实体处理决定。仲裁裁决为终局裁决，从裁决书作出之日起发生法律效力，当事人应认真遵照执行。

当事人申请仲裁后可自行和解也可以撤回仲裁申请。仲裁庭在裁决前，当事人可自愿先行调解，调解不成的应及时作出裁决。调解达成协议的，仲裁庭应当制作调解书，调解书与生效裁决书具有同等法律效力。

4. 执行

仲裁裁决书是法律文书，当事人应当执行。一方当事人拖延或拒绝执行的，另一方当事人可依照民事诉讼法的有关规定向人民法院申请执行。当事人一方申请执行裁决，另一方申请撤销裁决的，人民法院应当裁定中止执行。经审查决定撤销该裁决的，应当裁定终结执行；决定该裁决不予撤销的，应当裁定恢复执行。

5. 仲裁监督

由于仲裁实行一裁终局制，加之仲裁委员会之间无隶属关系，仲裁委员会不能实行仲裁的自我监督，为此，各国都将法院作为仲裁的监督机构，实行以审判权为内容的仲裁司法监督。法院对仲裁的监督体现在以下几方面：

（1）裁定确认仲裁协议的效力。

（2）裁定撤销仲裁裁决。当事人提出证据证明仲裁裁决有《仲裁法》第 58 条第 1 款法定情形之一的，或符合该条第 3 款的，可向仲裁委员会所在地的中级人民法院申请撤销。人民法院组成合议庭审查核实后，应当裁定撤销。

（3）通知仲裁庭重新仲裁。人民法院受理撤销裁决的申请后，认为案件可以由仲裁庭重新仲裁的，应书面通知仲裁庭在一定期限内重新仲裁，并裁定中止撤销程序。该通知书具有否定裁决的效力，并成为仲裁庭重新仲裁的依据。

（4）对裁决裁定不予执行。法院在裁决的执行程序中，被执行人提出证据，证明仲裁裁决有《民事诉讼法》第 258 条第 1 款规定的法定情形之一的，或人民法院认为执行该裁决违背社会公共利益的，经人民法院组成合议庭审查核实，可裁定不予执行。

三、涉外仲裁的特别规定

我国的涉外仲裁包括了对外经济贸易、运输和海事仲裁。它是指根据当事人的约定，在涉外仲裁机构主持下依法对当事人之间的争执居中决断的制度。涉外仲裁具有较大的灵活性、广泛的适用性、严格的保密性。涉外仲裁机构属民间性质，它在仲裁涉外案件时，在程序法上适用我国的《仲裁法》，其中优先适用该法第七章关于涉外仲裁的特别规定，该章没有规定的，适用该法其他有关规定。《仲裁法》对涉外仲裁作了以下特别规定：

1. 我国的涉外仲裁机构是中国国际经济贸易仲裁委员会和中国海事仲裁委员会，它们由中国国际贸易促进委员会（1987 年改称为中国国际商会）分别于

1956年4月和1958年11月组织成立。中国国际经济贸易仲裁委员会主要管辖中、外当事人之间、外国当事人之间和中国当事人之间，产生于国际或涉外的契约性或非契约性的经济贸易等争议。中国海事仲裁委员会受理产生于远洋、沿海和与海相通的水域的运输、生产和航行过程中的海事争议。

2. 涉外仲裁委员会组成的人数不受限制。涉外仲裁委员会由主任1人、副主任和委员若干人组成，对副主任和委员人数未作限制；国内仲裁委员会的副主任和委员的人数都是法定的。

3. 涉外仲裁委员会可从具有法律、经济贸易、科学技术等专业知识的外籍人士中聘任仲裁员。

4. 涉外仲裁的当事人申请证据保全时，涉外仲裁委员会必须将当事人的申请提交被申请人住所地或财产所在地中级人民法院或相当于中级人民法院的海事法院，由法院作出裁定。

5. 涉外仲裁规则由中国国际商会依照《仲裁法》和民事诉讼法的有关规定制定，而国内仲裁规则则由中国仲裁协会制定。

6. 与国内经济仲裁中有关申请法院撤销、不予执行仲裁裁决的规定相比，法院在对涉外仲裁的监督内容上限于仲裁程序而不涉及实体内容。

7.《仲裁法》规定，涉外仲裁委员会作出生效裁决，当事人请求执行的，如果被执行人或其财产不在中华人民共和国领域内，应当由当事人直接向有管辖权的外国法院申请承认和执行。

第三节　民事诉讼法

一、民事诉讼概述

(一) 民事诉讼的概念

诉讼，俗称“打官司”，是指国家司法机关在当事人及其他诉讼参与人的参加下，依照法定的程序和方式，解决具体争议的活动。在我国，它是解决经济争议的诸种方式中最正规、最权威和最有效的方式。所谓民事诉讼，是指人民法院在双方当事人和其他诉讼参与人的参加下，审理和解决民事案件的活动，以及由这些活动所产生的诉讼关系。民事诉讼法就是有关民事诉讼的法律规范的总称。我国现行的《民事诉讼法》是1991年4月9日颁布并实施的，并在2007年10

月28日作了部分修订，该修订内容于2008年4月1日生效。此次修订主要是为解决当今司法实务中最突出的“申诉难”、“执行难”问题，但民事诉讼法仍需作全面的修改才能满足纠纷解决的需要。不过，本节仍以该法为基础作介绍。

（二）民事诉讼的基本原则

民事诉讼的基本原则是法律规定的在整个民事诉讼过程中起指导作用的基本准则。根据《民事诉讼法》的具体规定，民事诉讼除具有与刑事诉讼、行政诉讼相同的原则外，还具有自己的特有原则。

1. 当事人诉讼权利平等原则

民事诉讼法规定，诉讼当事人有平等的诉讼权利，人民法院审理民事、经济纠纷案件，应当保障和便利当事人行使诉讼权利，但当事人诉讼权利平等，不等于诉讼权利相同。民事诉讼中的诉讼权利和诉讼义务是对等的。

2. 法院调解原则

法院调解，是指人民法院审理民事、经济纠纷案件时，对于能够调解解决的案件，在双方当事人自愿的条件下，查明事实、分清是非，依法说服和指导双方当事人达成协议，以调解方式结案。

3. 辩论原则

辩论原则，是指当事人在人民法院主持下，有权就案件的实体方面和程序方面的事实、理由和适用法律等问题，陈述各自主张，互相进行辩驳和论证，以维护自己的合法权益。辩论权是当事人的一项重要诉讼权利，贯穿审判程序的全过程。

4. 处分原则

处分原则是指民事诉讼当事人在法律规定的范围内可自由支配自己依法享有的民事权利和诉讼权利。当事人行使处分权利贯穿在整个诉讼过程中。

5. 检察监督原则

检察监督原则，是指检察机关有权对人民法院的民事审判活动实行法律监督。检察机关是我国的法律监督机关，对法院的民事审判活动实施监督，是其监督职能在民事诉讼中的体现。

6. 同等和对等原则

同等原则，是指一国公民、组织在他国进行民事诉讼时，与他国公民、组织有同等的诉讼权利和承担同等的诉讼义务。对等原则，是指一国法院在民事诉讼中对他国公民、组织的诉讼权利加以限制的，他国法院对该国公民、组织的民事权利加以同等限制的原则。

二、民事诉讼受案范围及案件管辖

（一）受案范围

根据《人民法院组织法》的规定，我国的经济审判机构是各级人民法院经济审判庭，以及铁路运输、海事等专门法院经济审判庭。从2000年开始，根据最高人民法院的规定，法院庭审机构作了较大调整，其中，原经济审判庭的受案范围改为民事审判庭第二庭为主受理。具体包括：合同纠纷案件；涉外或涉港澳台经济纠纷案件；农村承包合同纠纷案件；经济损害赔偿纠纷案件；企业破产案件；企业承包合同和企业租赁经营合同纠纷案件等。

铁路运输法院受理铁路运输合同纠纷案件、铁路侵权纠纷案件、铁路系统内部单位之间的各种经济纠纷案件。此外，最高人民法院于1988年设立交通运输审判庭，主要审理在全国范围内有重大影响的和各高级人民法院移送的重大、疑难的交通运输案件，包括一审案件、上诉案件和再审案件。

对于海事法院，我国分别在大连、天津、青岛、上海、宁波、厦门、广州、海口、北海、武汉设立了海事法院，它们与普通中级人民法院同级，二审法院为各海事法院所在地的高级人民法院。海事法院内设海事审判庭和海商审判庭。海事法院受理的案件包括海事侵权纠纷案件、海商合同纠纷案件、共同海损纠纷案件、海事执行案件和海事请求保全案件。

（二）案件管辖

根据《民事诉讼法》的规定，经济纠纷案件的管辖完全适用民事诉讼法的规定，可分为级别管辖、地域管辖、移送管辖和指定管辖、管辖权异议、管辖权转移。

1. 级别管辖

级别管辖是指不同级别人民法院受理第一审民事经济纠纷案件的分工和权限。确定各级法院的级别管辖可依据被诉主体的隶属关系、诉讼标的金额、案件疑难复杂程度、社会影响大小等因素。基层人民法院管辖大部分的第一审案件；中级人民法院管辖重大涉外案件、在本辖区内有重大影响的案件、最高人民法院确定由中级人民法院管辖的案件；高级人民法院管辖在本辖区内有重大影响的案件；最高人民法院管辖在全国范围内有重大影响的案件和认为应当由自己审理的案件。

2. 地域管辖

地域管辖是指同级人民法院受理第一审民事经济案件的分工和权限。(1) 一般地域管辖，以由被告住所地法院管辖，即“原告就被告”为主，以由原告住所地法院管辖，即“被告就原告”为辅。(2) 特殊地域管辖的内容有：因合同纠纷提起的诉讼由被告住所地或合同履行地法院管辖；因保险合同纠纷提起的诉讼，由被告住所地或保险标的物所在地法院管辖；因票据纠纷提起的诉讼，由票据支付地或被告住所地法院管辖；因铁路、公路、水上、航空运输和联合运输合同纠纷提起的诉讼，由运输始发地、目的地或被告住所地法院管辖；因侵权行为提起的诉讼，由侵权行为地、被告住所地法院管辖；因铁路、公路、水上和航空事故请求赔偿提起的诉讼，由事故发生地、车辆或船舶最先到达地、航空器最先降落地或被告住所地人民法院管辖；因船舶碰撞或其他海事损害事故请求损害赔偿提起的诉讼，由碰撞发生地、碰撞船舶最先到达地、加害船舶被扣留地或被告住所地法院管辖；因海难救助费提起的诉讼，由救助地或被救船舶最先到达地的法院管辖；因共同海损提起的诉讼，由船舶最先到达地、共同海损理算地或航程终止地法院管辖。(3) 专属管辖。专属管辖是指法律强制规定某些案件只能由特定的人民法院管辖，它具有强制性和排他性。对专属管辖的案件，其他任何法院均无管辖权，当事人也不得协议变更管辖法院。属于我国法院专属管辖的案件，外国法院无权管辖。根据《民事诉讼法》的规定，因不动产纠纷提起的诉讼，由不动产所在地人民法院管辖；因港口作业中发生的纠纷提起的诉讼，由港口所在地法院管辖。(4) 协议管辖。协议管辖是双方当事人以书面协议自愿选择解决其民事、经济纠纷的管辖法院。协议管辖应符合以下条件：必须是第一审合同纠纷案件；只能在被告住所地、合同履行地、合同签订地、原告住所地、标的物所在地的法院中选择一个法院，不得违反民事诉讼法关于级别管辖、专属管辖的规定；必须采用书面形式。

3. 移送管辖

移送管辖是指人民法院发现已受理的案件不属于本法院管辖，依法将案件移送有管辖权的人民法院受理，是对地域管辖的补充。

4. 指定管辖

指定管辖是上级人民法院因发生特殊情况而指定辖区内的某一下级人民法院对具体案件行使管辖权。

5. 管辖权转移

管辖权转移，是指经上级人民法院决定或同意，将某个案件的管辖权由上级人民法院转交给下级人民法院，或由下级人民法院报请后转交给上级人民法院管辖，是对级别管辖的一种变通和补充。

6. 管辖权异议

管辖权异议，是指人民法院受理案件后，当事人依法提出该人民法院对本案无管辖权的主张和意见，是当事人行使诉讼权利的表现。

三、民事诉讼的具体程序规定

（一）第一审普通程序

第一审程序是指人民法院审理民事、经济案件时普遍适用的基础程序。第一审程序是民事、经济审判程序中体系最完整、内容最完备的一种程序，包括普通程序和简易程序。第一审普通程序具有程序的完整性、广泛的适用性特点，简易程序是普通程序的简化。

1. 起诉和受理

起诉是公民、法人或其他组织，认为自己的民事、经济权利受到侵犯或与他人产生争议，以自己的名义，请求人民法院依法审判，给予司法保护的诉讼行为。受理是指人民法院通过审查原告的起诉，认为符合起诉条件，而决定立案审理的诉讼行为。普通程序的开始是起诉与受理两个诉讼行为的结合。起诉必须符合下列条件：原告是与本案有直接利害关系的公民、法人和其他组织；有明确的被告；有具体的诉讼请求和事实、理由；在人民法院受理民事、经济案件的范围内，属于受诉人民法院管辖。起诉应向人民法院递交起诉状，并按照被告人数提出副本；书写确实有困难的，可以口头起诉。人民法院审查后，认为符合起诉条件的，应当在 7 日内立案，并通知当事人；认为不符合起诉条件的，应当在 7 日内裁定不予受理，原告对裁定不服的，可以提起上诉。

2. 审理前的准备

审理前的准备，是人民法院受理案件后，在开庭审理前，为保证案件顺利开庭审判，依法所做的各项准备工作。如，将起诉状的副本在立案之日起 5 日内送达被告，被告在收到起诉状副本之日起 15 日内提出答辩状。被告不提出答辩状的，不影响人民法院审理。又如，在合议庭确定后 3 日内告知当事人，决定采取财产保全和先予执行等。

3. 开庭审理

开庭审理是指人民法院在当事人和其他诉讼参与人的参加下，全面审查，认定案件事实，并依法作出裁定或调解的活动。它是普通程序中最重要的阶段和中心环节，由庭审准备、宣布开庭、庭审调查、法庭辩论、评议和判决几个阶段组成。

经济纠纷案件的审理，一般应公开进行，但涉及国家秘密或商业秘密，经当事人申请不公开审理的除外。开庭时，当事人可以辩护、提出新的证据，经法庭许可，可以向证人、鉴定人、勘验人发问；还可要求重新进行调查、鉴定或勘验。当事人经人民法院传票传唤，无正当理由拒不到庭或未经法庭许可中途退庭的，若是原告，可按撤诉处理，被告反诉的，可以缺席判决；若是被告，可缺席判决。

人民法院宣告判决，不论案件是否公开审理，一律公开进行。宣告判决分为当庭宣判和定期宣判两种。当庭宣判的，应当在10日内送达判决书；定期宣判的，宣判后立即送达判决书。送达判决书时还应告知当事人上诉权利、上诉期限和上诉法院。当事人在判决书送达之日起15日内不上诉的，判决即发生法律效力。

（二）第二审程序

第二审程序，是指当事人不服第一审人民法院作出的判决或裁定，依法请求上一级人民法院对案件进行审理所适用的程序。第二审程序因当事人上诉而引起，因而也可称为上诉审程序。上诉是当事人的诉讼行为，上诉权是当事人的重要诉讼权利。

上诉必须在法定期限内提出，即判决的上诉期限是判决书送达之日起15日，裁定的上诉期限是裁定书送达之日起10日。上诉必须递交上诉状，不能用口头形式。审理上诉案件，应由审判员组成合议庭进行。合议庭认为不需要开庭审理的，可直接判决或裁定。上诉审法院只对上诉请求的有关事实和适用的法律问题进行审查。认为原判决认定事实清楚，适用法律正确的，判决驳回上诉、维持原判；认为原判决适用法律错误的，依法改判；认为原判决认定事实错误，或认定事实不清，证据不足的，裁定撤销原判决，发回原审人民法院重审，或查清事实后改判；认为原判决违反法定程序，可能影响案件正确判决的，裁定撤销原判决，发回原审法院重审。当事人对第一审重审案件的判决、裁定不服的，仍可上诉。

（三）审判监督程序

审判监督程序，是指人民法院发现已发生法律效力的判决、裁定和调解书确有错误，依法决定对案件进行再审的程序。它不是每一个案件必经的审判程序，而是纠正人民法院已发生法律效力的判决、裁定的错误的一种补救程序。

各级法院院长对本院已生效的判决、裁定，发现确有错误，认为需要再审的，应当提交审判委员会讨论决定。最高人民法院对地方各级人民法院已生效的判决、裁定，上级人民法院对下级人民法院已生效的判决、裁定，发现确有错误的，有权提审或指令下级法院再审。最高人民检察院对各级人民法院已生效的判决、裁定，上级人民检察院对下级法院已生效的判决、裁定，发现有《民事诉讼法》第179条情形之一的，应当提出抗诉。对人民检察院抗诉的案件，人民法院应当再审。

当事人对已生效的判决、裁定，认为有错误的，可依法向上一级人民法院申请再审，但不停止原判决、裁定的执行。当事人对已经发生法律效力的调解书，提出证据证明调解违反自愿原则或者调解协议的内容违反法律的，可以申请再审。经人民法院审查属实的，应当再审。根据《民事诉讼法》第179条之规定，当事人的申请符合下列情形之一的，人民法院应当再审：有新的证据，足以推翻原判决、裁定的；原判决、裁定认定的基本事实缺乏证据证明的；原判决、裁定认定事实的主要证据是伪造的；原判决、裁定认定事实的主要证据未经质证的；对审理案件需要的证据，当事人因客观原因不能自行收集，书面申请人民法院调查收集，人民法院未调查收集的；原判决、裁定适用法律确有错误的；违反法律规定，管辖错误的；审判组织的组成不合法或者依法应当回避的审判人员没有回避的；无诉讼行为能力人未经法定代理人代为诉讼或者应当参加诉讼的当事人，因不能归责于本人或者其诉讼代理人的事由，未参加诉讼的；违反法律规定，剥夺当事人辩论权利的；未经传票传唤，缺席判决的；原判决、裁定遗漏或者超出诉讼请求的；据以作出原判决、裁定的法律文书被撤销或者变更的。对违反法定程序可能影响案件正确判决、裁定的情形，或者审判人员在审理该案件时有贪污受贿、徇私舞弊、枉法裁判行为的，人民法院应当再审。当事人申请再审，应当在判决、裁定发生法律效力后2年内提出；2年后据以作出原判决、裁定的法律文书被撤销或者变更，以及发现审判人员在审理该案件时有贪污受贿、徇私舞弊、枉法裁判行为的，自知道或者应当知道之日起3个月内提出。

（四）督促程序

督促程序，是指人民法院根据债权人给付金钱和有价证券的申请，以支付令的形式，催促债务人限期履行义务的特殊程序。它是一种用简便、快捷方式解决债务纠纷的程序，非常适合社会主义市场经济快速流转的需要。

督促程序的适用必须符合以下条件：(1) 督促程序的标的必须是具有给付内容的金钱和有价证券；(2) 申请人的请求必须没有对待给付的义务，即债权人与债务人无其他债务纠纷；(3) 支付令必须能够送达债务人；(4) 必须向有管辖权的基层人民法院申请支付令。

债权人提出申请后，法院应当在5日内通知债权人是否受理。法院受理后，经审查认为债权、债务关系明确、合法的，应在受理之日起15日内向债务人发出支付令；申请不成立的，法院应裁定驳回。债务人自收到支付令之日起15日内清偿债务，或向法院提出书面异议。若债务人在法定期限内提出书面异议，法院应裁定终结督促程序，支付令自动失效，债权人可依普通程序向人民法院起诉；若债务人逾期不提异议又不履行支付，债权人可向人民法院申请强制执行。

(五) 公示催告程序

公示催告程序，是指人民法院根据申请人的申请，以公示方式催告不明的利害关系人于一定期间内申请权利，否则，即产生票据无效或失权后果的程序。它对于保护票据当事人的合法权益，保障票据的正常使用和流通，促进社会主义市场经济的发展，具有重要意义。

公示催告程序只适用于可以背书转让的票据或法律规定的其他事项，当事人一方必须处于不明的状态。申请公示催告的条件有：必须是可以背书转让的票据或其他事项；必须是基于票据遗失、灭失或被盗；申请人是票据丧失前的最后持有人；必须向票据支付地的基层人民法院申请。

人民法院受理申请后，应当通知支付人停止支付，并在3日内发出公告，催促利害关系人申请权利。受公示催告的利益关系人，在公示催告期间可向法院申报权利，法院收到申报后，应裁定终结公示催告程序，并通知申请人和支付人，此时，申请人或申报人可向法院起诉。若无人申报或申报被驳回，法院应根据申请人的再次申请作出判决，宣告票据无效。自判决公告之日起，申请人有权向支付人请求支付。如果利害关系人因正当理由不能在判决前向法院申报，自知道或应当知道判决公告之日起1年内，可向作出判决的法院起诉。

(六) 执行程序

执行程序，是指人民法院执行组织进行执行活动和申请执行人、被执行人以及协助执行人进行执行活动必须遵守的程序。执行程序是审判程序完成之后的一个独立的程序，但不是审判程序完成之后的必经程序。

人民法院实行审、执分离。法院设立专司执行的执行机构，执行工作由执行员负责。执行根据是人民法院作出的具有给付内容的生效法律文书，具体有：人民法院制作的判决书、裁定书、调解书、支付令，仲裁机构制作的裁决书，公证机关制作的具有强制执行效力的债权文书等。执行对象只能是被执行人的财产和行为，不能是被执行人的人身。主要由当事人申请执行，申请执行的期间为2年。申请执行时效的中止、中断，适用法律有关诉讼时效中止、中断的规定。具体规定的期间，从法律文书规定的履行期间的最后一日起计算；法律文书规定分期履行的，从规定的每次履行期间的最后一日起计算；法律文书未规定履行期间的，从法律文书生效之日起计算。

根据《民事诉讼法》的相关规定，执行措施主要有：查询、冻结、划拨被执行人的存款；扣留、提取被执行人的收入；查封、扣押、冻结、拍卖、变卖被执行人的财产；搜查被执行人隐匿的财产；强制被执行人迁出房屋或退出土地；强制转移有关财产证照；对其采取或者通知有关单位协助采取限制出境，在征信系统记录、通过媒体公布不履行义务信息以及法律规定的其他措施。

思考题

1. 结合亲身经历试评述经济纠纷的解决方式。
2. 请思考在解决经济纠纷时仲裁和民事诉讼的交叉性和衔接性。
3. 对我国民事执行措施你有何具体思考？
4. 行政诉讼与民事诉讼在适用过程中是否有冲突？如何协调？

案例分析

甲公司经营房地产开发，在有偿取得某幅土地的使用权之后，由于资金困难，与乙公司签订了合作开发合同，约定由双方共同投资并分享该开发项目的利润。但双方未实际履行。此后，丙公司就同一幅土地以更优惠的条件与甲公司签订了一份合作开发合同并开始实际履行。三方之间由此发生纠纷。丙公司根据其与甲公司签订的合同中的仲裁条款申请仲裁，请求裁决确认其与甲公司签订的合同有效，并裁决甲公司继续履行。双方在仲裁委员会受理后自行达成了继续履行合同的和解协议，请求仲裁委员会根据和解协议制作裁决书。仲裁庭三名仲裁员中，一名认为应当否定和解协议，一名认为应当制作调解书，首席仲裁员认为应当制作裁决书。最后按仲裁庭首席仲裁员的意见，根据和解协议的内容作出了裁决书并送达双方当事人。此后乙公司向法院起诉，请求确认本公司与甲公司签订的合同有效并履行该合同。

试分析：(1) 乙公司在得知丙公司申请仲裁后，能否申请参加甲公司与丙公司正在进行的仲裁程序？为什么？

(2) 丙公司在仲裁裁决书生效后，能否在甲公司与乙公司的诉讼中成为当事人？为什么？

(3) 仲裁委员会制作裁决书在程序上是否合法？为什么？

(4) 在仲裁裁决已确认甲公司与丙公司的合同有效的情况下，法院能否判决甲公司与乙公司之间的合同有效？为什么？

(5) 乙公司是否有权以仲裁的程序违反法律规定为由申请法院撤销仲裁裁决？为什么？

要点分析：

(1) 乙公司不能申请参加甲公司与丙公司正在进行的仲裁程序。因为甲公司分别与乙公司和丙公司签订了合作开发合同，甲公司与丙公司签订的合同中的仲裁条款对乙公司无效，乙公司不是该仲裁协议的主体。

(2) 丙公司不能在甲公司与乙公司的诉讼中成为当事人。因为本案虽然存在两个有联系的合同关系，但在仲裁裁决书生效后丙公司与诉讼案件的处理已无法律上的利害关系，丙公司与甲公司之间的法律关系已经由生效的仲裁裁决所确定。本案中丙公司不能成为有独立请求权的第三人，也不能成为无独立请求权的第三人。

(3) 仲裁委员会制作裁决书在程序上合法。因为《仲裁法》规定，当事人达成和解协议的，可以请求仲裁庭根据和解协议作出裁决书，也可以撤回仲裁申请；仲裁庭不能形成多数意见时，裁决应当按照首席仲裁员的意见作出。

(4) 法院能判决甲公司与乙公司之间的合同有效。因为合同是否有效取决于该合同是否具备法定的有效要件，关于同一项目的两份合同只要都具备有效要件，可以同时有效，但只能履行其中一份合同。

(5) 乙公司无权以仲裁的程序违反法律规定为由申请法院撤销仲裁裁决。因为只有仲裁案件的当事人才有权申请撤销仲裁裁决，乙公司不是仲裁案件的当事人。

推荐阅读书目

1. 汤维建主编．民事诉讼法学．北京：北京大学出版社，2008

2. 江伟主编．民事诉讼法．4版．北京：中国人民大学出版社，2008

3. 张斌生主编．仲裁法新论．厦门：厦门大学出版社，2003

4. 周佑勇．行政法学论．北京：中国方正出版社，2000

5. 姜明安主编．行政法与行政诉讼法．3版．北京：北京大学出版社，高等教育出版社，2007

6. 马怀德主编．行政法与行政诉讼法．北京：中国政法大学出版社，2007

7. 罗文燕主编．行政法与行政诉讼法．杭州：浙江大学出版社，2008

参考文献

1. 梁慧星主编．社会主义市场经济管理法律制度研究．北京：中国政法大学出版社，1993

2. 刘定华，屈茂辉主编．经济法律概论．长沙：湖南大学出版社，2002

3. 漆多俊主编．中国经济组织法．北京：中国政法大学出版社，2003

4. 王利明．物权法研究．修订版．北京：中国人民大学出版社，2007

5. 刘春田主编．知识产权法教程．北京：知识产权出版社，1995

6. 崔建远主编．合同法．4 版．北京：法律出版社，2009

7. 王利明，房绍坤，王轶．合同法．3 版．北京：中国人民大学出版社，2009

8. 屈茂辉．中国合同法学．长沙：湖南大学出版社，2003

9. 孔祥俊．反不正当竞争法的适用与完善．北京：法律出版社，1998

10. 吕明瑜．竞争法．北京：法律出版社，2004

11. 徐士英等．竞争法新论．北京：北京大学出版社，2006

12. 孔祥俊．反垄断法原理．北京：中国法制出版社，2001

13. 楚风华主编．安全生产法教程．北京：煤炭工业出版社，2006

14. 赵相林，曹俊．国际产品责任法．北京：中国政法大学出版社，2000

15. 宋槿篱编著．财税法学．长沙：湖南大学出版社，2003

16. 刘剑文主编．财税法学．北京：高等教育出版社，2003

17. 刘剑文，熊伟．税法基础理论．北京：北京大学出版社，2004

18. 刘燕．会计法．2 版．北京：北京大学出版社，2009

19. 李季泽．国家审计的法理．北京：中国时代经济出版社，2004

20. 吴志攀主编．金融法概论．北京：北京大学出版社，2000

21. 朱崇实主编．金融法教程．北京：法律出版社，2005

22. 于莹．票据法．北京：高等教育出版社，2008
23. 范健，王建文．证券法．北京：法律出版社，2007
24. 贾林青．保险法．北京：中国人民大学出版社，2006
25. 陈洁．证券法．北京：社会科学文献出版社，2006
26. 符启林．房地产法．4 版．北京：法律出版社，2009
27. 黄河编著．房地产法．北京：中国政法大学出版社，2008
28. 唐茂华主编．房地产法律与制度．北京：电子工业出版社，2009
29. 沈四宝，王秉乾主编．中国对外贸易法．北京：法律出版社，2006
30. 汪劲．环境法学．北京：北京大学出版社，2006
31. 金瑞林主编．环境与资源保护法学．北京：北京大学出版社，2006
32. 曹明德，黄锡生主编．环境资源法．北京：中信出版社，2004
33. 钱水苗主编．环境资源法．杭州：浙江大学出版社，2007
34. 王全兴．劳动法．3 版．北京：法律出版社，2008
35. 林嘉主编．劳动法和社会保障法．北京：中国人民大学出版社，2009
36. 黎建飞．劳动与社会保障法教程．北京：中国人民大学出版社，2007
37. 李昌麒，许明月编著．消费者保护法．北京：法律出版社，2006
38. 孙虹主编．消费者保护法．北京：清华大学出版社，2008
39. 吴景明．消费者权益保护法．北京：中国政法大学出版社，2002
40. 金福海．消费者法论．北京：北京大学出版社，2005
41. 汤维建主编．民事诉讼法学．北京：北京大学出版社，2008
42. 江伟主编．民事诉讼法．4 版．北京：中国人民大学出版社，2008
43. 张斌生主编．仲裁法新论．厦门：厦门大学出版社，2003
44. 姜明安主编．行政法与行政诉讼法．3 版．北京：北京大学出版社，高等教育出版社，2007
45. 马怀德主编．行政法与行政诉讼法．北京：中国政法大学出版社，2007
46. 罗文燕主编．行政法与行政诉讼法．杭州：浙江大学出版社，2008
47. 张守文．财税法疏议．北京：北京大学出版社，2005
48. ［日］金泽良雄．经济法概论．满达人译．兰州：甘肃人民出版社，1985
49. 李昌麒主编．经济法学．北京：中国政法大学出版社，2002
50. 吕忠梅主编．超越与保守——可持续发展视野下的环境法创新．北京：

法律出版社，2003

51. 蔡守秋主编．环境资源法学．北京：人民法院出版社，中国人民公安大学出版社，2003

52. 郑尚元．劳动合同法的制度与理念．北京：中国政法大学出版社，2008

53. 周佑勇．行政法学论．北京：中国方正出版社，2000

图书在版编目（CIP）数据

经济法律通论/屈茂辉，郭哲主编.
北京：中国人民大学出版社，2010
（21 世纪通用法学系列教材）
ISBN 978-7-300-11712-6

Ⅰ.①经…
Ⅱ.①屈…②郭…
Ⅲ.①经济法-中国-高等学校-教材
Ⅳ.①D922.29

中国版本图书馆 CIP 数据核字（2010）第 031343 号

21 世纪通用法学系列教材
经济法律通论
主编 屈茂辉 郭 哲
Jingji Falü Tonglun

出版发行	中国人民大学出版社		
社 址	北京中关村大街 31 号	邮政编码	100080
电 话	010－62511242（总编室）		010－62511398（质管部）
	010－82501766（邮购部）		010－62514148（门市部）
	010－62515195（发行公司）		010－62515275（盗版举报）
网 址	http：//www.crup.com.cn		
	http：//www.ttrnet.com（人大教研网）		
经 销	新华书店		
印 刷	三河汇鑫印务有限公司		
规 格	170 mm×228 mm 16 开本	版 次	2010 年 3 月第 1 版
印 张	26.5 插页 1	印 次	2016 年 2 月第 4 次印刷
字 数	456 000	定 价	39.00 元